КНИГА ЗОАР

на пять частей Торы
с комментарием «Сулам»

Глава Трума
Сифра де-цниута

Под редакцией М. Лайтмана,
основателя и руководителя
Международной академии каббалы

Под редакцией М. Лайтмана
Книга Зоар, Трума, Сифра де-цниута
Laitman Kabbalah Publishers, 2018. – 472 с.
Напечатано в Израиле.

Edited by M. Laitman
The Book of Zohar, Truma, Sifra diTzni'uta
Laitman Kabbalah Publishers, 2018. – 472 pages.
Printed in Israel.

ISBN 978-5-91072-094-1

До середины двадцатого века понять или просто прочесть книгу Зоар могли лишь единицы. И это не случайно – ведь эта древняя книга была изначально предназначена для нашего поколения, и является раскрытием Торы.

В середине прошлого века, величайший каббалист 20-го столетия Йегуда Ашлаг (Бааль Сулам) проделал колоссальную работу. Он написал комментарий «Сулам» (лестница) и одновременно перевел арамейский язык Зоара на иврит.

Но сегодня наш современник разительно отличается от человека прошлого века. Международная академия каббалы под руководством всемирно известного ученого-исследователя в области классической каббалы М. Лайтмана, желая облегчить восприятие книги современному русскоязычному читателю, провела грандиозную работу – впервые вся Книга Зоар была обработана и переведена на русский язык в соответствии с правилами современной орфографии.

Copyright © 2018 by Laitman Kabbalah Publishers
1057 Steeles Avenue West, Suite 532
Toronto, ON M2R 3X1, Canada
All rights reserved

Содержание

ГЛАВА ТРУМА

Кто она, выглядывающая словно заря 8
Когда создавал Творец мир 11
Как велико благо Твое, которое хранишь Ты 15
Афарсемон и Апирион 17
«Из деревьев Леванона» – это
   шесть дней начала Творения 21
Пусть возьмут Мне приношение 24
Три цвета пламени 27
Золото и серебро, и медь 37
Вечером, и утром, и в полдень 38
Сказал страж: «Утро настало» 43
Кровать, стол, стул и светильник 59
«Шма Исраэль» и «Благословенно
   имя величия царства Его вовеки» 62
Пусть возьмут Мне приношение 73
Так же, как они 78
Благословите Творца благословенного 80
Небеса рассказывают о величии Творца 85
Воспевайте, праведники 93
Давиду, притворившемуся безумным 94
Молитва Моше 95
Пойте Творцу новую песнь 96
Псалом: воспевание дня субботнего 97
Душа всего живого 98
Но Ты, Творец, не удаляйся 100
Золото, серебро и медь 102
Кто пробудил от востока 111
Всесильный, Бог мой Ты, Тебя ищу 113
Пусть возьмут Мне приношение 117
Раскрытие и легкое покрытие,
   пребывающее над землей святости 120
Нефеш, руах, нешама 124
Песнь восхождений. Полагающиеся на Творца 131
Песнь песней, что для Шломо 133
От каждого человека, расположенного сердцем 151
Нешикин 153

И вот приношение..159
Моше, Аарон и Шмуэль 167
Золото и серебро, и медь..169
Да будет свет 172
И Творец дал мудрость Шломо.....................................174
Синета 175
И вот – хорошо очень...179
Суд преисподней 182
Есть место в поселении, в котором не умирают............188
Бецалель знал сочетания букв..195
Синета 197
И сделай стол 199
И будешь есть и насыщаться, и благословлять 203
И сделай стол 205
Время действовать ради Творца....................................215
Время благоволения 218
Мудрого укрепит мудрость 221
Питание душ 222
Центр мира..224
Чаша благословения 227
Светильник-шекели-месяц 229
И пусть сделают ковчег..241
Смотри и сделай по их образу 242
Три имени, соединенные вместе 243
Буквы 248
Шма Исраэль 262
Тебе было показано, чтобы знать 266
И была я у Него питомицей...267
Тебе было показано, чтобы знать 269
Тфилин 272
И возлюби Творца Всесильного твоего 275
А Скинию сделай из десяти полотнищ.........................277
Всем сердцем твоим и всей душой твоей,
 и всем достоянием твоим 279
Праведники – это лицо Шхины 283
Отпусти меня, ибо взошла заря 284
Если Творец не возведет Храм 286
Во множестве народа – величие Царя 289
В любом месте добавление букв означает убавление.....291

Семь небосводов	293
Превозносите Восседающего в небесах	295
Ибо заповедь – свеча, а Тора – свет	302
Двести семь – справа, сто три – слева	306
Свет посеян всегда	309
Свет, вода, небосвод	313
Каин, Эвель, Шет, Энош, Меалалель	320
Тайна благословения на пищу	323
Семь благословений невесты	332
И сделай брусья	338
Творец – пастырь мой, не будет у меня нужды	339
Тяжело пропитание человека, как рассечение Конечного моря	340
Тяжелы сочетания пред Творцом, как рассечение Конечного моря	343
Звезды	348
Три ночные стражи	365
Возблагодарю Творца всем сердцем	373
Всякая душа восхвалит Творца	375
Моше не умер	377
Обрезание, выкуп и женитьба	379
До Яакова человек умирал без болезней	381
До Хизкияу не было больного, который бы вылечился	382
Благо тебе, земля, чей царь свободен	384
Соединился с мудростью на путях своих	387
Кто отмерил воды стопой своей	390
Воссел на херувима и полетел	393
Крюки для столпов	394

СИФРА ДЕ-ЦНИУТА

Предисловие Сифра де-цниута	398
Первая часть	399
Вторая часть	420
Часть третья	439
Четвертая часть	448
Пятая часть	456

МЕЖДУНАРОДНАЯ АКАДЕМИЯ КАББАЛЫ	470
АННОТАЦИИ К КНИГАМ	471

Глава Трума

ГЛАВА ТРУМА

Кто она, выглядывающая словно заря

1) «"И сказал Творец Моше, говоря: "Скажи сынам Исраэля, пусть возьмут Мне приношение; от каждого человека, расположенного сердцем, берите приношение Мне"[1]. Провозгласил рабби Хия: "Ибо Яакова избрал себе Творец, Исраэля – дорогим достоянием Своим"[2]. Как любимы сыновья Исраэля перед Творцом, который благоволил к ним и желал приблизиться к ним и соединиться с ними, и сделал их единым народом в мире, как сказано: "И кто подобен народу Твоему, Исраэлю, народу единому на земле?!"[3], и они стремились к Нему и соединились с Ним. Это означает сказанное: "Ибо Яакова избрал себе Творец"[1], и сказано: "Ибо удел Творца – народ Его"[4]. И дал Он остальным народам правителей, властвующих над ними, а Себе избрал в удел Исраэль"».

2) «Рабби Шимон провозгласил: "Кто она, выглядывающая словно заря, прекрасная как луна"[5]. "Кто она (ми зот)" – это два мира, соединяющиеся вместе. И это – мир и мир"». Иначе говоря, это означает сказанное: «От мира и до мира»[6] – и это Бина и Малхут. «"Кто (МИ)", – мы ведь указывали, что это высшая ступень наверху, начало, стоя́щее для вопроса и называемое МИ", т.е. Бина, "как сказано: "Вознесите ввысь глаза

---

[1] Тора, Шмот, 25:1-2. «И сказал Творец Моше, говоря: "Скажи сынам Исраэля, пусть возьмут Мне приношение; от каждого человека, расположенного сердцем, берите приношение Мне"».

[2] Писания, Псалмы, 135:4. «Ибо Яакова избрал себе Творец, Исраэля – дорогим достоянием Своим».

[3] Пророки, Шмуэль 2, 7:23. «И кто подобен народу Твоему, Исраэлю, народу единому на земле, ради которого ходил Всесильный искупить его Себе в народ и сделать Себе имя, и совершить вам (деяния) великие и страшные в стране Твоей, (изгоняя) пред народом Твоим, который Ты избавил от Египта, народов и божеств его?!»

[4] Тора, Дварим, 32:9. «Ибо удел Творца – народ Его, Яаков – наследственное владение Его».

[5] Писания, Песнь песней, 6:10. «Кто она, выглядывающая словно заря, прекрасная как луна, ясная как солнце, грозная как войска под знаменами».

[6] Писания, Псалмы, 106:48. «Благословен Творец, Всесильный Исраэля, от века и до века (досл. от мира и до мира). И скажет весь народ: "Амен и хвала Творцу!"»

ваши и посмотрите, кто (МИ) создал их (ЭЛЕ)"⁷.⁸ "Она (зот)" – это ступень внизу, нижний мир", т.е. Малхут. "И обе они – это два мира в полном соединении, в полной взаимосвязи"», т.е. вследствие подъема Малхут в Бину, благодаря чему она постигает мохин Бины.⁸

3) «"Выглядывающая"⁵, – т.е. когда обе они соединяются в одно целое, Малхут выглядывает "словно заря"⁵ – т.е. стремится светить, как заря, а затем "прекрасная как луна"⁵ – Малхут светит как луна, когда свет солнца, Зеир Анпина, светит в ней, а затем "ясная как солнце"⁵ – как свет солнца, когда луна пребывает в полноте своей"», т.е. в то время, когда Малхут находится в состоянии «паним бе-паним (досл. лицом к лицу)» с Зеир Анпином, называемым «солнце». «"Грозная как войска под знаменами"⁵ – т.е. она сильна, чтобы защитить всё, ибо тогда есть у нее совершенство и могущество (гвура), чтобы добиться успеха"».

4) «"И получает" Малхут "силы", мохин, "от высшего мира", Бины, "с помощью Яакова, человека непорочного,⁹ который соединил их вместе", так как благодаря подъему МАН, он поднял Малхут в Бину, и они соединились друг с другом. "Соединил их вместе наверху", и Бина приняла форму Малхут, и это свойство Леа. "И соединил их вместе внизу", и Малхут приобрела форму Бины, и это свойство Рахель. "И оттуда вышли двенадцать святых колен, подобные тем, что наверху", т.е. подобные двенадцати свойствам, которые имеются в высшей Малхут. "Яаков, будучи совершенным, вызвал любовь в двух мирах, как мы указывали", – т.е. взял в жены двух сестер, Лею и Рахель, представляющих собой два мира, Бину и Малхут. "Остальные люди, поступающие таким образом, занимаются запретными связями наверху и внизу, и порождают ненависть в двух мирах, и приводят к разрыву" между Зеир Анпином и Леей, и между Зеир Анпином и Рахелью, ибо от хазе и выше он производит зивуг с Леей, а от хазе и ниже – с Рахелью. "И это то, с чем

---

⁷ Пророки, Йешаяу, 40:26. «Вознесите ввысь глаза ваши и посмотрите, кто сотворил их».

⁸ См. «Предисловие книги Зоар», статью «Кто создал их», п. 7, со слов: «Ведь о том, что выше него, вообще не спрашивают. И этот "край небес", к которому относится вопрос, называется "МИ (кто)"...»

⁹ Тора, Берешит, 25:27. «И выросли отроки, и стал Эсав человеком, сведущим в охоте, человеком поля; а Яаков – человеком непорочным, живущим в шатрах».

сказано: "И жену к сестре ее не бери в соперницы"¹⁰ – ибо они станут враждовать и наполнятся ненавистью друг к другу"».

5) «"И если ты скажешь: "Что же означает: "И позавидовала Рахель сестре своей"¹¹?" – если отрывок говорит о двух мирах, Лее и Рахели, т.е. Бине и Малхут, соединившихся вместе, какая может быть здесь зависть? "Это, безусловно, так, потому что всё желание нижнего мира", Рахели, "быть подобным высшему миру", Лее, т.е. Бине, "и унаследовать место ее. Но в другом месте мы встречаем высказывание: "Зависть мудрецов умножает мудрость"¹². И здесь тоже присутствует "зависть мудрецов", так как есть книга и книга", т.е. Аба и Има, от которых исходит Хохма (мудрость). И поэтому, благодаря зависти к этим мудрецам, "они умножают нисхождение к ним мудрости (хохма)"».

6) «"И вместе с тем, даже Яаков не восполнил их должным образом, и остальные жители мира порождают ненависть и разрыв, и совершают запретные связи наверху и внизу. Ибо здесь есть запретная связь, т.е. запретная связь в отношении матери и дочери", Бины и Малхут, "и всё это", как две сестры, так и женщина с дочерью, "является одним целым, ведь МИ-ЗОТ называются сестрами, так как они в дружбе, любви и единстве желания. И называются" также "мать и дочь", поскольку Бина называется матерью, а Малхут – дочерью. "И у того, кто открывает наготу их", т.е. суды в них, "нет у него удела в мире будущем", Бине, "и нет у него удела в вере"», Малхут.

7) «"Смотри. "Ибо Яакова избрал себе Творец (йуд-хэй יה)"² – это высшее свойство наверху", т.е. он прилепился наверху к Абе ве-Име, к свету хасадим их, и они называются «йуд-хэй יה». «"Когда он восполнил всё и называется Исраэль, тогда сказано: "Исраэля – дорогим достоянием Своим"², и это Малхут, называемая достоянием. И тогда "он обретает всё, во всех сторонах", в правой и левой, "и обретает наверху", в Абе ве-Име, светящих свойством хасадим, "и обретает внизу", в ИШСУТ, светящих свойством Хохмы. "И восполняется всем"» – как Хохмой, так и хасадим.

---

[10] Тора, Ваикра, 18:18. «И жену к сестре ее не бери в соперницы, чтобы открыть наготу ее при ней, при жизни ее».

[11] Тора, Берешит, 30:1. «И увидела Рахель, что не родила Яакову, и позавидовала Рахель сестре своей, и сказала Яакову: "Дай мне детей; а если нет, я умираю"».

[12] Вавилонский Талмуд, трактат Бава батра, лист 21:1.

ГЛАВА ТРУМА

Когда создавал Творец мир

8) «Сказал рабби Шимон: "Мы ведь учили, когда создавал Творец", т.е. Бина, "мир", Малхут, "Он установил Свои печати веры", Малхут, "в высших светах". Иначе говоря, Творец, то есть Бина, поднял к Себе веру, Малхут, и запечатлел печати этой веры в Своих высших светах, и вследствие этого вышли Бина и ТУМ Бины, опустившись на ступень под ней, и остались в ней Кетер и Хохма де-келим, со светами руах-нефеш, и это считается словно установлением печати в Его светах. "Запечатлел наверху", в Бине, "и запечатлел внизу", в Малхут, т.е. затем и Малхут получила ту же печать, о которой говорится, которая была сделана в Бине. "И всё это – одно целое", т.е. печать Малхут была одной формы с печатью Бины, "в виде печати святого имени АВАЯ, властвующего в Его буквах наверху и внизу"», в Бине и в Малхут. И это – первая «хэй ה» и нижняя «хэй ה» имени АВАЯ (הויה), и обе они имеют одну форму «хэй ה». «"И благодаря этому достигли совершенства миры, высший мир", Бина, "и нижний мир"», Малхут.

9) «"Высший мир установился в совершенстве в букве "йуд י" де-АВАЯ (הויה)", включающей Арих Анпин и Абу ве-Иму, и это "первая высшая точка", т.е. Арих Анпин,[13] "выходящая из скрытого и сокровенного, который непознаваем и не познается, и не познан вовсе, и подъем его – в Бесконечность", т.е. в парцуф Атик. "И из этого скрытого", т.е. Арих Анпина, "исходит один тонкий скрытый свет", высшие Аба ве-Има, в которых есть два вида Есодов: первый – тонкая тропинка, второй – скрытый путь,[14] "включающий в себя совокупность всех светов. И внутри этого скрытого" пути в Абе ве-Име, называемого мифтеха,[14] "произвел соударение с ним тот, кто не производил его"» вначале, находясь в высших Абе ве-Име, а сейчас произвел соударение с ним и открыл его скрытие, т.е. опустил «йуд י» из свойства «воздух (авир אויר)» этого скрытого пути, и он снова стал светом (ор אור), «"и засветил в нем тот, кто не светил", – т.е. хотя и светил в нем, все-таки не светил, из-за

---

[13] См. Зоар, главу Берешит, часть 1, п.2, со слов: «И тогда, вследствие ударения свойства "разделенный" в Атике, т.е. нуквы Атика, начала светить одна высшая скрытая точка – парцуф Арих Анпин мира Ацилут...»

[14] См. Зоар, главу Берешит, часть 1, п. 308. «Теперь выясняется различие между зивугом высшего мира Бины и зивугом нижнего мира Бины. И говорится, что высший мир опускается в нижний мир...»

отсутствия хасадим.¹⁵ "И тогда извлек один свет, называемый "блаженство блаженства", т.е. Хохма Хохмы. Ибо блаженство (эден) – это Хохма Арих Анпина, которая была скрыта. И эта Хохма, – т.е. Бина, которая вернулась в рош Арих Анпина, снова став Хохмой, – тоже называется Эден (блаженство), поскольку получает от Эден (блаженства), находящегося в рош Арих Анпина, и называемого поэтому блаженством блаженства. И оно, "чтобы наслаждаться и скрывать тонкий свет", свет хасадим Абы ве-Имы, "который скрыт внутри этого света"», т.е. свет хасадим Абы ве-Имы скрыт во время выхода этой Хохмы. И это – ИШСУТ.

10) «"И в этом свете, блаженстве блаженства, который скрыт" из-за недостатка хасадим, "установились и пришли к совершенству" благодаря средней линии "шесть записей (решимот)", т.е. ВАК Хохмы, "которые неизвестны", т.е. не раскрываются, чтобы светить, "но только лишь в тот момент, когда этот тонкий свет" Абы ве-Имы "входит в скрытие". И тогда "блаженство блаженства" светит своим свечением"».

Объяснение. Свечение Хохмы светит только на точку шурук во время движения трех точек холам-шурук-хирик, выходящих одна за другой.¹⁶ И в час, когда светит точка шурук, скрывается свет хасадим Абы ве-Имы.¹⁷ Таким образом, «блаженство блаженства» светит только во время скрытия тонкого света – света хасадим Абы ве-Имы.

11) «"И свет этот, исходящий к нижним из тонкого света, чрезвычайно страшный, грозный и сильный", потому что в этом тонком свете, от которого установились высшие Аба ве-Има, установилась Малхут свойства суда, называемая манула

---

¹⁵ См. «Предисловие книги Зоар», статью «"Кто создал их", по Элияу», п. 14, со слов: «Сказано, что "оно стоит и не стоит". С одной стороны, строение уже стоит во всем совершенстве...»

¹⁶ См. Зоар, главу Бешалах, статью «И двинулся ангел Всесильного», п. 137, со слов: «И три эти линии не раскрывают Хохму иначе, как с помощью своих движений, т.е. когда свечение каждой из них раскрывается специально одно вслед за другим в месте трех точек: холам, затем шурук, а затем хирик...»

¹⁷ См. Зоар, главу Берешит, часть 1, п. 7, со слов: «Это свечение называется...», а также «Предисловие книги Зоар», п. 14, со слов: «Сказано, что "оно стоит и не стоит". С одной стороны, строение уже стоит во всем совершенстве...»

(замо́к).¹⁸ "И распространился этот тонкий свет, и образовался один мир", высшие Аба ве-Има, "светящий всем мирам. И это скрытый мир, полностью непознанный"», ибо «йуд י» не выходит из их свойства «воздух (авир אויר)», в котором пребывают шесть десятков тысяч (рибо) тысяч, и это обитатели, воинства и высшие станы. Объяснение. Они представляют собой распространение светов ХАГАТ НЕХИ Атика, облаченного в них, сфирот которого исчисляются десятками тысяч (рибо), а также распространение моха стимаа Арих Анпина, сфирот которого исчисляются тысячами. И поэтому они – шесть десятков тысяч (рибо) тысяч.

12) «"И после того, как извлекла их"» «йуд י», т.е. два вышеназванных парцуфа, Абу ве-Иму – из тонкого света, и ИШСУТ – из света «блаженство блаженства», «"и они были завершены вместе, они представляют собой единое соединение"» «йуд-хэй יה», в котором высшие Аба ве-Има – это «йуд י», включающая Арих Анпин и Абу ве-Иму, а ИШСУТ – это «хэй ה». «"И они внутреннее свойство буквы "вав ו", которая соединилась с этим скрытым миром"», со скрытым «блаженством блаженства», т.е. ИШСУТ, и это – буква «хэй ה», в которой содержится буква «вав ו», и эта «вав ו» указывает на Яакова. «"И тогда сказано: "Ибо Яакова избрал себе Творец (йуд-хэй יה)"¹⁹» – так как он соединился с именем «йуд-хэй יה», как мы уже указывали. И это зивуг Яакова и Леи, в котором он получает свет снизу вверх, и называется свойством ВАК. А «"когда "вав ו" выходит из "йуд-хэй יה" и становится завершенной"», т.е. становится буква «вав ו» сама с теми же мохин «йуд-хэй יה», и есть у нее ГАР, «"тогда: "Исраэля – дорогим достоянием Своим"¹⁹» – тогда называется Исраэль, а не Яаков, и соединяется внизу с Рахель, Малхут, и тогда Малхут называется достоянием. Это означает сказанное: «Исраэля – дорогим достоянием Своим»¹⁹. И это зивуг Яакова и Рахели.

---

¹⁸ См. «Предисловие книги Зоар», п. 85, со слов: «"Точка, расположенная в центре", – это свойство самой "манулы (замка)", установившейся в высших Аба ве-Има...», и это следует из выясненного в «Предисловии книги Зоар», в статье «Манула и мифтеха», п. 41, со слов: «И мы уже знаем, что Атик установился во втором сокращении, т.е. поднял нижнюю "хэй ה" в свои никвей эйнаим, чтобы создать парцуф Арих Анпин...»

¹⁹ Писания, Псалмы, 135:4. «Ибо Яакова избрал Творец, Исраэля – дорогим достоянием Своим».

13) «"Другим обитателям мира", кроме Яакова, "не дано право так подняться"», – в Бину, чтобы слиться с «йуд-хэй יה», «"но только лишь "дорогому достоянию Его", – т.е. месту, принимающему и собирающему всё, и это ступень внизу", Малхут. "И из нее", из Малхут, "получают" свечение хасадим, находящихся "наверху", в Бине, т.е. в свойстве Лея, "посредством скрытия желания, но не посредством раскрытия, как получает Яаков. И об этом говорится в отрывке: "Пусть возьмут Мне приношение"[20]». Объяснение. Яаков поднялся и соединился с самим «йуд-хэй יה», и получает оттуда свечение хасадим Бины. И это называется зивугом Яакова и Леи. Поэтому остальным обитателям мира запрещено устанавливать с двумя сестрами связь, которая есть у них вследствие открытия наготы, когда они притягивают свечение Бины, Леи, в место Малхут, Рахель. Однако Яакову, поднявшемуся в место самой Бины, это разрешено, даже при жизни ее сестры, Рахели. Это означает сказанное: «Пусть возьмут Мне приношение»[20], т.е. остальные обитатели мира возьмут и поднимут Малхут, а не будут жениться на двух сестрах, ведь иначе они оскверняют ее открытием наготы, т.е. судов, так как сами они относятся к месту Малхут, месту этих судов.

---

[20] Тора, Шмот, 25:1-2. «И сказал Творец Моше, говоря: "Скажи сынам Исраэля, пусть возьмут Мне приношение; от каждого человека, расположенного сердцем, берите приношение Мне"».

ГЛАВА ТРУМА

Как велико благо Твое, которое хранишь Ты

14) «"Пусть возьмут Мне приношение"[20]. Провозгласил рабби Йегуда: "Как велико благо Твое, которое хранишь Ты для боящихся Тебя, делаешь уповающим на Тебя"[21]. Это изречение изучено, и мы учили, но эту тайну великий светоч поставил среди высших тайн"».

15) «"Высшая ступень, являющаяся свойством высшего мира", т.е. Бина, "называется МИ. Нижняя ступень, являющаяся свойством нижнего мира", Малхут, "называется МА. И мы учили"», сказано: «Что (ма) Творец Всесильный твой требует от тебя»[22]. «"Читай не "что (ма מה)", а "сто (меа מאה)", поскольку все высшие ступени в совершенстве своем, и их пятьдесят, находятся здесь", в Малхут. "И поэтому она называется "сто (меа מאה)"». Объяснение. Потому что пятьдесят – ее, и это КАХАБ ТУМ, каждая из которых содержит десять, и пятьдесят – Бины, итого – сто. И поэтому Бина называется МИ (מי), и это пятьдесят, а Малхут – МА (מה), и это – сто (меа מאה), поскольку она содержит в себе также и пятьдесят Бины.

16) «"Еще одна причина того, почему" Малхут "называется МА. Хотя высшее притяжение" Хохмы "нисходит через высшие ступени", Бину и Зеир Анпин, "она не раскрывается, пока не восполнится здесь", в Малхут,[23] "в месте окончания всех ступеней, окончания притяжения всего, и не установится там явно", в свечении Хохмы. "И хотя она раскрывается там больше, чем везде, она существует для вопроса: "Что (ма מה)? Что (ма מה) видел ты? Что (ма מה) узнал ты?" Как сказано: "Ибо не видели вы никакого образа"[24]».

---

[21] Писания, Псалмы, 31:20. «Как велико благо Твое, которое хранишь Ты для боящихся Тебя, делаешь уповающим на Тебя пред сынами человеческими!»

[22] Тора, Дварим, 10:12. «И ныне, Исраэль, что Творец Всесильный твой требует от тебя? Только бояться Творца Всесильного твоего, ходить всеми путями Его и любить Его, и служить Творцу Всесильному твоему, всем сердцем твоим и всею душою твоей».

[23] См. Зоар, главу Берешит, часть 1, п. 340, со слов: «И, кроме того, так же как высшая Хохма...»

[24] Тора, Дварим, 4:15. . «И очень оберегайтесь ради душ ваших, ибо не видели вы никакого образа в день, когда говорил Творец вам на Хорэве из огня».

17) «"И поэтому сказано: "Как велико благо Твое"[21]». «Как (ма מה)»[21] – это Малхут, «велико благо Твое»[21] – «"это основа (есод) мира", т.е. Есод Зеир Анпина, "которая называется великим благом, как сказано: "И (за) великое благо дому Исраэля"[25]. Потому что первый свет", включенный в Есод, "называется просто "благо", а здесь содержатся захар и некева"», и некева тоже называется МА, и из-за того, что в ней раскрывается Хохма, она тоже включена сюда, и сказано: «Как (ма מה) велико благо Твое»[21]. И поэтому сказано: «Велико», ибо «велико» указывает на свечение Хохмы. «"Которое хранишь Ты"[21] – потому что этот свет скрыт так же, как и первый свет скрыт и хранится для праведников. "Делаешь"[21] – потому что здесь", в Малхут, называемой МА по причине включения Бины в нее, "это искусство (создания) всего, искусство (создания) всего мира, искусство (создания) всех душ и духа (нешамот и рухот)"». Ибо если бы не было этого искусства включения Бины в Малхут, не вышли бы никакие мохин в ЗОН и трех мирах БЕА.

18) «"Этим действием", включением Бины в Малхут, "совершил Творец создание всего мира, как мы уже сказали. И это смысл сказанного: "Вначале создал Всесильный небо и землю"[26]. И этим действием была сделана и возведена Скиния, т.е. по образу высшего мира", Бины, "и по образу нижнего мира", Малхут. Поэтому сказано: "Пусть возьмут Мне приношение"[21]. "Мне приношение" – это две ступени", Бина и Малхут, "являющиеся одной, когда они соединяются вместе"».

---

[25] Пророки, Йешаяу, 63:7. «О милости Творца напомню, о восхвалениях Творца, как (и следует) за все, чем наградил нас Творец, и (за) великое благо дому Исраэля, которым Он наградил их по милосердию Своему и по множеству милостей Своих».
[26] Тора, Берешит, 1:1. «Вначале создал Всесильный небо и землю».

ГЛАВА ТРУМА

Афарсемон и Апирион

19) «"Пусть возьмут Мне приношение"[20]. Рабби Шимон и рабби Эльазар, и рабби Аба, и рабби Йоси сидели в один из дней под деревьями, в долине, рядом с морем Гиносар", т.е Кинерет. "Сказал рабби Шимон: "Насколько приятна эта тень от деревьев, покрывающая нас, и мы должны определить это место в речениях Торы"».

20) «Провозгласил рабби Шимон: "Апирио́н (досл. паланкин) сделал себе царь Шломо из деревьев Леванона"[27]. Это изречение мы приводили и учили. Но "Апирион" – это нижний Храм", Малхут, "подобный высшему Храму", Бине. "А Творец назвал его Эденским садом, и посадил Он его в усладу Себе, и стремление Его – наслаждаться в нем вместе с душами праведников. И там находятся все и записаны в нем. Те души, у которых нет тела в этом мире, все они поднимаются и украшаются там, и есть у них места, чтобы видеть и наполняться высшим наслаждением, называемым "услада Творца", и там они наполняются всеми наслаждениями рек чистого Афарсемона"».

21) «"Афарсемон" – это высший Храм, скрытый и упрятанный", Бина. "Апирион" – это нижний Храм", Малхут, "у которой нет основы (смах) до тех пор, пока она не получает основу от высшего Храма. И поэтому буква "самех ס" закрыта со всех сторон, таким образом: это закрытая буква – ס"».

22) «"Какая связь между одним и другим?" – между Афарсемоном и Апирионом. Однако в час, когда скрылся и спрятался в нем", в Бине, "высший свет наверху"», – т.е. ГАР Бины, установившиеся в виде высших Абы ве-Имы, когда «йуд י» поднялась в свет, и перекрылся свет (ор אור) и стал свойством «воздух (авир אויר)», «"тогда она находится в виде буквы "самех ס", в которой свет перекрыт и спрятан, чтобы подняться наверх. И в час, когда она снова опустилась и насиживает птенцов внизу, чтобы вскармливать их", и это шесть нижних сфирот Бины, которые установились в виде (парцуфа) ИШСУТ, "тогда она находится в виде буквы "мем ם", которая опустилась и стала закрытой со всех четырех сторон мира"», и это ХАГАТ и Малхут. Хесед и Гвура – это юг и север, Тиферет и Малхут – это восток и запад.

---

[27] Писания, Песнь песней, 3:9. «Паланкин сделал себе царь Шломо из деревьев Леванона».

Объяснение. Бина делится на ГАР и ВАК. ГАР, т.е. ХАБАД, и ГАР де-гуф, т.е. ХАГАТ до хазе, установились в качестве высших Абы ве-Имы. И поскольку они состоят из шести сфирот, ХАБАД ХАГАТ, каждая из которых состоит из десяти, то они называются буквой «самех ס (60)», шесть по десять. И также потому, что скрылся от них свет Хохмы. А от хазе Бины и ниже четыре сфиры НЕХИМ установились в виде ИШСУТ, и поскольку это четыре сфиры, каждая из которых состоит из десяти, они называются буквой «мем מ (40)», четыре по десять. И также потому, что она закрыта с четырех сторон мира, и это Хесед, Гвура, Тиферет и Малхут. То есть, она стала закрытой, потому что должна передать мохин Зеир Анпину, т.е. Хесед-Гвура-Тиферет-Малхут, и ради этих четырех сторон она закрылась.[28]

23) «"И вместе с тем, это – Афарсемон, а это – Апирион", так как Апирион, т.е. Малхут, установился в виде Афарсемона, Бины, и они находятся в одной форме. "И вместо двух букв "самех-мем סמ", которые есть в слове Афарсемон (אפרסמון), "стоит "йуд י" в слове Апирион (אפריון) "в тайне союза, т.е. ей предстоит получить всё"» от «самех ס (60)» и «мем מ (40)», «"и это тайна ста благословений"», «самех ס» и «мем מ» это «"шестьдесят и сорок. Шестьдесят соответствует шести окончаниям (ВАК), которые выходят из "самех ס"», ХАБАД ХАГАТ до хазе Бины. И называет их ВАК, потому что «йуд י» не выходит из их свойства «воздух (авир אויר)», и они как ХАГАТ НЕХИ. «"Сорок соответствуют четырем сторонам мира", т.е. ХУГ ТУМ де-ИШСУТ, и это НЕХИМ Бины, расположенные от ее хазе и ниже. "И все они восполняют эти "сто". И буква "йуд י" Апириона (אפריון) тоже "восполняет тайну ста", т.е. десять сфирот, каждая из которых состоит из десяти, "подобно верхним"» «самех ס» «мем מ» слова Афарсемон (אפרסמון), т.е. Бины. «"И поэтому, это – Афарсемон, а это – Апирион"», и они схожи по форме.

24) «"Эти реки вытекают из этого Афарсемона, и высшие души, у которых нет тела в этом мире, питаются светом, который выходит из чистого Афарсемона, и наполняются этим высшим наслаждением. А души, у которых есть тело в этом мире, поднимаются и питаются от этого Апириона, и опускаются. И эти (души) дают и получают, дают запах, исходящий от добрых

---

[28] См. Зоар, главу Берешит, часть 1, п. 3, со слов: «В свойстве суда, т.е. в свойстве Малхут мира АК, прежде чем она подсластилась в Бине, в свойстве милосердия, мир не мог существовать...», а также «Учение десяти сфирот», часть 10, стр. 881, п. 31.

деяний, в которых они усердствовали в этом мире, и получают от запаха, который остался в этом саду, и о нем сказано: "Как запах поля, которое благословил Творец"[29], – т.е. запах, который остался в этом поле. И все они стоят в том саду – те, у которых нет тела в этом мире, наслаждаются наверху", в Афарсемоне, т.е. в Бине этого сада, "а те, у которых есть тело в этом мире, наслаждаются внизу"», в Апирионе, т.е. в Малхут этого сада.

Объяснение. Малхут, вследствие судов в ней, называется Афар (прах) и Афарон, что означает – наш прах. И с того момента, как Малхут поднялась в Бину, Бина тоже называется Афарон. И тогда Бина делится на две части: на ГАР, т.е. высшие Абу ве-Иму, и это «самех ס (60)», соответствующая шести сфирот ХАБАД ХАГАТ, каждая из которых состоит из десяти; а от хазе и ниже она установилась в виде парцуфа ИШСУТ, включающего четыре сфиры НЕХИМ, и это – «мем מ (40)». И когда эти два парцуфа, «самех ס» «мем מ», светят в Бине и входят в ее Афарон, она становится Афарсемоном, и света ее тогда называются реками чистого Афарсемона. И Малхут, в то время, когда она получает от этих двух парцуфов «самех ס» «мем מ» Бины, постигает вместо них «йуд י», которая вошла в ее Афарон (אפריון), и становится Апирионом (אפריון). И Эденский сад включает свечения их обоих: души, которые не облачились в тело этого мира, получают от Афарсемона в этом саду, а те, у которых есть тело (гуф) в этом мире, получают от Апириона в этом саду.

25) «"Сделал себе царь Шломо из деревьев Леванона"[27]. "Сделал себе"[27] – т.е. для себя. И если ты скажешь, что души праведников наслаждаются в нем, почему же сказано: "Сделал себе"? Но это так, безусловно, потому что Апирион и все души праведников ждут, чтобы Творец явился для наслаждения с ними. И получается, что он сделал его для себя. Царь Шломо – это Царь, которому принадлежит мир (согласие), и это высший Царь", Зеир Анпин. "Просто Царь – это Царь-Машиах", Малхут. "Один – мир захар, другой – мир некева. "Из деревьев Леванона"[27] – это деревья и саженцы, которые Творец взял с их места и посадил в другом месте", т.е. семь сфирот ЗОН, которые

---

[29] Тора, Берешит, 27:27. «И обонял (Ицхак) запах одежд его, и благословил его, и сказал: "Гляди, запах сына моего, как запах поля, которое благословил Творец"».

находились в месте Малхут свойства суда, и забрал их оттуда Творец, посадив в месте Бины, в Малхут свойства милосердия. "И эти" шесть сфирот, ХАГАТ НЕХИ де-ЗОН, "называются кедрами Леванона. Как сказано: "Кедры Леванона, которые насадил Он"[30]. И этот Апирион не может быть создан и получить своего завершения иначе, как с помощью них"».

---

[30] Писания, Псалмы, 104:16. «Насыщаются деревья Творца, кедры Леванона, которые насадил Он».

ГЛАВА ТРУМА

«Из деревьев Леванона» – это шесть дней начала Творения

26) «"И еще. "Из деревьев Леванона"²⁷ – это шесть дней начала Творения, и каждый из дней выстраивает в этом Апирионе порядок, надлежащий ему". Иными словами, каждое свойство из ХАГАТ НЕХИ Зеир Анпина, которое восполняется с помощью Бины, создает одну часть в строении Малхут, которая называется Апирион.

"Первый порядок. Нисходит от правой стороны" Бины "первый свет, который скрыт и берется от правой стороны" Зеир Анпина, "и входит в этот Апирион с помощью одного Есода, и используется в ней. Затем создает Апирион одну форму, соответствующую этому свету", и это свойство Хесед Апириона. "И это смысл сказанного: "Да будет свет!" И был свет"³¹. После того, как сказал Творец: "Да будет свет!", почему сказано: "И был свет", ведь следовало сказать: "И было так", что означает: "И был свет"? Однако этот свет создал другой свет, соответствующий ему. И это первый день этих деревьев Леванона"».

27) «"Второй порядок. Нисходит от левой стороны Бины разделение воды посредством притяжения сильного огня,³² и берется от левой стороны" Зеир Анпина, "и входит в Апирион, и используется в нем, и разделяет между водами правой стороны и водами левой стороны. Затем создает Апирион одну форму в таком виде", и выстраивается свойство Гвуры Апириона. "И это смысл сказанного: "Между водами, которые под сводом, и между водами, которые над сводом"³³. И это второй день этих деревьев Леванона"».

28) «"Третий порядок. Нисходит от средней стороны и правой стороны; один день, третий", т.е. свойство Тиферет Зеир Анпина, являющееся средней линией, "устанавливает мир в

---

³¹ Тора, Берешит, 1:3. «И сказал Всесильный: "Да будет свет". И был свет».
³² См. Зоар, главу Берешит, часть 1, статью «Да будет свод», п. 44, со слов: «Когда пробудилась власть левой линии, возникло расхождение между ней и правой линией, из-за которого разгорелся огонь гнева...»
³³ Тора, Берешит, 1:7. «И создал Всесильный свод, и разделил между водами, которые под сводом, и между водами, которые над сводом. И было так».

мире", между двумя линиями, правой и левой. "И оттуда происходят плоды всего, и это используется в Апирионе, и производит вид по виду его: вид, совершающий многочисленные деяния, по виду, подобающему ему, т.е. вся зелень, и растительность, и деревья, с многочисленными силами, и форма его остается там", в Апирионе. "И Апирион производит вид, в точности подобный этому", т.е. вышедший вследствие этой средней линии, и выстраивается свойство Тиферет Апириона. "И это третий день", включивший две стороны", правую и левую, "этих деревьев Леванона"».

29) «"Четвертый порядок. Нисходит к Апириону свет солнца и светит, освещая тьму его. И входит в него, чтобы светить, и не используется в нем". Иначе говоря, он выстраивает только ахораим Апириона, только тьму в нем. "До пятого дня", когда устанавливаются ее паним и корень, от хазе и ниже, и "тогда Апирион начинает использовать это свечение, которое входит в него в четвертый день, и Апирион создает точное подобие этому свету". И благодаря этому выстраивается свойство Нецах Апириона. "И это четвертый день, являющийся одним из деревьев Леванона"».

30) «"Пятый порядок. Нисходит одно из кишений вод[34], и используется для создания света, относящегося к порядку четвертого дня, и используется в Апирионе" для пятого дня, и он извлекает виды в точности по виду его. И этот день деревьев Леванона используется более, чем все остальные дни", потому что он устанавливает свойство Ход в Апирионе благодаря подслащенным судам Бины, "и всё зависит до шестого дня, ибо тогда извлекает Апирион всё, что было скрыто в нем, как сказано: "Да извлечет земля существо живое по виду его"[35]. И это пятый день – один из дней деревьев Леванона"».

31) «"Шестой порядок. День, установивший весь этот Апирион, и нет у него исправления, и нет у него силы", у Апириона, "кроме как получаемых от этого дня", Есода Зеир Анпина, потому что Апирион ничего не получает от высших иначе, как

---

[34] Тора, Берешит, 1:20. «И сказал Всесильный: "Да воскишат воды кишением существа живого, и птица будет летать над землею под сводом небесным"».

[35] Тора, Берешит, 1:24. «И сказал Всесильный: "Да извлечет земля существо живое по виду его: скот, и ползучее, и животное земное по виду его!" И было так».

через Есод Зеир Анпина. "Когда наступает этот день, устанавливается Апирион с множеством рухот, с множеством нешамот, с множеством служанок, прекрасных видом", и это семь чертогов, прислуживающих Малхут (царице), "тех, которые удостоились находиться в чертогах Царя. И также он", Есод, "устанавливается в красоте всех тех дней, которые были до него", так как Есод включает все пять дней, ХАГАТ Нецах-Ход, "и устанавливает их в едином стремлении, в желании, в радости, в исправлении, происходящем наверху и внизу"».

32) «"Тогда освящается Апирион высшими святостями, и украшается своими венцами, пока не поднимается в восхождении украшения покоя, и не назовется высшим именем, святым именем – суббота. (Это) покой всего, страстное желание всего, слияние всего, что наверху и внизу вместе. И тогда сказано: "Апирион (паланкин) сделал себе царь Шломо из деревьев Леванона"27».

33) «Сказал рабби Шимон: "Тот, кто удостоился этого Апириона, удостоился всего, удостоился сидеть в покое под сенью Творца, как сказано: "Сидя под сенью Его, наслаждалась я"36. И теперь, когда я сижу под сенью этого покоя, мы должны всмотреться, сидим ли мы лишь под сенью Творца внутри этого Апириона, и мы должны украсить это место высшими венцами, пока не украсятся деревья этого Апириона, чтобы явиться нам под другой сенью"».

Объяснение. Теперь установился Апирион в Малхут, подслащенной в Бине. И это означает сказанное: «Мы должны всмотреться, сидим ли мы лишь под сенью Творца», т.е. деревьев Леванона, как мы уже объясняли. Но в конце исправления Малхут исправится сама и не будет нуждаться в подслащении Бины, и тогда мы будем сидеть под сенью самой Малхут. И это означает: «Пока не украсятся деревья этого Апириона, чтобы явиться нам под другой сенью», т.е. в конце исправления, когда мы будем сидеть под сенью самого Апириона.

---

36 Писания, Песнь песней, 2:3. «Как яблоня меж лесных деревьев, так любимый мой среди юношей! Сидя под сенью его, наслаждалась я, и плод его сладок был нёбу моему».

ГЛАВА ТРУМА

Пусть возьмут Мне приношение

34) «Вначале провозгласил рабби Шимон: "Пусть возьмут Мне приношение"[37]. "Пусть возьмут Мне" указывает на то, что человек, желающий проявлять усердие в этой заповеди и усердствовать ради Творца, должен заботиться о том, чтобы старания его не были напрасны и не пропали даром, но стараться делать это как полагается, согласно его силам. Мы указывали на это во многих местах, и человеку следует прилагать усилия в соответствии полученному от Творца, как сказано: "Каждый пусть принесет, сколько он может, по благословению Творца Всесильного твоего, которое Он дал тебе"[38]».

35) «"И если ты скажешь, что ведь написано: "Идите, приобретайте и ешьте, и идите, приобретайте без денег и без платы вино и молоко"[39]. Это же означает – даром, и это – старания в постижении Творца?"», поскольку «вино и молоко» означают Тору, которая так и называется. И отвечает: «"Однако, благодаря стараниям в Торе, каждый желающий удостаивается ее. Благодаря стараниям в постижении Творца, каждый желающий удостаивается Его без всякой награды. Но чтобы старания в постижении Творца были действительно устойчивыми, запрещено брать его даром и впустую, поскольку не удостоится таким действием притянуть к себе дух святости, но лишь за полную цену"».

36) «"В колдовских книгах, которым Ашмадай, царь демонов, обучал царя Шломо, сказано: "Каждый, кто желает усердствовать в том, чтобы отвратить от себя нечистый дух и смирить дух ситры ахра, – то действие, в котором он хочет прилагать усилия, он должен приобрести за полную цену, т.е. должен дать всё, что просят у него, как малое, так и большое. Поскольку дух нечистоты готов действовать всегда даром и впустую, и продается за бесценок, ибо обязывает людей тем, что будет пребывать над ними, и совращает их многочисленными доводами,

---

[37] Тора, Шмот, 25:1-2. «И сказал Творец Моше, говоря: "Скажи сынам Исраэля, пусть возьмут Мне приношение; от каждого человека, расположенного сердцем, берите приношение Мне"».

[38] Тора, Дварим, 16:17. «Каждый пусть принесет, сколько он может, по благословению Творца Всесильного твоего, которое Он дал тебе».

[39] Пророки, Йешаяу, 55:1. «О, все жаждущие, идите к водам, и не имеющие денег, идите, приобретайте и ешьте, и идите, приобретайте без денег и без платы вино и молоко».

дабы пребывать с ними. Сколькими способами он склоняет их к тому, чтобы делали они обиталища свои вместе с ним"».

37) «"В отличие от него дух святости (готов вселиться) лишь за полную цену и за приложение больших и длительных усилий в очищении себя и в очищении жилища своего, и за стремление сердца и души. И даже тогда человек лишь стремится приобрести его, чтобы он вселился в жилище его вместе с ним. К тому же необходимо идти прямым путем, не отклоняясь ни вправо, ни влево, иначе дух святости сразу же убегает от человека и отдаляется от него, и тот уже не сможет приобрести его, как вначале"».

38) «"И об этом сказано: "Пусть возьмут Мне приношение, от каждого человека"[37]» – от того, кто называется «человек», т.е. преодолел свое злое начало, ибо тот, кто преодолел свое злое начало, называется человеком (досл. мужем). «"Расположенного сердцем"[37] – если желает его Творец, как сказано: "(От имени) Твоего говорит сердце мое"[40], "твердыня сердца моего"[41], "и добросердечный"[42], "и стало хорошо у него на сердце"[43] – всё это говорится о сердце, принадлежащем Творцу, о желании, принадлежащем Ему. И также здесь: "Расположенного сердцем"[37] – это сердце, принадлежащее Творцу; от него "пусть возьмут Мне приношение"[37] – ибо там находится" Творец, который пребывает в нем, "а не в другом месте"».

39) «"И откуда мы знаем, что Творец благоволит к человеку и располагает Свое обиталище в нем? Когда мы видим, что стремление человека, прилагая все силы неотступно следовать за Творцом всем своим сердцем, душой и желанием, то мы достоверно знаем, что там пребывает Шхина. И тогда нужно приобрести расположение этого человека любой ценой, соединиться с ним и учиться у него. Об этом сказали мудрецы:

---

[40] Писания, Псалмы, 27:8. «(От имени) Твоего говорит сердце мое: "Ищите лик Мой!" Лик Твой, Творец, искать буду».

[41] Писания, Псалмы, 73:26. «Изнемогает плоть моя и сердце мое, твердыня сердца моего и удел мой – Всесильный, навек».

[42] Писания, Притчи, 15:15. «Все дни убогого – никчемны, а у добросердечного – всегда пир».

[43] Писания, Мегилат Рут, 3:7. «А Боаз поел и попил, и стало хорошо у него на сердце и пошел он, чтобы прилечь у края вороха (зерна). А она подошла тихонько, и открыла изножье его, и прилегла».

"Обрети для себя товарища"⁴⁴ – за полную цену ты должен приобрести его, чтобы удостоиться Шхины, пребывающей в нем. Столь неотступно нужно следовать за праведником и обрести (расположение) его"».

40) «"И точно так же праведник должен следовать за грешником и приобрести его за полную цену, чтобы искоренить в себе эту скверну и усмирить ситру ахра. И сделает его, ибо засчитывается ему, будто бы он сам создал его. И это прославление, чтобы вознеслось в нем величие Творца выше иного прославления. И это возвышение выше всего, поскольку он привел к повиновению ситру ахра, и (привел) к вознесению величия Творца. Это имеется в виду в сказанном об Аароне: "И многих отвратил от греха"⁴⁵. И сказано: "Был Мой союз с ним"⁴⁶».

41) «"Смотри, каждый, кто удерживает за руку грешника и заботится о нем, чтобы тот оставил путь греха, он поднимается в трех восхождениях, которых не совершал другой человек: приводит к повиновению ситру ахра, приводит к вознесению Творца в величии Его, приводит к укреплению каждого мира в становлении его наверху и внизу. И об этом человеке сказано: "Был Мой союз с ним, жизнь и мир"⁴⁶. И он удостаивается видеть сыновей своих сыновей, и становится достойным в этом мире и становится достойным мира будущего. Все судящиеся не смогут осудить его в этом мире и в мире будущем. Он входит в двенадцать врат" небосвода, "и нет того, кто бы предотвратил задуманное им. И об этом сказано: "Сильно будет на земле потомство его, род прямодушных благословится. Изобилие и богатство в доме его, и (воздаяние за) справедливость его пребывает вовеки. Сияет в темноте свет для прямодушных"⁴⁷».

---

⁴⁴ Мишна, раздел Незикин, трактат Авот, часть 1, мишна (закон) 6. «Йеошуа бен Пархия говорит: "Сделай себе рава, и обрети (досл. купи) для себя товарища, и суди о каждом человеке с лучшей стороны (досл. на чашу заслуг)"».

⁴⁵ Пророки, Малахи, 2:6. «Тора истинная была в устах его, и несправедливость не пребывала на губах его, в мире и справедливости ходил он со Мной и многих отвратил от греха».

⁴⁶ Пророки, Малахи, 2:5. «Был Мой союз с ним, жизнь и мир – Я дал их ему (для) страха, и он боялся Меня, и перед именем Моим трепетал он».

⁴⁷ Писания, Псалмы, 112, 2-4. «Сильно будет на земле потомство его, род прямодушных благословится. Изобилие и богатство в доме его, и (воздаяние за) справедливость его пребывает вовеки. Сияет в темноте свет для прямодушных, (ибо) милосерден и жалостлив, и справедлив (Он)».

ГЛАВА ТРУМА

Три цвета пламени

42) «"В верхнем покое (идра)", и это Малхут, "находятся три цвета", НЕХИ, "и они полыхают внутри одного пламени", и это суды, пребывающие в месте хазе в силу подъема туда Малхут, потому что Тиферет – это Бина де-гуф.[48] "И это пламя исходит от южной стороны, т.е. правой", другими словами, исходит от Малхут, подслащенной в Бине, которая находится в свойстве точки холам правой линии, и нет там никакого суда от неподслащенной Малхут. "Эти цвета распределяются в трех сторонах: один поднимается наверх", т.е. светит снизу вверх, и это Нецах, "другой опускается вниз", т.е. светит сверху вниз, Ход,[49] "и еще один, который виден, и скрывается, когда светит солнце"». То есть свечение Хохмы внутри хасадим, передаваемое Есодом, и оно светит только ночью, во время власти Нуквы, а не днем, во время власти Зеир Анпина.

43) «"Один цвет, тот, что поднимается наверх", Нецах, "выходит. И этот цвет – это белый цвет, который белее любой белизны, и он входит в это пламя и окрашивается немного", т.е. включает в себя суды этого пламени, "но не окрашивается", иначе говоря, не виден в нем никакой цвет, являющийся судом. "Этот цвет находится наверху, над верхней частью (рош) этого покоя", т.е. над рош Малхут. "И в час, когда Исраэль приходят в дом собрания и возносят свою молитву, и достигают воззвания "Избавивший Исраэль", и приближают избавление к молитве", и не останавливаются посередине, приводя тем самым к сближению Есода, называемого избавлением, с Малхут, называемой молитвой, "тогда этот белый цвет", Нецах, "поднимается над верхней частью (рош) этого покоя", Малхут, "и становится для него Кетером"».

44) «"И выходит воззвание, гласящее: "Счастливы вы, святой народ, совершающие благо", – т.е. приводящие к единству Есода, называемого благом, – "пред Творцом. И это смысл

---
[48] См. Зоар, главу Ваигаш, п. 39, со слов: «И отсюда мы поймем большую разницу между ХАГАТ Зеир Анпина, расположенными от его хазе и выше, и его НЕХИ...»
[49] См. Зоар, главу Берешит, часть 2, статью «Семь чертогов Эденского сада. Второй чертог, Ход», п. 14, со слов: «И сказано, что свет, включающий все четыре оттенка ХУБ ТУМ, светит сверху вниз...»

сказанного: "И делал благо в глазах Твоих"⁵⁰, то есть приближал избавление к молитве, потому что в час, когда приходят к восславлению Творца всевышнего, и тогда поднимается этот цвет", Нецах, "над верхней частью (рош) покоя, пробуждается этот праведник", Есод Зеир Анпина, "к соединению в нужном месте, в любви, в согласии, в радости и желании. И все органы", т.е. все сфирот, "соединяются в едином стремлении, включаясь друг в друга, высшие в нижних. И все свечи", т.е. все ступени, "светят и воспламеняются, и все они находятся в едином соединении с этим праведником, называемым благом. Как сказано: "Хвалите праведника, который благ"⁵¹. И это приводит всех к единому соединению, и тогда все в тихой мольбе, наверху и внизу, в поцелуях (нешикин) желания, и все это находится в единстве этого покоя"», т.е. в тайне объятия.

Объяснение. Есть два вида свечения сфирот ХУБ ТУМ, представляющих собой три линии и Малхут, получающую их. Одно – снизу вверх, и это свойство сфиры Нецах. А другое – сверху вниз, и это свойство сфиры Ход.⁴⁹ И также в зивуге ЗОН есть два вида. Первый вид – нешикин (поцелуи), происходящие в ГАР, и хибук (объятие), в ВАК. И два этих зивуга светят снизу вверх, поскольку получают от свечения Нецах. Второй вид – это зивуг Есодов, происходящий в окончании НЕХИ, и он светит сверху вниз, так как получают они от свечения Ход. И это три части молитвы «Восемнадцать»: три первых благословения; и двенадцать благословений посередине, ХАБАД ХАГАТ, и в них происходит хибук (объятие) и нешикин (поцелуи), и два этих зивуга получают от свечения Нецаха и поэтому светят только лишь снизу вверх; и три последних благословения, в которых происходит зивуг Есодов, получают от свечения Ход, и поэтому он светит только сверху вниз, как нам еще предстоит выяснить.

45) «"Когда приходят к воззванию: "Установи мир"», – к последнему благословению молитвы «Восемнадцать», к свойству Есод, «"тогда производит действие река, вытекающая из Эдена",⁵² т.е. Есод, "в этом покое", Малхут, "и тогда все должны

---

⁵⁰ Пророки, Йешаяу, 38:3. «И сказал: "Прошу, Творец, вспомни, прошу, что я ходил пред Тобою истинно и всем сердцем, и делал угодное (досл. благо) в глазах Твоих", и заплакал Хизкияу плачем великим».

⁵¹ Пророки, Йешаяу, 3:10. «Хвалите праведника, который благ, ибо плоды деяний своих они вкушают».

⁵² Тора, Берешит, 2:10. «И река вытекает из Эдена, чтобы орошать сад, и оттуда разделяется и образует четыре главных реки».

выйти от Царя. Не должен там находиться ни человек, и никто другой, и не задавать вопросов. Но должны упасть ниц"», т.е. произнести молитву «нефилат апа́им (падение ниц)». «"По какой причине? Потому что этот час – это час служения, и каждый человек должен испытывать стыд перед Господином своим, и прикрыть свое лицо, испытывая великий стыд. И включить себя в служение душам (нефеш), т.е. включается этот покой сверху и снизу в нефашот и рухот. Тогда другой цвет, опускающийся вниз, в Ход, устанавливается и удерживается в окончании (соф) этого покоя"».

Пояснение сказанного. Все, что здесь говорится о Нецахе и Ход, это, главным образом, о раскрытии Хохмы в них, и в Нецах она светит снизу вверх, а в Ход – сверху вниз. И следует понять, как может быть нисхождение Хохмы сверху вниз, ведь это – тяжкое прегрешение, и это – грех Древа познания, как известно? Но дело в том, что в Ход находится собрание всех суровых судов, которые вызваны притяжением Хохмы сверху вниз, и когда Ход раскрывает эти суды, раскрывается с ними также их причина, т.е. сущность притяжения Хохмы сверху вниз, приведшая к этим судам. Таким образом, основное проявление – это суды, а Хохма притягивается сама собой. И в таком виде, она – святость, и нет в ней запрета. И поэтому во время зивуга, когда необходимо раскрытие Хохмы сверху вниз, раскрывается второй упомянутый цвет, Ход, проявляющий там Хохму посредством раскрытия судов, как мы выяснили.

И получается, что здесь есть два свойства. Первое – сущность Хохмы, раскрывающейся сверху вниз. Второе – раскрытие судов, вызванное нисхождением Хохмы сверху вниз. И прилепляющийся к первому свойству, т.е. желающий притянуть или молиться о получении зивуга первого свойства, определяется как находящийся перед Царем во время зивуга, и желающий притянуть оттуда свечение Хохмы сверху вниз, и это – строжайший запрет, как уже объяснялось. И это означает сказанное: «И тогда все должны выйти от Царя... и не задавать вопросов». Потому что нельзя привлекать Хохму сверху вниз, как выяснено. Но необходимо прилепиться ко второму свойству, о котором сказано выше, к раскрытию судов, вызванных притяжением Хохмы сверху вниз, и это прилепление именуется падением ниц (лицом вниз). Ибо «паним (лицо)» – это Хохма, как сказано: «Мудрость (хохма) человека просветляет лик его»⁵³. И эти суды, предостерегающие его не притягивать Хохму, они – словно повергают его лицом вниз. И это означает сказанное: «Но должны упасть ниц» – т.е. прилепиться к судам, повергающим его лицом вниз, и это называется «нефилат апаим (падение ниц)». И это означает сказанное: «По какой причине? Потому что этот час – это час служения». Поскольку раскрываются тогда два вышеназванных свойства, «и каждый человек должен испытывать стыд перед Господином своим, и прикрыть свое лицо» – т.е. человек должен испытывать стыд вследствие своего пристрастия к первому свойству свечения зивуга, ибо тогда он создает ущерб в зивуге Царя, так как запрещено притягивать Хохму сверху вниз, а только прилепиться ко второму свойству, к судам, скрывающим Хохму. И поэтому сказано: «И прикрыть свое лицо, испытывая великий стыд». И из этого свойства он может включиться в зивуг Царя, и это значение сказанного: «И включить себя в служение душам…»

46) «"И выходит воззвание, провозглашающее: "Высшие и нижние, свидетельствуйте: кто он, довершающий души (нефеш) и очищающий грешников", т.е. возвращает их к добру, "тот, кто достоин украситься венцом Малхут на голове его, тот, кто достоин предстать сейчас перед Царем и Царицей, ибо Царь и Царица спрашивают о нем"».

Пояснение сказанного. Известно, что Зеир Анпин и Малхут – это правая и левая линии. И так же, как левая линия Бины не соединяется с правой линией Бины иначе, как с помощью экрана де-хирик, поднимающего среднюю линию, т.е. Зеир Анпин, так же и Малхут не соединяется с Зеир Анпином иначе, как с помощью экрана де-хирик, поднимающего нижнего, ставшего для них средней линией, объединяющей их друг с другом, как мы уже выясняли.⁵⁴

И прежде, чем нижний поднимает МАН, и эта Малхут находится в свойстве левой линии без правой, нельзя питаться от

---

[53] Писания, Коэлет, 8:1. «Кто подобен мудрецу, и кто разумеет значение вещей? Мудрость человека просветляет лик его и смягчает суровость лица его».

[54] См. Зоар, главу Берешит, часть 2, статью «Поднимающееся пламя», п. 253, со слов: «Пояснение сказанного. Белый свет – это свет хасадим, свет Зеир Анпина, обозначаемый буквами "йуд-хэй-вав יהו" имени АВАЯ (יהוה). А синий или черный свет – это свет Нуквы, обозначаемый последней "хэй ה" имени АВАЯ (יהוה)…»

нее. Но грешники питаются от нее и притягивают от нее Хохму сверху вниз. А после того, как нижний поднял МАН и соединил Малхут с Зеир Анпином, грешникам нечем больше питаться от Малхут, и многие из них из-за этого совершают возвращение и прилепляются к ЗОН. И получается, что праведник, который поднял МАН, он тот, кто привел их к возвращению своими деяниями и притянул к ним души (нефеш) святости от зивуга ЗОН.

И это означает сказанное: «Высшие и нижние, свидетельствуйте: кто он, довершающий души (нефеш) и очищающий грешников», – т.е. кто он, который поднял МАН с помощью экрана де-хирик, и возвратил Малхут, и соединил ее с Зеир Анпином, и тем самым отвратил грешников от прегрешения и притянул для них души (нефеш) святости. «Тот, кто достоин быть украшенным венцом Малхут на голове его» – потому что нижний, вызывающий света в высшем, сам удостаивается той меры света, которую он вызвал в высшем.[55] И поскольку благодаря его МАН Малхут соединилась с Зеир Анпином и получила ГАР, поэтому он тоже удостаивается ГАР, и это означает: «Украситься венцом Малхут на голове его». И это означает сказанное: «Тот, кто достоин предстать сейчас перед Царем и Царицей», так как он вызвал зивуг Царя и Царицы, достоин пребывать там. «Ибо Царь и Царица спрашивают о нем» – т.е. хотят передать ему всё, что он вызвал в них.

47) «"Тогда приглашаются два свидетеля, из тех очей Творца, которые кружат по всему миру",[56] т.е. ангелы, надзирающие за миром, "находящиеся за завесой, приводящие это свидетельство и возглашающие: "Мы являемся свидетелями о таком-то, сыне такого-то, который довершил души внизу, души грешников, бывших на другой стороне". Тогда был возвеличен Творец в радости совершенства. Счастлив удел его, и также отец его упоминается благодаря ему с хорошей стороны"», ибо свидетели произнесли: «Такой-то, сын такого-то».

48) «"Тотчас появляется один из управляющих, ответственный за образы праведников, в тайне использования букв"», т.е.

---

[55] См. Зоар, главу Берешит, часть 1, п. 363. «Трое выходят благодаря одному, один находится в трех, входит между двумя, двое питают одного, и один питает многие стороны ...»

[56] Писания, Диврей а-ямим 2, 16:9. «Ибо очи Творца кружат по всей земле, чтобы поддерживать преданных Ему всем сердцем. Безрассудно ты поступил на сей раз. За то отныне будут у тебя войны».

сочетания (зивуга) букв имени, "называемый Йеодиам (יְהוּדִיעָם)"», и есть в нем «йуд-хэй-вав יהו (йео)» от букв этого имени, и он находится «"в Кетере сочетания (зивуга) букв "йуд-хэй יה" святого имени", в Даат. "И Творец делает намек этому управляющему, и тот приносит образ человека, приобретшего души грешников, представляя его перед Царем и Царицей"». Объяснение. Этот ангел исходит от средней линии, т.е. «вав ו» имени АВАЯ (הויה), соединяющей две буквы «йуд-хэй יה» имени АВАЯ (הויה). И это смысл сказанного: «В тайне использовании букв, называемый "Йеодиам (יְהוּדִיעָם)"» – в котором есть три буквы «йуд-хэй-вав יהו (йео)», что указывает на «вав ו», соединяющую «йуд-хэй יה», и есть в нем «диам דעם», от слова «знание (даат דעת)», и Даат – это сфира, поднимающаяся вследствие соединения (зивуга) букв «йуд-хэй יה» святого имени. И это смысл сказанного: «В Кетере сочетания (зивуга) букв "йуд-хэй יה" святого имени». Кетер означает – сфира, т.е. сфира Даат, поднимающаяся вследствие использования «йуд-хэй יה», и поэтому называется Йеодиам (יְהוּדִיעָם).

49) «"Сказал рабби Шимон: "Я свидетельствую на небе и на земле, что в этот час передают ему этот образ праведника, ибо нет у тебя праведника в этом мире, образ которого, начертанный наверху, не находился бы под рукой этого управляющего. И вручают этому праведнику семьдесят ключей, в которых все сокровищницы Господина его", т.е. семь нижних сфирот (ЗАТ) Хохмы. "Тогда Царь благословляет образ этого праведника всеми благословениями, которыми благословил Авраама, когда он приобрел души грешников, как сказано: "И те души, которые они приобрели в Харане"[57]».

50) «"И Творец делает намек четырем высшим станам" ангелов, "и те берут этот образ и отправляются с ним, и он входит в семьдесят скрытых миров, которых не удостоился другой человек", кроме него, "ибо те, что скрыты, они для тех, кто приобрел души грешников. И если бы люди знали, какой выгоды и достояния удостаиваются благодаря им, когда удостаивают их возвращения, они бы следовали за ними и стремились к ним, как стремятся к жизни"».

---

[57] Тора, Берешит, 12:5. «И взял Аврам Сарай, жену свою, и Лота, сына брата своего, и все достояние, которое они приобрели, и те души, которые они приобрели в Харане; и вышли, направляясь в землю Кнаан; и пришли в землю Кнаан».

51) «"Бедняк дает удостоиться людям многочисленных благ и множества высших сокровищ, но не так, как тот, кто удостаивает грешников. Какая разница между тем и другим? Тот, кто усердствует и справедливо поступает с бедным, он восполняет жизнь душе его и поддерживает его существование, и удостаивается благодаря ему многих благ в том мире. А тот, кто старается помочь грешникам" совершить возвращение, "приходит к большему совершенству – ведь он добивается того, чтобы иная сторона, относящаяся к чужим божествам, пришла к повиновению и не властвовала. И, свергая ее господство, он делает так, что Творец, восходя на престол величия Своего, приобретает этому грешнику другую душу. Благословенна участь его"».

52) «"Другой цвет", т.е. третий цвет, "который виден и не виден" в час, когда светит солнце,[58] "в час, когда Исраэль приходят к порядку святости", т.е. к святости при (возглашении): "И придет к Циону избавитель"[59], и тогда этот третий скрытый цвет выходит, поскольку святость эта – это святость, возносимая Исраэлем более, чем высшими ангелами, которые в сотрудничестве с ними. И этот цвет светит и виден с того момента, когда Исраэль возносят эту святость, и до того (момента), когда они завершают ее, чтобы высшие ангелы не наблюдали за ними и не обвиняли их наверху, и не жаловались на них"».

Объяснение. Есть три (вознесения) святости:
1. Святость «Создающий (свет)».[60]
2. Святость в молитве «Восемнадцать», во время повторения ее ведущим молитву (досл. посланцем общества).[61]
3. Святость (при возглашении): «И придет к Циону (избавитель)»[59].

Два первых вида святости мы приобретаем вследствие прославления ангелов, и мы становимся с ними сотрудниками и

---

[58] См. выше, п. 42.
[59] Порядок возглашения святости Творца в утренней молитве (шахарит), после молитвы «Восемнадцать», начинающийся с произнесения: «И придет к Циону избавитель...» (Пророки, Йешаяу, 59:20).
[60] Порядок возглашения святости Творца в утренней молитве (шахарит), до молитвы «Восемнадцать», начинающийся с произнесения: «Благословен Ты, Творец Всесильный, Царь мира, создающий свет и творящий тьму...»
[61] Порядок возглашения святости Творца в утренней молитве (шахарит), во время повторения посланцем общества молитвы «Восемнадцать», начинающийся с произнесения: «Будем святить и превозносить Тебя, как воспевают святые серафимы, трижды возносящие святость Твою...»

получаем эту святость вместо высших ангелов. И мы получаем свечение Хохмы, что в них, снизу вверх, как должно быть. Но третью святость, при возглашении: «И придет к Циону (избавитель)»[59], достигаемую после молитвы, мы притягиваем эту святость к нашему месту внизу, то есть сверху вниз, и это не посредством слияния с ангелами. И она превосходит все остальные, ибо сейчас мы притягиваем сверху вниз.

И поскольку есть свечение Хохмы в этом свечении святости, и нельзя притягивать ее сверху вниз, ибо тогда будут обвинять нас ангелы и жаловаться на нас, поэтому светит на нас третий цвет, свечение Есода, светящий свойством хасадим, в которых скрыто свечение Хохмы и не проявляется, и в таком виде нет запрета притягивать вниз. И это смысл сказанного: «И тогда этот третий скрытый цвет выходит... чтобы высшие ангелы не наблюдали за ними и не обвиняли их наверху, и не жаловались на них», ведь когда мы используем только третий цвет, т.е. свечение хасадим в Есоде, нет у нас страха перед обвинением или жалобой ангелов, которые строго следят только за открытым свечением Хохмы.

53) «"Тогда выходит воззвание, гласящее: "Высшие и нижние, слушайте! Тот, кто несведущ в речениях Торы, тот, чьи речи – не более чем желание похваляться знанием речений Торы. Поскольку мы учили, что человек должен чувствовать свою ничтожность в этом мире в речениях Торы, ибо нет иного вознесения в Торе, кроме как для мира будущего"».

Объяснение. Скрытие Хохмы внутри хасадим, происходящее в свечении Есода, называется смирением и ничтожностью, потому что свет Хохмы намного выше и важнее, чем свет хасадим, и раскрытие Хохмы называется вознесением и величием. И поскольку мы обязаны притягивать свечение святости только с помощью третьего цвета, посредством скрытия Хохмы внутри хасадим, то выходит воззвание о том, что нельзя возноситься в речениях Торы. Однако в будущем мире, где Хохма принимается снизу вверх, разрешено возноситься, т.е. притягивать раскрытие Хохмы. И это означает сказанное: «Ибо нет иного вознесения в Торе, кроме как для мира будущего», так как Хохма там принимается снизу вверх.

54) «"С этой святостью надо быть осторожными, и скрывать ее между нами, для того чтобы мы освятились святостью в начале и в конце больше, чем святостями, которые произносят вместе с нами высшие ангелы. Святость, которую мы возносим"» в молитве «Восемнадцать», «"при прославлении, которым мы прославляем высших ангелов, благодаря этому прославлению они помогают нам войти в высшие врата. И поэтому мы возносим эту святость на языке святости", и это язык, которым пользуются ангелы-служители, "и они помогают нам войти с любовью в верхние врата, потому что мы прославляем их в их порядке"», т.е. когда мы говорим: «И взывал один к другому»[62]. «"И поэтому мы получаем большу́ю святость и входим в высшие врата"».

55) «"И если ты скажешь, что это обман", – то, что мы прославляем их, это не от всего сердца, а для того чтобы получить святость, – "то это не так, ведь высшие ангелы более святы, чем мы, и они получают большую святость. И если бы мы не взяли и не притягивали на себя эти святости", посредством прославления, которым мы прославляем их, "мы бы не могли сотрудничать с ними, и слава Творца не могла бы восполниться наверху и внизу одновременно, так как мы не могли бы получить высшую святость. И поэтому", посредством прославления, которым мы прославляем их, "мы стараемся сотрудничать с ними, и поднимается слава Творца наверху и внизу одновременно"».

56) «"Святость, которая в конце"», при возглашении: «И придет к Циону избавитель»[59], «"это таргум[63], как мы указывали, и даже молящийся в одиночку может произнести ее, так как это на языке таргума. Однако святость, произносимая на языке святости, может быть только среди десяти, поскольку со святым языком соединяется Шхина, и любая святость, к которой нисходит Шхина, может быть только среди десяти. Как сказано: "Чтобы освятился Я среди сынов Исраэля"[64]. Сыны Исраэля, конечно же, (произносят ее) на языке святости, а не остальные народы, у которых есть иной язык"».

---

[62] Пророки, Йешаяу, 6:3. «И взывал один к другому, и сказал: "Свят, свят, свят Повелитель воинств, вся земля полна славы Его!"»
[63] Таргум (תרגום) – дословно: перевод, т.е. перевод, интерпретация текстов Танаха на арамейском языке.
[64] Тора, Ваикра, 22:32. «И не бесчестите святого имени Моего, чтобы освятился Я среди сынов Исраэля. Я, Творец, освящающий вас».

57) «"И если ты скажешь, что ведь святость молитвы "Кадиш (освящение)", является языком таргум, почему она не может произноситься молящимся в одиночку?" И отвечает: "Смотри, эта святость"», молитвы «Кадиш», «"она не как святости, произносимые трижды, но эта святость восходит во всех сторонах – наверху и внизу, и во всех сторонах веры, и сокрушает замки́ и железные оковы, и дурную клипу, дабы вознести величие Царя над всем. А мы должны произносить ее на языке ситры ахра (иной стороны), и отвечать с большой силой: "Амен! Да будет имя Его великое благословенно!"[65] – дабы сокрушить силу ситры ахра и вознести Творца в величии Его над всем. И когда сокрушается этой святостью сила ситры ахра, Творец возносится в величии Своем, и вспоминает о сыновьях Своих, и вспоминает о имени Своем. И поскольку Творец возносится в величии Своем благодаря этой святости, она может быть только среди десяти"».

58) «"И благодаря этому языку" таргум, "ситра ахра вынуждена смириться, и сломлена сила ее, и возносится слава Творца, сокрушая мощные замки́, оковы и цепи, и дурные клипот, и Творец помнит о имени Своем и о сыновьях Своих. Счастлив святой народ, которому Творец даровал святую Тору, чтобы удостоиться с ее помощью мира будущего"».

59) «Сказал рабби Шимон товарищам: "Счастливы вы в мире будущем! И поскольку начал я (провозглашать) речения Кетера высшей Малхут, я скажу еще и только ради вас, а Творец даст вам награду в том мире, и этот лепет уст ваших вознесется наверх, словно вы сами произнесли эти слова"».

---

[65] Слова, произносимые в молитве «Кадиш (освящение)».

ГЛАВА ТРУМА

Золото и серебро, и медь

60) «"И вот приношение, которое должны вы брать у них: золото и серебро, и медь"[66]. Это изречение как для высшей стороны, так и для нижней стороны". И объясняет: "Оно для высшей стороны, т.е. в стороне святости", т.е. в правой стороне, "оно и для нижней стороны", т.е. "для иной стороны", для левой стороны. Ибо Скиния возводится сначала с левой стороны, а затем соединяется в правой. "Смотри, когда Творец создавал мир, Он начал создание его со стороны серебра, т.е. правой, потому что серебро выше" золота, так как серебро – это Хесед и правая линия, а золото – это Гвура, и свойство левой линии. "И при возведении Скинии, которая подобна Малхут, начал с левой стороны", золота, "а затем – с правой стороны", серебра, "поскольку Скиния – с левой стороны, и поэтому начинает здесь с левой стороны", с золота, "а там", при создании мира – с правой стороны. "Как сказано: "И вот приношение, которое должны вы брать от них: золото и серебро, и медь"[66]».

---

[66] Тора, Шмот, 25:3. «И вот приношение, которое должны вы брать от них: золото и серебро, и медь».

ГЛАВА ТРУМА

Вечером, и утром, и в полдень

61) «"И сказано: "Вечером, и утром, и в полдень"[67] – Это изречение мы разъясняли и изучали. Однако здесь – это установленное время молитвы, произносимой каждый день. Товарищи указывали относительно трех этих времен, что вечер – это светило, которое не светит", т.е. Малхут, "утро – это светило, которое светит", Зеир Анпин, "полдень – место, называемое тьмой", т.е. Гвура, "которая связана с вечером", Малхут. "И стоят они друг с другом"», так как левая линия связана с Малхут.

62) «"И то, что мы учили, что полдень – это сила солнца, здесь использован мягкий язык. Ибо принято черного человека называть белым, когда пользуются мягким языком. А иногда белое называют черным, как сказано: "Ибо жену-кушитку взял он себе"[68]. Как сказано: "Разве вы для Меня не как сыны кушитов, сыны Исраэлевы?"[69]»

63) «"Вечер – это вечерняя молитва (арвит), и поскольку вечером примешивается ситра ахра, когда меркнет свет Его, и властвует она ночью, поэтому сделали эту молитву необязательной, и нет у нее", у вечерней молитвы, "постоянного времени", так как она соответствует возложению на жертвенник (особых органов) "эмурим[70] и пдарим[71]", которые оставались от жертвоприношений, "и они пожираются в это время", всю ночь, на жертвеннике, "и отсюда получают питание множество отрядов духов, выходящих и властвующих ночью"». Ибо от остатков жертвоприношений питаются внешние.

64) «"И если ты скажешь, что мы ведь, в таком случае, учили, что все эти носители ситры ахра, духа нечистоты, не властвуют на земле святости, и Исраэль пробуждаются для того",

---

[67] Писания, Псалмы, 55:17-18. «К Всесильному воззову я, и Творец спасет меня. Вечером, и утром, и в полдень умолять буду и вопиять, и Он услышит голос мой».

[68] Тора, Бемидбар, 12:1. «И говорили Мирьям и Аарон против Моше по поводу кушитки, которую он взял, ибо жену-кушитку взял он себе».

[69] Пророки, Амос, 9:7. «Разве вы для Меня не как сыны кушитов, сыны Исраэлевы? – слово Творца. – Не вывел ли Я Исраэль из земли египетской, а плиштим – из Кафтора, а арамейцев – из Кира?»

[70] Эмурим – части жертв, которые сжигались на жертвеннике: две почки, перепонка с печени и курдюк.

[71] Пдарим – внутренний жир сжигаемых жертв.

чтобы прогнать их, "и нельзя пробуждать их, чтобы пребывать на земле святости?"»

65) И отвечает: «"Однако ночью поднимается этот дым", от эмурим[70] и пдарим[71]. "И поднимается он не так, как дым другого жертвоприношения, от которого дым поднимался прямо вверх, так как здесь этот дым поднимался к одной расщелине, находящейся в северной стороне, где находятся пристанища злых духов. И поскольку этот дым поднимается и отклоняется от своего пути в эту сторону, все они получали питание, и стояли, и оставались на своих местах, и не выходили" оттуда, "чтобы властвовать в мире"».

66) «"Один правитель находится над расщелиной северной стороны, над всеми отрядами этих духов, и имя его Сангирья. И в час, когда этот дым отклоняется от своего пути и поднимается, этот правитель и шестьдесят рибо (десятков тысяч) тысяч иных станов, все они являются, чтобы принять его и питаться от него. И они стоят около расщелины северной стороны, и проникают в один вход, называемый непостоянством, как сказано: "И если ходить станете со Мною непостоянно"[72]. Сказано также: "И Я отвечу вам гневом непостоянства"[73] – т.е. гневом, исходящим от входа, называемого "непостоянство"».

67) «"И это те, что блуждают ночью", если они не получают питания от этого дыма, "и в час, когда души выходят из этого входа, чтобы явиться наверх, те предстают перед ними и сбивают их, и они не могут подняться и явиться наверх. Кроме тех высших приверженцев святости, которые пробивают небосводы и воздушные пространства, поднимаясь наверх. И эти станы духов выходят, сообщая ложные известия людям, и предстают им в иных обликах", женских, "и забавляются с ними до тех пор, пока не вызывают излияние семени. И называются они несущими непостоянство, ведь поскольку они выходят из входа, называемого непостоянством, это служит причиной"» того, что называются они несущими непостоянство.

---

[72] Тора, Ваикра, 26:21. «И если ходить станете со Мною непостоянно и не пожелаете слушать Меня, то прибавлю вам кар, семикратно против грехов ваших».

[73] Тора, Ваикра, 26:28. «И Я отвечу вам гневом непостоянства, и накажу вас всемеро против грехов ваших».

68) «"В час, когда пожирались эмурим и пдарим" с жертвенника, "этот дым насыщал этих духов и питал их. В соответствии с их уровнем и питание их, согласно тому, что им полагается. И благодаря этому они не выходят и не блуждают по земле святости"».

69) «"Вечер (эрев)" – он называется так согласно сказанному: "А также великое смешение (эрев рав) вышло с ними"[74] – т.е. он представляет собой смешение. Ибо все отряды духов смешиваются с правлением ночи, и поэтому вечернюю молитву (арвит) сделали необязательной, потому что нет того, кто бы смог исправить ее, как Яаков, который был мужем Скинии", т.е. Малхут, "и исправил ее, как подобает"».

70) «"И хотя она необязательна, эта молитва предназначена охранять нас от страха ночного, от страха перед разными видами преисподней. Ибо в этот час грешники получают наказание вдвойне по сравнению с днем. И поэтому Исраэль заранее произносят слова молитвы: "И Он, милостивый"[75], чтобы защитить себя от страха преисподней. А в субботу, когда нет страха перед судом преисподней или другим судом, запрещено пробуждать его"», и говорить: «"И Он, милостивый"[75], "поскольку возникает представление, что суббота не обладает силой, прогоняющей этот суд из мира"».

71) «"Есть также страх перед обвинением, возводимым на души, когда они хотят подняться наверх, чтобы предстать перед их Господином. Поэтому они, зная об этом наперед, произносят: "Хранящий Свой народ Исраэля навечно! Амен"[76] – в страхе перед многочисленными вредителями и обвинителями, пребывающими ночью, и есть у них сила причинять вред тому,

---

[74] Тора, Шмот, 12:37-38. «И отправились сыны Исраэля из Рамсеса в Суккот – около шестисот тысяч пеших мужчин, кроме детей. А также многочисленная толпа иноплеменников (досл. великое смешение, эрев рав) вышла с ними, и мелкий и крупный скот – очень много скота».

[75] Слова, с которых начинается вечерняя молитва (арвит): «И Он, милостивый, прощает грех и не губит, и много раз отвращал гнев Свой и не пробудит всей ярости Своей (Писания, Псалмы, 78:38). Творец, помоги! Царь ответит нам в день, когда воззовем мы (Писания, Псалмы, 20:10)».

[76] Слова, завершающие вечернюю молитву: «Благословен Ты, Творец, хранящий Свой народ Исраэля навечно! Амен».

кто выходит из дома своего наружу. И поэтому, предотвращая это, мы произносим: "И храни наш уход и приход"[77]».

72) «"И из-за всего этого, в страхе перед всем этим мы вручаем тела, дух и души высшей Малхут, в руках которой находится вся власть. И поэтому вечерняя молитва (арвит) произносится каждую ночь. Теперь, когда нет ни жертвоприношений, ни жертвенников, мы все производимые нами исправления совершаем на эту тайну"», дыма от жертвоприношений.

73) «"В полночь, когда пробуждается северный ветер", т.е. левая линия, приходящая в это время во всей своей полноте, "он ударяет по всем этим пристанищам злых духов, и сокрушает ситру ахра, и входит, проникая всюду, наверху и внизу. И все эти отряды духов входят на свои места, и сила их сломлена, и они не властуют. И тогда является Творец, чтобы радоваться вместе с праведниками в Эденском саду. И мы это уже учили"».

74) «"При наступлении утра свет свечи, который господствовал ночью", т.е. свечение левой линии, "прячется от света дня", света хасадим, "и тогда господствует утро", Есод, "и уходит власть сумерек", т.е. Малхут. "Это утро – это утро первого света, это утро наполняет благом все миры, от него получают питание высшие и нижние, оно орошает сад", Малхут, "и оно является защитой всего мира"».

75) «"И это тайна для знающих суды. Тот, кто хочет отправиться в путь, должен подняться еще ночью и внимательно понаблюдать, согласно наступившему часу, за восточной стороной, и приглядеться к виду букв, поочередно ударяющих по небосводу: одно поднимается, а другое опускается. И это – сверкание букв, которыми были созданы небо и земля"».

76) «"И если он знает тайну этих букв, которые составляют святое сорокадвухбуквенное имя, и упоминает их надлежащим образом в желании сердца, он увидит в светящем сиянии небосвода шесть букв "йуд ׳": три – с правой стороны, и три – с левой. И (увидит) три буквы "вав ו", которые поднимаются и опускаются, и сверкают на небосводе. Это буквы

---

[77] Слова из окончания вечерней молитвы: «И храни наш уход и приход ради жизни и мира отныне и вовеки!»

"благословения коэнов"⁷⁸» – шесть букв «йуд י» в начале слов отрывков: «Благословит тебя Творец (יְבָרֶכְךָ)»⁷⁹, «Озарит Творец (יָאֵר יְיָ)»⁸⁰, «Обратит Творец (יִשָּׂא יְיָ)»⁸¹. И три буквы "вав ו" в словах: «И охранит (וְיִשְׁמְרֶךָ)»⁷⁹, «И помилует (וִיחֻנֶּךָּ)»⁸⁰, «И даст (וְיָשֵׂם)»⁸¹. Буквы «йуд י» делятся на две линии, правую и левую, а буквы «вав ו» – это средняя линия, объединяющая их. "Тогда пусть произнесет свою молитву, и отправится в путь, и Шхина непременно будет идти впереди него. Счастлива участь его"».

77) «"Когда наступает это утро, один столб", Тиферет, "вбит в южной стороне вследствие простирания небосвода над этим садом", т.е. он склоняется к Хеседу. "И он – вне столба, вбитого посреди сада.⁸² И этот столб светит свечением трех цветов", т.е. ХАГАТ, "переплетающихся вместе в пурпурном цвете. У этого столба", т.е. Тиферет, "есть одна ветвь", Есод, "и на этой ветви встречаются три птицы", т.е. три линии, светящие в Малхут, поскольку Малхут со стороны свечения в ней Хохмы называется птицей, "поднимающие щебет для прославления"».

---

⁷⁸ Тройное благословение коэнов, которым благословляют во время повторения молитвы «Восемнадцать» посланцем общества, и в котором используются три изречения из главы Насо (Бемидбар, 6:24-26).
⁷⁹ Тора, Бемидбар, 6:24. «Благословит тебя Творец и охранит тебя».
⁸⁰ Тора, Бемидбар, 6:25. «Озарит Творец лицо Свое для тебя и помилует тебя».
⁸¹ Тора, Бемидбар, 6:26. «Обратит Творец лицо Свое к тебе и даст тебе мир».
⁸² См. Зоар, главу Берешит, часть 2, статью «Седьмой чертог, Бина», п. 27, со слов: «Пояснение сказанного. Во время второго сокращения опустились...»

ГЛАВА ТРУМА

Сказал страж: «Утро настало»

78) «"Провозгласила одна из птиц: "Алелуйа (славьте Творца)! Славьте, служители Творца! Славьте имя Творца!"[83]» Это правая линия в Малхут, светящая (светом) хасадим. Поэтому произносит она: «Славьте имя Творца!»[83], призывая восславлять имя Творца, Малхут, спустя некоторое время, – то есть после того, как будет светить Хохма в ней, поскольку тогда она облачит ее в хасадим. «"Провозгласила вторая птица: "Да будет имя Творца благословенно отныне и вовеки!"[84]» Это свечение левой линии, несущей свечение Хохмы, и от нее – основа Малхут. И поэтому она произносит: «Да будет имя Творца благословенно отныне»[84] – т.е. она сразу светит в Малхут, называемой «имя Творца». «"Провозгласила третья птица: "От восхода солнца и до заката его прославлено имя Творца!"[85] Это свечение средней линии, получающей от сущности сфиры Тиферет, называемой солнцем. "Тогда выходит воззвание и призывает: "Подготовьтесь высшие священнослужители – те, кто восславляет Господина своего. Настройтесь на прославление дня. Тогда отделяется день от ночи. Счастлив удел встающего рано утром с прославлением Торы, которой занимался ночью. И это время утренней молитвы"».

79) «"Сказал страж: "Утро настало, и также ночь. Если будете вопрошать, – вопрошайте. Возвращайтесь. Приходите"[86] – это изречение указывает на изгнание Исраэля, поселившихся среди сынов Сеира, и Исраэль обращаются к Творцу: "Страж, что же с ночью?"[87] – что будет с нами вследствие этого изгнания, подобного ночной тьме. Что сказано: "Сказал страж"[86] – т.е. Творец, "утро настало"[86] – уже светил Я вам в египетском изгнании, и поднял Я вас и приблизил вас к работе Моей, и дал Я вам Тору, чтобы удостоились вы вечной жизни. Оставили вы Тору Мою, "и также ночь"[86] – Я привел вас в вавилонское изгнание, и Я поднял вас, вы же оставили Тору Мою, как и вначале, и

---

[83] Писания, Псалмы, 113:1. «Алелуйа. Славьте, служители Творца, славьте имя Творца!»

[84] Писания, Псалмы, 113:2. «Да будет имя Творца благословенно отныне и вовеки!»

[85] Писания, Псалмы, 113:3. «От восхода солнца до заката его прославлено имя Творца!»

[86] Пророки, Йешаяу, 21:12. «Сказал страж: "Утро настало, и также ночь. Если будете вопрошать, – вопрошайте. Возвращайтесь. Приходите"».

[87] Пророки, Йешаяу, 21:11. «Пророчество о Думе. Ко мне взывает из Сеира: "Страж, что же с ночью? Страж, что же с ночью?"»

Сказал страж: «Утро настало»　　　　　　　　　　ГЛАВА ТРУМА

тогда Я снова ввел вас в изгнание, как и вначале. "Если будете вопрошать, – вопрошайте"[86] – как сказано: "Вопрошайте над книгой Творца и читайте"[88], и там вы найдете, от чего зависит ваше изгнание и ваше избавление, и когда будете вопрошать в ней, то она обратится к вам и возгласит перед вами: "Возвращайтесь. Приходите"[86]. "Возвращайтесь" – в полном возвращении, и сразу же "приходите", и приближайтесь ко мне"».

80) Об этом отрывке сказано: «Пророчество (досл. прорицание) о Думе»[87]. О шести ступенях пророчества сказано у пророков: ви́дение (махазе́), предвидение (хазо́н), откровение (хизайо́н), предвещание (хазу́т), предсказание (дава́р), прорицание (маса́). И все пять (первых) подобны тому, словно кто-то видит из-за стены это свечение света. И кто-то из них словно видит свет солнца изнутри стеклянной колбы. Однако прорицание (маса́) – это когда свет приходит в результате больших усилий, и ему это было очень тяжело, и он не может открыть это, как сказано: «Чтобы возлагать бремя (маса́ מַשָּׂא) всего этого народа на меня?!»[89] И поэтому называется «прорицание (маса́ מַשָּׂא)».

81) «"И здесь" сказано: "Пророчество (досл. прорицание) о Думе"[87], что означает – "большое усилие, поскольку это пророчество не могло раскрыться, и это пророчество в скрытии, и пребывает в скрытии. "Ко мне взывает из Сеира"[87]. Здесь не говорится, кто сказал: "Ко мне взывает из Сеира"[87] – Творец или верный пророк, но это пророчество, конечно же, находится в скрытии, в свойстве высшей веры, и из скрытия говорил этот верный пророк, которого призывал голос веры", Малхут, "и он сказал: "Ко мне взывает из Сеира"[87]. Сказано: "И воссиял им из Сеира"[90], но не сказано: "И воссиял Сеиру". Поскольку таково свойство веры, когда ступени светят изнутри ступеней, – одни внутри других, оболочка (клипа) внутри оболочки, и разум внутри разума"». Поэтому сказано: «Из Сеира»[87] – т.е. Он раскрылся изнутри клипы Сеира.

---

[88] Пророки, Йешаяу, 34:16. «Вопрошайте над книгой Творца и читайте: ни один из них не отсутствует, не искали один другого; ибо уста Мои – они повелели, и дуновение их – оно соберет их».

[89] Тора, Бемидбар, 11:11. «И сказал Моше Творцу: "Почему Ты содеял зло рабу Твоему, и почему не обрел я милости в глазах Твоих, – чтобы возлагать бремя всего этого народа на меня?!"»

[90] Тора, Дварим, 33:2. «И сказал он: "Творец из Синая пришел и воссиял им из Сеира, явился от горы Паран и пришел из среды десятков тысяч святых. От десницы Его – пламя закона для них"».

82) «"Мы ведь разъясняли, что сказанное: "Вот ураганный ветер пришел с севера"[91] – это одна ступень, "большое облако"[91] – это вторая ступень, "огонь разгорающийся"[91] – третья ступень, "и сияние вокруг него"[91] – четвертая ступень, "и изнутри него словно сверкание (хашмаль)"[91]. А затем: "И изнутри него – подобие четырех живых существ"[92], – то есть ступени внутри ступеней"».

83) «"Так же и здесь – когда раскрывается Творец Исраэлю, Он раскрывается только из этих ступеней. "Из Синая пришел"[90] – это самая скрытая ступень. А затем Он должен раскрыться. И сказано: "И воссиял из Сеира"[90] – то есть другая ступень, находящаяся в большем раскрытии, и это – оболочка, покрывающая мозг. А затем: "Явился с горы Паран"[90] – это другая ступень. А затем: "И пришел из среды десятков тысяч святых"[90] – это самая возвышенная из всех, и хотя Он раскрывался на всех этих ступенях, из этого места, являющегося основой всего, считается, что Он начал раскрываться. Из какого места? "Из среды десятков тысяч святых"[90], и это самые высшие верхние ступени. Также и здесь: "Ко мне взывает из Сеира"[87] означает – с той ступени, о которой мы сказали"» выше, в сказанном: «И воссиял им из Сеира»[90], «"с которой слился наверху"».

84) «"Страж, что же с ночью (лайла לַיְלָה)? Страж, что же с ночью (лейль לֵיל)?"[87]

Страж – это Матат. И сказано о нем: "А берегущий Господина своего будет почитаем"[93] – это свойство, властвующее ночью. "Что же с ночью (лайла לַיְלָה)? Страж, что же с ночью (лейль לֵיל)?"[87]

В чем различие между одним и другим?" – между ночью (лайла לַיְלָה) и ночью (лейль לֵיל)? И отвечает: "Но всё это – одно целое" – что обе они являются ночью и тьмой. Но в одной части" ночи (лейль לֵיל) "властвует ситра ахра, а в другой части" ночи (лайла לַיְלָה) "она вообще не властвует. Ночь (лейль לֵיל) требует

---

[91] Пророки, Йехезкель, 1:4. «И увидел я: вот ураганный ветер пришел с севера, и большое облако и огонь разгорающийся, и сияние вокруг него, и изнутри него словно сверкание (хашмаль) – изнутри огня».

[92] Пророки, Йехезкель, 1:5. «И изнутри него – подобие четырех живых существ, и вид их подобен человеку у них».

[93] Писания, Притчи, 27:18. «Стерегущий смоковницу будет есть плоды ее, а берегущий господина своего будет почитаем».

охраны, как сказано: "Это – ночь (лейль לֵיל) хранимых"[94], и поэтому ей недостает "хэй ה"», так как «хэй ה» указывает на исправленную Малхут, «"и это когда наступает ночь, до тех пор, пока не разделилась"», т.е. первая половина ночи до полуночи называется «лейль». «"От полуночи и далее властвует ночь (лайла לַיְלָה) с "хэй ה", как сказано: "И было в половине ночи (лайла לַיְלָה)"[95], "Это – та самая ночь (лайла לַיְלָה)"[94], "И ночь, как день, будет светить"[96]. И поэтому сказано: "Страж, что же с ночью (лайла לַיְלָה)? Страж, что же с ночью (лейль לֵיל)?"[87]»

85) «"Сказал страж"[86]. Нашел я в книге Адама, в чем различие между "и сказал (ва-йо́мер וַיֹּאמֶר)" и между "сказал (ама́р אָמַר)". "И сказал (ва-йо́мер וַיֹּאמֶר)" – наверху", и это Зеир Анпин, "сказал (ама́р אָמַר)" – внизу", и это Матат. Как сказано: "А Моше сказал (ама́р אָמַר) Он"[97]. Кто сказал? "Сказал страж"[86], и это – Матат. "Утро настало"[86] – т.е. время утренней молитвы, и это правление дня, который властвует над ночью. И если ты скажешь, что утро наступает само, и отделяется захар", т.е. утро, "от нуквы", ночи, "ведь сказано: "И также ночь"[86] – т.е. оба вместе, и они не отделяются друг от друга никогда. И этот голос произносит слова: "Утро настало, и также ночь"[86] – оба они предназначены вам"».

86) «"Отныне и впредь: "Если будете вопрошать, – вопрошайте"[86]. "Если будете вопрошать", направляя ваши просьбы в молитве пред Царем, "вопрошайте" – молитесь и направляйте ваши просьбы, и "возвращайтесь"[86] – к Господину вашему. "Приходите"[86] – подобно тому, кто приглашает сыновей своих, чтобы взять их к себе и смилостивиться над ними. И также Творец, утром и ночью призывает и говорит: "Приходите"[86]. Счастливы они, святой народ, ибо их Господин желает их и призывает их, чтобы приблизить к Себе"».

---

[94] Тора, Шмот, 12:42. «Это – ночь (лейль) хранимых для Творца, чтобы вывести их из земли египетской. Это – та самая ночь (лайла) для Творца хранимых, для всех сынов Исраэля в поколения».

[95] Тора, Шмот, 12:29. «И было в полночь (досл. в половине ночи), и Творец поразил всякого первенца в земле египетской, от первенца Фараона, который сидеть должен на престоле его, до первенца узника, который в темнице, и все первородное из скота».

[96] Писания, Псалмы, 139:12. «И тьма не скроет от Тебя, и ночь, как день, будет светить; тьма – как свет».

[97] Тора, Шмот, 24:1. «А Моше сказал Он: "Взойди к Творцу, ты и Аарон, Надав и Авиу, и семьдесят из старейшин Исраэля, и поклонитесь издали"».

87) «"Тогда, святой народ, должны объединиться и явиться в дом собрания – и тот, кто приходит первым, соединяется со Шхиной в едином соединении. Смотри, тот первый, который находится в доме собрания, счастлив его удел, так как он находится на ступени праведника по отношению к Шхине. И это смысл сказанного: "И ищущие меня найдут меня"[98]. Этот восходит на высшую ступень. И если ты скажешь: "Мы ведь учили, что когда Творец приходит в дом собрания и не находит там десяти, то сразу же гневается. А ты говоришь, что этот один, пришедший первым, соединился со Шхиной и находится на ступени праведника?!"»

88) И отвечает: «"Но это подобно царю, отправившему всем жителям города послание о встрече с ним в назначенный день и в назначенном месте. Пока все жители города готовились к этому, один из них заранее явился на это место. Тем временем явился царь, обнаружив там этого человека, пришедшего раньше. Обратился к нему царь: "Почтенный! А где же все жители города?" Ответил он ему: "Господин мой! Я пришел раньше них, а они явятся позднее, согласно указанию царя". Тогда понравилось это царю, и сел он с ним, и разговаривал с ним, и полюбился он царю. Между тем явился весь народ, и царь был благожелателен с ними, и отослал их с миром. Но если бы жители города не явились, и один из них заблаговременно не предстал перед царем, чтобы поговорить с ним, чтобы встретиться ради них, и сказать, что все придут, то царь сразу рассердился бы и разгневался"».

89) «"Также и здесь. Поскольку один пришел заблаговременно и находится в доме собрания, и Шхина приходит и обнаруживает его, тогда считается, словно все они находятся там, ибо он ждал их там. Сразу же соединяется с ним Шхина, и пребывают они в едином соединении, и она, познакомившись с ним, ставит его на ступень праведника. И если бы один не явился заранее и не находился бы там, что сказано: "Почему пришел Я, и не было никого?"[99], и не сказано: "Не было десяти", а сказано "не

---

[98] Писания, Притчи, 8:17. «Я люблю любящих меня, и ищущие меня найдут меня».

[99] Пророки, Йешаяу, 50:2. «Почему пришел Я, и не было никого, взывал Я, и не отвечал никто? Разве коротка стала рука Моя, чтобы избавлять, или нет во Мне силы, чтобы спасать? Ведь гневом Моим Я иссушаю море, превращаю реки в пустыню, смердят рыбы их от безводья и вымирают от жажды».

было никого"⁹⁹, т.е. одного, "чтобы, соединившись со Мной, мог находиться у Меня. И это, как говорится: "Человек Всесильного", что означает – находиться на ступени праведника"».

90) «"И кроме того, Он вступает в знакомство с ним, и спрашивает о нем, если он не приходит в какой-то день, как сказано: "Кто среди вас боится Творца, слушается голоса раба Его?"¹⁰⁰ Мы уже объясняли сказанное: "Ко мне взывает из Сеира"⁸⁷ – что ступень следует за ступенью, и ступень находится внутри ступени".¹⁰¹ И поэтому "этот страж"», хотя и сказано: «Ко мне взывает из Сеира»⁸⁷, т.е. Матат, «"взывает с силой каждый день: "Утро настало, и также ночь"⁸⁶ – имеется в виду утренняя молитва.¹⁰² И это то, что спрашивает о нем Творец: "Кто среди вас боится Творца, слушается голоса раба Его?"¹⁰⁰ – т.е. Матата"», и приходит в дом молитвы. Ведь Творец спрашивает о нем, если он не приходит, и говорит: «Кто среди вас боится Творца, слушается голоса раба Его?»¹⁰⁰ «"И поэтому счастлив тот, кто приходит в дом собрания заблаговременно, чтобы подняться на эту ступень, о которой мы сказали"», – на ступень праведника.

91) «"Когда наступает утро, и общество уже находится в доме собрания, они должны начать воспевания и восславления, произнесенные Давидом. И порядок такой, что необходимо пробудить любовь наверху и внизу, произвести исправления и пробудить радость. Ибо поэтому левиты вызывают пробуждение любви и радости наверху, с помощью этих песен и прославлений"».

92) «"И тот, кто говорит в доме собрания о вещах обыденных, – горе ему, ибо демонстрирует разъединение, горе ему, ибо нарушает веру, горе ему, ибо нет у него удела во Всесильном Исраэля, потому что демонстрирует этим, что нет Творца, и не находится Он там, и не боится он Его, и навлекает позор на высшее исправление наверху"». Ведь дом собрания установлен в соответствии с высшей Малхут.

---

¹⁰⁰ Пророки, Йешаяу, 50:10. «Кто среди вас боится Творца, слушается голоса раба Его? Тот, кто ходит во тьме и нет света ему, пусть полагается на имя Творца и опирается на Всесильного своего».
¹⁰¹ См. выше, п. 81.
¹⁰² См. выше, п. 85.

93) «"Поскольку в час, когда Исраэль возносят в доме собрания весь порядок воспеваний и прославлений, а также молитву, собираются три стана высших ангелов. Первый стан – это святые ангелы, воославляющие Творца днем. Ибо есть и другие, восславляющие Творца ночью, а эти восславляют Творца и произносят воспевания и прославления народа Исраэля днем"».

94) «"Второй стан – это святые ангелы, пребывающие в каждой святости, которую Исраэль произносят внизу. И под их властью находятся все те, кто пробуждается на всех небосводах этой молитвой Исраэля. Третий стан – это высшие служанки", т.е. семь душ (руах) семи чертогов мира Брия, которые устанавливаются с Малхут, и они подготавливают Малхут, чтобы предстать перед Царем"».

95) «"И все они устанавливаются в том порядке, который Исраэль устанавливают внизу этими воспеваниями и прославлениями, и молитвой, возносимой Исраэлем. После того, как эти три стана показываются, Исраэль начинают песнопение и воспевают пред своим Господином. И первый стан, назначенный воспевать своего Господина днем, присоединяется к ним и вместе с Исраэлем воспевает эти прославления царя Давида, и мы уже это поясняли"».

96) «"В то время, когда Исраэль завершают возносить прославления Давида, тогда произносят прославление "Песнь моря", как мы разъясняли. И если ты спросишь: почему это прославление относится к последнему исправлению, наступающему после прославлений Давида? – То ведь письменная Тора предшествовала устной, и она предшествовала Пророкам, и предшествовала Писаниям, и так как она первая, ее надо и произносить первой"».

97) «"Но поскольку Кнессет Исраэль", Малхут, "исправляется только в письменной Торе, поэтому нужно произнести эту песнь в начале ее исправления", сразу же после молитвы сидя, и это прославление важнее всех остальных прославлений в мире. И она", Малхут, "не исправляется от всех них так, как исправляется от этого прославления, и поэтому оно следует сразу же за молитвой сидя"», за молитвой «Создающий», «"как мы уже указывали"».[103]

---
[103] См. выше, п. 52.

98) «"В тот час, когда возносится "Песнь моря", Кнессет Исраэль украшается Кетером, которым в будущем Творец должен увенчать царя Машиаха. И на этом Кетере (короне) выгравированы и отчеканены святые имена, так же как украсился Творец в день, когда перешли Исраэль море, и оно утопило все станы Фараона и всадников его. Поэтому человек должен вложить желание свое в эту песнь, и все, кто удостаивается благодаря ей этого мира, удостаиваются увидеть царя Машиаха в этом исправлении Кетера и препоясанного оружием, и удостаиваются возносить эту песнь там. И мы ведь это уже разъясняли"».

99) «"Когда человек приходит к прославлению, Творец берет этот Кетер и помещает перед Собой, и Кнессет Исраэль", Малхут, "начинает исправляться, чтобы предстать пред высшим Царем", Зеир Анпином. "И необходимо включить ее в тринадцать свойств высшего милосердия, которыми она благословляется. И это – тринадцать видов высших благовоний, как сказано: "Нард и шафран, аир и корица..."[104] А здесь они: песнь, прославление, восхваление, воспевание, доблесть, власть, вечность, величие, мужество, слава, великолепие и святость" – итого двенадцать, а затем соединить ее с ними, и сказать: "И Малхут (царство)", итого тринадцать, так как она благословляется от них"».

100) «"И поэтому в час, когда Малхут включается в них", в тринадцать этих свойств, "нужно обратить внимание и желание на это, и не разговаривать вообще, чтобы не прерываться между ними. И если он прерывается между ними, выходит из-под крыльев херувимов одно пламя, взывая с силой и говоря: "Такой-то, прервавший вознесение Творца, – завершится и прервется жизнь его так, что не увидит вознесения святого Царя". Как сказано: "И не увидит он величия Творца"[105], потому что эти тринадцать свойств – это величие Творца"».

---

[104] Писания, Песнь песней, 4:14. «Нард и шафран, аир и корица, со всеми деревьями бальзамными, мирра и алоэ, со всеми лучшими благовониями».

[105] Пророки, Йешаяу, 26:10. «Будет помилован грешник – не научится правде, в стране справедливости нечестив будет, и не увидит он величия Творца».

101) «"Отсюда и далее: "Творец благодарений"¹⁰⁶. Это высший Царь – Царь, которому принадлежит мир (шалом). Как сказано: "Песнь песней, что для Шломо"¹⁰⁷ – то есть для царя, которому принадлежит мир (шалом)", и это Зеир Анпин. "Ибо все эти прославления", что раньше, "были у Кнессет Исраэль", Малхут, "когда она прославлялась нижними станами. Оттуда и далее: "Создающий свет и творящий тьму"¹⁰⁸ – это исправления высшего мира"», Зеир Анпина.

102) Буквы алфавита, с которых начинаются слова молитвы: «"Творец благословенный, великий знанием... אֵל בָּרוּךְ גָּדוֹל דֵּעָה"¹⁰⁹ – это исправления нижнего мира", Малхут. "И это" в начале слов молитвы "двадцать две малые буквы. Поскольку есть как большие буквы, так и малые: малые буквы – в нижнем мире", Малхут, "большие буквы – в будущем мире"», Бине.

103) «"Они большие во всём", т.е. по двум причинам: "они большие" буквы "сами по себе, даже когда они встречаются отдельно; и они большие, когда эти буквы распространяются еще больше, и каждая буква приходит в соответствующем ей сочетании, т.е. в прославлении субботы. И эти буквы прославления: "Творец (Эль אל) – Властелин над всеми деяниями. Благословен (барух ברוך) и благословляем устами каждой души"¹¹⁰, – эти буквы распространяются в пяти словах каждая"», ибо в строке: «Творец – Властелин...»¹¹⁰ – пять слов, и также в строке: «Благословен и благословляем...»¹¹⁰ «"И они соответствуют

---

¹⁰⁶ Слова утренней молитвы (шахарит), завершающие молитву прославления Творца: «Творец благодарений, Властелин чудес, выбирающий песнопения, Царь, Всевышний, Жизнь миров».

¹⁰⁷ Писания, Песнь песней, 1:1. «Песнь песней, что для Шломо».

¹⁰⁸ Первое благословение перед молитвой «Шма Исраэль»: «Благословен Ты, Творец Всесильный наш, Царь вселенной, создающий свет и творящий тьму, устанавливающий мир и сотворяющий всё».

¹⁰⁹ Отрывок из утренней молитвы (шахарит), произносимой повседневно перед молитвой «Шма, Исраэль»: «Творец благословенный, великий знанием, уготовил и создал солнечное сияние. Благословенный сотворил все во славу имени Своего. Окружил крепость Свою светилами. Главы воинства Его – ангелы святые, превозносящие Всемогущего постоянно». אֵל בָּרוּךְ גָּדוֹל דֵּעָה הֵכִין וּפָעַל זָהֳרֵי חַמָּה טוֹב יָצַר כָּבוֹד לִשְׁמוֹ מְאוֹרוֹת נָתַן סְבִיבוֹת (עֻזּוֹ פִּנּוֹת צְבָאוֹת קְדוֹשִׁים רוֹמְמֵי שַׁדַּי תָּמִיד).

¹¹⁰ Отрывок из утренней молитвы (шахарит), произносимой перед молитвой «Шма Исраэль» в субботу или праздничный день, начинающийся со слов: «Творец – Властелин над всеми деяниями; благословен и благословляем устами каждой души; Его величием и Его добротою полнится мир; знание и разумение окружают Его». אֵל אָדוֹן עַל כָּל הַמַּעֲשִׂים בָּרוּךְ וּמְבֹרָךְ (בְּפִי כָּל הַנְּשָׁמָה גָּדְלוֹ וְטוּבוֹ מָלֵא עוֹלָם דַּעַת וּתְבוּנָה סוֹבְבִים הוֹדוֹ)

пятидесяти вратам будущего мира"», Бины. И это пять сфирот КАХАБ ТУМ, каждая из которых состоит из десяти.

104) «"Две другие буквы, находящиеся в конце прославления "Творец – Властелин..."[110], "шин ש" "тав ת", они находятся в последних строках, по шесть слов в каждой, и они соответствуют шести окончаниям (ВАК)", ХАГАТ НЕХИ, "будущего мира", Бины, "и выходят оттуда в таком виде: "Хвалу воздадут Ему все воинства небесные (שֶׁבַח נוֹתְנִים לוֹ כָּל צְבָא מָרוֹם)"[111], "Великолепие и величие – серафимы и офаним, и святые создания (תִּפְאֶרֶת וּגְדֻלָּה שְׂרָפִים וְאוֹפַנִּים וְחַיּוֹת הַקֹּדֶשׁ)"[111]».

105) «"Эти две буквы", «шин ש» «тав ת», «"они по шесть" букв "в каждой из строк, две первых буквы"», «алеф א» «бет ב», «"они по пять" букв, "все остальные буквы алфавита, посередине, все они по четыре буквы, поскольку относятся к высшему строению (мерлава). Поскольку первые буквы" алфавита, которых десять, "и эти"» «шин ש» «тав ת», «"что в конце, которых двенадцать, вместе они – совершенство двадцати двух букв, ибо есть в них двадцать два слова, соответствующие двадцати двум высшим буквам", находящимся в Бине. "Остается восемнадцать других букв посередине, которые содержат в своих строениях (меркавот), т.е. в распространении своем, по четыре" слова, "и вместе – это семьдесят два слова", так как восемнадцать по четыре – это семьдесят два, "образующие непроизносимое имя Творца, святое начертание семидесяти двух букв, которыми украшается Творец. И это имя украшает Кнессет Исраэль", Малхут, "и поднимается в этой тайне, чтобы украситься ими, в совершенство Шхины"».

106) «"И признак тебе, – что эти буквы, которые украшаются высшим величием, первые"», «алеф א» «бет ב», «"и последние"», «шин ש» «тав ת», «"поднимающиеся в своих украшениях, представляют собой сочетание букв алфавита «"алеф-тав א״ת" "бет-шин ב״ש". "Алеф אָלֶף" распространяется "в пяти"» буквах отрывка «Творец (Эль אֵל) – Властелин»[110]. «"Тав תָּי״ו" – в шести" буквах отрывка «Великолепие (тиферет תִּפְאֶרֶת) и величие». «"Бет בֵּית" – в пяти"» буквах отрывка «Благословенный

---

[111] Последние две строки из утренней молитвы (шахарит), произносимой перед молитвой «Шма, Исраэль» в субботу или праздничный день: «Хвалу воздадут Ему все воинства небесные; великолепие и величие (воздают Ему) серафимы и офаним, и святые создания». (לוֹ נוֹתְנִים שֶׁבַח
תִּפְאֶרֶת מָרוֹם צְבָא כָּל וּגְדֻלָּה שְׂרָפִים וְאוֹפַנִּים וְחַיּוֹת הַקֹּדֶשׁ)

(барух ברוך) и благословляемый». «"Шин שׁיי"ן – в шести"» буквах отрывка «Хвалу (**ш**евах שבח) воздадут Ему». «"Поэтому сочетание "алеф-тав א"ת" "бет-шин ב"ש"» в прославлении «Творец (Эль אל) – Властелин», содержащее двадцать два слова, «"является совокупностью двадцати двух букв" Зеир Анпина, "ставших венцом (атара́) тридцати двух тропинок"» Хохмы, ибо тридцать две тропинки Хохмы – это двадцать две буквы Зеир Анпина, поднявшегося в Бину, в которой десять сфирот. Двадцать два и десять – это тридцать два пути Хохмы, т.е. Бины, которая стала Хохмой. На этот Зеир Анпин, что в Бине, и указывают двадцать два слова сочетания букв «алеф-тав א"ת» «бет-шин ב"ש» в благословении «Творец (Эль אל) – Властелин»¹¹⁰.

107) «"А признак других букв"», кроме «алеф-тав א"ת» «бет-шин ב"ש», «"поднимающихся в своих строениях (меркавот), – это "гимель-рейш ג"ר", которые начинаются с "гимель ג"», т.е. отрывком «Его величием (годло́ גדלו) и Его добротой полнится мир», «"и заканчиваются "рейш ר"», то есть: «Посмотрел (раа́ ראה) и установил форму луны»¹¹⁰. «"И все они представляют собой святое строение (меркава)" – ХАГАТ Зеир Анпина и Малхут, соединяющуюся с ними, которые стали строением (меркава) для Бины, и называются высшим строением (меркава). "Алеф-тав א"ת" "бет-шин ב"ש"» в прославлении «Творец (Эль אל) – Властелин» – «"это святое имя" АВАЯ, т.е. Зеир Анпин, который поднялся в Бину, как мы уже сказали. "Гимель-рейш ג"ר"» в прославлении «Творец (Эль אל) – Властелин», восемнадцать букв от «гимель ג» до «рейш ר», – «"это святое строение (меркава), восходит" в числовом значении "к семидесяти двум"», ХАГАТ, в которых содержится три отрывка: «И двинулся»¹¹², «И вошел»¹¹³, «И простер»¹¹⁴.¹¹⁵ «"И образуется из них святое имя, чтобы украсилась Кнессет Исраэль", Малхут, "внутри высшего строения (меркава)"». То есть Малхут получает семьдесят два слова свойства ХАГАТ, представляющие собой высшее строение (меркава).

---

¹¹² Тора, Шмот, 14:19. «И двинулся ангел Всесильного, шедший перед станом Исраэля, и пошел позади них. И двинулся облачный столп, (шедший) перед ними, и встал позади них».

¹¹³ Тора, Шмот, 14:20. «И вошел он между станом Египта и станом Исраэля, и было облако и мрак, и осветил ночь, и не приближался один к другому всю ночь».

¹¹⁴ Тора, Шмот, 14:21. «И простер Моше руку свою на море, и гнал Творец море сильным восточным ветром всю ночь, и сделал море сушею, и расступились воды».

¹¹⁵ См. Зоар, главу Бешалах, п. 162, со слов: «Пояснение сказанного ..»

108) «"И поэтому это имя "аин-бет עב (72)" содержится в свойстве "праотцы", в трех линиях, "правая (линия) и средняя, и середина, и" Малхут "украшается ими, чтобы стать святым именем. Оно не настолько высшее имя, как высшие имена высшего мира", Зеир Анпина, "которые включены высоко-высоко", в Бину, "и не опускаются вниз. И хотя это имя является высшим", ведь оно представляет собой три линии, ХАГАТ Зеир Анпина, "однако оно принадлежит царю Давиду", т.е. Малхут, "который украшается в праотцах"», т.е. в ХАГАТ Зеир Анпина. Иначе говоря, не говорится о ХАГАТ самих по себе, а о Малхут, получающей от них, и в этом свойстве это имя нисходит вниз, однако ХАГАТ сами по себе являются высшими и не опускаются вниз.

109) «"Сорокадвухбуквенное имя – это свойство "праотцы", т.е. ХАГАТ Зеир Анпина, и это двадцать две буквы, "которые украшаются в высшем мире", в десяти сфирот Бины, "а высший мир украшается в том, что выше" него самого, т.е. в десяти сфирот Хохмы. И двадцать две (буквы) Зеир Анпина, и десять Бины, и десять Хохмы вместе составляют сорок две (мем-бет). "И поэтому оно поднимается и не опускается", т.е. не передает Хохму сверху вниз в Малхут, потому что оно "украшается в высшем замысле", в Хохме, т.е. в высших Абе ве-Име, находящихся всегда в свойстве укрытых хасадим. Ибо Бина, которая здесь – это ИШСУТ, а Хохма здесь – это высшие Аба ве-Има. "Счастлива участь того, кто познает его", сорокадвухбуквенное имя, "и осторожен с ним"».[116]

110) «"Семидесятидвухбуквенное имя – это Давид", т.е. Малхут, "который украшается в праотцах"», т.е. ХАГАТ Зеир Анпина. И ХАГАТ Зеир Анпина, т.е. семьдесят два слова, имеющиеся в трех отрывках «И двинулся»[112], «И вошел»[113], «И простер»[114], передают Хохму Малхут. «"И оно поднимается и опускается",

---

[116] См. «Учение десяти сфирот», часть 10, п. 121, Ор пними, со слов: «А теперь выясним сказанное подробнее. Ты уже узнал тайну сорокадвухбуквенного имени...»

передавая вниз, в Малхут, "в виде МАЦПАЦ (מצפ״ץ)[117]"», и это АВАЯ (הויה), что в пеот (пейсах) рош Арих Анпина, которая при перестановке «алеф-тав א״ת» «бет-шин ב״ש» представляет собой МАЦПАЦ (מצפ״ץ). «"И это имя", из которого исходит "тринадцать свойств милосердия, и это двенадцать, находящиеся в святом строении (меркаве)", ХУБ ТУМ, в каждом из которых три линии, итого двенадцать, "и выходят они из одного, пребывающего над ними"», т.е. МАЦПАЦ (מצפ״ץ), итого тринадцать. И оно поднимается и опускается, чтобы передать Хохму сверху вниз.[118]

«"И поэтому имя "аин-бет ע״ב (72)" поднимается и опускается. Поднимается с одной стороны", с правой стороны, т.е. ХАГАТ Зеир Анпина, "а опускается с другой стороны", с левой стороны, и это Малхут, получающая ХАГАТ, как "имя тринадцати свойств милосердия, которое поднимается с одной стороны и опускается с другой. И то, что опускается, это для того, чтобы притянуть благо вниз", к Малхут. "И поэтому" в алфавите при перестановке "алеф-тав א״ת", "бет-шин ב״ש", "гимель-рейш ג״ר", "далет-куф ד״ק" и так далее, первые буквы возрастают по числовому значению"», ибо «бет ב» больше по числовому значению, чем «алеф א», «гимель ג» – чем «бет ב», «далет ד» – чем «гимель ג», и т.д. "А последние буквы следуют в порядке убывания по числовому значению"», ибо «шин ש» меньше, чем «тав ת», «рейш ר» – меньше, чем «шин ש», «куф ק» – чем «рейш ר», и т.д. То есть они восходят с одной стороны, а с другой стороны нисходят. И нисходят они для того, «"чтобы привлечь благо, которое наверху, вниз"».

111) «"Имя "мем-бет מ״ב (42)" украшается для высшего строения (меркава)", т.е. для высших Хохмы и Бины, как мы уже говорили. "Имя "аин-бет ע״ב (72)" становится украшением для нижнего строения", для Малхут. "Счастлив удел того, кто прилагает усилия в постижении Господина своего, счастлив он в этом мире и счастлив в мире будущем"».

---

[117] МАЦПАЦ. В одном из видов перестановки и взаимной замены букв алфавита, его первая буква, «алеф א», меняется на последнюю букву, «тав ת», вторая, «бет ב», меняется на предпоследнюю, «шин ש», «гимель ג» – на «рейш ר», и так далее. МАЦПАЦ (מצפ״ץ) – это запись имени АВАЯ (йуд-хэй-вав-хэй הויה), в котором буква «йуд י» меняется на «мем מ», буква «хэй ה» меняется на «цади צ», а буква «вав ו» – на «пэй פ», а последняя буква «хэй ה» меняется на конечную букву «цади ץ». См. Зоар, главу Берешит, часть.1, п.112.

[118] См. Зоар, главу Берешит, часть.1, п.112. Обозрение Сулам. Выяснение имен МАЦПАЦ МАЦПАЦ.

112) «"И поэтому субботнее прославление"» «Творец (Эль אל) – Властелин»¹¹⁰, «"восславляющее Царя, которому принадлежит мир (шалом), восславляет Его именем "аин-бет ע״ב (72)"», восемнадцатью буквами, от «гимель ג» до «рейш ר», «"и двадцатью двумя словами"», которые относятся к четырем строкам, начинающимся с букв «алеф-тав א״ת», «бет-шин ב״ש».¹¹⁹ «"И это двадцать две буквы, чтобы украсился им, этим именем, и поднялся наверх", в Бину, "в это имя. И поэтому "Творец (Эль אל) – Властелин"¹¹⁰ – это прославление будущего мира", Бины, "и подъем высшего святого строения (меркава)", ХАГАТ Зеир Анпина, "которое украшается, чтобы подняться наверх", в Бину, "и подъем Кнессет Исраэль", Малхут, "которая украшается, чтобы подняться и получить наполнение от высшего строения (меркава)"», ХАГАТ Зеир Анпина.

113) В алфавите «"алеф-тав א״ת" "бет-шин ב״ש" возрастают и убывают, как мы указывали", т.е. последние буквы в нем следуют в порядке убывания. А в алфавите "алеф-ламед א״ל", "бет-мем ב״ם", они возрастают, а не убывают"», т.е. и последние буквы в них тоже возрастают, ибо «ламед ל» поднимается к числовому значению «мем מ», а затем к «нун נ» и к «самех ס», и т.д. И поэтому они не опускаются, чтобы передавать вниз. «"И признак тебе, эти"» «алеф-тав א״ת», «бет-шин ב״ש» – «"это только суббота", Малхут, и они передают вниз, "а эти"», «алеф-ламед א״ל», «бет-мем ב״ם» – «"это суббота и День искупления, т.е. Малхут, поднимающаяся в Бину, и это День искупления, который поднимается высоко-высоко"», из Бины в Хохму, "пока всё не украсится в Бесконечности"», и не передается вниз.

114) «"(Отрывок) Творец благословенный (אל ברוך)"», находящийся в конце прославления «Светящий земле и обитателям ее»¹⁰⁹, – «"это алфавитный порядок малых букв", находящихся в Малхут, "и они являются исправлениями Кнессет Исраэль", Малхут, "каждый день в молитве. И поскольку это малые буквы, нет пространства между ними"», т.е. они не распространяются каждая в несколько слов, как в субботнем прославлении «Творец (Эль אל) – Властелин»¹¹⁰. «"И они – это исправления служанок", т.е. семи чертогов мира Брия, "приходящих вместе с Царицей", Малхут, "к высшему Царю"», Зеир Анпину.

---

¹¹⁹ См. выше, п. 106.

Объяснение. Известно, что во время катнута ступеней, т.е. во время подъема Малхут в Бину, все ступени разбиваются надвое, и Бина и ТУМ каждой ступени падают на ступень, которая под ней.[120] И получается тогда, что Бина и ТУМ де-Малхут упали в семь чертогов мира Брия. А во время гадлута, когда половины ступеней, упавшие Бина и ТУМ, возвращаются на свои ступени, они поднимают вместе с собой также и нижние ступени, в которых они находились.[121] И тогда получается, что Бина и ТУМ де-Малхут, упавшие в семь чертогов мира Брия, во время своего возвращения и подъема в Малхут мира Ацилут поднимают вместе с собой также семь чертогов мира Брия, в которые они были облачены во время катнута. И это означает сказанное: «Служанок, приходящих вместе с Царицей к высшему Царю», потому что в то время, когда Малхут является к Царю, Зеир Анпину, т.е. во время своего гадлута, возвращаются также ее Бина и ТУМ, которые упали в семь чертогов мира Брия, к ее ступени в Ацилуте. И тогда они берут с собой также семь чертогов мира Брия, в которые они облачались, называемых семью служанками, и те тоже приходят вместе с Биной и ТУМ де-Малхут к Царю, Зеир Анпину.

115) «"Та святость, которой благословляют высшие святые ангелы"», т.е. святость, содержащаяся в благословении «Создающий»[108], и (святость) молитвы «Восемнадцать», «"не произносится одиночкой. И мы указывали также, что любую святость, произносимую на святом языке, – нельзя произносить ее одному. Однако святость, произносимая на языке таргум, всегда предназначается для одного, а не для многих, поскольку именно один – ее исправление, а не многие. И знак для этой тайны: "Двое – Писание, а один – таргум". Так как "двое" означает – множественное число, и это, безусловно, намек на то, что святость на языке святости, т.е. Писания, запрещена (для произнесения) одному", а только среди многих, т.е. десяти. "А святость на языке таргум запрещена среди многих, и" произносится "всегда только в одиночку. "Один – таргум", как мы учили, а не двое или более". И дело в том, что "таргум призван исключать, и так должно быть. А язык святости призван включать, и так должно быть. Ибо поднимают в святости, а не

---

[120] См. Зоар, главу Берешит, часть 1, п. 2, со слов: «Пояснение сказанного...»
[121] См. «Предисловие книги Зоар», статью «Мать одалживает свои одежды дочери», п. 17, со слов: «И это означает: "Мать (има) одалживает свои одежды дочери и венчает ее своими украшениями" – т.е. во время выхода мохин гадлута...»

опускают. А в таргуме опускают, а не поднимают, "один" мы учили, и не более, так как не поднимают вообще"».

116) «"Эта святость"», что в благословении «Создающий»[108], это не просто слова, а «"это святость, которой благословляется Шхина и все ее строения (меркавот), чтобы исправиться пред высшим Царем. И поскольку это святость нижнего мира", Малхут, "она произносится сидя, а не стоя. Другая святость", произносимая "при повторении молитвы, это святость высшего мира", Зеир Анпина, "и поэтому она произносится стоя, с целью притянуть ее", эту святость, "вниз. И все слова высшего мира", Зеир Анпина, "(произносятся) стоя, а не сидя"».

117) «"И всеми этими видами святости Исраэль благословляются внизу. И поэтому Исраэль освящаются святостью нижнего строения (меркава)", Малхут, "сидя, а святостью высшего строения (меркава)", Зеир Анпина, – "стоя. Другая святость, отрывка "И придет к Циону избавитель"[122], является дополнительной святостью, и поэтому она произносится после молитвы. Ибо, поскольку она является дополнительной святостью по отношению к другим, она произносится после молитвы. И поскольку каждый должен притянуть к себе свечение от этой дополнительной святости, установлена для каждого святость (на языке) таргум"».

118) «"И если скажешь: ведь содержится в ней также и святость языка святости? Это для общества, чтобы все вместе благословились этой дополнительной святостью. И поскольку у одиночки нет права произносить его на языке святости, и освящаться в одиночку, ввели эту молитву также и на языке таргума. И это – для одиночки, чтобы каждый мог освятиться этим дополнением, притянув к себе бо́льшую святость. Счастлив удел Исраэля, освящающихся высшими видами святости, потому что они прилепились к высшему, как сказано: "А вы, прилепившиеся к Творцу Всесильному вашему, – живы все вы ныне"[123]».

---

[122] См. выше, п. 52.
[123] Тора, Дварим, 4:4. «А вы, прилепившиеся к Творцу Всесильному вашему, – живы все вы ныне».

ГЛАВА ТРУМА

Кровать, стол, стул и светильник

119) «"Сказано: "Вот теперь я знаю, что человек Всесильного, свят Он, приходит к нам всегда"[124]. И сказано: "Сделаем, прошу тебя, небольшую верхнюю комнату, и поставим для него там кровать и стол, и стул, и светильник"[124]. В данном отрывке есть подходящая основа для построения молитвы. "Вот теперь я знаю"[124] – это желание, которое человек должен вложить в молитву, "что человек (досл. муж) Всесильного, свят Он"[124], – это высший мир", Зеир Анпин, "восседающий на престоле величия, и все виды святости исходят от него, и он благословляет все миры. "Приходит к нам всегда"[124] – т.е. этой святостью, которой он благословляет все миры наверху, он благословляет нас в этом мире. Ибо святость наверху бывает, только если есть святость внизу. Как сказано: "Чтобы освятился Я среди сынов Исраэля"[125]».

120) «"И поскольку это так, "сделаем, прошу тебя, небольшую верхнюю комнату"[124] – это порядок исправления Шхины, и она" называется "верхняя комната (досл. стена)", как сказано: "И обратил Хизкияу лицо свое к стене"[126]. "Небольшую"[124] – поскольку она мала, как сказано: "Городок небольшой"[127]. "И поставим ему там"[124] – с помощью исправления, которое мы устанавливаем, и в принятом у нас порядке воспеваний, прославлений и молитвы мы устанавливаем ему", Зеир Анпину, "чтобы доставить ему отраду, "кровать и стол, и стул, и светильник"[124], эти четыре (исправления) – все они в Шхине, которая исправляется всеми этими исправлениями для высшего мира", Зеир Анпина, "в порядке, который мы устанавливаем"».

---

[124] Пророки, Мелахим 2, 4:9-10. «И сказала она мужу своему: "Вот теперь я знаю, что человек Всесильного, свят Он, приходит к нам всегда. Сделаем, прошу тебя, небольшую верхнюю комнату, и поставим ему там кровать и стол, и стул, и светильник; и будет, когда он придет к нам, то будет заходить туда"».

[125] Тора, Ваикра, 22:32. «И не бесчестите святого имени Моего, чтобы освятился Я среди сынов Исраэля. Я, Творец, освящающий вас».

[126] Пророки, Йешаяу, 38:2. «И обратил Хизкияу лицо свое к стене, и молился Творцу».

[127] Писания, Коэлет, 9:13-14. «Вот еще такую мудрость видел я под солнцем, и велика она для меня: городок небольшой, и людей в нем немного, и подступил к нему великий царь, и обложил его, и воздвиг против него большие осадные укрепления».

121) «"В порядке вечерней молитвы и в исправлении ее – это "кровать". А в порядке жертвоприношений и всесожжений, которые мы устанавливаем утром, и эти воспевания и прославления, – это "стол". А в порядке, относящемся к молитве сидя, и в исправлении возглашения "Шма" в единстве, которое мы устанавливаем, – это "стул". А в порядке молитвы стоя, и в этих видах святости"», которые в молитве «Создающий», и при повторе молитвы, «"и в дополнительной святости"», отрывка «И придет к Циону избавитель»[128], «"и в благословениях, устанавливаемых нами, – это "светильник"».

122) «"Счастлив человек, делающий это своим желанием, – добиваться совершенства для Господина своего каждый день, и устанавливать эту "небольшую верхнюю комнату"[124], Шхину, "для Господина своего в этих исправлениях"», «кровать и стол, и стул, и светильник»[124]. «"И тогда, конечно же, Творец будет гостить у него каждый день. Счастлив он в этом мире и счастлив он в мире будущем, поскольку эти четыре (исправления) являются исправлениями Шхины, чтобы исправиться в них для мужа своего", Зеир Анпина. "И в этих четырех исправлениях она предстает в красоте, радости и обаянии, благодаря святому народу каждый день"».

123) «"Кровать"[124] – дана для исправления Яакову. И поэтому Яаков установил вечернюю молитву. "Стол"[124] – установил царь Давид посредством воспеваний и прославлений, которые установил. Как сказано: "Ты накрываешь предо мною стол на виду у врагов моих"[129]. "Стул (кисе)" – установил Авраам в своем соединении, дав милосердие (хесед) и совершенство душ всем жителям мира. И нет иного исправления престола (кисе), чем с помощью милосердия (хесед) Авраама. Как сказано: "И упрочится престол милосердием"[130]».

124) «"Светильник"[124] – установил Ицхак, который освятил имя Творца на глазах всего мира и зажег свет высшей свечи с помощью этой святости. Поэтому святой народ должны всегда говорить и направлять желание свое, чтобы устроить для

---

[128] См. выше, п. 52.
[129] Писания, Псалмы, 23:5. «Ты накрываешь предо мною стол на виду у врагов моих, умащаешь елеем голову мою; наполнена чаша моя!»
[130] Пророки, Йешаяу, 16:5. «И упрочится престол милосердием, и воссядет на нем в правде в шатре Давидовом судья, ищущий правды и стремящийся к правосудию!»

высшего мира", Зеир Анпина, "Господина дома, человека (досл. мужа) Всесильного, "кровать и стол, и стул, и светильник"[124], – чтобы каждый день было совершенство наверху и внизу"».

ГЛАВА ТРУМА

«Шма Исраэль» и «Благословенно имя величия царства Его вовеки»

125) «"В час, когда Исраэль достигают единства воззвания "Шма Исраэль"[131] в полном желании, выходит из сокрытия высшего мира" – из высших Абы ве-Имы, "один свет" – тропинка Абы,[132] "и этот свет ударяет в твердую искру" – Есод Имы,[132] "и делится на семьдесят светов", из которых образуются мохин ИШСУТ, т.е. семь нижних сфирот (ЗАТ) Абы ве-Имы, ХАГАТ НЕХИМ, каждая из которых состоит из десяти. "И эти семьдесят светов" светили "в семидесяти ветвях Древа жизни"» – т.е. в (сфирот) ХАГАТ НЕХИМ Зеир Анпина, каждая из которых состоит из десяти.

126) «"Тогда это Древо", Зеир Анпин, "возносит благоухания и ароматы", свечение Хохмы, называемое благоуханием, "и все деревья в Эденском саду", т.е. в Малхут, "все они возносят благоухания и восславляют Господина своего", Зеир Анпина, "ибо тогда исправляется Малхут, чтобы войти под хупу с мужем своим", Зеир Анпином. "И все высшие органы", сфирот Зеир Анпина, "все они соединяются в едином стремлении и едином желании быть одним целым, без всякого разделения, и тогда направляется муж ее", Зеир Анпин, "к ней", к Малхут, "чтобы войти под хупу, соединившись в неразрывном единстве с Малхут"».

Пояснение сказанного. Есть два зивуга для притяжения мохин к ЗОН: 1. Зивуг ВАК де-мохин, и хотя они содержат свечение Хохмы, вместе с тем ЗОН получают только лишь хасадим, и этот зивуг называется вхождением под хупу, как сказано: «Чтобы войти под хупу, соединившись в неразрывном единстве». 2. Завершенный зивуг, де-ГАР, когда оба светят: и Хохма, и хасадим. И это происходит во время молитвы «Восемнадцать», в воззвании «Установи мир».[133] Не может быть произведен зивуг ГАР прежде, чем произойдет зивуг ВАК де-мохин. Это состояние единства «Шма Исраэль»[131] предшествует зивугу

---

[131] Тора, Дварим, 6:4. «Слушай, Исраэль, Творец – Всесильный наш, Творец един!»
[132] См. Зоар, главу Мишпатим, п. 528.
[133] Упоминается выше, в п. 45, и подробно выяснено в «Предисловии книги Зоар», в статье «Общее выяснение всех четырнадцати заповедей и как они соотносятся с семью днями начала творения», п. 9.

молитвы «Восемнадцать» так же, как хупа должна предшествовать соединению (зивугу).

И корень мохин де-ЗОН берет начало от Абы ве-Имы, т.е. от Бины, которая вышла наружу из рош Арих Анпина, поскольку без этого выхода не было бы мохин у ЗОН.[134] И эта Бина установилась так, что ГАР ее находятся в Абе ве-Име, а ЗАТ ее – в ИШСУТ. И поэтому, когда мы хотим привлечь мохин в ЗОН, мы должны притянуть их от их корня, т.е. от Абы ве-Имы, которые передают ИШСУТ, а ИШСУТ – ЗОН. И все эти ступени, – Аба ве-Има, светящие ИШСУТ, и ИШСУТ, светящие ЗОН, – пробуждаются во время произнесения «Шма Исраэль»[131] и также скрыто указаны в нем, как выяснится далее. И это смысл сказанного: «В час, когда Исраэль достигают единства воззвания "Шма Исраэль"»[135]. Ибо тогда пробуждается нисхождение мохин из их корня в Абе ве-Име, (доходящее) до Зеир Анпина и до Малхут.

127) «"И поэтому мы пробуждаем ее", Малхут, "и возглашаем "Слушай (шма), Исраэль"[131], т.е. Малхут, в которую включаются Исраэль, и это означает, что мы говорим Малхут: "Подготовь себя, ибо муж твой", Зеир Анпин, "придет к тебе со своими исправлениями, и он готов предстать перед тобой". "Творец (АВАЯ) – Всесильный наш, Творец (АВАЯ) един"[131]. "Творец" – это Аба, "Всесильный наш" – это Има, "Творец" – это Зеир Анпин, и они – "един", т.е. в полном единстве, в едином неразрывном желании. И все эти органы" Зеир Анпина, т.е. его сфирот, "становятся одним целым и входят в единое стремление"», т.е. в Есод Зеир Анпина.

128) «"После того, как Исраэль произносят: "Творец един", что указывает на Зеир Анпин,[136] "в пробуждении шести окончаний (ВАК)", получающий от Абы ве-Имы, и они: "Творец – Всесильный наш"[131], в силу того, что они стали одним целым,[136] "тогда все эти шесть окончаний (ВАК) становятся одним целым и входят в единое стремление", т.е. в Есод. "И это свойство буквы "вав ו", указывающей на Зеир Анпин, "т.е. единое распространение"», подобно букве «вав ו», являющейся одной линией, «"без всякого постороннего присоединения к ней",

---

[134] См. Зоар, главу Берешит, часть 1, п. 3, со слов: «В свойстве суда, т.е. в свойстве Малхут мира АК, прежде чем она подсластилась в Бине, в свойстве милосердия, мир не мог существовать...»

[135] См. выше, п. 125.

[136] См. выше, п. 127.

– т.е. свечение хасадим правой линии властвует в ней, и нет там присоединения из-за раскрытия Хохмы левой линии. "Но только она распространяется" и состоит "из всех них", даже из левой, "и она одна"». Иначе говоря, хотя она и состоит из свечения Хохмы, и это одно целое, тем не менее, только правая властвует в нем, и это только свечение хасадим.

129) «"В этот час исправляется Малхут и украшается", т.е. получает мохин от Имы,[137] "и вводят ее сопровождающие", т.е. служанки, как выяснится далее, "очень скрытно, к мужу ее", Зеир Анпину, "и произносят: "Благословенно имя величия царства Его вовеки"[138]. И это скрытно, ибо в таком виде необходимо вводить ее к мужу ее", Зеир Анпину. "Счастлив народ, знающие это и устанавливающие высший порядок веры"», Малхут.

Объяснение. «Скрытно» – т.е. скрывают свойство самой Малхут и включают ее в свойство Зеир Анпина. Ибо Малхут строится от левой линии Имы, и получается, что основное ее свойство – это только получение Хохмы от левой линии. И поскольку здесь единство только для передачи хасадим, ее собственное свойство оказывается скрытым во время зивуга, и считается, что Малхут производит зивуг скрытно, когда об ее собственном свойстве не слышно, и она только получает от него хасадим. Поэтому мы произносим «Благословенно имя величия царства Его вовеки»[138] неслышно, ибо мы должны остерегаться, дабы никак не пробудить Хохму, содержащуюся во всех этих хасадим Зеир Анпина, являющуюся свойством Малхут, а пробудить только лишь привлечение хасадим.

130) «"В час, когда соединяются Муж" Царицы, т.е. Зеир Анпин, "и Царица как одно целое, выходит тогда воззвание с южной стороны", Хесед: "Пробудитесь, воинства и станы, – те, которые раскрыли любовь к Господину своему"», то есть те, которые вызвали этот зивуг.

131) «"Тогда пробуждается один высший управляющий по имени Буэль, повелитель станов, и в руке его четыре ключа, которые он получает от четырех сторон мира", ХУГ ТУМ. "Один

---

[137] См. «Предисловие книги Зоар», статью «Мать одалживает свои одежды дочери», п. 17, со слов: «И это означает: "Мать (има) одалживает свои одежды дочери и венчает ее своими украшениями" – т.е. во время выхода мохин гадлута...»

[138] Благословение, произносимое шепотом после воззвания «Шма Исраэль».

ключ помечен буквой "йуд ׳", другой ключ помечен буквой "хэй ה", и еще один – буквой "вав ו", и он кладет их под Древо жизни, Зеир Анпин. Эти три ключа, помеченные этими тремя буквами, становятся одним. И когда они становятся одним, тот другой ключ"», т.е. последняя «хэй ה», «"поднимается и устанавливается, и соединяется с этим ключом, содержащим три" ключа. "И все эти станы и воинства входят за этими двумя ключами в сад"», и это «вав-хэй וה», «"и все они соединяются, как и внизу"», т.е. как Исраэль.

Пояснение сказанного. Ангел Буэль является носителем судов Малхут, как сказано далее в Зоаре:[139] «И синета», т.е. Малхут, «присутствует в том и в другом, в меди», в судах Зеир Анпина, «и в золоте», судах Гвуры, в судах власти левой линии, которая не желает соединяться с правой, и это Буэль (בואי״ל), «бет-вав בו״» «алеф-ламед א״ל». Как сказано: «И Творец (Эль אל) гневается каждый день»[140] – и это из-за судов Буэля. «И когда люди совершают полное возвращение», т.е. поднимают МАН к Зеир Анпину, и он поднимается с этими судами, и это экран де-хирик, и с помощью них согласует между собой две линии, правую и левую, и благодаря этому выходят мохин в Бине, в виде «трое выходят благодаря одному», и в Зеир Анпине, в виде «один находится в трех».[141] И Зеир Анпин передает их в зивуге Малхут. Получается теперь, что эти суды преобразились, став большими заслугами. Ведь, если бы не эти суды, Зеир Анпин не мог бы согласовать между собой правую и левую линии, и не было бы мохин ни в Бине, ни в Зеир Анпине, и не было бы зивуга между Зеир Анпином и Малхут. И это означает сказанное там: «И когда люди достигают полного возвращения, его имя снова становится Рефаэль (досл. излечил Творец)»[139], т.е. имя ангела Буэля превратилось в Рефаэля, по той причине, что «излечение находят они от этого сурового суда»[139], так они стали причиной мохин и причиной зивуга Зеир Анпина и Малхут, как выяснилось.

И это означает сказанное здесь: «В час, когда соединяются Муж и Царица как одно целое, выходит тогда воззвание с

---

[139] См. п. 388.
[140] Писания, Псалмы, 7:12. «Всесильный судит справедливо, и Творец гневается каждый день».
[141] См. Зоар, главу Берешит, часть 1, п. 363. «Трое выходят благодаря одному, один находится в трех, входит между двумя, двое питают одного, и один питает многие стороны ...»

южной стороны: "Пробудитесь, воинства и станы, – те, которые раскрыли любовь к Господину своему"», т.е. в час, когда совершается зивуг между Зеир Анпином и Малхут, выходит воззвание, чтобы пробудились те ангелы, которые раскрыли любовь зивуга у Господина своего, «тогда пробуждается один высший управляющий по имени Буэль», являющийся носителем судов Малхут, и в силу судов его поднялся Зеир Анпин и согласовал между собой две линии, правую и левую, и вследствие этого вышли мохин в Бине и Зеир Анпине, и совершился зивуг между Зеир Анпином и Малхут. И получается, что ангел Буэль является тем, кто раскрыл любовь зивуга Зеир Анпину и Малхут, и поэтому он пробудился тогда в соответствии с воззванием. «И в руке его четыре ключа, которые он получает от четырех сторон мира», – потому что нижний удостаивается светов, которые он вызвал в высшем. И поскольку Буэль вызвал выход мохин в Зеир Анпине, т.е. трех линий «йуд-хэй-вав יה"ו», и зивуг между Зеир Анпином и Малхут, нижней «хэй ה», то он тоже удостоился их, и они называются у него четырьмя ключами (мафтехот מפתחות), поскольку его суды открыли (патху פתחו) эти мохин. И это означает сказанное: «Эти три ключа, помеченные этими тремя буквами, становятся одним», так как они – три линии Зеир Анпина, правая-левая-средняя, обозначаемые буквами «йуд-хэй-вав יה"ו», и Зеир Анпин – он един. И поэтому (Буэль) положил их под Древом жизни, Зеир Анпином. А затем «другой ключ поднимается и устанавливается, и соединяется с этим ключом, содержащим три», – и это нижняя «хэй ה», т.е. Малхут, соединяющаяся с Зеир Анпином. И он вызвал это и поэтому удостоился их. И все ангелы, которые включены в ангела Буэля и происходят от него, тоже поднимаются и получают мохин от двух этих ключей, Зеир Анпина и Малхут.

132) Теперь Зоар разъясняет тайну слов «Шма Исраэль»[131]. Первое «"Творец (АВАЯ הויה) – это запись буквы "йуд י" святого имени", указывающей на Абу. "Всесильный наш (Элокейну)" – это тайна записи верхней "хэй ה" святого имени", указывающей на Иму. Второе "Творец (АВАЯ הויה)" – это притяжения" мохин от Абы ве-Имы, "притягиваемые вниз в виде написания буквы "вав ו" святого имени, указующей на Зеир Анпин. "Ибо две эти буквы"», «йуд-хэй יה», «"нисходят для того, чтобы пребывать в этом месте"», в букве «вав ו», в Зеир Анпине. «"И он "един" – т.е. все три", Аба, Има и Зеир Анпин, "являются одним целым в полном единстве"».

133) «"Поскольку все они становятся одним целым в полном единстве, и остались все они в тайне буквы "вав ו"», так как все мохин остались в Зеир Анпине, обозначаемом буквой «вав ו», «"и он совершенен от начала истока", от Абы, "и от внутреннего чертога", от Имы, "и он наследует Абе ве-Име, и тогда к нему вводят Царицу", Малхут, "так как теперь он полон всего высшего блага и может питать ее и обеспечить ее пищей, и содержать ее, как подобает. И все его органы", сфирот, "все они одно целое, и тогда вводят ее неслышно. Почему неслышно? Чтобы чужой не вмешался в эту радость. Как сказано: "И в радость его не вмешается чужой"[142]», – чтобы не было влечения у ситры ахра питаться от свечения этого зивуга.

134) «"После того, как он", Зеир Анпин, "соединился наверху в шести окончаниях (ВАК), также и она", Малхут, "соединяется внизу в других шести окончаниях (ВАК)", и это ХАГАТ НЕХИ де-мохин, "для того чтобы быть одним целым наверху и одним целым внизу. Как сказано: "Будет Творец (АВАЯ) един"[143] – т.е. Зеир Анпин, "и имя Его едино"[143] – Малхут, называемая именем. "Единым наверху, в шести окончаниях (ВАК), как написано: "Слушай, Исраэль, Творец – Всесильный наш, Творец один"[131], – то есть шесть слов, соответствующих шести окончаниям (ВАК). "Благословенно имя величия царства Его вовеки"[138] – то есть другие шесть окончаний (ВАК) в шести словах. "Творец (АВАЯ) един"[143] – наверху", в Зеир Анпине, "и имя Его – едино"[143] – внизу"», в Малхут.

135) «"И если ты скажешь, что только наверху"», в Зеир Анпине, т.е. в «Шма Исраэль»[131], «"написано: "Един", а внизу"», в Малхут, в «благословенно имя величия царства Его вовеки»[138], «"не написано: "Един", то он отвечает: "Вовеки (ва-эд ועד)" – это "един (эхад אחד)" при замене букв"», так как «алеф א» меняется на «вав ו», а «хэт ח» – на «аин ע», и становятся буквы «вовеки (ва-эд ועד)» буквами «един (эхад אחד)». «"Буквы мужского рода (захар) не меняются, буквы женского рода (некева) меняются, и это преимущество захара над некевой. И чтобы не властвовал "дурной глаз", т.е. ситра ахра, "мы заменяем буквы и не произносим открыто "един (эхад אחד)"», а «вовеки (ва-эд ועד)». «"А в грядущем будущем, когда исчезнет

---

[142] Писания, Притчи, 14:10. «Сердце знает свою горечь, и в радость его не вмешается чужой».

[143] Пророки, Захария, 14:9. «И будет Творец Царем на всей земле, в этот день будет Творец един, и имя Его – едино».

"дурной глаз" из мира и не будет властвовать, тогда будет называться" Малхут "един" открыто, потому что сейчас ситра ахра соединена с ней"», как сказано: «И ноги ее нисходят к смерти»[144], «"и она не "един", но мы соединяем ее неслышно, в тайне" заменой "других букв, и говорим "вовеки (ва-эд ועד)"» вместо «един (эхад אחד)».

136) «"Но в грядущем будущем, когда ситра ахра (другая сторона) отделится от нее и исчезнет из мира, тогда будет называться" Малхут "един", и тогда не будет вместе с ней (другого) соучастия и прочей приверженности. Как сказано: "В этот день будет Творец един и имя Его едино"[143]» – т.е. также и Малхут, называемая «имя Его», будет единой «"открыто, вместе с Ним", с Зеир Анпином, а не беззвучно, и не тайно"».

137) «"И поэтому мы соединяем ее" сейчас, чтобы освободить "от ситры ахра, подобно тому, как кто-то приглашает другого, чтобы тот был его свидетелем", – т.е. Зеир Анпин, который становится ее свидетелем в том, что она едина, "поскольку Он", Зеир Анпин, "наш свидетель, а ситра ахра у нас не свидетель. И тогда она отделяется от ситры ахра. Когда она является" к Зеир Анпину, "мы поднимаем ее в хупу к мужу ее, высшему Царю", Зеир Анпину, "всем желанием и намерением сердца. И поэтому она – едина"».

Объяснение. Выяснилось выше, в пояснении об ангеле Буэле,[145] что у Малхут есть суды левой линии и экрана де-хирик, находящегося в хазе Зеир Анпина, поскольку она расположена от его хазе и ниже. И в этих судах удерживается ситра ахра, и тогда Малхут не является единой. Но после того, как Зеир Анпин поднимает эти суды и с их помощью согласовывает между собой правую и левую линии, и раскрывает все мохин в мирах, как объясняется там, ведь он таким образом свидетельствует об этих судах, что они являются не судами, а большими заслугами, и она становится единой, как и Зеир Анпин. И это означает сказанное: «Поскольку Он наш свидетель», т.е. свидетельствует, что это не суды, и ситре ахра не позволено сказать обратное, и та больше не может питаться от нее. «И тогда она отделяется от ситры ахра» и становится единой.

---

[144] Писания, Притчи, 5:5. «И ноги ее нисходят к смерти, на преисподнюю опираются стопы ее».
[145] См. выше, п. 131.

138) «"В это время она приходит вместе со своими служанками, с семью чертогами мира Брия, и желает отделиться от ситры ахра. И она приходит как тот, кому лишь представилась возможность видеть величие Царя, но не более того. И так провозглашают, что им представилась возможность видеть величие Царя, как сказано: "Выйдите и посмотрите, дочери Циона, на царя Шломо"[146] – т.е. выйдите, чтобы посмотреть на величие Царя. Тогда ситра ахра не желает смотреть и отделяется от нее", от Малхут. "Когда она приходит, все сопровождающие ее", т.е. служанки, "вводят ее под хупу с высшим Царем", Зеир Анпином, "беззвучно и тайно, ибо иначе не отделилась бы от нее ситра ахра, и радость сменилась бы смятением. Однако в грядущем будущем, когда отделится от нее ситра ахра, то "в этот день будет Творец един и имя Его едино"[143]».

Объяснение. Суды в нукве прекращаются лишь после того, как она видит большие мохин, которые притягивает Зеир Анпин с помощью судов ее. И поэтому – как она сможет достичь единства с Зеир Анпином, пока она еще не видела их и пребывает с судами? Поэтому сказано, что она еще не приходит к настоящему единству с Зеир Анпином, но лишь к возможности видеть величие Царя – те мохин, которые притянул Зеир Анпин с помощью судов ее. И после того, как видела это, отменяются суды, и ситра ахра отделяется от нее. И тогда она соединяется с Зеир Анпином под хупой.

139) «"Когда она вошла под хупу, и она там с высшим Царем", Зеир Анпином, "тогда мы пробуждаем радость" мохин "правой и левой линии, как сказано: "И возлюби Творца Всесильного твоего всем сердцем твоим"[147] – это правая линия, "и будет, если ты будешь слушать голос Творца Всесильного твоего"[148] – это левая линия, "без всякого страха" перед ситрой ахра, "ибо ситра ахра больше не приблизится туда и нет у нее власти"».

---

[146] Писания, Песнь песней, 3:11. «Выйдите и посмотрите, дочери Циона, на царя Шломо в венце, которым украсила его мать в день свадьбы его и в день радости сердца его».

[147] Тора, Дварим, 6:5. «И возлюби Творца Всесильного твоего всем сердцем твоим и всей душой твоей, и всем достоянием твоим».

[148] Тора, Дварим, 28:1. «И будет, если ты будешь слушать голос Творца Всесильного твоего, чтобы строго исполнять все Его заповеди, которые я заповедую тебе сегодня, то поставит тебя Творец Всесильный твой выше всех народов земли».

140) «"Невеста", Малхут, – "все то время, когда хотят ввести ее к Царю для радости соединения (зивуга), нужно сделать это беззвучно и тайно, чтобы в шагах ее не было намека на сторону зла, и оно не прилепилось к ней, и чтобы не было в сыновьях, т.е. в Исраэле внизу, никакого намека на несовершенство"».

Объяснение. Они должны скрыть ее собственное свойство, т.е. притяжение Хохмы, что и определяется как «беззвучно и тайно», и включить ее в Зеир Анпин, чтобы она получила от него хасадим. Ибо всё это время, пока не завершилось окончательное исправление, сказано о ней: «И ноги ее нисходят к смерти»[144] – т.е. в конце ее имеется удержание ситры ахра, называемое смертью. И это смысл сказанного: «Чтобы в шагах ее не было намека на сторону зла».

141) «"И так сказал Яаков сыновьям своим: "Не случилось ли несовершенство, не ровен час, на ложе моем?!" Тогда ответили ему сыновья: "Так же, как нет в сердце твоем никого, кроме Единого,[149] так же нет и у нас никакой связи с ситрой ахра, ибо устранена она от ложа твоего, и мы в единстве с высшим Царем", Зеир Анпином. "И нет у нас вообще никакой связи с ситрой ахра, потому что на отделение от ситры ахра было направлено всё наше желание и мысль"».

142) «"Когда узнал" Яаков, "что ситра ахра вообще не прилеплялась туда, тогда вошла жена", Малхут, "к мужу своему", Зеир Анпину, "неслышно, т.е. в тайне единства шести окончаний (ВАК)"», которые в «Шма Исраэль»[131]. «"Провозгласил" Яаков и сказал: "Благословенно имя величия царства Его вовеки"[138] – ибо она в этом свойстве "един"[131] со своими служанками, без всякого вмешательства и без участия со стороны ситры ахра"».

143) «"Смотри, в этот час пребывали Яаков и сыновья его внизу в высшей форме со Шхиной. Яаков был в состоянии шести окончаний (ВАК) высшего мира, в свойстве "един", т.е. (в свойстве) Зеир Анпина, "а сыновья его находились в виде шести окончаний (ВАК) нижнего мира", Малхут. "И он", Яаков, "желал раскрыть им этот конец", т.е. Малхут, "чтобы сделать это единство в раскрытии, а не в скрытии. Как установили, что есть конец и есть конец. Есть конец дней (кец а-ямин יק

---

[149] Вавилонский Талмуд, трактат Псахим, лист 56:1.

הַיָּמִין), и есть конец дней (кец а-ямим קֵץ הַיָּמִים). Конец дней (кец а-ямин קֵץ הַיָּמִין) – это Малхут святости, тайна веры, небесная Малхут. Конец дней (кец а-ямим קֵץ הַיָּמִים) – это нечестивая Малхут, ситра ахра, называемая "конец всякой плоти"[150], и мы это уже объясняли"[151]».

144) «"Когда он увидел, что отошла от него Шхина", из-за того, что он хотел сделать единство в раскрытии, т.е. раскрыть конец, что произойдет в конце, "сказали они", колена: "Так же, как нет в твоем сердце никого, кроме Единого, ибо ты находишься в свойстве высшего мира, который "един", так же и у нас, находящихся в свойстве нижнего мира", Малхут, нет в нашем сердце никого, "только Единый. И поэтому здесь упомянуты два сердца"», т.е. «так же, как нет в твоем сердце...нет в нашем сердце», «"потому что свойство высшего мира", Зеир Анпина, – "это сердце Яакова, а свойство нижнего мира", Малхут, – "это сердце сыновей его. И тогда ввели ее", Малхут, "неслышно"».

145) «"И так же как они стали едины, высший мир в свойстве "един" и нижний мир в свойстве "един", так же и мы должны соединить высший мир в одно целое и соединить нижний мир в одно целое, один – в шести окончаниях (ВАК), и другой – в шести окончаниях (ВАК). И поэтому есть шесть слов здесь"», в воззвании «Шма Исраэль»[131], «"указывающих на шесть окончаний (ВАК), и шесть слов здесь"», в «Благословенно имя величия царства Его вовеки»[138], «"указывающих на шесть окончаний (ВАК), и это означает: "Творец един и имя Его едино"[143]. Счастлива участь и удел в этом мире и в мире будущем того, кто отдает этому сердце свое"».

146) «"Рав Амнуна Сава сказал так: "Порядок пробуждения этого единства – правильный, ведь мы установили, как это выясняется. И эти слова должны будут предстать пред Атик Йомином без всякого стыда"».

(Раайа Меэмана)

147) «"Заповедь изучать Тору каждый день, являющаяся тайной высшей веры, (она) чтобы познать пути Творца, ибо

---

[150] Тора, Берешит, 6:13. «И сказал Всесильный Ноаху: "Конец всякой плоти пришел предо Мною, ибо земля наполнилась злодеянием из-за них. И вот, Я истреблю их с землею"».

[151] См. Зоар, главу Ноах, статью «Конец всякой плоти», пп. 75-81.

каждый, кто занимается Торой, удостаивается этого мира и удостаивается мира будущего, и избавляется от всех злобных обвинений. Поскольку Тора – это тайна веры, и тот, кто изучает ее, изучает высшую веру, и Творец поселяет в нем свою Шхину, чтобы не отходила она от него"».

148) «"И за тем, кто постиг слово Торы, нужно неотступно следовать и учиться у него этому слову, чтобы выполнить сказанное: "От каждого человека, расположенного сердцем, берите приношение Мне"[152]. Тора – это Древо жизни, поскольку дарует жизнь тому, кто укрепляется в Торе, укрепляется в Древе жизни. Как сказано: "Древо жизни она для держащихся ее"[153]».

149) «"Сколько же высших тайн есть у того, кто занимается Торой. Когда удостаивается связаться с высшей Торой", Зеир Анпином, "он уже не оставляет ее в этом мире и не оставляет ее в мире будущем, и даже в могиле уста его изрекают Тору. Как сказано: " Заставляет говорить уста спящих"[154]».

---

[152] Тора, Шмот, 25:1-2. «И сказал Творец Моше, говоря: "Скажи сынам Исраэля, пусть возьмут Мне приношение; от каждого человека, расположенного сердцем, берите приношение Мне"».

[153] Писания, Притчи, 3:17-18. «Пути ее – пути приятные, и все стези ее – мир. Древо жизни она для держащихся ее, и опирающиеся на нее счастливы».

[154] Писания, Песнь песней, 7:10. «А небо твое, – как доброе вино; оно направлено прямо к возлюбленному моему, заставляет говорить уста спящих».

ГЛАВА ТРУМА

Пусть возьмут Мне приношение

150) «Провозгласил и сказал: "Пусть возьмут Мне приношение"[152] – здесь это единство высшего", Зеир Анпина, "и нижнего", Малхут, "в единой совокупности"». «Мне»[152] – это Зеир Анпин, «приношение»[152] – Малхут. «"Не сказано: "Пусть возьмут приношение", но: "Пусть возьмут Мне приношение"[152] – и это указывает: наверху и внизу, в единой совокупности, без всякого разделения"».

151) «"От каждого человека, расположенного сердцем, берите приношение Мне"[152]. Следовало произнести эту фразу так: "Каждый человек, сердце которого расположено". Что означает: "От каждого человека"[152]?" И отвечает: "Но здесь тайна для сидящих на престоле суда. Счастливы праведники, умеющие обращать желание сердца своего к высшему святому Царю, и всё устремление их сердца направлено не к этому миру, к его преходящим страстям, но они умеют и стараются обратить желание свое к слиянию с высшим, чтобы привлечь желание Господина их сверху вниз"».

152) «"А из какого места они берут желание Господина их, чтобы привлечь его к себе? Они берут его из одного высшего места святости, от которого исходят все святые желания. И что оно собой представляет? "Каждый (коль) человек"[152] – это праведник", т.е. Есод Зеир Анпина, "называемый "коль". Как сказано: "Но превосходство земли во всём (бе-коль)"[155]. И сказано: "Поэтому все (коль) повеления Твои – все (коль) неуклонны для меня"[156]. "Человек (иш אִישׁ)", как сказано: "Муж праведный (иш цадик אִישׁ צַדִּיק)"[157] – это праведник (цадик צַדִּיק), Господин дома", т.е. Есод, являющийся Господином Малхут, называемой домом. "И желание Его всегда обращено к Госпоже", Малхут, "как у мужа, любящего свою жену всегда. "Расположенного сердцем"[152] – означает, что он любит ее. И сердце Его, т.е. Госпожа Его", – Малхут, называемая сердцем, "расположено к слиянию с Ним"».

---

[155] Писания, Коэлет, 5:8. «Но превосходство земли во всём – это царь при возделанном поле».

[156] Писания, Псалмы, 119:128. «Поэтому все повеления Твои – все неуклонны для меня, всякий путь ложный ненавижу я».

[157] Тора, Берешит, 6:9. «Вот родословие Ноаха. Ноах – муж праведный, непорочным он был в поколениях своих, пред Всесильным ходил Ноах».

153) «"И несмотря на большую любовь", которую они испытывают "друг к другу, что не разлучаются никогда, всё же "от каждого (коль) человека"¹⁵² – т.е. Есода, Господина дома, мужа Госпожи, "берите приношение Мне"¹⁵², – т.е. Малхут. В мире принято, что если у человека хотят отнять жену, он строго следит за этим и не оставляет ее. Однако Творец ведет себя не так, ведь сказано: "И вот приношение"¹⁵⁸, и это Кнессет Исраэль", т.е. Малхут, "и хотя вся ее любовь – к Нему, а Его любовь – к ней, берут ее у Него, чтобы пребывала она среди них, от того высшего места, в котором пребывает вся любовь жены и мужа ", т.е. от Есода, "оттуда "берите приношение Мне"¹⁵². Благословен удел Исраэля, и счастливы все, кто удостоился этого"».

154) «"И вот приношение, которое должны вы брать от них"¹⁵⁸. И если ты скажешь, что в таком случае следовало сказать: "Брать от него", т.е. от Есода, – "что значит: "Брать от них"¹⁵⁸? От двух этих имен"», т.е. от Есода и Малхут вместе. Иначе говоря, чтобы не брали от ее собственного свойства, а только от них обоих вместе, поэтому сказано: «От них»¹⁵⁸.

155) «"Еще. Рав Йева Сава сказал: "От них (меитáм מֵאִתָּם)"¹⁵⁸ – означает "от мем ם תאֵמ", являющейся свойством высшего мира", НЕХИМ Бины, называемых ИШСУТ, "места проживания того праведника", Есода Бины, "который украшается от "самех ס", высших Абы ве-Имы, ХАБАД ХАГАТ Бины,¹⁵⁹ "от которых он получает жизнь, чтобы насыщать все миры". И от Есода Бины они будут получать приношение, т.е. Малхут. "И всё является одним целым, и тайна эта передана праведникам. Счастлив их удел"».

Объяснение. Аба ве-Има называются «самех ס», а ИШСУТ называются «мем ם».¹⁵⁹ И когда Зеир Анпин в большом состоянии (гадлут), он наследует эти мохин, и есть у него в рош два этих вида мохин, «самех ס» и «мем ם». И рав Йева Сава добавляет, что необходимость брать Малхут от Есода – это от Есода Бины, находящегося в рош Зеир Анпина, и оттуда он берет свойство Малхут де-ГАР. Поэтому говорится: «Которое должны вы брать от них (меитам מֵאִתָּם)»¹⁵⁸ – так как это буквы «от мем ם תאֵמ».

---

¹⁵⁸ Тора, Шмот, 25:3-4. «И вот приношение, которое должны вы брать от них: золото и серебро, и медь, и синету, и пурпур, и багряницу и виссон, и козий волос».

¹⁵⁹ См. выше, п. 22.

156) «"И хотя они берут ее", Малхут, "они не могут взять ее иначе, как с позволения мужа ее", Зеир Анпина, "и по его желанию. И они должны выполнить работу любви к нему, и тогда в любви к нему "берите приношение Мне"[154], Малхут. "И всё это делают в этих работах молитвы и исправления, которые Исраэль выстраивают каждый день. Другое объяснение. "От них" означает – от совокупности шести высших окончаний (ВАК)"» Зеир Анпина, поэтому написано: «От них» – во множественном числе.

157) «"От них" – от тех времен и суббот" бери его, "и всё это – одно целое. И они, как сказано: "Золото и серебро, и медь, и синету, и пурпур, и багряницу"[158]. "Золото" – это день Начала года, день золота, день суда, и эта сторона", левая, "властвует, как сказано: "С севера золото приходит"[160]. И север – это левая сторона. "Серебро" – это День искупления, когда прегрешения Исраэля отбеливаются, (становясь) как снег. Как сказано: "Если будут грехи ваши, как багрянец, то станут белыми, как снег"[161]. И также серебро белого цвета. "И сказано: "Ибо в этот день совершит искупление над вами, чтобы чистыми сделать вас"[162]».

158) «"И медь"[158] – это день принесения праздничных жертв, являющихся строениями (меркавот) народов мира", и мы приносим семьдесят быков вместо них, "и они называются медными горами, и поэтому их", праздничных быков, "становится все меньше с каждым днем. "Синета[163]" – это Песах, и тогда наступает правление веры", т.е. Малхут, "к которой относится синий цвет. И поскольку она "синета (тхéлет תְּכֵלֶת)"», что указывает на суды, потому что «синета (тхéлет תְּכֵלֶת)» – от слова «уничтожение (клая כְּלָיָה)», «"она не властвовала, пока не уничтожила и не погубила всех египетских первенцев, как сказано:

---

[160] Писания, Иов, 37:22. «С севера золото приходит; грозно великолепие Творца».
[161] Пророки, Йешаяу, 1:18. «Давайте же рассудимся, – говорит Творец. – Если будут грехи ваши, как багрянец, то станут белыми, как снег, а если будут они красны, как кармазин, то станут (белыми), как шерсть».
[162] Тора, Ваикра, 16:30. «Ибо в этот день совершит искупление над вами, чтобы чистыми сделать вас; от всех ваших грехов пред Творцом чисты будете».
[163] Синета – шерсть, окрашенная кровью хилазона (вид моллюска).

"И пройдет Творец, чтобы поразить египтян"[164]. Поэтому все цвета во сне являются хорошими, кроме синего"».

159) «"И пурпур"[158] – это Шавуот, и это цвет пурпура, так как письменная Тора, которая была дарована в этот день, состоит из правой и левой линии, как сказано: "От десницы Его – пламя закона для них"[165]. И это пурпур", который состоит из многих цветов. "И багряни́ца"[158] – это пятнадцатый день месяца Ав, когда дочери Исраэля выходят в багряных одеждах, как сказано: "Те, что выросли в багрянице"[166]"».

160) «"До сих пор это соответствовало шести окончаниям", – и это золото, серебро, медь, синета, пурпур, багряница.[158] "Отсюда и далее – десять дней раскаяния, и это "виссон"[158], "козья шерсть"[158], "кожи бараньи красненные"[167], "кожи тахашевые"[167], "дерево шитим"[167], "елей для освещения"[168], "пряные снадобья для елея помазания и для курения благовонного"[168], "камни о́никсовые"[169], "камни для оправы"[169]. До сих пор – их девять, в соответствии девяти дням, а День искупления дополняет их до десяти"».

161) «"И от всех них мы берем приношение Творцу"», т.е. Малхут, как сказано: «И вот приношение, которое должны вы брать от них»[158], «"в любое время", т.е. во все праздники, "чтобы установить его над нами. В Начале года мы берем приношение Творцу, и это – Начало года исходящее со стороны золота", т.е. Гвуры, так как Малхут – это Гвура. "В День искупления мы берем его, так как оно – День искупления, потому что дочь", Малхут, "наследует матери", Бине, называемой Днем искупления. "В Суккот мы берем его, так как оно – сукка,

---

[164] Тора, Шмот, 12:22-23. «...Вы же не выходите никто за двери дома своего до утра. И пройдет Творец, чтобы поразить египтян, и увидит кровь на притолоке и на двух косяках, и минует Творец этот вход, и не даст ангелу-губителю войти в дома ваши, чтобы поразить вас».

[165] Тора, Дварим, 33:2. «И сказал он: "Творец из Синая пришел и воссиял им из Сеира, явился от горы Паран и пришел из среды десятков тысяч святых. От десницы Его – пламя закона для них"».

[166] Писания, Мегилат Эйха, 4:5. «Те, что ели лакомства, покинуты на улицах, те, что выросли в багрянице, обнимают кучи мусора».

[167] Тора, Шмот, 25:5. «И кожи бараньи красненные, и кожи тахашевые, и дерево шитим».

[168] Тора, Шмот, 25:6. «Елей для освещения, пряные снадобья для елея помазания и для курения благовонного».

[169] Тора, Шмот, 25:7. «Камни ониксовые и камни оправные для эфода и для наперсника».

которая укрывает и защищает нас, как сказано: "В восьмой день (праздничный) сбор пусть будет у вас"[170] – и это приношение Творцу"», т.е. Малхут, называемая сбором (ацерет).

162) «"В Песах мы тоже берем его, и оно называется Песахом, и мы ведь указали, что оно относится к окраске синего света. В Шавуот мы берем его, и оно – два хлеба. И сказано" при даровании Торы: "И произносил Всесильный все эти слова, говоря"[171]. И мы берем от письменной Торы устную Тору", Малхут. "На пятнадцатый день месяца Ав она", Малхут, "пребывает в радости над дочерьми Исраэля, а все остальные дни – для исправления ее", Малхут. "И поэтому сказано: Которое должны вы брать от них"[158]» – во множественном числе.

---

[170] Тора, Бемидбар, 29:35. «В восьмой день сбор пусть будет у вас, никакой работы не делайте».
[171] Тора, Шмот, 20:1. «И произносил Всесильный все эти слова, говоря».

ГЛАВА ТРУМА

Так же, как они

163) «"Так же, как они", шесть окончаний (ВАК) Зеир Анпина, "объединяются наверху", от хазе Зеир Анпина и выше, "в одно целое", то есть не примешивается к ним ситра ахра,[172] "так же и она", Малхут, "объединяется внизу", от хазе Зеир Анпина и ниже, "в одно целое, чтобы быть с ними наверху единой относительно Единого. Ибо Творец", Зеир Анпин, "который един наверху, не восседает на троне величия Своего", Малхут, "пока она тоже не становится единой, как и Он, чтобы быть единой с Единым. Ведь мы объясняли смысл слов: "Творец един, и имя Его едино"». Ибо Творец – это Зеир Анпин, и имя Его – Малхут, и они – единая с Единым.[172]

164) «"И это тайна субботы. Она", Малхут, "называется субботой в момент, когда соединяется с Единым, чтобы Он пребывал над ней", т.е. с Зеир Анпином, который един. "И это молитва ночи субботы, поскольку в это время соединяется святой трон величия", Малхут, "с Единым, и исправляется, чтобы пребывал над ней святой высший Царь"», Зеир Анпин.

165) «"Когда наступает суббота, она становится единой и отделяется от ситры ахра, и все суды устраняются из нее, и она остается в единстве святого света, и украшается многочисленными украшениями для святого Царя. И тогда все (виды) правления гнева и все носители суда скрываются, и нет другого правления во всех мирах, кроме нее"».

166) «"И лик ее", т.е. ее ГАР, "светится высшим светом, и она украшается святым народом внизу, т.е. все они украшаются от нее новыми душами. Тогда вначале молитвы (нужно) благословить ее в радости, в свечении лика, и произнести: "Благословите (эт) Творца благословенного!"[173] Именно "эт"», т.е. это Малхут, называемая «эт», «"чтобы начать с благословения ее"».

167) «"И нельзя святому народу начинать (обращение) к ней с изречения, относящегося к суду, с такого, как: "А Он,

---
[172] См. выше, п. 136.
[173] Благословение, с которого начинается вечерняя молитва (арвит) в канун субботы.

милостивый"[174], поскольку она уже отделилась от ситры ахра, и все носители суда отделились и ушли от нее, и тот, кто пробуждает суд внизу, вызывает его пробуждение в таком виде наверху, и святой трон", Малхут, "не может украситься венцом святости. Ибо всё то время, пока пробуждают внизу носителей суда, которые до этого уже исчезли, и все ушли прочь, чтобы скрыться в расщелине праха великой бездны", благодаря святости субботы, теперь, когда пробудили их снизу, "все они возвращаются, чтобы пребывать на местах своих, как и в будни, и отдаляется из-за них место святости", т.е. Малхут, "желающее покоя"».

168) «"И не говори, что только поэтому" происходит пробуждение наверху, из-за нижних, но не происходит пробуждения наверху до тех пор, пока Исраэль не совершают пробуждение внизу, как мы объясняли в сказанном: "Ко дню праздника нашего"[175]. Не сказано: "Ко дню праздника", а сказано: "Ко дню праздника нашего"[175]». И это потому, что святость праздника пробуждается наверху Исраэлем, которые освящают его внизу, и поэтому «праздника нашего». «"И поэтому святому народу, которые венчаются украшениями святости душ, чтобы пробудить покой, нельзя пробуждать суд, но все они должны испытывать желание и большую любовь, чтобы пробудились благословения наверху и внизу вместе"».

---

[174] Слова, с которых начинается вечерняя молитва (арвит): «А Он, милостивый, прощает грех и не губит, и много раз отвращал гнев Свой и не пробуждал всей ярости Своей (Писания, Псалмы, 78:38). Творец, помоги! Царь ответит нам в день, когда воззовем мы (Писания, Псалмы, 20:10)».

[175] Писания, Псалмы, 81:4. «Трубите в шофар в новомесячье, во время скрытия (луны), – ко дню праздника нашего».

ГЛАВА ТРУМА

Благословите Творца благословенного

169) «"Благословите (эт) Творца"[176]. Именно "эт"», что указывает на Малхут, называемую «эт», «"как мы объясняли выше.[177] "Эт" – это суббота кануна субботы", т.е. ночь субботы, свойство Малхут. "Благословен Творец благословенный"[176]. "Благословен" – это выход благословений от источника жизни и место, из которого выходит всё орошение для питания всего", Есод Бины. "И поскольку это источник, наполняющий свойство "знак союза", Есод Зеир Анпина, "называют его "благословенный", и это родник, питающий колодец", т.е. Есод, являющийся родником, который питает Малхут, называемую колодцем. "И поскольку благословения приходят туда", в Есод Зеир Анпина, "то, конечно же, этот колодец наполняется, и вода в нем никогда не иссякает"», т.е. хасадим, называемые водой.

170) «"И поэтому не говорят: "Благословен (эт) Творец благословенный", а "благословен Творец"[176], ведь если бы не приходил туда", в Есод Зеир Анпина, "родник от высшего источника", Есода Бины, "то вообще не наполнялся бы колодец", т.е. Малхут, так как Малхут может наполняться только от Есода Зеир Анпина, "и поэтому" говорят: "Благословенный", и это Есод Зеир Анпина. "Почему Он "Благословенный"? – потому что Он восполняет и орошает "вовеки"[176], и это суббота кануна субботы, Малхут. И мы приводим благословения в место, называемое благословенным", Есод Зеир Анпина. "И после того, как они приходят туда, все они нисходят "вовеки", т.е. к Малхут. И это (означает): "Благословен Творец благословенный"[176] – до сих пор", т.е. до Есода Зеир Анпина, называемого благословенным, "приходят благословения от высшего мира", Бины. "И все они нисходят "вовеки", т.е. в Малхут, "чтобы благословиться и ороситься, и стать совершенной, как подобает, – наполненной со всех сторон"».

171) Теперь Зоар выясняет смысл каждого слова отдельно в (возглашении): «Благословен Творец благословенный»[176], и

---

[176] Благословение, с которого начинается вечерняя молитва (арвит) в канун субботы. Ведущий молитвы произносит: «Благословите Творца благословенного», и все общество вместе с самим ведущим отвечает: «Благословен Творец благословенный вовеки!»

[177] См. выше, п. 165.

говорит: «"Благословен"[176] – это высший источник, Есод Бины, "от которого исходят все благословения. И когда становится полной Луна, мы ее тоже называем "благословен" по отношению к нижним. Однако здесь "благословен" – это высший источник, как мы уже сказали. "Творец (АВАЯ)"[176] – это средняя из всех высших сторон", т.е. Зеир Анпин, являющийся средней линией. "Благословенный"[176] – это мир в доме", т.е. Есод Зеир Анпина, называемый миром, "родник колодца для восполнения и орошения всего. "Вовеки"[176] – нижний мир, который должен благословиться, и елей и величие", т.е. наполнение, нисходящее "при произнесении: "Благословен Творец благословенный"[176], всё это – ради "вовеки"», т.е. Малхут.

172) «"И поэтому весь народ должны произнести это благословение. И в канун субботы, с желанием сердца и с радостью, они должны начать с этого благословения, для того чтобы благословилась этим благословением эта суббота кануна субботы", и это ночь субботы, т.е. Малхут, "святым народом как подобает"».

173) «"Когда Исраэль начинают благословлять, этот голос разносится по всем небосводам, которые благословляются святостью кануна субботы. Счастливы вы, святой народ, так как вы благословляете и освящаете внизу для того, чтобы наверху благословились и освятились множество высших святых станов. Счастливы они в этом мире и счастливы они в мире будущем. И Исраэль не произносят это благословение, пока не увенчаются украшениями святых душ, как мы сказали. Счастлив народ, удостоившийся их в этом мире, чтобы удостоиться их в мире будущем"».

174) «"В эту ночь мудрецы совершают слияние, когда они украшаются этими святыми душами, и хотя мы это уже объясняли, всё это – одно целое. И в любом месте, где ты обнаружишь что-либо по этому вопросу, касающемуся мудрецов, один раз – в одном виде, другой раз – в другом, всё это – одно целое. И эти вещи мы уже объясняли. Но в тот момент, когда все они украшаются новыми святыми душами-нешамот и душами-рухот, бо́льшими", чем в будний день, "тогда это время их слияния, чтобы притянуть этим слиянием нисхождение святости в высшем покое, и выйдут святые сыновья как подобает"».

175) «"Эта тайна дарована мудрецам. В час, когда разделилась ночь в эту ночь" субботы, "Творец желает войти в Эденский сад. Дело в том, что в будние дни Творец входит в нижний Эденский сад", расположенный в мире Асия, "чтобы наслаждаться с пребывающими там праведниками. А в субботу, в эту ночь субботы, Творец входит в высший Эденский сад", расположенный в мире Брия, "в свойство высшего источника"», Бины, так как три мира, Брия-Ецира-Асия, – это свойства Бина, Тиферет и Малхут, и Брия – это свойство Бины.

176) «"Поскольку в будние дни все души праведников пребывают в земном Эденском саду, а когда освящается день при наступлении субботы, все эти станы святых ангелов, назначенные в нижнем Эденском саду, все они поднимают эти души, пребывающие в нижнем Эденском саду, чтобы доставить их к тому небосводу, который простирается над этим садом", ведь из-за того, что они от мира Асия, у них нет позволения подняться более этого. "И оттуда открываются святые колесницы (меркавот), окружающие трон величия Царя", т.е. Брия, "и поднимают все эти души в высший Эденский сад"», находящийся в Брия.

177) «"Когда эти души (рухот) поднимаются" в высший Эденский сад, "тогда другие святые души (рухот) нисходят" в этот мир, "чтобы украситься в святом народе. Одни поднимаются" в высший Эденский сад, "другие – нисходят"», чтобы украситься в святом народе. Так же, как есть подъем для душ, находящихся в Эденском саду, есть подъем и для святого народа, когда они украшаются дополнительной душой.

178) «"И если ты скажешь, что ведь земной Эденский сад в субботний день пуст, без душ праведников, это не так. Но одни души уходят, а другие приходят, одни души восходят, а другие нисходят, одни души убывают из сада, а другие прибывают в сад. Все те души праведников, которые выявляются, чтобы очиститься в будние дни, и еще не вошли" в нижний "Эденский сад, в час, когда одни души выходят из Эденского сада" в высший Эденский сад, "другие входят" в нижний Эденский сад, "и сад не остается пустым. Подобно тому, как делают с хлебами приношения, – в тот день, когда забирают их"», кладут вместо них другие.

179) «"И если ты скажешь, что когда души возвращаются" из высшего Эденского сада в нижний Эденский сад "в будние дни, каким образом расширяются места в длину, ширину и высоту внутри сада" настолько, что он вмещает всех, "причем совершенно незаметно?" И отвечает: "Это подобно святой земле (досл. земле оленя), которая расширялась во все стороны, незаметно для глаза. Так же, как растет олень – по мере его роста увеличивается и его меховой покров, причем незаметно для глаз. А есть души, которые, поднявшись" в высший Эденский сад, "больше уже не опускаются"» оттуда, оставаясь там и в будние дни.

180) «"Души поднимаются и души опускаются, чтобы увенчался ими святой народ. И при наступлении субботы", т.е. прежде чем освящается день, "происходит кругообращение душ – одни прибывают, другие убывают, одни поднимаются, другие опускаются. Кто видел такое множество святых колесниц (меркавот), направляющихся во все стороны, и все они наполнены радостью и желанием?! Души эти призваны увенчать святой народ, увенчать многих праведников в нижнем Эденском саду. И это продолжается до того момента, пока не устанавливается воззвание, гласящее: "Освящен, освящен". Тогда воцаряется покой и тишина во всем. И все грешники в преисподней успокаиваются на месте своем, и настает у них покой. И все души украшаются", т.е. постигают ГАР, одни – наверху, другие – внизу. Счастлив народ, которому выпала такая участь"».

181) «"При наступлении полуночи в субботнюю ночь, когда мудрецы пробуждаются к своему слиянию, высший дух (руах), которым украсились они в момент установления святости дня, в тот час, когда сами они спят на постелях своих, а их другие души желают подняться и увидеть величие Царя, тогда тот высший дух, который опустился в канун субботы, берет эту душу (нешама), и они поднимаются наверх, а другая душа (нешама) омывается ароматами Эденского сада, и они видят там то, что видят"».

182) «"И когда опускается" этот дух (руах), "чтобы воцариться на своем месте в полночь, то и эта душа опускается на свое место, и мудрецы должны провозгласить одно изречение, пробуждающее этот высший святой дух (руах) украшения субботы: "Дух Творца Всесильного на мне, ибо помазал

меня Творец сообщить радостную весть смиренным"[178]. "Когда те шли – эти шли, и когда те стояли – эти стояли, и когда те возносились над землей – возносились"[179]. "Куда направлял их этот дух идти, туда и шли они"[180] – поскольку они украшались этим духом (руах) во время пробуждения своего, в радости слияния, и было нисхождение этого высшего духа субботы в этом слиянии заповеди"».

183) «"Рав Амнуна Сава, поднимаясь от реки в канун субботы, присаживался на одно мгновение, поднимал глаза и был в радости. И он говорил, что садился смотреть на радость высших ангелов, когда одни поднимаются, а другие опускаются. И в любое время кануна субботы человек пребывает в мире душ. Счастлив тот, кто знает тайны своего Господина"».

---

[178] Пророки, Йешаяу, 61:1. «Дух Творца Всесильного на мне, ибо помазал меня Творец сообщить радостную весть смиренным, послал меня врачевать сокрушенных сердцем, объявить пленным свободу и узникам – полное освобождение».

[179] Пророки, Йехезкель, 1:21. «Когда те шли – эти шли, и когда те стояли – эти стояли, и когда те возносились над землей – возносились офаним, ибо дух этого создания (был) в офаним».

[180] Пророки, Йехезкель, 1:20. «Куда направлял их этот дух идти, туда и шли они. Желание (досл. дух) идти и офаним поднимались перед ними, ибо дух этого создания был в офаним».

ГЛАВА ТРУМА

Небеса рассказывают о величии Творца

184) «"Когда светит день в день субботний, восходит радость во всех мирах в отраде и упоении. Тогда сказано: "Небеса рассказывают о величии Творца, о деянии рук Его повествует небосвод"[181]. Что представляют собой "небеса"? Это те "небеса", т.е. Зеир Анпин, "на которых показывается высшее имя", т.е. Има, "и святое имя начертано на них"», т.е. Аба. Иначе говоря, «небеса» – это Зеир Анпин, в котором есть мохин Абы ве-Имы.

185) «"Что значит "рассказывают"? Если ты скажешь, что это как передающий словесный рассказ, то это не так. Это значит, что они светят и сверкают искрами высшего света, и восходят к имени, включенному в свечение высшего совершенства"», – т.е. к имени АВАЯ (הויה), в котором есть «йуд-хэй יה», являющиеся высшим совершенством, и это Аба ве-Има.

186) Спрашивает: «"Что такое рассказ (сипур סיפור)?"», в котором сказано: «Небеса рассказывают (месаприм)» И отвечает: «"Когда они искрятся в свечении совершенства высшей книги (сефер ספר)", т.е. Абы, и то, что исходит от этой книги, называется рассказом (сипур סיפור). "И поэтому они восходят к полному имени", АВАЯ (הויה), "и светятся совершенным светом, в правой линии, и сверкают совершенным сверканием", в левой линии. "Они сами искрятся и светят в искрах света высшей книги, и искрятся и светят каждой стороне, с которой соединяются, ибо от них, от этого блеска и от этого света, каждое кольцо издает сверкание", – т.е. все сфирот в Малхут, называемые кольцами. "Потому что в этот день украшаются небеса", Зеир Анпин, "и поднимаются к святому имени", АВАЯ (הויה), "больше, чем в остальные дни"».

187) «"Деяние рук Его"[181] – это высшая роса, светящая от всех скрытых сторон, являющихся деянием рук Его", Зеир Анпина. И исправление, которым исправляется в этот день, – от всех остальных дней. Объяснение. Хасадим, называемые росой, раскрылись с помощью подъема МАН от экрана

---

[181] Писания, Псалмы, 19:2. «Небеса рассказывают о величии Творца, о деянии рук Его повествует небосвод».

де-хирик, который поднял Зеир Анпин. И поэтому роса называется деянием рук Его.

188) Спрашивает: «"Что значит "повествует"[181]?» И говорит, что это означает: «"Притягивает росу и она стекает каплями вниз", в Есод, "с головы (рош) Царя", т.е. из его ГАР, называемых рош Зеир Анпина, "и наполняется со всех сторон. "Небосвод"[181] – это небосвод, который является родником колодца", т.е. Есод, который наполняет колодец, Малхут. "И это та река, что вытекает из Эдена,[182] та, которая нисходит и несет вниз по течению капли высшей росы, светящей и сверкающей искрами со всех сторон. И этот небосвод притягивает ее влечением любви и стремления, чтобы наполнить радостным упоением ночь субботы"», Малхут.

189) «"И когда он притягивает (росу) и хрустальные капли росы ниспадают вниз", с рош Зеир Анпина, "всё наполняется и довершается святыми буквами", т.е. двадцатью двумя буквами, "на всех этих святых тропинках". Иными словами, Хохма, содержащаяся в тридцати двух тропинках, скрыта и облачена в эту росу, т.е. хасадим, и тогда он наполняется всем, как Хохмой, так и хасадим, но только Хохма находится в скрытии, а хасадим – раскрыты. "Когда всё соединилось в нем", как Хохма, так и хасадим, "образуется в нем путь, чтобы наполнять и благословлять внизу"», в Малхут. То есть устанавливается в нем свойство мифтеха (ключ), называемый «путь»,[183] по которому он передает свечение ГАР в Малхут.

190) «"День дню несет речение"[184] – день передает дню, а кольцо передает кольцу"», потому что каждая сфира Зеир Анпина, называемая «день» и «кольцо», передает сфире, соответствующей ей в Малхут. «"Ибо теперь Писание говорит в частном виде: каким образом небеса", Зеир Анпин, "повествуют и устанавливают посредством высшего блеска и искрения это величие", т.е. Малхут, называемую величием, "и как небосвод притягивает (росу) и стекает вниз каплями высшей

---

[182] Тора, Берешит, 2:10. «И река вытекает из Эдена, чтобы орошать сад, и оттуда разделяется и образует четыре главных реки».

[183] См. Зоар, главу Берешит, часть 1, п. 308. «Теперь выясняется различие между зивугом высшего мира Бины и зивугом нижнего мира Бины. И говорится, что высший мир опускается в нижний мир, чтобы создать...»

[184] Писания, Псалмы, 19:3. «День дню несет речение, а ночь ночи передает знание».

росы. "День дню несёт речение"[184] – день дню и ступень ступени устремятся включиться друг в друга и светить друг другу тем блеском, которым сверкают и светят небеса этому величию", т.е. Малхут. "Несёт"[184] – это как сказано: "Скоро произойдет"», что означает «очень быстро», ибо фраза: «И скоро наступит уготованное им»[185] – комментируется как: «И ускорит им в будущем». «"Несёт"[184] означает, что они спешат светить друг другу и искриться друг от друга этим блеском и свечением"» Зеир Анпина, называемого «небеса».

191) «День дню несёт речение»[184]. «"Речение (о́мер אֹמֶר)"[184] означает совокупность букв и тропинок", света Имы называются буквами, а света Абы называются тропинками, "которые выходят от Абы ве-Имы. А выходящий из них рош называется "первородный сын", т.е. Зеир Анпин, называемый первородным сыном. "Буква "алеф א" слова "речение (омер אמר)" указывает на Абу, и когда он поднимается и опускается", т.е. когда создаёт катнут Имы, в котором свет её поднимается снизу вверх, и гадлут Имы, в котором свет её опускается сверху вниз, тогда "соединяется буква "мем מ" "речения (омер אמר)", т.е. Има, "с "алеф א". "Рейш ר" "речения (омер אמר)" указывает на сына-первенца", Зеир Анпин. "А когда соединяются все эти буквы, то они – "речение (омер אמר)", т.е. свет Абы ве-Имы и первенца-сына, и светят друг в друге в полном единстве. И они правят в день субботний, поэтому всё включается друг в друга, чтобы стать единым целым", потому что Зеир Анпин поднимается и облачает Абу ве-Иму. "И поэтому они спешат передать друг другу" три эти буквы слова "речение (омер אמר)", представляющие собой "высшее правление, чтобы всё было единым целым"».

Объяснение. Из-за того, что свечение Хохмы нисходит от Имы к Зеир Анпину, необходимо спешить, чтобы не присосались клипот, и так следует действовать в любом месте, где притягивается свечение Хохмы. И это означает: «И поэтому они спешат передать друг другу речение, чтобы всё было единым целым». Ведь если хоть что-нибудь достанется присосавшимся клипот, они уже не будут едины, ибо «единый» означает, что не участвовала вместе с ним другая сторона.

---

[185] Тора, Дварим, 32:35. «У Меня отмщение и воздаяние, когда споткнётся нога их; ибо близок день гибели их, и скоро наступит уготованное им».

192) «"И когда всё это нисходит, стекая каплями на этот небосвод", Есод Зеир Анпина, "тогда он орошает и светит внизу этому величию Творца", Малхут, "для того чтобы произвести порождения в виде светов этих небес", т.е. Зеир Анпина, "светящих этому величию Творца"».

193) «"Ночь ночи передает знание"[184], – т.е. ее строения (меркавот), являющиеся основанием (гуф) трона", Малхут, "и все они называются ночами, как сказано: "И ночами наставляли меня почки (нутро) мои"[186]. Высшее строение (меркава)", Зеир Анпин, его сфирот, "называются днями, "день дню"[184]. Нижнее строение (меркава)", Малхут, ее сфирот "называются ночами, "ночь ночи"[184]».

194) «"Передает знание"[184]. "Передает (йехаве יְחַוֶּה)" означает "оживляет (йехайе יְחַיֶּה)", чтобы возобновить порождение светов", которое получил "от этих небес. И если ты скажешь, что "передает" не означает "оживляет", посуди сам: "И нарек человек имя жене своей Хава, так как она была матерью всего живого"[187]. Ведь Хава (חַוָּה) и хая (חַיָּה) восходят к одному понятию, ибо ушла "йуд י" из хая (חַיָּה), и вошла вместо нее "вав ו", как и должно быть. Потому что "вав ו" – это жизнь, безусловно"», так как «вав ו» указывает на Зеир Анпин, Древо жизни, «"и поэтому Хава и хая" – Хава это основа, "так как "йуд י"» слова «хая (חַיָּה)» «"берет жизнь от "вав ו" Хавы (חַוָּה), и поэтому называется Хава, а не Хая. Также и здесь, "передает (йехаве יְחַוֶּה)" означает "оживляет (йехайе יְחַיֶּה)"».

195) «Ночь ночи передает знание»[184]. «"Знание"[184] – это свойство "небеса", Зеир Анпин. "Так же, как у небес есть шесть окончаний (ВАК), так же и здесь" ночь ночи передает "шесть окончаний (ВАК) в этих порождениях, которые ночь оживляет. И они подобны" ВАК Зеир Анпина, "и поэтому "день дню"[184] включается в высшую ступень, – "речение (омер אמר)", т.е. Абу ве-Иму, как мы уже говорили. "Ночь ночи" включилась в высшую ступень, "в свойство захар, которое светит ей, и это "небеса" и "знание (даат)"», т.е. Зеир Анпин.

---

[186] Писания, Псалмы, 16:7. «Благословлю Творца, который советовал мне, и ночами наставляли меня почки (нутро) мои».

[187] Тора, Берешит, 3:20. «И нарек человек имя жене своей Хава, так как она была матерью всего живого».

196) «"И поскольку "речение" это – высшее свойство", т.е. Аба ве-Има, "и оно не похоже на остальные изречения, Писание говорит о нем еще раз: "Нет речения и нет слов"[188] – как в остальных изречениях мира, но это речение – это высшая тайна на высших ступенях, где нет изречений и слов", т.е. Хохма (мудрость) скрыта в них и не светит. Ибо свечение Хохмы называется речью, "и они не слышны, как остальные ступени, пребывающие в свойстве веры", т.е. Малхут, "представляющие собой голос, который слышен", т.е. Хохма раскрыта в ней. "Но эти (ступени), "речение"[184], т.е. Аба ве-Има, "никогда не слышны. И это как сказано: "Не слышен голос их"[188]» – и это значит, что Хохма скрывается в них и не слышна, потому что Хохма раскрывается в одной лишь Малхут.

197) «"Однако, "по всей земле проходит линия их"[189] – хотя они", Аба ве-Има, "высшие скрытия, не познаваемые миром", т.е. не раскрывается в них Хохма, всё же "стекание и нисхождение их, по каплям спускается вниз", в Малхут, называемую землей. То есть Хохма, скрытая в них, нисходит в Малхут. "И благодаря этому нисхождению есть у нас совершенная вера в этом мире", т.е. Малхут со свечением Хохмы, называемая совершенной верой. "И все живущие в мире говорят в свойстве "вера Творца", т.е. Малхут, "на этих ступенях", т.е. в свойстве Хохмы ступеней Абы ве-Имы, "как если бы они были раскрыты" даже наверху, в Абе ве-Име, "и не были бы там скрыты и упрятаны. Как сказано: "До предела вселенной (тевель) – слова их"[189] – от начала мира и до конца мира говорят мудрые сердцем на этих скрытых ступенях, хотя они и не познаны"» на их месте, в Абе ве-Име, ибо раскрываются они в Малхут, как уже разъяснялось.

198) «"Но каким образом они познаются?" – эти ступени Хохмы в Абе ве-Име. "Потому что: "Солнцу поставил Он шатер в них"[189] – так как святое солнце", Зеир Анпин, "является обиталищем этих высших святых ступеней" Абы ве-Имы, и это свет, получающий все скрытые света, и это их притяжение, и благодаря ему вера видна во всем мире"». То есть Зеир Анпин является обиталищем для Хохмы, находящейся на ступенях Абы ве-Имы,

---

[188] Писания, Псалмы, 19:4. «Нет речения, и нет слов – не слышен голос их».

[189] Писания, Псалмы, 19:5. «По всей земле проходит линия их, до предела вселенной – слова их; солнцу поставил Он шатер в них».

и Зеир Анпин передает ее Малхут, называемой вера, и тогда вера видна во всем мире. Ибо Хохма называется видением.

199) «"Тот, кто овладевает солнцем, он словно овладевает всеми ступенями, поскольку солнце – это шатер, в который включены все ступени, и оно овладевает всем, и светит всем этим видам светов внизу", свойству Малхут. "И поэтому сказано: "И оно, как жених, выходит из-под хупы (свадебного полога)"[190] – в свечении и сверкании светов", скрытых от всех ступеней, "и все они передают ему с готовностью и в совершенном желании стремление и света свои, подобно тому, как у жениха есть готовность делать невесте подношения и дары. Поэтому: "И оно, как жених, выходит из-под хупы его"[190]».

200) Спрашивает: «"Что представляет собой хупа его?" И говорит: "Это Эден", т.е. Хохма. "И это скрытый смысл сказанного: "И река вытекает из Эдена"[191]. Эден – это полог (хупа), покрывающий всё", покрывающий и защищающий от всех клипот. "Радуется, как герой, устремляясь в путь". "Радуется"[190] – со стороны первозданного света", который действовал в течение шести дней начала творения прежде, чем был скрыт, "и в нем вообще не было суда. "Как герой (гибор)"[190] – т.е. со стороны Гвуры, и хотя Гвура – это полностью суд, сказано: "Как герой"[190], а не "герой", и это потому, что он смягчил суд милосердием (хесед), и взял всё вместе", как Хохму, так и хасадим, "в готовности и в полном желании. И всё" это – "устремляясь в путь"[190], как сказано: "Давший в море дорогу"[192], т.е. давший дорогу в Малхут, называемой морем, "чтобы наполнять и делать совершенным свечение луны", Малхут, "во всех сторонах", в правой и в левой, "и раскрыть в ней путь, чтобы светить вниз"». И это – исправление мифтеха, называемое «путь»,[193] и без него она не могла бы светить.

---

[190] Писания, Псалмы, 19:6. «И оно, как жених, выходит из-под хупы его, радуется, как герой, устремляясь в путь».

[191] Тора, Берешит, 2:10. «И река вытекает из Эдена, чтобы орошать сад, и оттуда разделяется и образует четыре главных реки».

[192] Пророки, Йешаяу, 43:16. «Так говорит Творец, давший в море дорогу и в мощных водах путь».

[193] См. Зоар, главу Берешит, часть 1, п. 308. «Теперь выясняется различие между зивугом высшего мира Бины и зивугом нижнего мира Бины. И говорится, что высший мир опускается в нижний мир, чтобы создать...»

201) «"От края небес восход его"[194] – т.е. от окончания этих высших небес", Зеир Анпина, "оно извлекает наполнение, поскольку в окончании" Тиферет, называемой "гуф (тело)", и это Есод, "оно извлекает свое наполнение, ибо в этом месте захар отличается от некевы. И это означает сказанное: 'И от края небес до края небес'[195]. "Край небес" – это высший мир", Зеир Анпин, называемый небесами, "и от края небес" – это мир (шалом) его, Есод. Так же, как оно", Зеир Анпин, "получает все света, и все они находятся в нем, так же он", Есод, "получает все света, и все они находятся в нем, и он выходит "от края небес"[194]».

202) «"И обращение его – до края их, и ничто не сокрыто от тепла его"[194]. "Обращение его"[194] – т.е. оно обращается по всем сторонам святости, достойным светить, наполняться и сверкать от него. "Ничто не сокрыто"[194] означает – нет того, кто бы укрылся от этого света, ибо он светит всем сразу и каждому в отдельности, как полагается ему"».

203) «"И когда все они довершаются и светят от этого солнца, украшается луна", Малхут, "как высшая Има, т.е. становится полной, благодаря пятидесяти вратам", как и она (Има), "как сказано: "Тора Творца совершенна"[196], ибо тогда она совершенна со всех сторон в пяти ступенях", ХАГАТ Нецах-Ход, "как высшая Има, ибо эти пять представляют собой пятьдесят"» врат Бины, поскольку каждая из них состоит из десяти.

204) «"Поэтому она приводится фразами по пять слов, чтобы восполнить пятьдесят: "Тора Творца совершенна, оживляет душу"[196] – это пять; "Свидетельство Творца верно, умудряет простака"[196] – еще пять; "Повеления Творца справедливы, веселят сердце"[197] – еще пять; "Заповедь Творца светла, просвещает очи"[197] – еще пять; "Страх Творца чист, пребывает

---

[194] Писания, Псалмы, 19:7. «От края небес восход его, и обращение его до края их, и ничто не сокрыто от тепла его».

[195] Тора, Дварим, 4:32. «Ибо спроси о временах прежних, что были до тебя, с того дня, когда сотворил Всесильный человека на земле, и от края небес до края небес: было ли что-либо, подобное этому великому делу, или слыхано ли подобное сему?!»

[196] Писания, Псалмы, 19:8. «Тора Творца совершенна, оживляет душу, свидетельство Творца верно, умудряет простака».

[197] Писания, Псалмы, 19:9. «Повеления Творца справедливы, веселят сердце, заповедь Творца чиста, просвещает очи».

вовек"¹⁹⁸ – еще пять; "Суды Творца истинны, все справедливы"¹⁹⁸ – тоже пять". И все эти имена: Тора, свидетельство, повеления, заповедь, страх и суды – это имена Малхут, "и все они приводятся (фразами) по пять слов, чтобы быть включенными" в пятьдесят, "подобно высшей Име"».

205) «"И поэтому написано" в этих фразах "Творец (АВАЯ)" шесть раз, и это соответствует шести высшим окончаниям, представляющим собой высшее имя", Зеир Анпин, "и поэтому стала полной от них луна", Малхут, "и восполнилась высшим свойством, как полагается в день субботний, и всё получает завершение, как подобает в субботу, наверху", в Зеир Анпине, "и внизу"», в Малхут.

206) «"И поэтому в этот день добавляется свет во всем, как мы уже сказали. "Небеса", Зеир Анпин, "получают вначале от источника жизни", т.е. Абы ве-Имы, "и они", небеса, "светят и исправляют высшее величие", Малхут, "от высшей книги, Абы (отца) всех, и от книги, которая называется высшей Имой. А он", Зеир Анпин, называемый небесами, – "от рассказа. И поэтому написано: "Рассказывают (месаприм מְסַפְּרִים)", как мы уже сказали, что это в свойстве трех этих имен", и это книга (сефер סֵפֶר) и (ещё) книга (сефер סֵפֶר), и рассказ (сипур סִפּוּר), т.е. Аба, Има и Зеир Анпин, "которые властвуют в день субботний над всеми остальными днями"».

207) «"И поэтому это прославление"», «небеса рассказывают»¹⁸¹, «"произнес Давид в духе святости о свечении, сверкании и правлении дня субботнего над всеми остальными днями. Поскольку высшее имя, Зеир Анпин, светит светом и сверкает искрением, и наполняется совершенством наверху и внизу. И тогда "Тора Творца совершенна"¹⁹⁶ – т.е. это суббота ночи субботы", Малхут, "находящаяся в единстве" с Зеир Анпином, "как мы уже сказали"».

---

¹⁹⁸ Писания, Псалмы, 19:10. «Страх Творца чист, пребывает вовек, суды Творца истинны, все справедливы».

ГЛАВА ТРУМА

Воспевайте, праведники

208) «"И установили товарищи начало прославлений с этих прославлений Давида, от этого свойства"», от псалма «Небеса рассказывают»[199], – «"т.е. "небеса", Зеир Анпин, "берет вначале и светит всем остальным. А затем берет от той реки, что вытекает из Эдена",[200] Есода. И это тайна: "Воспевайте, праведники, о Творце"[201], и это прославление является свойством Есод, "поскольку эта река собирает и получает всё от свойства "небеса", Зеир Анпина, "высшего свойства", т.е. хасадим, "и источника жизни", т.е. свечения Хохмы, "всё как подобает в этот день. И солнце", Зеир Анпин, "исправляет" Есод, "чтобы светить, как подобает, в этот день"».

---

[199] Писания, Псалмы, 19:2. «Небеса рассказывают о величии Творца, о деянии рук Его повествует небосвод».

[200] Тора, Берешит, 2:10. «И река вытекает из Эдена, чтобы орошать сад, и оттуда разделяется и образует четыре главных реки».

[201] Писания, Псалмы, 33:1. «Воспевайте, праведники, о Творце, прямодушным положено восхвалять».

Давиду, притворившемуся безумным

209) «"А затем" необходимо вознести прославление, и это "луна", Малхут, "отделяющаяся от ситры ахра в этот день, чтобы светить от солнца. И это "(псалом) Давиду, когда он изменил свое поведение"[202]. Ибо после того, как отделилась от ситры ахра, она ведь соединилась с солнцем", Зеир Анпином. "И это прославление происходит по порядку двадцати двух букв", в начале предложений, "которые солнце передает луне. И в этом прославлении", есть в нем "отделение луны от ситры ахра и прославление двадцати двух букв, которые солнце передает луне"».

---

[202] Писания, Псалмы, 34:1. «(Псалом) Давиду, когда он изменил свое поведение (притворился безумным) перед Авимелехом, и был изгнан, и ушел».

ГЛАВА ТРУМА

Молитва Моше

210) «"А затем соединение и вознесение Царицы вместе с Мужем ее", Зеир Анпином, "и это "молитва Моше, человека Всесильного"[203], так как молитва – это Малхут, а Моше – это Зеир Анпин. И это указывает на "соединение и слияние жены с мужем", т.е. молитва Моше, "и простереть правую и левую", Хесед и Гвуру, "чтобы принять ее и быть вместе, в едином соединении"».

---

[203] Писания, Псалмы, 90:1. «Молитва Моше, человека Всесильного. Господин мой, обителью Ты был для нас из рода в род».

Пойте Творцу новую песнь

211) «"И это псалом: "Пойте Творцу новую песнь"²⁰⁴. Это прославление мы уже объясняли.²⁰⁵ И хотя мы поясняли его, но товарищи правильно указали, что дойные коровы, которые несли ковчег, пробудили это прославление, как сказано: "И коровы пели в пути"²⁰⁶. Какую же песнь они возносили? Псалом: "Пойте Творцу новую песнь, ибо чудеса сотворил Он"²⁰⁴ – это подобно высшему свойству, поскольку в час, когда эти создания несут трон, Малхут, чтобы поднять его наверх", к Зеир Анпину, "они произносят это восхваление"».

212) «"И если ты скажешь: "Почему здесь сказано: "Новую песнь"²⁰⁴, – ведь всегда произносят эту песнь?" И отвечает: "Однако, она новая, безусловно. Ведь новой она называется во время обновления луны", Малхут, "когда она светит от солнца", Зеир Анпина. "Тогда она новая, и это: "Новая песнь"²⁰⁴. Ведь каждый раз, когда Малхут поднимается к зивугу с Зеир Анпином, она считается новой, ибо каждый раз она снова становится девственной. "Помогла ему десница Его и мышца Его святая"²⁰⁴ – это пробуждение правой и левой", Хеседа и Гвуры, "чтобы принять ее"».

213) «"Это прославление они возносили во время несения ковчега, когда поднимались в Бейт-Шемеш. Как повозки", т.е. создания, "поднимаются в Бейт-Шемеш" – т.е. в Зеир Анпин, называемый солнцем (шемеш), "все поднимаются как один, ибо в субботу происходит подъем трона", Малхут, "чтобы подняться наверх". И поэтому "установлено это прославление в субботу. Все эти прославления установлены в субботу, чтобы единый в мире народ восславлял Его"».

---

[204] Писания, Псалмы, 98:1. «Псалом. Пойте Творцу новую песнь, ибо чудеса сотворил Он, помогла ему десница Его и мышца Его святая».

[205] См. Зоар, главу Хаей Сара, статью «И коровы пели», пп. 26-31. «"Псалом. Пойте Творцу новую песнь, ибо чудеса сотворил Он, помогла ему десница Его и мышца Его святая". Эти слова Писания провозгласили коровы, как сказано: "И коровы пели в пути"...»

[206] Пророки, Шмуэль 1, 6:12. «И коровы шли прямо (пели) в пути, по дороге к Бейт-Шемешу; одною дорогою шли, идя с мычанием, и не отклонялись ни вправо, ни влево; а князья плиштим следовали за ними до границы Бейт-Шемеша».

ГЛАВА ТРУМА

Псалом: воспевание дня субботнего

214) «"Псалом: воспевание дня субботнего"²⁰⁷ – эту хвалу произнес Адам Ришон в час, когда был изгнан из Эденского сада, но наступила суббота и защитила его. Эту хвалу возносит нижний мир", Малхут, "высшему миру, т.е. дню, который весь суббота. Это Царь, от которого зависит мир (шалом)", Зеир Анпин. "И это "псалом: воспевание"²⁰⁷, но не сказано, кто возносит его"», поскольку это указывает на Малхут, так как любое место, где есть безличное высказывание, указывает на Малхут, как выяснится далее.

215) «"Дня субботнего"²⁰⁷ – высшего дня, высшей субботы", Зеир Анпина. "Просто суббота – это суббота ночи субботы", т.е. Малхут. "День субботний – это высшая суббота", Зеир Анпин. "Это – день", Зеир Анпин, "а это – ночь", Малхут. "И будут сыны Исраэля хранить субботу"²⁰⁸ – это ночь, нуква. "Помни день субботний"²⁰⁹ – это день, захар", Зеир Анпин. Поэтому сказано: "Псалом: воспевание дня субботнего"²⁰⁷», потому что Малхут восславляет Зеир Анпина, называемого «день субботний».

216) «"И мы нашли в нескольких местах, что нижний мир", Малхут, "не называется именем, и приводится в безличной форме", без имени, как этот"» – «Псалом: воспевание дня субботнего»²⁰⁷. «И также: "И не говорится, кто сказал его. И также: "И воззвал к Моше"²¹⁰. И также: "А Моше сказал: "Взойди к Творцу"²¹¹. И во всех имя скрыто и не приводится в нем, потому что в нем содержится высшая ступень. Свет свечи не виден днем, при свете солнца. И поэтому она не называется по имени. И все эти субботние прославления, относящиеся к величию дня, – это прославление выше всех остальных дней"».

---

[207] Писания, Псалмы, 92:1-2. «Псалом: воспевание дня субботнего. Хорошо благодарить Творца, превозносить величественное имя Твое».
[208] Тора, Шмот, 31:16. «И будут сыны Исраэля хранить субботу, чтобы сделать субботу для их поколений союзом вечным».
[209] Тора, Шмот, 20:8. «Помни день субботний, чтобы освящать его».
[210] Тора, Шмот, 24:16. «И пребывала слава Творца на горе Синай, и покрывало ее облако шесть дней. И воззвал к Моше на седьмой день из облака».
[211] Тора, Шмот, 24:1. «А Моше сказал: "Взойди к Творцу, ты и Аарон, Надав и Авиу, и семьдесят из старейшин Исраэля, и поклонитесь издали"».

ГЛАВА ТРУМА

Душа всего живого

217) «"Душа всего живого"[212], товарищи указали, что в этих словах содержится истина, но мы должны помнить, что эта душа, воспаряющая от Оживляющего миры", Есода Зеир Анпина, "и поскольку принадлежит Ему, и от Него исходят все благословения и пребывают в Нем, и Он наполняет и благословляет внизу", Малхут, – "эта душа, которая выходит от Него, имеет право благословлять это место"», Малхут.

218) «"И поэтому души воспаряют от Оживляющего миры", Есода Зеир Анпина, "в канун субботы. И те души, что воспаряют, они действительно благословляют то место, которое называется именем внизу"», т.е. Малхут. И поэтому говорится: «Душа всего живого благословит имя Твое»[212], – т.е. Малхут, называемую «имя». «"И то место, из которого выходят души", Есод, "благословляет ее", Малхут, "сверху. Таким образом, это имя получает благословение снизу и сверху, и включает все стороны"».

219) «"В будние дни она", Малхут, "получает благословения от остальных душ, которые благословляют ее снизу. В субботний день она получает благословения от высших душ" Ацилута, "благословляющих ее сорока пятью словами", что соответствует числовому значению имени МА (45), как мы уже объясняли смысл имени МА и имени МИ. "Одно", МИ, – "это высший мир", Бина. "Другое", МА – "это нижний мир", Малхут. "От "душа всего живого"[212] до слова "последних"[212] – сорок пять (МА) слов. А от слов "если бы уста наши наполнились песней"[212] и до слова "от (милефаним)"[212] – возносится другое прославление, в котором пятьдесят слов, и хотя само это слово не включается в счет"», т.е. оно не находится в окончании фразы, что являлось бы указанием на единый счет, ибо слово «от (милефаним)»[212] находится посередине фразы, всё же «"это прославление составляет число МИ", т.е. пятьдесят слов. "Оттуда и далее возносится другое прославление, состоящее из ста слов"», до «в

---

[212] Молитва, произносимая в утренней молитве субботы и праздников, а также при наступлении Песаха. Слова этой молитвы включены также в пасхальную Агаду. «Душа всего живого благословит имя Твое, Господин наш, и дух всякой плоти прославит и превознесет память о Тебе... Нет у нас Царя, оказывающего помощь и поддержку, но только лишь Ты, Создатель первых и последних... Если бы уста наши наполнились песней... От Египта Ты нас избавил... В устах праведных вознесешься...»

устах праведных вознесешься»[212], «"и это завершение всего", т.е. величие Малхут, у которой есть десять сфирот, каждая из которых состоит из десяти, всего – сто. "И это – единое строение (меркава), над которым пребывает совершенство высшего"», Зеир Анпина.

220) «"И всё это прославление, и все эти слова, – все они являются известными элементами", т.е. ступенями, "в счете, восполняющем субботу, чтобы восполниться ими, как подобает. Счастлив народ, умеющий возносить славу Господину их как должно. Отсюда и далее – молитва произносится в установленном порядке"».

ГЛАВА ТРУМА

Но Ты, Творец, не удаляйся

221) «"Сказано: "Но Ты, Творец, не удаляйся! Сила моя, на помощь мне спеши!"²¹³ Царь Давид сказал это в час, когда устанавливал и выстраивал прославление Царя, чтобы соединить солнце", Зеир Анпин, "с луной", Малхут. "Когда уже устанавливал и выстраивал прославление" Царя "для соединения, произносил: "Но Ты, Творец, не удаляйся!"²¹³»

222) «"Но Ты, Творец"²¹³ – это соединение вместе, без разделения"», потому что «Ты» – это Малхут, «Творец» – Зеир Анпин. «"Не удаляйся!"²¹³ – когда она поднимается, чтобы быть украшенной мужем своим, и всё это – в высшем мире, и оттуда надо поднять ее в Бесконечность, чтобы установилась связь всего высоко-высоко. Поэтому говорит: "Не удаляйся!"²¹³, уходя от нас и оставляя нас"».

223) «"Поэтому в процессе прославления Исраэль должны включиться туда и слиться с ними", с Зеир Анпином и Малхут, "снизу, и если пожелает уйти от них это величие", Малхут, "то ведь Исраэль связаны с ней внизу и держатся ее, и не оставляют ее, чтобы не ушла от них. И поэтому эта молитва произносится шепотом, словно говорят с Царем о чем-то тайном. Ибо, пока она находится с Ним тайно, она не отдаляется от Него совсем"», ведь тогда она полностью включена в Зеир Анпин, и хотя Зеир Анпин тоже поднимается в Бесконечность, Он не отдаляется от него (Исраэля), поскольку Он тотчас возвращается на свое место, как нам предстоит выяснить.

224) «"Сила моя"²¹³, так же, как лань и олень, в час, когда удаляются, сразу же возвращаются к тому месту, которое оставили, так и Творец, – хотя и удаляется высоко-высоко, в Бесконечность, сразу возвращается на место Свое. И по какой причине? Потому что Исраэль внизу объединяются в Нем и не оставляют Его, чтобы (не дать) забыть о них и отдалиться от них. Поэтому сказано: "Сила моя, на помощь мне спеши!"²¹³»

225) «"И поэтому необходимо соединяться в Творце, и держаться за Него, подобно тому, кто спускается сверху вниз, чтобы человек не оставлял Его даже на мгновение. Поэтому, когда

---

²¹³ Писания, Псалмы, 22:20. «Но Ты, Творец, не удаляйся! Сила моя, на помощь мне спеши!»

он приближает избавление к молитве"», т.е. благословение «Избавляющий Исраэль» к молитве «Восемнадцать», «"надо держаться Его и говорить с Ним шепотом, тайно, чтобы Он не отдалился от него и не оставил нас. Поэтому сказано: "А вы, прилепившиеся к Творцу Всесильному вашему, – живы все вы ныне"[214]. "Счастлив народ, которому это дано, счастлив народ, у которого Творец – Всесильный его"[215]».

---

[214] Тора, Дварим, 4:4. «А вы, прилепившиеся к Творцу Всесильному вашему, – живы все вы ныне».

[215] Писания, Псалмы, 144:15. «Счастлив народ, которому это дано, счастлив народ, у которого Творец – Всесильный его».

ГЛАВА ТРУМА

Золото, серебро и медь

226) «"В этот час встал рабби Шимон, и товарищи тоже встали, и пошли. Сказал рабби Эльазар рабби Шимону, отцу своему: "Отец, до сих пор мы сидели в тени Древа жизни в Эденском саду. Отныне и впредь, когда мы идем, мы должны идти путями, которые охраняют это дерево. Сказал ему: "Ты первым начни раскрывать в пути"».

227) «Провозгласил и сказал: "Пусть возьмут Мне приношение"[216] – это означает, "как мы уже учили", что это Малхут, соединенная с Зеир Анпином.[217] "И каким должно быть приношение? В виде золота", т.е. левая линия, "потому что вначале оно (приношение) получает питание оттуда, поскольку это нижняя Гвура, идущая со стороны золота", ибо оттуда исходит свечение Хохмы, так как Малхут строится от левой линии. "И хотя оно приходит со стороны золота, оно остается полностью на стороне серебра, правой"» линии, т.е. в свечении хасадим.

228) «"И это внутренний смысл того, что чашу благословения", которая указывает на Малхут, называемую чашей, "нужно брать в правую и левую руки. Но всегда она остается только в правой, а левая лишь пробуждает правую", т.е. передает ей свечение Хохмы, которое в ней, "но не сливается с ней, поскольку эта чаша находится между правой и левой, и левая соединяется" и включается в правую, находясь "под ней, а правая соединяется наверху" с Зеир Анпином, "как сказано: "Его левая рука под моей головой, а правая – обнимает меня"[218]. "Золото и серебро"[219], как сказано: "Мне – серебро, и Мне – золото"[220], т.е. правая и левая линии Зеир Анпина. Однако в Малхут – вначале золото, а затем – серебро, поскольку она строится от левой линии, золота, "и это уже выяснилось"».

---

[216] Тора, Шмот, 25:1-2. «И сказал Творец Моше, говоря: "Скажи сынам Исраэля, пусть возьмут Мне приношение; от каждого человека, расположенного сердцем, берите приношение Мне"».

[217] См. выше, п. 13.

[218] Писания, Песнь песней, 2:6. «Его левая рука под моей головой, а правая обнимает меня».

[219] Тора, Шмот, 25:3-4. «И вот приношение, которое должны вы брать от них: золото и серебро, и медь, и синету, и пурпур, и багряницу и виссон, и козий волос».

[220] Пророки, Хагай, 2:8. «Мне – серебро, и Мне – золото, – слово Творца воинств».

229) «"И медь"²¹⁹ – это цвет, похожий на золотой, поскольку цвет ее принимает как цвет золота, так и цвет серебра"», то есть, это Малхут, включаемая в левую и правую линии Зеир Анпина, «золото» и «серебро». «"И поэтому медный жертвенник называется малым, как сказано: "Ибо медный жертвенник, который перед Творцом, был слишком мал, чтобы вместить всесожжения"²²¹. И также сказано: "Давид же был младшим"²²² – т.е. Малхут, называемая малым светилом. "И хотя он младший, всё содержится в нем. И если ты скажешь, что другой жертвенник", внутренний, "называется малым", ведь он был размером всего лишь локоть на локоть, "то это не так", так как это не зависит от размеров, ведь он не малый, как сказано: "Светило большое – для правления днем, и светило малое – для правления ночью"²²³. И один", медный жертвенник, – "это малое светило, а большое светило – это внутренний жертвенник, золотой жертвенник"».

230) «"И синету"²¹⁹ – это синяя нить цицит, это престол, свойство ручных тфилин", т.е. Малхут. "Синета" – это престол" суда, "с которого вершатся суды душ", т.е. Малхут со стороны сурового суда в ней. "Поскольку есть престол, с которого вершатся гражданские суды", и это мягкий суд, "а есть престол, с которого вершится суд душ", являющийся суровым судом. И синета – это суровый суд в Малхут. "И поэтому все цвета, увиденные во сне, хороши, кроме синего цвета, извещающего о том, что душа его должна взойти к суду; а когда душа восходит к суду, тело приговаривается к смерти, и такой сон нуждается в большом милосердии"».

231) «"Синета" – это престол, о котором сказано: "Образ сапфирового камня, в виде престола"²²⁴. И сказано: "И сияние

---

²²¹ Пророки, Мелахим 1, 8:64. «В тот же день освятил царь внутреннюю часть двора, который пред храмом Творца, потому что принес там всесожжение, и хлебное приношение, и тук мирных жертв, ибо медный жертвенник, который пред Творцом, был слишком мал, чтобы вместить всесожжения, и хлебные приношения, и тук мирных жертв».

²²² Пророки, Шмуэль 1, 17:14. «Давид же был младшим, а трое старших пошли за Шаулем».

²²³ Тора, Берешит, 1:16. «И создал Всесильный два великих светила: светило большое – для правления днем, и светило малое – для правления ночью, и звезды».

²²⁴ Пророки, Йехезкель, 1:26. «Над сводом же, который над головами их, словно образ сапфирового камня, в виде престола, и над образом престола – образ, подобный человеку, на нем сверху».

вокруг него"²²⁵ – поскольку, когда им (этим цветом) делают вплетения в цицит", сияние светит ему, "и когда сияние светит ему, он снова возвращается к зеленому цвету", т.е. в нем сильнее проявляется белизна. И это тайна Венеры, которая светит перед наступлением утра. "С этого часа и далее начинается время возглашения "Шма"²²⁶, ибо изменился синий цвет относительно того, каким он был", на зеленый цвет, являющийся мягким судом. "И поэтому нельзя производить суды душ ночью, из-за того, что господствует этот синий цвет, и дано право забрать душу без суда", потому что есть сила у ситры ахра запутать мнение судей – "ведь суд", Зеир Анпин, свойство милосердия, "не властвует в это время"».

232) «"Когда наступает утро, пробуждается правая (сторона) наверху, выходит этот свет и достигает этой синевы, и он меняется относительно того, каким он был, и тогда" правая "властвует над ней, и соединяется с ним другой святой престол", милосердия. "С этого часа и далее – это время провозглашения "Шма"».

233) «"И пурпур"²¹⁹ – это собрание всех цветов вместе", и это Зеир Анпин, т.е. средняя линия, включающая в себя все три линии, и это белый-красный-зеленый. "И багряница (толаат ша́ни תוֹלַעַת שָׁנִי)"²¹⁹, сказано "ша́ни" и сказано "шани́м", как сказано: "Ибо весь дом ее облачен в багрянец (шани́м שָׁנִים)"²²⁷ – однако это цвет, называемый багряным (ша́ни שָׁנִי)", т.е. точка мифтеха в Малхут, "и он включает в себя все цвета", т.е. также и (точку) манула.²²⁸ И "шани", и "шаним" – это одно целое, "шаним" называется, когда все включены в него вместе", и также манула. "Шани" исходит от высшего престола", Зеир Анпина, являющегося престолом для Бины, "который властвует над синетой в правой стороне", мифтеха, "и является покровителем

---

²²⁵ Пророки, Йехезкель, 1:4. «И увидел я: вот ураганный ветер пришел с севера, и большое облако и огонь разгорающийся, и сияние вокруг него, и изнутри него словно сверкание (хашмаль) – изнутри огня».

²²⁶ Тора, Дварим, 6:4. «Слушай, Исраэль, Творец – Всесильный наш, Творец един!»

²²⁷ Писания, Притчи, 31:21. «Не будет она бояться за дом свой при снеге, ибо весь дом ее облачен в багрянец».

²²⁸ См. «Предисловие книги Зоар», статью «Две точки», п. 122. «Буква "бет ב" слова "берешит (בראשית вначале)" указывает, что обе они соединяются вместе, в Малхут. И это две точки. Одна – упрятана и скрыта, а другая – открыта…»

Исраэля, о котором сказано: "Михаэля, покровителя вашего"[229], свойство Хесед, и в нем мифтеха. И называется "толаат (תולעת червь)", поскольку сила его в устах", т.е. экран установлен в пэ де-рош. "И он, как червь, разрушает всё и уничтожает всё"», – ведь если раскрываются содержащиеся в нем суды манулы, они приводят к уходу всех светов.[230]

234) «"Багряницу и виссон"[219] – два цвета вместе, правой и левой линии, белый и красный", и оба они находятся в Есоде, так как суды Малхут включены в Есод. "И виссон (шеш)" – это тончайшая ткань (биссус), и шесть (шеш) нитей соединяются" в ней, и это Есод. "И это означает сказанное: "А тело его как хризолит"[231] – это ангел Гавриэль, "так как в эти два", т.е. в Хесед и Гвуру Есода, "включены два других"», т.е. Михаэль и Гавриэль, Михаэль – в «багряницу», а Гавриэль – в «виссон».

235) «"И козий волос"[219] – нижние Гвурот, находящиеся во внешних (свойствах)", т.е. Тиферет и Малхут клипы Нога мира Брия, "которые скрывают внутренние (свойства)", находящиеся в святости. "И всё это необходимо, т.е. необходимо дать место для всего, ибо они исходят со стороны золота", т.е. притягиваются со стороны Гвуры, называемой золотом. "Кожи бараньи красненные"[232] – это притяжение двух сторон, правой и левой", т.е. Хохмы и Бины клипы Нога, "для того чтобы скрыть" святость "в другом месте"». Ибо «козий волос»[219] скрывает свойства, противостоящие ему в святости, и «кожи бараньи красненные»[232] скрывают свойства, противостоящие им в святости.

236) «"И кожи тахашевые"[232] – есть одно свойство, которое произрастает из ситры ахра в месте пустынном и не находится в месте поселения. И это свойство очищения и называется

---

[229] Писания, Даниэль, 10:21. «Однако расскажу я тебе то, что начертано в истинном писании, и нет никого, кто поддержал бы меня, кроме Михаэля, покровителя вашего».

[230] См. Зоар, главу Ваеце, п. 23. «От силы света Ицхака" – святости, "и осадков вина" – клипот, из них обоих "выходит одна сложная форма", состоящая из добра и зла...»

[231] Писания, Даниэль, 10:5-6. «И поднял я взор, и увидел: вот человек, одетый в льняные одежды, и бедра его препоясаны уфазским золотом. А тело его как хризолит, и лицо подобно молнии, а глаза как факелы горящие, а руки и ноги его будто из меди сверкающей, и голос его подобен гулу толпы».

[232] Тора, Шмот, 25:5. «И кожи бараньи красненные, и кожи тахашевые, и дерево шитим».

"та́хаш"», ЗОН де-Нога мира Ацилут, которая растет внутри трех клипот: «ураганный ветер (руах сеара)», «большое облако (анан гадоль)» и «огонь разгорающийся (эш митлакахат)».[233]

237) «"В книге царя Шломо есть высшие тайны о медном жертвеннике. Ибо о земляном жертвеннике сказано: "Жертвенник земляной сделай Мне"[234], и это тайна, как и подобает" – т.е. Малхут.[235] "Медный" – это когда властвуют другие горы, и она", Малхут, "должна питать их, она окрашивается в этот цвет", меди, "для того чтобы питать их", и тогда Малхут называется медным жертвенником, "и они называются медными горами[236]"».

238) «"К этим медным горам исходит дух (руах) от жертвенника"», Малхут, и это буква «нун נ» в слове «нехошет (נְחֹשֶׁת) медь)». «"И когда этот жертвенник удаляется во время другого подъема, то удаляется буква "нун נ", т.е. святой жертвенник, и остается дух этих гор меди"», – буквы «хэт-шин-тав חשת». «"И когда этот дух (руах) восходит в (уровне) своего существования, он называется "та́хаш (תחש)", ибо удалилась от него буква "нун נ"».

239) «"И этот" дух, та́хаш, "делится на несколько духов (руах), которые тоже называются та́хашем. И поэтому народ тот называется Та́хашем, как сказано: "И Та́хаша и Мааху"[237]. И им было известно об этом животном, та́хаше, которое жило во время Скинии, и называется по их имени"».

240) «"И дерево шитим"[232] – это святые тайны изготовления брусьев Скинии, которые называются сообразно их тайне", т.е. деревьями шитим. "Сказано" о брусьях: "Из дерева шитим

---

[233] Пророки, Йехезкель, 1:4. «И увидел я: вот ураганный ветер пришел с севера, и большое облако и огонь разгорающийся, и сияние вокруг него, и изнутри него словно сверкание (хашмаль) – изнутри огня».
[234] Тора, Шмот, 20:21. «Жертвенник земляной сделай Мне и приноси на нем твои всесожжения и твои мирные жертвы: твой мелкий и твой крупный скот. На всяком месте, где помяну имя Мое, Я приду к тебе и благословлю тебя».
[235] См. «Бейт Шаар а-каванот», п. 86.
[236] Пророки, Зехария, 6:1. «И снова поднял я глаза свои и увидел: и вот четыре колесницы выходят из (ущелья) меж двух гор; а горы эти – горы медные».
[237] Тора, Берешит, 22:24. «А его наложница, по имени Реума, она тоже родила Теваха и Гахама, и Тахаша и Мааху».

стоячими"²³⁸, и сказано: "Серафимы стоят"²³⁹». Это учит нас тому, что эти брусья являются свойством «серафимы».

241) «"Отсюда и далее "елей для освещения"²⁴⁰ – это притяжение елея величия, святости, чтобы привлечь к ним", т.е. мохин де-ГАР. "Камни о́никсовые и камни для оправы"²⁴¹ – это камни святости, основы Скинии", т.е. свойства четырех ангелов Михаэль-Гавриэль-Уриэль-Рефаэль, каждый из которых состоит из трех линий, и это – двенадцать несущих строение (меркава), т.е. Малхут. "В этих святых строениях только эти" двенадцать "могут возвеличивать и прославлять в одеянии величия", хошене (наперснике), "чтобы смотрел на них коэн, и поминал двенадцать колен. И поэтому число этих камней – двенадцать, как мы учили"».

242) «"Эти тринадцать видов", т.е. золото, серебро и прочие, "кроме этих двенадцати драгоценных камней", относящихся к камням для оправы, "все вместе восходят"» к «хаф-хэй כה (25)», «"к двадцати пяти буквам высшего единства. И Моше, соответственно им, утвердил и установил двадцать пять букв в отрывке единства. Как сказано: "Слушай, Исраэль, Творец – Всесильный наш, Творец един!"²⁴², и это двадцать пять начертанных букв, которые запечатлены в высшем свойстве"».

243) «"Яаков хотел установить это единство внизу", в Малхут, "и установил в двадцати четырех буквах воззвания: "Благословенно имя величия царства Его вовеки"²⁴³, не восполнив их до двадцати пяти букв, поскольку еще не была установлена Скиния", что соответствует Малхут. "Когда была установлена Скиния и восполнилось вышедшее оттуда первое слово, он уже произносил после этого восполнения воззвание из двадцати пяти букв, чтобы показать, что оно стало совершенным,

---

²³⁸ Тора, Шмот, 26:15. «И сделай брусья для Скинии из дерева шитим стоячими».
²³⁹ Пророки, Йешаяу, 6:2. «Серафимы стоят над Ним; шесть крыльев, шесть крыльев у каждого: двумя прикрывает он лицо свое и двумя прикрывает он ноги свои, и двумя летает».
²⁴⁰ Тора, Шмот, 25:6. «Елей для освещения, пряные снадобья для елея помазания и для курения благовонного».
²⁴¹ Тора, Шмот, 25:7. «Камни ониксовые и камни для оправы, – для эфода и для наперсника».
²⁴² Тора, Дварим, 6:4. «Слушай, Исраэль, Творец – Всесильный наш, Творец един!»
²⁴³ Благословение, произносимое шепотом после воззвания «Шма Исраэль».

подобно высшему", Зеир Анпину, "как сказано: "И сказал Творец ему из Шатра собрания, говоря"[244] – таким образом, двадцать пять букв"».

Объяснение. Корень Малхут, выходящей оттуда, это точка хазе, в которой (содержатся) суды экрана де-хирик Зеир Анпина. Но сам Зеир Анпин эти суды не затрагивают, поскольку находятся в его окончании, так как основным свойством Зеир Анпина являются сфирот ХАГАТ до его хазе, а от хазе и ниже – относятся к Малхут. И суды не могут затронуть место, находящееся выше места их выхода. Однако Малхут они затрагивают, так как находятся в ее корне. И эти суды исправляются в состоянии единства, и вместе с тем они еще не были достаточно исправлены, чтобы достичь необходимого числа светов для восполнения двадцати пяти свойств, пока не была возведена Скиния. И поэтому Яаков исправил двадцать четыре буквы в "Благословенно имя величия царства Его вовеки"[243], потому что недостает совершенства, которое есть в корне, т.е. в точке хазе. И это означает сказанное: «Когда была установлена Скиния и восполнилось вышедшее оттуда первое слово», т.е. восполнился корень, т.е. точка хазе, вышедшая оттуда, тогда «он уже произносил после этого восполнения воззвание из двадцати пяти букв, чтобы показать, что оно стало совершенным, подобно высшему», ведь после того, как точка хазе стала светом, она по своей чистоте равна Зеир Анпину, и у нее тоже есть двадцать пять свойств, как у него.

244) «"И потому это двадцать пять различных (свойств), чтобы восполнить исправление Скинии, и все эти буквы мы выяснили с помощью этих запечатленных букв (единства), которым я научился у господина моего. И поскольку Скиния восполнилась этими свойствами, она называется "хаф-хэй (Ко כה)", в полном единстве Скинии", Малхут. "И поэтому сказано: "И преданные Тебе благословят Тебя (йеварху́ха יְבָרְכוּכָה)"[245]», и это буквы «благословят Творца (йеварху Ко כה יברכו)», где «"хаф-хэй (Ко כה)" – это совершенство всей Скинии и ее исправлений. "Хаф-хэй (Ко כה)" соответствует двадцати двум буквам и Торе, Пророкам, Писаниям, являющимся единой совокупностью и свойством единства"».

---

[244] Тора, Ваикра, 1:1. «И воззвал Он к Моше, и сказал Творец ему из Шатра собрания, говоря».
[245] Писания, Псалмы, 145:10. «Восхвалять будут Тебя, Творец, все создания Твои, и преданные Тебе благословят Тебя».

245) «"В час, когда Исраэль соединяются в единстве во время произнесения отрывка из двадцати пяти букв: "Слушай, Исраэль, Творец – Всесильный наш, Творец един!"[242] и "Благословенно имя величия царства Его вовеки"[243], состоящего из двадцати четырех букв, каждый должен стремиться во время произнесения их соединить эти буквы вместе и поднять их в полном единстве сорока девяти врат, в свойство "йовель", в Бину. Ибо двадцать пять и двадцать четыре – это сорок девять. "И тогда нужно подняться до" Бины, "но не более, и раскрываются тогда врата", сорок девять врат Бины, "и Творец ставит в заслугу этому человеку, как будто он выполнил всю Тору, раскрывающуюся в сорока девяти ликах"».

246) «"И поэтому человек должен направить сердце и желание свое во время (произнесения единства) двадцати пяти и двадцати четырех, и поднять их в желании сердца к сорока девяти вратам, как мы сказали. После того, как направил (сердце и желание) к этому, должен устремиться к единству, о котором сказал господин мой", т.е. рабби Шимон, "что "Шма Исраэль"[242] и "Благословенно имя величия царства Его вовеки"[243] являются совокупностью всей Торы в целом. Благословенна участь того, кто устремляется к ним, ведь это, безусловно, совокупность всей Торы наверху и внизу. И это человек совершенный, захар и нуква"», так как «Шма Исраэль»[242] – это свойство захар, а «Благословенно имя величия царства Его вовеки»[243] – это свойство нуква, «"и это тайна всей веры"».

247) «"Расхождение Шамая и Гилеля в отношении "стоя" и "лежа", как сказано: "И ложась, и вставая"[246], в том, что Шамай полагает, что вечером, когда наступает время правления нуквы, и в нукве нужно склоняться и произносить"» воззвание «Шма»[242] в состоянии лежа. «"А утром, когда правит захар", Зеир Анпин, "властью высшего мира, необходимо встать и произнести перед захаром, как это принято делать в молитве, которая должна произноситься стоя. И так в каждом месте, где является захар"», необходимо произносить стоя.

248) «"А школа Гилеля полагает, что если бы это было отдельно", Зеир Анпин, "и это отдельно", Малхут, "то нужно было бы" разделить так, чтобы одно было стоя, а другое – лежа.

---

[246] Тора, Дварим, 6:7. «И повторяй их сыновьям своим, и произноси их, сидя в доме своем, и идя дорогою, и ложась, и вставая».

"Но поскольку мы соединяем их", Зеир Анпин и Малхут, "вместе, в единстве сорока девяти ликов и сорока девяти врат"», т.е. двадцать пять воззвания «Шма»[242] и двадцать четыре «Благословенно имя величия царства Его вовеки», «"мы не должны разделять это отдельно, и это отдельно, но видеть всё единым, без всякого разделения"». То есть не надо разделять между воззванием «Шма»[242] утренней молитвы (шахарит) и воззванием «Шма»[242] вечерней молитвы (арви́т). «"И как выпадает человеку, так должен произнести"», – в состоянии «стоя» или в состоянии «лежа», «"поскольку оба они находятся в неразрывном соединении, как желательно им, так и должны представать"».

249) «"Поэтому захар", Зеир Анпин, "находится в шести окончаниях (ВАК) в отрывке "Шма Исраэль"[242], и это шесть других слов", соответствующих ВАК состояния гадлут, которые он получает от Абы ве-Имы. "А некева (находится) в шести окончаниях (ВАК) в "Благословенно имя величия царства Его вовеки", и это шесть слов", соответствующих ВАК состояния гадлут, которые она получает от Зеир Анпина. И восходят" оба "в неразрывном единстве к сорока девяти вратам. И закон установлен согласно школе Гилеля"».

ГЛАВА ТРУМА

Кто пробудил от востока

250) «Рабби Шимон вознес руки и благословил рабби Эльазара, сына своего. Провозгласил и сказал: "Кто (МИ) пробудил от востока"[247]. Мы это изречение объясняли и учили. Однако это тайна мудрости. МИ – это высший мир", Бина. "Ибо оттуда берет начало, которое раскроет тайну веры, Малхут. И это мы уже объясняли"».[248]

251) «"Еще, МИ – это самый скрытый из всех скрытых, который вовсе не познается и не раскрывается"», т.е. высшие Аба ве-Има, из свойства «воздух (авир אויר)» которых не выходит «йуд י», и они не познаются никогда.[249] «"Раскрыл величие свое, чтобы быть познаваемым с того места, которое называется "восток", т.е. Зеир Анпин, "ибо оттуда начало всего понятия веры", Малхут, "и света для раскрытия", потому что любое раскрытие в Малхут она получает от Зеир Анпина. "А затем: "Праведностью назвал его, подножием Своим"[247] – так как праведность", Малхут, "раскрывает высшую Гвуру", т.е. раскрывает Хохму в левой линии Зеир Анпина, называемой Гвура, "и правление Творца", Зеир Анпин. "И эту праведность Он поставил во главу всех миров, чтобы управлять ими и исправлять их, как подобает. И поэтому сказано: "Передал ему народы и покорил царей"[247] – ибо все цари мира находятся во власти этой праведности. Как сказано: "И будет Он судить землю в праведности"[250]».

252) «Еще. "Праведностью назвал его, подножием Своим"[247]. Спрашивает: "Что назвал чем: восток праведностью или праведность востоком?" И отвечает: "Однако праведностью он всегда называет светящее зеркало", т.е. Зеир Анпин, называемый востоком, "и он не бывает спокоен никогда, и праведность всегда устанавливается как подножие (раглаим) его", потому что Малхут облачает НЕХИ Зеир Анпина, называемые

---

[247] Пророки, Йешаяу, 41:2. «Кто пробудил от востока, праведностью назвал его, подножием Своим, передал ему народы и покорил царей? Он обратит их в прах мечом Своим, в солому развеянную – луком Своим».

[248] См. «Предисловие книги Зоар», статью «Кто создал их», п. 7.

[249] См. Зоар, главу Берешит, часть 1, п. 308. «Теперь выясняется различие между зивугом высшего мира Бины и зивугом нижнего мира Би-ны. И говорится, что высший мир опускается в нижний мир...»

[250] Писания, Псалмы, 9:9. «И будет Он судить землю в праведности, вершить суд над народами в прямоте».

раглаим, "и не уходит оттуда, и призывает, и не успокаивается. Как сказано: "Всесильный, не безмолвствуй, не будь глух и безмятежен, Господи!"²⁵¹ А теперь Творец осветил нам этот путь благодаря Эльазару, сыну моему, который призывает высший свет и не успокаивается. Счастлива участь праведников в этом мире и в мире будущем"».

---

[251] Писания, Псалмы, 83:2. «Всесильный, не безмолвствуй, не будь глух и безмятежен, Господи!»

ГЛАВА ТРУМА

Всесильный, Бог мой Ты, Тебя ищу

253) «Начал рабби Аба с изречения и сказал: "Псалом Давиду, когда был он в пустыне Иудейской"[252]. Спрашивает: "Чем отличается (этот псалом) от всех остальных прославлений, где не упоминается место, в котором царь Давид вознес хвалу, и почему здесь говорится: "Когда был он в пустыне Иудейской"[252]?" И отвечает: "И не только этот (псалом), ибо также сказано: "Когда он притворился безумным перед Авимелехом"[253], и также: "Когда пришли жители Зифа"[254]. И это упомянуто во всех них, чтобы показать всем жителям мира славу Давида, – ведь, несмотря на то, что он испытывал страдания, и преследовали его, он старался воспевать и прославлять Творца"».

254) «"И хотя он произносил это в духе святости, все же дух святости не пребывал над ним, пока он не прилагал старания к тому, чтобы он воцарился над ним. И так в любом месте – не воцаряется дух святости свыше, пока не вызовет его человек снизу. А Давид, несмотря на то, что преследовали его и он испытывал страдания, – не оставлял он воспеваний и прославлений из уст его и не прекращал превозносить Господина своего превыше всего"».

255) «"И если ты скажешь: "Это то, что мы учили. "Псалом Давиду" – указывает на то, что вначале воцарялся над ним дух святости, а затем он произносил воспевание, "или "Давиду псалом" – указывает на то, что вначале он произносил воспевание, а затем воцарялся над ним дух святости. "И здесь, вначале воцарился над ним дух святости, поскольку говорит: "Псалом Давиду". Получается, что он не прилагал стараний?" И отвечает: "Но если бы он не стремился к этому сначала, не пребывал бы над ним дух святости"».

256) «"Псалом – это дух святости", который называется псалмом. Почему он так называется? Потому что" Малхут,

---

[252] Писания, Псалмы, 63:1-2. «Псалом Давиду, когда был он в пустыне Иудейской. Всесильный, Бог мой Ты, Тебя ищу, жаждет Тебя душа моя, стремится к Тебе плоть моя в земле пустынной и усталой, безводной».

[253] Писания, Псалмы, 34:1. «(Псалом) Давиду, когда он изменил свое поведение (притворился безумным) перед Авимелехом, и был изгнан, и ушел».

[254] Писания, Псалмы, 54:1-2. «Руководителю. На музыкальных инструментах. Поучение Давида. Когда пришли жители Зифа и сказали Шаулю: "Давид скрывается у нас!"»

являющаяся духом святости, "она всегда восславляет высшего Царя", Зеир Анпина, "и в любое время она восславляет и воспевает, не успокаиваясь. Когда явился Давид и нашел исправленным тело (гуф)" Малхут, т.е. ее ВАК, "как подобает, и она воцарялась над ним, он раскрывал ее в этом мире, чтобы восславлять и воспевать Царя", Зеир Анпина. "И всё это для того, чтобы исправился этот мир по высшему подобию"».

257) «"Давиду" – т.е. мужу совершенному в исправлениях своих, мужу исправленному, мужу праведному. Давид, конечно, никогда не менялся", был таким же и в час спокойствия и в час беды. "Когда был он в пустыне Иудейской"[252] – это хвала Давида; ведь, несмотря на то, что был в беде, и на то, что преследовали его", восславлял он и воспевал Творца. "И какую хвалу он вознес? Хвалу, которая возвышена и величественна"».

258) «"И достоинство этого прославления заключено в словах: "Всесильный, Бог мой Ты, Тебя ищу!"[252] Спрашивает: "Всесильный" – без уточнения", Всесильный всего. Если сказал: "Всесильный", зачем добавил: "Бог мой"[252]?" И отвечает: "Это указывает на его ступень, ибо три ступени есть здесь: Всесильный (Элоки́м), Бог мой (Эли́), Ты (ата́). И хотя это три имени, они являются одной ступенью, "Всесильный жизни (Элоким хаи́м)". Элоким наверху", в Бине, называется "Элоким хаим". "Бог мой (Эли)" – это "край небес до края небес"[255], т.е. Зеир Анпин. "Ты (ата)" – это Его ступень", т.е. Малхут. "И это несмотря на то, что все они – одно целое, и к единому имени восходят"» в простом понимании сказанного, вместе с тем указывают они на три ступени.

259) «"Тебя ищу!"[252] – если в простом понимании, то хорошо", и не требуется истолкование. "Однако", в этом кроется тайна, "Тебя ищу!"[252] – означает, "что установил свет, светящий чернотой", и это свет Хохмы, находящийся под властью левой линии, в свойстве точки шурук, которая из-за недостатка хасадим не может светить, и поэтому называется черным светом.[256]

---

[255] Тора, Дварим, 4:32. «Ибо спроси о временах прежних, что были до тебя, с того дня, когда сотворил Всесильный человека на земле, и от края небес до края небес: было ли что-либо, подобное этому великому делу, или слыхано ли подобное сему?!»

[256] См. «Предисловие книги Зоар», п. 14, со слов: «Пояснение сказанного. Вследствие подъема МАН от нижних, нисходит новый свет от парцуфов АБ-САГ мира Адам Кадмон...»

"Потому что свет, находящийся в черноте, не светит, пока не исправляют его внизу", т.е. поднимают МАН и притягивают хасадим, чтобы облачилась в них Хохма, и тогда она светит.[256] "И тот, кто исправляет этот черный свет, то, хотя он и черный, удостаивается белого света, который светит, и это свет светящего зеркала", Зеир Анпина. "И этот человек удостаивается будущего мира"».

260) «"И это внутренний смысл сказанного: "И ищущие меня найдут меня"[257]. "И ищущие меня"[257] означает – когда исправляют свет ищущих меня (мешахарай מְשַׁחֲרַי), черный (шахо́р שָׁחוֹר) свет. "Найдут меня (имцау́нени יִמְצָאֻנְנִי)"[257] – не сказано "имцау́ни יִמְצָאוּנִי", а "имцаунени יִמְצָאֻנְנִי"[257]. Это указывает на то, что человек удостоился двух светов – черного света темноты", т.е. Хохмы в Малхут, которая не светит из-за отсутствия хасадим, "и белого света, который светит", т.е. Зеир Анпин, облачающий Хохму в Малхут (светом) хасадим, и (тогда) она светит. "И получается, что он удостаивается зеркала, которое не светит", Малхут, "и светящего зеркала", Зеир Анпина. "И это означает "имцау́нени יִמְצָאֻנְנִי", ибо здесь два света. "И поэтому сказал Давид: "Тебя ищу!"[252] – ибо таким образом исправил черный свет темноты", Малхут, "чтобы светил над ним белый свет, который светит"», Зеир Анпин, чтобы Хохма в Малхут облачилась в хасадим Зеир Анпина, и тогда Малхут исправлена и светит.

261) «"Жаждет Тебя душа моя, стремится к Тебе плоть моя"[252] – подобно тому, кто испытывает голод и жажду, "в земле пустынной и усталой, безводной"[252] – т.е. Малхут во власти левой линии, и это черный свет из-за отсутствия хасадим, называемых водой. "И тогда она – пустыня, а не место поселения и не святое место, и поэтому она определяется как место безводное". И поэтому исправил ее Давид и притянул в нее воду от Зеир Анпина. "И так же как мы испытываем голод и жажду к Тебе", стремясь добиться хасадим в этом месте, "так я созерцал Тебя в святилище, чтобы видеть силу Твою и славу Твою"[258]. Потому что голод и жажда приводят к подъему МАН и притяжению хасадим от Зеир Анпина, чтобы облачить черный свет Малхут, и тогда она возвращается к святости и светит. И сказал рабби Аба рабби Шимону: "А мы, так же как мы испытываем

---

[257] Писания, Притчи, 8:17. «Я люблю любящих меня, и ищущие меня найдут меня».

[258] Писания, Псалмы, 63:3. «Так я созерцал Тебя в святилище, чтобы видеть силу Твою и славу Твою».

жажду к господину моему, чтобы с жаждой пить от речей его в этом месте, также мы жаждем пить речи его в Храме, месте, называемом святилищем". Сказал рабби Шимон рабби Абе: "Тот, кто начал речь, пусть скажет и сейчас"».

ГЛАВА ТРУМА

Пусть возьмут Мне приношение

262) «Провозгласил рабби Аба и сказал: "Пусть возьмут Мне приношение от каждого человека"²⁵⁹. В час, когда Творец показал Моше устройство Скинии, ему показалось это трудным, и он не мог это исполнить, и это уже объяснялось. Но здесь мы должны спросить: "Если Творец только Моше дал это приношение", Малхут, "как же Он отдал его другому, сказав, чтобы сыновья Исраэля взяли это приношение?"»

263) И отвечает: «"Но Он, безусловно, дал его Моше, и не давал другому. Как в примере с царем, который пребывал среди народа своего, но царица не находилась вместе с царем. Все то время, пока царица не находится вместе с царем, народ не может быть уверен", что он останется у них, "и не могут пребывать в спокойствии. Когда является царица, весь народ испытывает радость и пребывает в спокойствии. Так же и в начале, несмотря на то, что Творец являл им чудеса и знамения через Моше, народ еще не был уверен, что Творец останется с ними. Когда же Творец сказал: "Пусть возьмут Мне приношение"²⁵⁹, "и поставлю обиталище Мое среди вас"²⁶⁰, все сразу убедились", что Творец останется с ними, "и радовались работе Творца, как сказано: "И было в тот день, когда завершил (калóт כָּלֹת) Моше"²⁶¹ – т.е. когда спустилась невеста (калáт כַּלַּת) Моше на землю"». Ибо поэтому слово «завершил (калóт כָּלֹת)» написано без буквы «вав ו», чтобы указать на высшую невесту, Малхут, которая низошла на землю, дабы пребывать в Исраэле.

264) «"И если ты скажешь, что в любом месте, где сказано: "И было", это указывает на невзгоды, а здесь сказано: "И было в тот день"²⁶¹. И отвечает: "Но в тот день, когда Шхина низошла на землю, находился над ней обвинитель, и он покрыл ее мраком и мглой, для того чтобы она не спустилась. И мы учили: тысяча пятьсот рибо (десятков тысяч) ангелов-обвинителей пребывало над ней, чтобы она не спустилась"».

---

²⁵⁹ Тора, Шмот, 25:1-2. «И сказал Творец Моше, говоря: "Скажи сынам Исраэля, пусть возьмут Мне приношение; от каждого человека, расположенного сердцем, берите приношение Мне"».

²⁶⁰ Тора, Ваикра, 26:11. «И поставлю обиталище Мое среди вас, и не отвергнет вас душа Моя».

²⁶¹ Тора, Бемидбар, 7:1. «И было в тот день, когда завершил Моше возводить Скинию, – и помазал ее, и освятил ее и все ее принадлежности, и жертвенник и все его принадлежности, и помазал он их, и освятил их».

Объяснение. Нисхождение Шхины вниз, для того чтобы пребывать над Исраэлем, происходит при раскрытии свечения Хохмы в ней. И считается ее нисхождение вниз как притяжение Хохмы сверху вниз, происходящее только вследствие власти левой линии, без правой. И поэтому находится тогда над ней обвинитель, который покрыл ее мраком и мглой, т.е. мрак и мгла, приходящие вместе с властью левой линии. И сказано: "Тысяча пятьсот рибо (десятков тысяч) ангелов-обвинителей" – т.е. те, что исходят от левых линии и половины линии де-ГАР. Так как три линии – это три тысячи рибо (десятков тысяч). Таким образом, левая линия – это тысяча рибо (десятков тысяч), а половина средней линии – это пятьсот рибо (десятков тысяч). И это показывает, что и суды левой линии, и суды средней линии раскрылись над ней, чтобы скрыть свечение Хохмы в ней, чтобы она не могла спуститься вниз.

265) «"И в это время всё собрание высших ангелов находилось пред Творцом. Обратились к Нему: "Владыка мира! Всё сияние и весь свет наш – в Шхине (обители) величия Твоего, а сейчас она спустится к нижним?!" Другими словами, свечение Хохмы, имеющееся в ней, распространится сверху вниз, и тогда померкнет свет ее. "Тотчас укрепилась Шхина", т.е. объединилась с Зеир Анпином и включилась в его согласование (линий), чтобы свечение левой (линии) в любом месте светило не иначе, как снизу вверх, "и тогда сокрушила мрак и мглу, подобно тому, кто сокрушает крепкие копья", т.е. больших вредителей, "и спустилась на землю. Когда все они увидели это, провозгласили, сказав: "Творец, Владыка наш! Как величественно во всей земле имя Твое!"[262] Конечно, величественно, так как сокрушила она многочисленные копья и мощные силы, и спустилась на землю, и властвовала во всем. Поэтому сказано: "И было"[261] – чтобы указать на невзгоды, выпавшие многочисленным воинствам и станам ангелов в тот день, когда невеста Моше спустилась на землю"».

266) «"И поэтому сказано: "Пусть возьмут Мне приношение"[259]. Не сказано: "Пусть возьмут Мне, и приношение...", а сказано: "Пусть возьмут Мне приношение"[259], – чтобы показать, что всё является единым целым, без разделения"». То есть Шхина, называемая «приношение», является единым

---
[262] Писания, Псалмы, 8:2. «Творец, Владыка наш! Как величественно во всей земле имя Твое, поместившего на небесах великолепие Свое!»

целым с «Мне», без разделения, «"и строение Скинии должно быть по высшему подобию", одно в соответствии другому, чтобы включить Шхину во все стороны наверху и внизу. Здесь, в этом мире, строение" Скинии, "оно как строение тела (гуф)", т.е. должно быть достойным, "чтобы включить в себя дух, и это Шхина, которая включилась наверху и внизу, и является духом святости"».

267) «"И всегда нисходит" Шхина "и входит в свойство "тело", в Скинию, "чтобы разум пребывал в своей оболочке (клипе)", т.е. Скиния со всеми ее принадлежностями, они как оболочка Шхины, являющейся разумом, "всё как подобает. И этот дух святости", т.е. Шхина, "устанавливается в теле, чтобы оно включило в себя иной, едва уловимый высший светящий дух", и это Зеир Анпин, который облачается в Шхину. "И всё таким образом объединяется, включается и входит друг в друга, пока не соединятся и не облачатся в этот мир, являющийся последней, внешней оболочкой"». Объяснение. Каждый высший облачается в нижнего, и высший – он как разум, а нижний – оболочка (клипа) по отношению к нему. Пока самый нижний из всех не облачится в самые нечистые клипот. И клипот тоже расположены одна в другой, высшая – в нижней, пока самая последняя, самая нижняя из клипот не облачится в земную сферу этого мира. Таким образом, этот мир является последней оболочкой (клипой), самой внешней из всех.

268) «"Самая сильная клипа нечистоты находится внутри клипы этого мира, подобно ореху, у которого кожура снаружи некрепкая", – т.е. зеленая кожура, покрывающая орех, и она мягкая. "Более внутренняя клипа – это крепкая скорлупа", твердая как дерево. Так же и сам земной шар представляет собой легкую оболочку (клипу), а оболочка (клипа), которая внутри нее, это твердая оболочка. "И наверху так же: твердая клипа – это другой дух, властвующий в теле, внутри него находится более легкая клипа. А внутри нее – мозг"», т.е. Шхина, свойство нефеш. А внутри нее – Зеир Анпин, свойство руах, как выяснялось выше.

ГЛАВА ТРУМА

Раскрытие и легкое покрытие, пребывающее над землей святости

269) «"В земле святости всё устроено иначе. Ибо твердая клипа", облачающаяся внутрь земли, "разбита от этого места и не властвует в нем вовсе. Ибо твердая клипа разбивается и постоянно формируется то с одной, то с другой стороны"», пока там не образуется проход. Объяснение. Свечения линий с правой стороны и с левой стороны разбивают скрывающую твердую клипу, и образуется проход вместо нее, чтобы принять эти света.

270) «"И раскрытие это происходит в земле святости все то время, пока работа выполняется должным образом. Когда же вызывают прегрешения", твердая клипа по сторонам "раскрытия, снова притягивается с одной и с другой стороны, пока не сойдутся стороны клипы вместе". И это было только во время разрушения, как нам предстоит выяснить. "Когда клипа (оболочка) скрывает мозг, клипа властвует над ними", над Исраэлем, "и выталкивает их наружу из этого места"».

271) «"Но вместе с тем, хотя и вытолкнула она их наружу, не может клипа властвовать в этом святом месте", т.е. в святой земле, "ибо это не ее место. И если ты скажешь, что в таком случае, если эта клипа не может властвовать в месте святости, почему же оно остается разрушенным, – ведь разрушение в мире бывает только со стороны твердой клипы?"»

272) И отвечает: «"Однако, несомненно, что когда оно было разрушено, то было разрушено с той стороны", твердой клипы, "в час, когда она скрыла мозг, и Творец сделал так, чтобы не властвовала эта твердая клипа над этим местом. И когда" эта клипа "вытеснила Исраэль из него, эта клипа снова раскрылась, как и вначале. И поскольку святого народа там не было", т.к. находились они в изгнании, "покрылось это раскрытие святым покровом легкой завесы для защиты этого места, чтобы твердая клипа не скрыла его. И этот покров находится во всех его сторонах"», чтобы защищать его.

273) «"Когда будет пребывать святость помазания над землей, как и вначале, он не может" быть, "ибо этот легкий покров

держится там, чтобы не опуститься вниз, ибо нет там святого народа. И поэтому не отстраивается разрушение с того дня, как опустошена" земля. "И эта твердая клипа не может властвовать, ибо легкий покров держится со всех сторон в этом раскрытии, чтобы не властвовала там" клипа "и не скрыла бы мозг, потому что этот легкий покров, образующийся вследствие притяжения высшей завесы святости, защищает это место"».

274) «"И поэтому все души остальных народов, живущих на этой земле, когда они уходят из мира, эта земля не принимает, выталкивая их наружу. И они все время скитаются и совершают множество кругооборотов, пока не выйдут из всей земли святости. И вращаются они до тех пор, пока не приходят к своей стороне в нечистоте своей. А все души Исраэля, которые умирают там, поднимаются, и этот легкий покров принимает их, и они входят в высшую святость, потому что каждый вид присоединяется к своему виду"».

275) «"А души Исраэля, которые умирают вне пределов этой земли, во владении этой твердой клипы", каждая из них "непрестанно вращается, совершая кругообороты, пока не возвращается на место свое и не входит в место, подобающее ей. Счастлива доля того, чья душа входит во владения святости через то раскрытие, что в земле святости"».

276) «"Тот, чья душа выходит в земле святости, если его хоронят в тот же день, над ним нечистый дух не властвует вовсе. Поэтому написано о повешенном: "Но погреби его в тот же день... и не оскверни земли твоей"[263]. Ибо ночью дано право нечистому духу скитаться, и, хотя дано им это право, они не войдут в землю святости, но только если находят там место, в которое могут войти"», т.е. тело покойного.

277) «"Органы и жир, сжигаемые ночью" на жертвеннике, "чтобы питать" их дымом "другие виды", т.е. ситру ахра, "не означает, что вошли в землю (Исраэль)", чтобы питаться дымом, "и не для того, чтобы привлечь их в эту землю, а" наоборот, "чтобы не властвовала ситра ахра на этой земле, и чтобы

---

[263] Тора, Дварим, 21:22-23. «И если будет на ком-либо грех, (требующий) суда смертного, и умерщвлен будет он, и повесишь его на дереве; не оставляй на ночь труп его на дереве, но погреби его в тот же день; ибо поругание Всесильному повешенный, и не оскверни земли твоей, которую Творец Всесильный твой дает тебе в удел».

не стремились они войти туда. И поэтому их дым" от органов и внутреннего жира "поднимался непрямым путем и уносился за пределы" этой земли. "Он быстро уходил, пока не входил в расщелину в северной стороне, где место поселения всей ситры ахра, и туда входил дым, и все они питались там"».

278) «"Дым жертвоприношений, поднимающийся днем, поднимался на свое место наверх прямым путем, и получал питание от него тот, кто получал"». То есть, как сказано: «В приятное благоухание, – огнепалимая жертва Творцу»[264]. «"И от этого раскрытия", т.е. расщелины в северной стороне, "питаются все стороны твердой клипы, находящейся за пределами святой земли. И питаются они этим густым дымом" от органов и жира, "как мы уже объясняли"».

279) «"Над телами праведников, которые не тянулись в этом мире за наслаждениями" и похотью "твердой клипы, вообще не властвует дух нечистоты, ибо не соединялись с ним в этом мире вовсе. И так же, как тело грешников тянется в этом мире за этой твердой клипой и за наслаждениями и удовольствиями его (этого духа), и за его установками, так же оно оскверняется после того, как выходит душа его из него"».

280) «"Над телами праведников, которые не принимают наслаждения этого мира, а только лишь наслаждение от заповеди, трапез суббот и праздников, и (назначенных) времен, не может властвовать дух нечистоты, – ведь они не наслаждались от принадлежащего ему вовсе. И поскольку они не взяли принадлежащего ему, нет у него власти над ними. Счастлив тот, кто вообще не наслаждается от принадлежащего ему"».

281) «"Тот, чья душа выходит за пределы святой земли, а тело оскверняется этим духом нечистоты, дух нечистоты поглощается им, пока не возвращается в прах. А если тело, вобравшее этот дух нечистоты, поднимают, чтобы захоронить в земле святости, сказано о нем: "А вы пришли и осквернили землю Мою, и сделали удел Мой скверною"[265]. "Землю Мою",

---

[264] Тора, Шмот, 29:41. «А другого ягненка приноси в сумерки, подобно хлебоприношению утреннему, и такое же возлияние совершай при нем в приятное благоухание, – огнепалимая жертва Творцу».

[265] Пророки, Йермияу, 2:7. «И привел Я вас в землю плодородную, чтобы ели вы плоды ее и блага ее; а вы пришли и осквернили землю Мою, и сделали удел Мой скверною».

на которой не властвовал дух нечистоты в теле вашем, когда же вобрало оно дух нечистоты, и вы приносите его, чтобы захоронить в земле Моей, вы оскверняете ее" нечистым телом, – "если только Творец не даст исцеление земле, так как после разложения тела Творец посылает дух свыше, и тот вытесняет дух нечистоты наружу, ибо Он милосерден к земле"».

282) «"Никогда над телом Йосефа не властвовал дух нечистоты, хотя и вышла душа его в ином владении", т.е. за пределами земли (Исраэля). "И какова причина? Потому что при жизни своей он не тянулся за духом нечистоты. Вместе с тем, он не желал, чтобы тело его было похоронено в земле святости, но сказал: "Вынесите кости мои"[266] – а не тело"».

283) «"Яаков не умер, и тело его останется существовать вечно. И он не боялся ситры ахра, ибо ложе его было наполнено совершенством высшего света, свечением двенадцати колен и семидесяти душ, – и поэтому он не испытывал страха перед ситрой ахра, т.к. не могла она возобладать над ним. Кроме того, это тело, относящееся к высшей форме", т.е. оно является строением (мерkava) сфиры Тиферет, "и красота его содержится во всех сторонах, и все эти органы Адама Ришона содержались в нем. Поэтому сказано: "И лягу я с отцами моими, а ты вынеси меня из Египта"[267] – т.е. совершенное тело. И поэтому сказано: "И набальзамировали лекари Исраэля"[268] – чтобы сохранилось его тело, и так должно быть. У остальных жителей мира, душа которых отошла в земле святости, душа и тело оберегаются от всего"».

---

[266] Тора, Берешит, 50:25. «И взял Йосеф клятву с сынов Исраэля, сказав: "Когда вспомнит Всесильный о вас, вынесите кости мои отсюда"».

[267] Тора, Берешит, 47:30. «"И лягу я с отцами моими, а ты вынеси меня из Египта и захорони меня в их гробнице". И сказал он: "Я сделаю по слову твоему"».

[268] Тора, Берешит, 50:2. «И повелел Йосеф своим слугам, лекарям, бальзамировать отца своего, и набальзамировали лекари Исраэля».

Нефеш, руах, нешама

284) «"Тремя именами называется человеческая душа – нефеш, руах и нешама (НАРАН). И все они включены друг в друга, и сила их находится в трех местах. Нефеш эта находится в могиле, пока тело не разложится в земле, и вследствие этого она проходит кругообращения в этом мире, находясь среди живых и зная об их невзгодах. И в час, когда они нуждаются, она просит о милосердии к ним"».

285) «"Руах этот входит в Эденский сад земли, и принимает там форму тела этого мира – одного из тех облачений, в которые он там облекается. И наслаждается там наслаждениями и прелестями всего великолепия этого сада. А в субботу и в новомесячье, и назначенные времена он поднимается наверх, в высший Эденский сад, и наслаждается там, и возвращается на свое место. И поэтому сказано: "А дух (руах) возвратится к Всесильному, который дал его"[269]. Возвратится, безусловно, т.е. в те времена, о которых мы сказали"».

286) «"Нешама сразу же поднимается на свое место, в то место, откуда она вышла", – в Малхут, от которой родилась эта нешама. "И благодаря ей свеча", Малхут, "начала светить наверху", потому что души праведников поднимаются в МАН к Зеир Анпину и Малхут, и они совершают благодаря им зивуг.[270] "Эта душа (нешама) никогда не опускается вниз. В нее включается та, что включается", т.е. Малхут, "со всех сторон, сверху и снизу", так как Малхут состоит из душ праведников. "И пока нешама не поднимается, чтобы соединиться с престолом", миром Брия, "руах не может украситься в Эденском саду земли, а нефеш не может поселиться в своем месте. Когда она", нешама, "поднимается, все обретают покой"», потому что они приходят на свое место.

287) «"И когда живущие в мире нуждаются в милосердии, когда они находятся в беде и отправляются молиться на кладбище, пробуждается эта нефеш и отправляется в скитания, и пробуждает руах, а руах пробуждается для праотцев и, поднимаясь, пробуждает нешаму, и тогда Творец проявляет

---

[269] Писания, Коэлет, 12:7. «И прах возвратится в землю, как и был, а дух возвратится к Всесильному, который дал его».

[270] См. Зоар, главу Берешит, часть 2, статью «Поднимающееся пламя», п. 253, со слов: «Пояснение сказанного...»

милосердие к миру, и мы это уже объясняли. И хотя происходящее с душой (нешама) объяснялось иначе", что нефеш – в мире Асия, руах – в Ецира, нешама – в Брия, "возрастает важность всех их, и это объясняет сказанное, и все является одним целым"».

288) «"А когда нешама задерживается с подъемом на свое место, руах отправляется и встает у входа нижнего Эденского сада, и не открывают ему этот вход. Тогда он отправляется скитаться, и некому наблюдать за ним. Нефеш отправляется скитаться по миру и видит тело, плодящее червей, преданное могильному суду", т.е. пребывающее в посмертных муках, "и скорбит о нем, как мы объясняли сказанное: "Пока плоть его на нем, больно ему, и душа (нефеш) его о нем печалится"[271].[272] И всё это – в наказание; до тех пор, пока не связывается нешама с местом своим наверху, и тогда все они соединяются со своим местом"».

289) «"Поскольку все эти три – это единая связь, подобная высшей (связи) в нефеш-руах-нешама (НАРАН)", т.е. (связи) Малхут, Зеир Анпина и Бины Ацилута, "и все они – одно целое и единая связь. У нефеш", Малхут, "нет собственного света вообще, и она соединяется с единым телом", т.е. тремя мирами БЕА, в которые Малхут облачается, как душа в тело, "чтобы наслаждать его и питать его всем необходимым. Как сказано: "Раздает пищу в доме своем и урок служанкам своим"[273]. "В доме своем"[273] – это тело, которое она питает, "служанкам своим"[273] – органам этого тела"», т.е. сфирот миров БЕА.

290) «"Руах – тот, что пребывает над нефеш и управляет ею, и светит ей всем необходимым", т.е. Зеир Анпин. "И нефеш является престолом для этого руаха. Нешама – это та, что произвела и создала этот руах, и управляет им, и светит ему светом жизни", т.е. Бина. "И руах зависит от этой нешамы, и он светит от нее тем светом, который она посылает ему. Нефеш зависит от этого руаха и светит от него, и питается от него. И все они – единая связь"».

---

[271] Писания, Иов, 14:22. «Пока плоть его на нем, больно ему, и душа его о нем печалится».

[272] См. Зоар, главу Хаей Сара, п. 48. «"И пришел Авраам скорбеть по Саре и оплакивать ее" – все семь дней душа (нефеш) человека поминает тело и скорбит о нем...»

[273] Писания, Притчи, 31:15. «Встает она еще ночью, раздает пищу в доме своем и урок служанкам своим».

291) «"И пока эта высшая нешама", т.е. Бина, "не поднимется в родник древнего из древних (Атик де-Атикин), самого скрытого из всех скрытых", т.е. Арих Анпина, потому что в катнуте Бина вышла из рош Арих Анпина, а в гадлуте возвращается в рош Арих Анпина, к тому месту, из которого она вышла, "и не наполнится светом от него, ибо он не прекращает светить", и до тех пор, пока нешама не возвращается на свое место, "руах не может войти в Эденский сад, т.е. в нефеш", в Малхут, "а руах пребывает всегда только лишь в Эденском саду", потому что Зеир Анпин и Малхут производят зивуг друг с другом, "а нешама – наверху. И так же нефеш", Малхут, "не поселяется в своем месте, в теле внизу"», т.е. в БЕА, до тех пор, пока нешама не вернется на свое место наверху.

292) «"И таким же образом всё объясняется относительно человека внизу. И хотя все они", нефеш-руах-нешама (НАРАН) в человеке, "представляют собой единую связь, нешама поднимается наверх в родник колодца", т.е. в Есод де-Малхут, "руах входит в нижний Эденский сад, подобно тому, как наверху" – как Зеир Анпин входит в Эденский сад Ацилута, Малхут. "Нефеш поселяется в могиле. И если ты скажешь, что верхняя нефеш", т.е. Малхут, тоже скажешь, что "поселяется в могиле внутри тела, то где эта могила" наверху? И отвечает: "Но это внутри той твердой клипы"», потому что о Малхут сказано: «И ноги ее нисходят к смерти»[274] – т.е. она облачается в окончании своем в твердую клипу, являющуюся свойством «смерть» и «могила». «"Поэтому подобна ей нефеш внизу, и всё находится в подобии одно другому. И поэтому они делятся на три ступени", – нешама, т.е. нефеш-руах-нешама (НАРАН). "И они представляют собой единую связь и являются единым целым"».

293) «"И всё то время, пока кости" еще "находятся в могиле", прежде чем они истлеют, "эта нефеш пребывает там. И здесь есть тайна для тех, кто знает путь истины, – бояться греха. В час, когда нешама украшается наверху, (облачаясь) в украшение (атара) святости", т.е. в Малхут, "а руах находится в высшем свете в субботу, новомесячья и назначенные времена. Эта нефеш, – в час, когда руах опускается из высшего света, чтобы поселиться в Эденском саду, и светит и сверкает, – нефеш находится в могиле и облачается в тот образ, в котором тело

---

[274] Писания, Притчи, 5:5. «И ноги ее нисходят к смерти, на преисподнюю опираются стопы ее».

было вначале. И все кости поднимаются в этом образе, и восславляют и благодарят Творца, и это означает: "Все кости мои скажут: "Творец, кто подобен Тебе"²⁷⁵. Не написано: "Говорят", а "скажут"», т.е. в могиле.

294) «"И если бы глазу дано было право видеть это, он бы видел в ночь кануна субботы и в ночь новомесячья, и в назначенные времена, словно образы над могилами, благодарящие и восхваляющие Творца. Однако человеческая глупость мешает им" увидеть. "И не знают и не раскрывают они для чего находятся в этом мире, и не беспокоятся о том, чтобы раскрыть величие высшего Царя в этом мире, и уж тем более о том, чтобы раскрыть величие высшего мира и на чем оно основывается, и как разъясняются все эти вещи"».

295) «"В день Рош а-шана (Начала года), когда в мире вершится суд, и престол суда предоставлен высшему Царю, чтобы судить мир, всякая душа (нефеш) ходит и просит о милосердии к живым" людям. "В ночь окончания дня суда они непрестанно ходят, чтобы услышать и узнать, какой приговор суд вынес миру. Иногда они извещают живых, являясь им в откровении, как сказано: "В откровении ночном, когда сон падет на людей, дремлющих на ложе; тогда дает услышать Он людям, впечатляя их назиданием Своим"²⁷⁶. Что значит: "Назиданием Своим"? Это нефеш, которая стоит и указывает людям, чтобы приняли они слова назидания"», т.е. сообщает им в ночном откровении приговор, вынесенный судом, и тогда они уже могут совершить возвращение.

296) «"В последнюю ночь праздника, когда выходят постановления суда из царского дома, и исчезает тень у людей, которые должны покинуть этот мир, тогда эта нефеш, как мы сказали, отправляется скитаться" наверху. "И один правитель, следящий за тайной оттиска печати в разъяснительном письме", т.е. за написанное в судебных приговорах, "имя которого Йедумиа́м, который хранит письмо запечатленного света, и в высших видениях спускается этой ночью, и многие тысячи

---

²⁷⁵ Писания, Псалмы, 35:10. «Все кости мои скажут: "Творец, кто подобен Тебе, спасающему бедного от сильного, бедного и нищего – от грабящего его?!"»

²⁷⁶ Писания, Иов, 33:15-16. «В откровении ночном, когда сон падет на людей, дремлющих на ложе; тогда дает услышать Он людям, впечатляя их назиданием Своим».

тысяч и десятки тысяч десятков тысяч вместе с ним, и забирают тень у каждого", кто приговорен к смерти, "и поднимают ее наверх"».

297) «"И эта нефеш, как мы сказали, отправляется скитаться и видит эту тень", и узнаёт, кто должен умереть, "и возвращается на свое место к могиле, и провозглашает остальным умершим о том, что такой-то прибывает к нам. Если он человек праведный и добродетельный, все они радуются. А если нет, то все восклицают: "О горе!" Когда поднимают эту тень, поднимают ее к верному рабу, имя которого Матат, и он берет тень с собой, и поднимает ее на свое место, как сказано: "Как раб дожидается тени"[277], – дожидается тени, конечно"».

Объяснение. Ибо нешамот (души) рождаются от ЗОН, и нисходит к каждой нешаме во время ее рождения свойство «тень» от Зеир Анпина, как сказано: «Сидя под сенью Его, наслаждалась я, и плод его сладок был нёбу моему»[278]. Зеир Анпин – это Древо жизни, и поэтому вся жизнь зависит от тени, исходящей от него, и поэтому в час, когда человек приговаривается к смерти, забирают у него эту тень, и ангел Матат возвращает ее на ее место, т.е. Зеир Анпину.

298) «"С этого часа и далее устанавливается место для нешамы человека", т.е. в Есоде Малхут мира Ацилут,[279] "и место для руаха в Эденском саду", нижнем, и место "для нефеш, чтобы отдохнуть и насладиться в час, когда она пребывает в скитаниях. Ибо есть нефеш, у которой нет покоя, а есть нефеш, которая умирает вместе с телом"».

299) «"И та, у которой нет покоя, это та, о которой сказано: "Душу (нефеш) врагов твоих выбросит Он, как из пращи"[280]. И она скитается и перемещается по всему миру, и нет у нее покоя ни днем, ни ночью. И это наказание тяжелее всего. А та

---

[277] Писания, Иов, 7:2. «Как раб дожидается тени и как наемник ждет платы своей».

[278] Писания, Песнь песней, 2:3. «Как яблоня меж лесных деревьев, так любимый мой среди юношей! Сидя под сенью его, наслаждалась я, и плод его сладок был нёбу моему».

[279] См. выше, п. 292.

[280] Пророки, Шмуэль 1, 25:29. «И если поднимется человек преследовать тебя и искать души твоей, да будет душа господина моего завязана в узле жизни Творца Всесильного твоего, а душу врагов твоих выбросит Он, как из пращи».

нефеш, которая умирает вместе с телом, искореняется из другого места, как сказано: "Отторгнута будет эта душа (нефеш) от Меня; Я – Творец"[281]. Что значит: "От Меня"? Это значит, что не пребывает над ней руах, а когда руах не пребывает над ней, у нее вовсе нет связи с тем, что наверху, и она не знает ничего о том, что происходит в том мире. И душа (нефеш) эта, как у животного"».

300) «"Нефеш, у которой есть покой, когда она пребывает в скитаниях, она встречает этого правителя Йедумиама и его стражников, и они берут ее и возносят через все входы Эденского сада, и показывают ей величие праведников и величие ее руаха. И она сливается с ним", с руахом, "во время покоя, (входя) в это облачение" руаха, "и тогда она знает о происходящем в высшем мире"».

301) «"И когда этот руах поднимается, чтобы облачиться в высшую душу (нешама) наверху, нефеш соединяется с руахом и светит от него, подобно луне, светящей от солнца, а руах соединяется с этой нешамой, а нешама соединяется с окончанием мысли", т.е. с окончанием мира Ацилут, который всецело называется мыслью, т.е. мудростью (Хохма), ибо миры АБЕА представляют собой ХУБ ТУМ. "И она (мысль) – это нефеш, которая наверху"», т.е. Малхут мира Ацилут, называемая нефеш.

302) «"И эта нефеш", Малхут мира Ацилут, "соединяется с высшим руахом", Зеир Анпином, "а этот руах соединяется с высшей нешамой", Биной, "а нешама соединяется с Бесконечностью", т.е. соединяется с Арих Анпином, как мы уже сказали, а Арих Анпин – с Бесконечностью. "И тогда это покой всего, и связь всего наверху и внизу, и всё приходит к единству и представляет собой одно целое"».

303) «"И тогда это покой души внизу, и об этом сказано: "Да будет душа (нефеш) господина моего завязана в узел жизни (эт) Творца Всесильного твоего"[280], т.е. сплетены и связаны, "в одно целое и в полном единстве. В эту "эт" – т.е. в Малхут Ацилута, когда нефеш связана с руахом, находящимся в нижнем Эденском саду, а руах – с нешамой, находящейся в Малхут

---

[281] Тора, Ваикра, 22:3. «Скажи им: во все поколения ваши, всякий из потомства вашего, если приблизится к святыням, которые посвящают сыны Исраэля Творцу, когда нечистота его на нем, отторгнута будет эта душа от Меня; Я – Творец».

Ацилута.²⁸² "Одно подобно другому"», т.е. НАРАН человека подобны НАРАН Ацилута, как уже говорилось.

304) «"Когда опускается луна", Малхут, "свойство высшей нефеш" Ацилута, "она светит со всех сторон, светит всем строениям (меркавот) и станам" ангелов в БЕА, "и делает их одним совершенным телом (гуф), которое светит светом высшего сияния. И так же, подобно этому опускается нижняя нефеш" человека (ада́ма), "светя всем сторонам из свечения нешама и из свечения руах, и опускается и светит всем строениям (меркавот) и станам, т.е. органам и костям" тела (гуф) человека, "и делает их совершенным телом, светящим светом Его"».

305) «"И это означает сказанное: "И насыщать в чистоте душу твою"²⁸³. Именно "душу твою" – т.е. твою нефеш. "А затем: "И кости твои укрепит"²⁸³ – поскольку нефеш светит костям, и делает из них совершенное тело, светящее светом. И оно поднимается и благодарит, и восславляет Творца, как сказано: "Все кости мои скажут: "Творец, кто подобен Тебе"²⁷⁵. И это, конечно же, покой души (нефеш) со всех сторон"».

306) «"Счастливы праведники, испытывающие трепет перед Господином своим в этом мире, чтобы удостоиться трех видов покоя", т.е. нефеш-руах-нешама, "в будущем мире. Подошел рабби Шимон, и благословил рабби Абу. Сказал рабби Шимон: "Счастливы вы, сыновья мои, и счастлив я, поскольку глаза мои увидели то, что много высших мест устанавливается для нас и светит нам в будущем мире"».

---

²⁸² См. выше, п. 301.
²⁸³ Пророки, Йешаяу, 58:11. «И Творец будет вести тебя всегда, и насыщать в чистоте душу твою, и кости твои укрепит, и будешь ты, как сад орошенный и как источник, воды которого не иссякают».

ГЛАВА ТРУМА

Песнь восхождений. Полагающиеся на Творца...

307) «Провозгласил и сказал: "Песнь восхождений. Полагающиеся на Творца, как гора Цион – не поколеблется, вечно пребывать будет"[284]. Это изречение уже объяснялось. Однако это высшие ступени, святые ступени со стороны высших Гвурот", что в Бине, "которые подобны левитам внизу, и они в состояниях восхождений, т.е. ступени над ступенями, в тайне пятидесяти лет"», о которых сказано: «А с пятидесятилетнего возраста отойдет от несения службы»[285], что указывает на пятьдесят врат Бины. «"И это: "Песнь восхождений. Полагающиеся на Творца, как гора Цион"[284] – это те праведники, которые полагаются на Него, удостаиваясь в добрых деяниях"».

308) «"Сказано: "А праведники уверены, как лев"[285]. Ты можешь сказать: "Ведь праведники совершенно не полагаются на свои деяния, и всегда они в трепете, – как Авраам, о котором сказано: "И было, когда он близко подошел к Египту"[287], как Ицхак, о котором сказано: "Ибо боялся сказать: "Это жена моя"[288], как Яаков, о котором сказано: "И устрашился Яаков очень, и тяжко стало ему"[289]. И если они не полагались на свои деяния, то уж тем более остальные праведники мира. Как же ты говоришь: "А праведники уверены, как лев"[286]?»

---

[284] Писания, Псалмы, 125:1. «Песнь восхождений. Полагающиеся на Творца, как гора Цион – не поколеблется, вечно пребывать будет».

[285] Тора, Бемидбар, 8:24-25. «Вот, что (назначено) левитам: с двадцатипятилетнего возраста и старше придет для несения службы служением при Шатре собрания. А с пятидесятилетнего возраста отойдет от несения службы и не будет служить более».

[286] Писания, Притчи, 28:1. «Бегут нечестивые, и никто не гонится за ними, а праведники уверены, как лев».

[287] Тора, Берешит, 12:11. «И было, когда он близко подошел к Египту, то сказал Сарай, жене своей: "Вот, узнал я, что ты женщина, прекрасная видом"».

[288] Тора, Берешит, 26:7. «И спросили люди этого места о жене его, и сказал он: "Она сестра моя", ибо боялся сказать: "Это жена моя", подумав: "Могут убить меня люди этого места из-за Ривки, ибо она хороша видом"».

[289] Тора, Берешит, 32:8. «И устрашился Яаков очень, и тяжко стало ему. И разделил он народ, который с ним, и мелкий и крупный скот, и верблюдов на два стана».

309) И отвечает: «"Однако, на самом деле, "как лев (кихфи́р כִּכְפִיר)" сказано потому, что из всех различных типов львов выбран именно "кфир (молодой лев)", а не просто "арье́ (лев)", и не "ша́халь (благородный лев)", и не "ша́хац (гордый лев)", но "кфир (молодой лев)", который слабее и меньше всех, и не уверен в своих силах, несмотря на то, что он сильный. Так же и праведники не уверены в своих нынешних деяниях, но подобны молодому льву, – хоть и знают они, что сила их добрых деяний крепка, но уверены в себе не более, чем "молодой лев"».

310) «"Поэтому сказано: "Полагающиеся на Творца, как гора Цион"[284] – не как молодой лев и не как лев, и не как все эти имена" его, "а "как гора Цион"[284]. Так же как гора Цион, она крепка и не поколеблется никогда, так же и здесь, в это время", в грядущем будущем, "они будут, "как гора Цион"[284], а не как теперь, когда уверены они не более, чем "кфир (молодой лев)", трепещущий и не уверенный в своих силах. А вы, мои святые высшие сыновья, – ваша уверенность подобна горе Цион, несомненно. Счастливы вы в этом мире и в мире будущем"».

311) «Отправились они, и когда достигли пределов города, опустилась ночная тьма. Сказал рабби Шимон: "Так же, как день этот светил нам, чтобы удостоились мы будущего мира, так же и ночь эта будет светить нам, чтобы удостоились мы будущего мира и украсили этой ночью слова, произнесенные нами днем, перед Атиком Йомином. Ибо настолько совершенного дня не найти во всех остальных поколениях. Счастлива участь наша в этом мире и в мире будущем!"»

312) «Вошли в дом рабби Шимон и рабби Эльазар, и рабби Аба, и рабби Йоси вместе с ними. Остались на ночлег, пока не разделилась ночь. Когда разделилась ночь, сказал рабби Шимон товарищам: "Сейчас настало время украсить святое строение (меркава) наверху нашими стараниями". Обратился к рабби Йоси: "Ты, от которого мы не услышали речений в этот день, ты будешь началом, чтобы осветить эту ночь. Ибо сейчас время благоволения, чтобы светить наверху и внизу"».

ГЛАВА ТРУМА

Песнь песней, что для Шломо

313) «Провозгласил рабби Йоси и сказал: "Песнь песней, что для Шломо"[290] – эту песнь пробудил царь Шломо, когда строился Храм. И тогда абсолютно все миры наверху и внизу восполнились в едином совершенстве. И хотя товарищи расходятся во мнениях", когда она была произнесена, главное, как мы сказали, что она была произнесена, когда был построен Храм, "но песнь эта была произнесена только в совершенстве, когда луна", Малхут, "достигла полноты, и Храм был построен по высшему подобию. В час, когда был построен Храм внизу, не было большей радости перед Творцом со дня сотворения мира, чем в этот день"».

314) «"Когда Моше возвел Скинию в пустыне, чтобы Шхина опустилась на землю, в тот же день была возведена другая Скиния наверху, как объяснялось сказанное: "Была возведена Скиния"[291]. Эта Скиния включает также и другую Скинию, которая была возведена вместе с ней, и это Скиния юноши Матата, но не более высокая"». Объяснение. Скиния – это строение Малхут на уровне мохин де-ВАК, а Храм – это Малхут с мохин паним бе-паним. И когда Малхут – с мохин де-ВАК, ее охраняет Матат, и поэтому называется она тогда Скинией Матата.[292] «"Когда был возведен первый Храм, вместе с ним был возведен другой первый Храм", Малхут, когда она на уровне Бины, "и он был воздвигнут во всех мирах, и светил всем мирам, и мир наполнился благоуханием, и открылись все высшие затворы, чтобы светить, и во всем мире не было такой радости, как в этот день. Тогда начали (провозглашать) высшие и нижние и произнесли песнь, т.е. Песнь песней, – песнь, которую исполнители исполняют для Творца"».

315) «"Царь Давид произнес Песнь восхождений[284]. Царь Шломо произнес Песнь песней, т.е. песнь от этих исполнителей. Чем одна отличается от другой, ведь получается, что все это – одно целое?" И отвечает: "Но, безусловно, всё это – одно целое, однако в дни царя Давида все эти исполнители не были исправлены на своих местах, чтобы воспевать подобающим

---

[290] Писания, Песнь песней, 1:1. «Песнь песней, что для Шломо».
[291] Тора, Шмот, 40:17. «И было в первом месяце во втором году, в первый (день) месяца была возведена Скиния».
[292] См. далее, п. 689.

образом, поскольку еще не был возведен Храм, и они не были исправлены наверху, на своих местах. Ибо так же, как есть исправления страж на земле, есть также и на небосводе, и одни соответствуют другим. И стражи внизу еще не были исправлены надлежащим образом, так как не был возведен Храм"».

316) «"А в день, когда был выстроен Храм, все они были исправлены на своих местах", т.е. стражи, "и свеча", Малхут, "которая не светила, начала светить. И это воспевание", Песни песней, "было установлено для высшего Царя, – Царя, которому принадлежит мир (шалом)", Зеир Анпина. "Это прославление выше всех первых прославлений. День, когда открылось это прославление на земле, – этот день совершенен во всем. И поэтому" Песнь песней – "это святая святых"».

317) «"В книге Адама Ришона было сказано: "В день, когда будет возведен Храм, пробудят праотцы песнь наверху и внизу". Поэтому мы обнаруживаем" в Песни песней (שִׁיר הַשִּׁירִים) "букву "шин שׁ" от больших букв", три ветви которой указывают на трех праотцев. "И они", праотцы, – "те, кто пробуждают эту песнь. Они не исполняют ее", потому что исполняет только Малхут, "но они пробуждают песнь, по отношению к высшему, из тех великих песней, которые назначены над всеми мирами"», – т.е. принадлежащие Бине.

318) «"В этот день Яаков поднимается в совершенстве и входит с радостью на свое место в Эденский сад, и тогда Эденский сад", Малхут, "начинает играть мелодию, и все благоухания, имеющиеся в Эденском саду", играют мелодию. "Кто вызвал эту песнь, и кто произнес ее? И говорит, что это Яаков вызвал ее, ведь если бы он не вошел в Эденский сад, Эденский сад не воспел бы песнь"». Таким образом, Яаков вызвал ее, а Эденский сад, Малхут, произнес ее.

319) «"Песнь эта – это песнь, являющаяся совокупностью всей Торы, песнь, к которой пробуждаются высшие и нижние. Песнь, уподобляемая высшему, высшей субботе", Бине. "Песнь, благодаря которой украшается высшее святое имя", Малхут. "И поэтому она – "святая святых", так как все слова ее произносятся в любви и всеобщей радости от того, что чаша благословения", Малхут, "передается в правую (руку)", в хасадим,

"ибо при передаче в правую раскрывается всеобщая радость и любовь, и поэтому все слова ее – в любви и радости"».

320) «"В то время, когда эта правая убирается назад, как сказано: "Убрал Он десницу Свою"²⁹³, тогда чаша благословения", Малхут, передается в левую", где действуют суды из-за отсутствия хасадим. "Когда передается в левую, высшие и нижние начинают причитать над ней. И что же они говорят? "Как же (эйха́ אֵיכָה)"²⁹⁴, и это буквы "где Ко (אֵי כֹה)", т.е. "где чаша благословения?" – Малхут, называемая Ко. "Ибо высшее место, в котором она пребывала", место Бины, "перекрыто и отнято у нее. Поэтому в Песни песней, исходящей от правой стороны, все слова выражают любовь и радость, а в Эйха, где отсутствует правая линия и имеется только левая, все слова – это жалоба и причитание"».

321) «"И если ты скажешь: ведь вся радость, и всё ликование, и всё воспевание исходит от левой линии, именно поэтому левиты, относящиеся к левой линии, исполняют песнь". Как же можно относить ее к судам и причитанию? И отвечает: "Но вся радость, находящаяся с левой стороны, пребывает лишь в то время, когда правая соединяется с ней", т.е. Хохма левой облачается в хасадим правой. "И в то время, когда правая пробуждается и соединяется с ней, радость, имеющаяся в правой, приносит благо и успокаивает гнев левой". Ведь всё возмущение и суды левой происходят вследствие отсутствия хасадим, приходящих от правой. "А когда этот гнев успокаивается и приходит радость от правой стороны, тогда совершенная радость исходит от этой стороны"», от левой. Ибо после того, как она облачилась в хасадим, светит также и Хохма левой, и тогда эта радость совершенна.

322) «"И когда правая не обнаруживается, и гнев левой усиливается, поскольку правая не успокаивает, не приносит пользы и не радует, тогда произносится "Эйха (אֵיכָה)", буквы "где Ко (אֵי כֹה)", – т.е. чаша благословения", называемая Ко, "что будет

---

²⁹³ Писания, Мегилат Эйха, 2:3. «В пылу гнева сразил Он всю мощь Исраэля, пред врагом убрал Он десницу Свою; и запылал Он в среде Яакова, как огонь пламенеющий, что (все) пожирает вокруг».

²⁹⁴ Писания, Мегилат Эйха, 1:1. «Как же сидит она одиноко, – столица многолюдная, стала она как вдова; великая меж народов, вельможная меж стран, стала она данницей».

с ней, ведь она находится в левой, и гнев усиливается, а не успокаивается? Конечно, возникают жалобы и причитания"».

323) «"Однако (во время) Песни песней чаша благословения, безусловно, передана правой стороне и отдана ей, и потому вся любовь и вся радость присутствуют. Поэтому все слова её – в любви и радости, чего нет во всех остальных песнях в мире, и поэтому песнь эта была пробуждена со стороны праотцев"».[295]

324) «"В день, когда раскрылась эта песнь, опустилась Шхина на землю, как сказано: "И не могли коэны стоять на служении"[296]. И почему? "Ибо наполнила слава Творца дом Творца"[296]. Именно в этот день раскрылась хвала" Песни песней, "и произнес ее Шломо в духе святости"».

325) «"Хвала этой песни", Песни песней, "содержит в себе полностью всю Тору, полностью всё действие начала творения, всех праотцев, всё египетское изгнание и исход Исраэля из Египта, песнь моря"», то есть: «Тогда воспел Моше»[297], «"все десять речений и стояние у горы Синай", и включает время, "когда переходили Исраэль пустыню, пока не вступили на эту землю и не был отстроен Храм, всё украшение высшего святого имени любовью и радостью, всё изгнание Исраэля между народами и избавление их, всё возрождение мертвых вплоть до дня, который является хвалой Творцу", т.е. дня, который весь – суббота грядущего будущего, "то, что есть, и то, что было, и то, что должно произойти затем, в седьмой день", т.е. в седьмом тысячелетии, "когда наступит суббота Творцу, – всё это (содержится) в Песни песней"».

326) «"И поэтому мы учили, что из-за каждого, кто извлекает отрывок из Песни песней и произносит его в доме пиршества, Тора препоясывается вретищем и поднимается к Творцу, обращаясь к Нему: "Сыновья Твои сделали меня посмешищем в доме пиршества". Несомненно, что Тора поднимается и говорит именно это. И потому необходимо остерегаться и возносить

---

[295] См. выше, п. 317.
[296] Пророки, Мелахим 1, 8:11. «И не могли коэны стоять на служении из-за облака, ибо слава Творца наполнила дом Творца».
[297] Тора, Шмот, 15:1. «Тогда воспел Моше и сыны Исраэля эту песнь Творцу, и сказали так: "Воспою Творцу, ибо высоко вознесся Он; коня и всадника его поверг Он в море"».

украшение ее над головой человека, от каждого слова Песни песней"».

327) «"И если ты спросишь: почему она находится среди Писаний?" – а не в Пророках. И отвечает: "Это так, безусловно", что место ее – среди Писаний, "поскольку она – песнь хвалы Кнессет Исраэль", Малхут, "которая украсилась наверху" от Бины, а Малхут относится к Писаниям. "Поэтому все восхваления в мире не столь желанны Творцу, как эта хвала"».

328) «"Песнь песней, что для Шломо"[290]. Я учил так: "Песнь" – это одна (ступень), "песней" – вторая, "что" – третья. И поэтому передается чаша благословения", Малхут, "и принимается между правой и левой", т.е. (между) двумя линиями, правой и левой, Хеседом и Гвурой, "и всё пробуждается к Царю, которому принадлежит мир (шалом)", средняя линия, Тиферет. И им соответствуют эти три (ступени), перечисленные выше, "и благодаря этому поднимается желание высоко-высоко, в Бесконечность. Святое строение (меркава) находится здесь, ибо праотцы", ХАГАТ, соответствующие трем песням, – "это строение (меркава), а царь Давид соединяется с ними, и их – четыре. И это высшее святое строение (меркава), поэтому есть четыре слова в первом стихе"», то есть: «Песнь песней, что для Шломо (שִׁיר הַשִּׁירִים אֲשֶׁר לִשְׁלֹמֹה)»[290]. «"И это – полное святое строение (меркава)"».

329) «"И еще следует разъяснить эту тайну: "Песнь"[290] – это царь Давид, который восходит с песней. "Песней"[290] – это праотцы, и это великие правители, строение (меркава) совершенное, как подобает. "Что для Шломо"[290] – тот, кто восседает на этом совершенном строении (меркава)"», т.е. Бина.

330) «"В этом изречении заключено все совершенство тайны (сказанного): "от мира и до мира"[298] – от Бины и до Малхут, "и это тайна всей веры". И всё это является совершенным строением для того, кто известен"», и это ИШСУТ, ЗАТ Бины, в которых «йуд י» выходит из их свойства «воздух (авир אויר)», «"и для того, кто неизвестен, и нет того, кто может устоять в познании его"», и это высшие Аба ве-Има, ГАР Бины, в которых

---

[298] Писания, Псалмы, 106:48. «Благословен Творец, Всесильный Исраэля, от века и до века (досл. от мира и до мира). И скажет весь народ: "Амен и хвала Творцу!"»

«йуд י» не выходит из их свойства «воздух (авир אויר)».²⁹⁹ «"И потому это изречение произносится из четырех слов, которые являются полным строением (меркава) со всех сторон", с правой и с левой. "Отсюда и далее", т.е. выше Абы ве-Имы, "эта тайна передается мудрецам"».

331) «"И еще есть в нем внутренняя тайна. Мы учили, что тот, кто видел во сне виноград, – если он белый, то он хороший», т.е. в этом сне есть намек на добро. "Если он черный: если в свое время", т.е. во время роста винограда, "то он хороший. Если не в свое время, то нуждается в милосердии" – ибо это намек на плохое предопределение. В чем разница между белым и черным виноградом, и в чем разница между "в свое время" и "не в свое время"? Мы учили, что если он ел черный виноград, гарантировано ему, что он житель будущего мира. Почему?"».

332) И отвечает: «"Но дерево, в отношении которого прегрешил Адам Ришон, было виноградом. Как сказано: "Их виноград – виноград полынный"³⁰⁰, и это черный виноград, ибо есть черный виноград и есть белый виноград. Белый – хороший, поскольку исходит со стороны жизни", так как белый цвет указывает на Хесед, Зеир Анпин, называемый Древом жизни. "Черному – требуется милосердие, поскольку исходит со стороны смерти", так как черный цвет указывает на Древо познания добра и зла, в котором (кроется) смерть. "В свое время", т.е. во время роста винограда, "он хороший", несмотря на то, что он черный. "И почему? Потому что в то время, когда преобладает белый, всё проникается ароматом, ибо в это время все получают исправление. И всё прекрасно, и все они – единое исправление, белый и черный". А когда рост винограда не в свое время, "когда белый не преобладает, и черный является во сне – это для того чтобы знать, что ему вынесен смертный приговор, и ему требуется милосердие, ведь он видел дерево, в отношении которого согрешил Адам Ришон, и (это) принесло смерть ему и всему миру"».

333) «"Здесь следует всмотреться, и если бы здесь не был мой господин", рабби Шимон, "я не сказал бы этого. Мы учили,

---

²⁹⁹ См. Зоар, главу Берешит, часть 1, п. 308. «Теперь выясняется различие между зивугом высшего мира Бины и зивугом нижнего мира Бины. И говорится, что высший мир опускается в нижний мир...»

³⁰⁰ Тора, Дварим, 32:32. «Ибо от лозы Сдома их лоза и с полей Аморы, их виноград – виноград полынный; грозди горькие им».

что этот мир подобен высшему миру, а высший мир содержит наверху всё, что есть в этом мире" И спрашивает: "Если змей вызвал смерть человека внизу, почему вызвал наверху?", т.е. в высшем человеке, в Зеир Анпине и Малхут. "И если ты скажешь, что для жены", Малхут, "уменьшился свет ее, как у луны, которой иногда недостает света, и в это время считается, что она мертва", нужно еще выяснить "относительно захара", Зеир Анпина, "почему?" в отношении него это тоже считается смертью. И еще. "Если скажешь, что луна", Малхут, "умерла из-за совета змея, и это уменьшение ее света, то мы же учили, что не из-за змея наступило уменьшение ее света, а из-за того, что сказала луна пред Творцом", что невозможно двум царям пользоваться одной короной и т.д., и это было в четвертый день начала творения. "Таким образом, это не произошло из-за змея. И если ты скажешь, что ее муж", Зеир Анпин, "в таком состоянии" уменьшения света, называемом смертью, "то наверху никогда не бывает уменьшения"».

334) И отвечает: «"Однако всё это – тайны Торы, и змей привел к уменьшению во всем. И так мы учили: всё, что сделал Творец наверху и внизу, – всё это в свойстве захар и некева. И множество отличающихся друг от друга ступеней есть наверху, и от одной ступени до другой есть в ней свойство Адам. И всем этим ступеням, относящимся к одному виду, придал Творец форму одного тела, пока не поднимутся в свойстве Адам"», т.е. захар и некева. Объяснение. На каждой ступени есть десять сфирот. Шесть нижних сфирот каждой ступени относятся к одному виду, ибо в десяти сфирот есть лишь пять отдельных стадий, КАХАБ ТУМ, и Тиферет сама по себе состоит из всех них, и это – ХАГАТ Нецах-Ход, и Есод является включающим ХАГАТ Нецах-Ход. Таким образом, ХАГАТ НЕХИ являются одним видом и одной стадией из пяти стадий, т.е. только стадией Тиферет. И она-то и стала телом (гуф), называемым Адам.

335) «"И мы учили, что во второй день начала творения, когда была сотворена преисподняя, образовалось одно тело (гуф) в свойстве Адам", т.е. ВАК стороны добра в клипе нога сформировался в тело, которое включает также и Малхут в свою нукву. "И эти его органы, т.е. ангелы-правители", содержащиеся в нем, "приближаются к огню"», т.е. к клипе «огонь разгорающийся (эш митлакахат)», «"и умирают, и снова возрождаются к жизни, как вначале. И это из-за приближения к этому змею. И

высший Адам Ришон, внутри его Скинии, поддался соблазну", т.е. из-за его нуквы, называемой Скинией, которая поддалась соблазну "этого змея. И поэтому умер. Этот змей стал причиной его смерти из-за того, что он приблизился к нему"». То есть в точности, как и нижний Адам.

Объяснение. Есть четыре клипы: ураганный ветер (руах сеара), большое облако (анан гадоль), огонь разгорающийся (эш митлакахат) и нóга (сияние).[301] И в клипе «нóга» есть добро и зло, добро в ней является святостью и отделено от трех клипот, являющихся свойством нечистого змея. И если он приближается к трем этим клипот, являющимся свойством змея, то и сам становится нечистым, и света уходят от него, что называется смертью. А с помощью подъема МАН нижних, он снова отделяется от клипот и возрождается к жизни. И это смысл сказанного: «Образовалось одно тело (гуф) в свойстве Адам», и это добро в клипе нога, являющееся святостью. «И эти его органы, т.е. ангелы-правители, приближаются к огню», т.е. к клипе «огонь разгорающийся», и они являются свойством «змей», «и умирают» – т.е. света жизни уходят от него. «И снова возрождаются к жизни, как вначале», – с помощью подъема МАН нижних, как уже было сказано.

336) «"И в любом месте Адам означает захар и некева", даже на ступенях Ацилута. "Однако Адам, являющийся высшей святостью", т.е. Зеир Анпин Ацилута, "господствует над всем, и дает жизнь и питание всему. Но вместе с тем, во всем" свойстве Адам "этот сильный змей удерживал свет. И когда стала нечистой Скиния, нуква этого Адама", т.е. добро в нóге, "как мы уже сказали, она (нуква) умерла, и захар тоже умер, и они возрождаются" к жизни, "как вначале. Поэтому всё" внизу "находится в подобии тому, что наверху"».

337) «"Если он съел этот черный виноград" во сне, "ему гарантирована жизнь в будущем мире, потому что он уничтожил виноград и властвует над этим местом", т.е. клипой, ведь он съел виноград, "и возобладал над ним (этим местом),

---

[301] Пророки, Йехезкель, 1:4. «И увидел я: вот ураганный ветер пришел с севера, и большое облако и огонь разгорающийся, и сияние вокруг него, и изнутри него словно сверкание (хашмаль) – изнутри огня».

и раздробил его, как сказано: "Пожирает и дробит"³⁰². Когда устранена эта сильная клипа, он приближается к будущему миру, и нет того, кто бы мог помешать ему. И поэтому тот, кому привиделось во сне, что он съел этот черный виноград и раздробил его, гарантирована ему жизнь в будущем мире"».

338) «"Подобно этому, не было воспевания в доме Давида", т.е. Малхут, "пока не был устранен этот черный виноград, и не стал властвовать над ним, и тогда была возглашена Песнь песней, как мы учили, что даже в этом месте", в Малхут, "называется виноградом, как сказано: "Как виноград в пустыне, нашел Я Исраэля"³⁰³. Сыны Исраэля – это свойство Малхут. "А этот", что в этом изречении, "это белый виноград"».

339) «"Эта песнь превосходит все остальные песни первых. Все песни, которые воспели первые, поднялись лишь до уровня песен, воспеваемых высшими ангелами. И хотя это разъяснялось" иначе, "однако сказано: "Песнь ступеней Давиду". "Песнь ступеней" означает – "песнь, произносимая высшими ангелами, которые подразделяются по уровням и ступеням. Произносят они кому? – Давиду", Малхут, "чтобы попросить у него пищу и пропитание"».

340) «"Еще нужно разъяснить. "Песнь ступеней" – это как сказано: "На аламо́т³⁰⁴. Песнь"³⁰⁵. И сказано: "Потому девицы (аламо́т עֲלָמוֹת) любят тебя"³⁰⁶"» – это чертоги мира Брия, называемые аламот. И это – песнь этих «аламот», ибо «маалот (מַעֲלוֹת ступени)», это буквы «аламот (עֲלָמוֹת)». «"Давиду" – для Давида, высшего царя", т.е. Малхут, "который всегда восславляет высшего Царя"», Зеир Анпина.

---

³⁰² Писания, Даниэль, 7:7. «Потом увидел я в видении ночном, что вот, четвертый зверь – страшный и ужасный, и очень сильный, и большие железные зубы у него. Он пожирает и дробит, а остатки топчет ногами; и не похож он на всех тех зверей, что были до него, и десять рогов у него».

³⁰³ Пророки, Ошеа, 9:9-10. «Усугубили они злодеяния свои, как во дни Гивы. Припомнит Он вину их и взыщет (с них) за грехи их. Как виноград в пустыне нашел Я Исраэля, как первый плод смоковницы в начале созревания ее увидел Я отцов ваших; а они пришли в Баал-Пеор и предались сраму, и стали мерзкими, как того возжелали».

³⁰⁴ Аламот – древний музыкальный инструмент.

³⁰⁵ Писания, Псалмы, 46:1. «Руководителю. (Псалом) сыновей Кораха. На аламот. Песнь».

³⁰⁶ Писания, Песнь песней, 1:3. «Запахом твои масла хороши, елей текучий – имя твое. Потому девицы любят тебя».

341) «"Когда пришел царь Шломо, он возгласил высшую песнь наверху, и великие высшего мира", т.е. ХАГАТ Зеир Анпина, который называется высшим миром, а ХАГАТ его называются великими, т.е. свойство ГАР, по сравнению с его НЕХИ, которые называются малыми и свойством ВАК, "возглашают эту песнь высшему Царю, к которому относится весь мир (шалом)", т.е. Бине, от которой исходят все света ЗОН и БЕА. "Все те, кто возглашали песнь, не восходили во время этой песни провозглашать, но только ту песнь, которую произносят высшие ангелы, – кроме царя Шломо, который поднялся в этом воспевании к тому, что возглашают великие высшие столпы мира", т.е. ХАГАТ Зеир Анпина. "Все живущие в мире возглашали песнь в нижних строениях (меркавот)", т.е. нуквы ниже хазе Зеир Анпина. "Царь Шломо" – воспевание его происходило "в высших строениях (меркавот)"», в ХАГТАМ (хесед-гвура-тиферет-малхут), расположенных от хазе Зеир Анпина и выше, и являющихся строением (мерква) для Бины.

342) «"И если скажешь, что Моше, когда он поднялся на ступень пророчества и любви к Творцу, над всеми живущими в мире", скажешь, "что возглашенная им песнь находилась в нижних строениях (меркавот), и он не поднялся выше". И отвечает: "Смотри, песнь, которую возгласил, – Моше поднялся наверх", к Зеир Анпину, "а не ниже", в Нукву. "Но он не возгласил песнь, как царь Шломо, и не было человека, который бы поднялся в воспевании, как Шломо"».

343) «"Моше поднялся в своем воспевании наверх", к Зеир Анпину, "и прославление его заключалось в том, чтобы воздать хвалу и благодарность высшему Царю", Зеир Анпину, "спасшему Исраэль и явившему им чудеса и могущество в Египте и на море. Однако царь Давид и сын его, Шломо, возгласили песнь иным образом. Давид старался исправить служанок (аламо́т)", т.е. чертоги мира Брия, являющиеся частями Нецах-Ход-Есод свойства Малхут, без которых у Малхут нет ГАР, "и украсить их в Царице", Малхут, "чтобы предстали Царица и ее служанки (аламот) во (всей) красе, и поэтому он прилагал старания в воспеваниях и прославлениях им, пока не произвел исправления и не украсил всех служанок и Царицу"».

344) «"Когда пришел Шломо, он нашел Царицу украшенной, и служанок её во всей красе, и прилагал старания, чтобы ввести

ее к жениху" – Зеир Анпину, "и ввел жениха под хупу вместе с Царицей" – совершил притяжение ВАК состояния гадлут,[307] "и ввел слова любви между ними, чтобы соединить их вместе", – т.е. притянуть ГАР состояния гадлут, "и оба они будут в едином совершенстве в совершенной любви. И поэтому поднялся Шломо в высшем прославлении над всем миром"».

345) «"Моше соединил зивугом Царицу в этом мире, внизу", т.е. в свойстве от хазе Зеир Анпина и ниже, и это только свойство ВАК, "чтобы она находилась в этом мире в полном слиянии (зивуге) с нижними", – т.е. только в свойстве ТАНХИ (тиферет-нецах-ход-есод). "Шломо соединил зивугом Царицу, в полном слиянии (зивуге) наверху", т.е. от хазе Зеир Анпина и выше, "и ввел жениха под полог (хупу) до слияния.[307] А затем он ввел их обоих в этот мир, в Храм, который возвел"». То есть он притянул этот зивуг также и в свойство «от хазе и ниже». Таким образом, Моше притянул для Малхут только ВАК, а Шломо притянул ГАР, после того, как ВАК были исправлены Моше.

346) «"И если скажешь: как привел Моше Царицу одну в этот мир?" – поскольку зивуг был в ТАНХИ Зеир Анпина, относящихся к Малхут, но только свойство ХАГАТ считается Зеир Анпином, "ведь это воспринимается как разделение". И отвечает: "Смотри, Творец сначала соединил ее зивугом с Моше", который был строением (меркава) свойства выше хазе Зеир Анпина, "и она была невестой Моше.[308] Когда она слилась с Моше" и получила от него подслащение от свойства выше хазе Зеир Анпина, "она спустилась в этот мир, в зивуг (слияние) этого мира", т.е. ВАК, "и установилась в этом мире, чего не было у нее до сих пор. И никогда она не была в разделении"».

347) «"Однако, не было еще в мире человека, со дня сотворения Адама, который бы вознес любовь, близость и слова слияния наверх, кроме царя Шломо, который сначала установил слияние (зивуг) выше" хазе Зеир Анпина, притянув оттуда Хохму, "а затем пригласил их вместе в Храм, который возвел для них", т.е. также и для зивуга ниже хазе, для притяжения хасадим.[309] "Счастливы Давид и сын его Шломо, установившие

---

[307] См выше, п. 126, со слов: «Пояснение сказанного. Есть два зивуга для притяжения мохин к ЗОН...»
[308] См. выше, п. 263.
[309] См. Зоар, главу Берешит, часть 1, п. 317. «Малхут (правление) дома Давида установилась в четвертый день...»

высшее слияние (зивуг)", – в свойстве ГАР. "С того дня, когда сказал Творец луне", Малхут: "Иди и уменьши себя"³¹⁰, она не пребывала в полном слиянии (зивуге) с солнцем", Зеир Анпином, "но лишь когда пришел царь Шломо"».

348) «"Песнь песней, что для Шломо"²⁹⁰ – пять ступеней для слияния с будущим миром", Биной, "Песнь" – одна, "песней" – это две, итого – три, "что" – четыре, "для Шломо" – пять"». Ибо есть две ступени малых ЗОН, от хазе Зеир Анпина и ниже, и две ступени больших ЗОН, от хазе Зеир Анпина и выше, а за ними – Бина. Таким образом, Бина – «"она на пятой ступени, поскольку она – пятидесятый день, свойство "йовель"».

349) «"Смотри, слияние (зивуг) наверху", в свойстве ГАР, "Шломо не мог бы установить, если бы не было слияния (зивуга) внизу", свойства ВАК, "до этого. И что он представляет собой?" – зивуг внизу. "Это зивуг Моше, и если бы этого зивуга не было" прежде, "то не установился бы зивуг наверху. И все это – высшая тайна для мудрых сердцем"».

350) «"Сказано: "И изрек он три тысячи притчей, и было песен его пять и тысяча"³¹¹. Это изречение товарищи объясняли. Однако: "И изрек он три тысячи притчей". Конечно, обо всем изреченном им, (можно сказать, что) содержалось в этом три тысячи притчей. Как, например, книга "Коэлет", представляющая собой высшую тайну, переданную путем притчи, и нет в ней изречения, в котором бы не содержалась высшая мудрость, переданная путем притчи, даже в самом коротком изречении в ней"».

351) «"Когда рав Амнуна Сава первым достиг изречения: "Радуйся, юноша, детству своему, и пусть ублажается сердце твое в дни твоей юности"³¹², заплакал и сказал: "Безусловно, это изречение прекрасно, и оно в виде притчи, но кто же может истолковать эту притчу. Если это толкование, то нет в нем толкования", т.е. возможности вникнуть в него, "но лишь"

---

³¹⁰ Вавилонский Талмуд, трактат Хулин, лист 60:2.
³¹¹ Пророки, Мелахим 1, 5:12. «И изрек он три тысячи притчей, и было песен его пять и тысяча».
³¹² Писания, Коэлет, 11:9. «Радуйся, юноша, детству своему, и пусть ублажается сердце твое в дни юности твоей, и ходи по путям сердца твоего и по видению глаз твоих, но знай, что за все это приведет тебя Всесильный на суд».

поверхностно, "в мере открывающегося нашему взору. А если это мудрость – кто может познать ее?"»

352) «"И сразу же добавил: "Сказано: "Вот родословие Яакова: Йосеф, семнадцати лет, пас с братьями своими мелкий скот, и он отрок, с сыновьями Билги и сыновьями Зилпы, жен отца его, и доносил Йосеф о них худые вести отцу их"[313]. Это изречение из Коэлет является притчей к мудрости этого изречения Торы, и одно является иносказанием другого. "Радуйся, юноша, детству своему"[312] – соответствует словам: "И он, отрок"[313]. Сказанное: "И пусть ублажается сердце твое"[312] – соответствует: "Пас с братьями своими мелкий скот"[313]. Сказанное: "В дни юности твоей"[312] – соответствует: "С сыновьями Билги и сыновьями Зилпы, жен отца его"[313]. Сказанное: "Но знай, что за все это"[312] – соответствует: "И доносил Йосеф о них худые вести"[313]. А сказанное: "Приведет тебя Всесильный на суд"[312] – соответствует: "Вот родословие Яакова: Йосеф"[313], ибо Йосеф включен в Яакова", называемого судом. "И кто может познать скрытое в тайнах Торы?"»

Пояснение сказанного. «Три тысячи притчей»[311] – это три линии, называемые ХАГАТ, и это Авраам-Ицхак-Яаков. И сам Яаков – это средняя линия, состоящая из всех, и в ней самой есть «три тысячи притчей»[311]. И вот Йосеф, т.е. Есод, включен в Яакова, и есть в Йосефе тоже три линии, как и в Яакове. И не следует спрашивать, в чем различие между Яаковом и Йосефом, ибо различие в том, что Яаков склоняется к правой линии, и он находится во власти света правой линии, хасадим, а Йосеф склоняется к левой, и он находится во власти притяжения Хохмы, облачающейся в хасадим с помощью средней линии.

И это означает: «Вот родословие Яакова: Йосеф»[313], т.е. сообщает нам, что Йосеф включен в Яакова, и есть у Йосефа три линии, как и у него. «Пас с братьями своими мелкий скот»[313] – это правая линия. «Мелкий скот»[313] – означает хасадим. «И он, отрок, с сыновьями Билги и сыновьями Зилпы»[313] – это левая линия. Ибо мохин левой называются малым ликом, т.е. отроком, и также сыновья рабынь – это левая линия. А сказанное: «И доносил Йосеф о них худые вести отцу их»[313]

---

[313] Тора, Берешит, 37:2. «Вот родословие Яакова: Йосеф, семнадцати лет, пас с братьями своими мелкий скот, и он, отрок, с сыновьями Билги и с сыновьями Зилпы, жен отца его. И доносил Йосеф о них худые вести отцу их».

означает притяжение Хохмы, из-за того, что приносит вместе с собой суды левой линии, называемые худыми вестями, «отцу их»[313] – т.е. средней линии. И тогда средняя линия производит подслащение, т.е. облачает Хохму в хасадим. И это основа, на которой он приводит все изречение, чтобы показать достоинства Йосефа, т.е. притяжение Хохмы. И поэтому таргум: «Сын, родившийся в старости» – это «сын мудрый».

И это то, что говорит рав Амнуна Сава, что изречение из Коэлет похоже на это изречение из Торы, и слова: «Радуйся, юноша»[312] тоже сказаны о Йосефе, включенном в Яакова, как и изречение Торы. Ибо здесь сказано: «Радуйся, юноша, детству своему»[312], и в Торе сказано: «И он, отрок»[313] – поскольку Йосеф называется юношей и отроком. «И пусть ублажается сердце твое»[312] – это правая линия в Йосефе, соответствующая: «Пас с братьями своими мелкий скот»[313]. «В дни юности твоей»[312] – левая линия в нем, называемая «малый лик», соответствующая: «(С сыновьями) Билги и (с сыновьями) Зилпы, жен отца его»[313]. «Но знай, что за все это (ЭЛЕ)»[312] – т.е. благодаря Даат (знанию) поднимет три буквы ЭЛЕ (אלה) де-Элоким (אלהים), соединив их с МИ (מי) де-Элоким (אלהים), и вследствие этого облачится Хохма, содержащаяся в ЭЛЕ, в хасадим, содержащиеся в МИ, и тогда Хохма сможет светить.[314] И это соответствует: «И доносил Йосеф о них худые вести отцу их»[313] – т.е. притягивал Хохму посредством средней линии, как уже говорилось. «Приведет тебя Всесильный (Элоким) на суд»[312] означает, что Элоким приводит Йосефа и включает его в суд, в свойство Тиферет, т.е. в Яакова. И Писание этими словами завершает (изречение), показывая, что вся основа включения Йосефа в Яакова нужна для притяжения Хохмы. Как сказано: «Но знай, что за все это (ЭЛЕ אלה) приведет тебя Всесильный (Элоким אלהים) на суд»[312] – т.е. приведет на суд, для того чтобы соединить ЭЛЕ (אלה) с МИ (מי) посредством Даат (знания). И это соответствует словам: «Вот (אלה) родословие Яакова: Йосеф»[313] – означающим, что Йосеф включен в Яакова, как было сказано.

353) «"И эта притча распространяется на три тысячи притчей", т.е. на три линии, "и все они – в этой притче в час, когда Йосеф включается в Яакова. Ибо три тысячи – они в Аврааме,

---

[314] См. «Предисловие книги Зоар», статью «Кто создал их», п. 7, со слов: «"И там вы узнаете" – т.е. в этом раскрытии глаз, в Малхут де-рош Арих Анпина, "вы узнаете" эту тайну – как Бина создала ЗОН...»

Ицхаке и Яакове", т.е. в ХАГАТ, представляющих собой три линии. А Яаков сам по себе включает их все, и в нем одном имеются все три линии, как говорилось в предыдущем пункте. И поэтому, когда Йосеф включается в Яакова, все они находятся в Йосефе. "И все они" – все три линии, "в этой притче находятся в свойстве Хохма. И здесь" – в трех тысячах притчей, "многие торговцы заняты перевозками" товаров "скрытого". Другими словами, многие мудрецы обнаруживают в этом много тайн. "Есть среди них поселенцы-защитники" – т.е. носящие щиты против ситры ахра, которые они притягивают из средней линии, "и нет у них счета тайнам мудрости"», содержащимся в этом.

354) «"И было песен его пять и тысяча"[311]. Мы это объясняли: "И было песен его"[311] притчи"» – «пять и тысяча»[311]. «"И всё это – одно целое, как тот, кто говорит: "И было песен Шломо", так и тот, кто говорит: "И было песен его притчи", всё это – одно целое. И всё это означает: "И было песен его"[311] – это Песнь песней". И спрашивает: "Разве Песнь песней – это "пять и тысяча"[311]?" И отвечает: "Конечно же, это так. "Пять" – это врата и входы, раскрываемые Царем, которому принадлежит мир (шалом)", т.е. Зеир Анпином, "и это пять сотен лет Древа жизни", Зеир Анпина, так как это пять сфирот КАХАБ ТУМ, нисходящие к нему от Имы, и это – "пятьдесят лет юбилея (йовель)"», Бины, которые нисходят к Зеир Анпину.

355) «"И тысяча"[311] – это Древо жизни", Зеир Анпин, "жених, выходящий со своей стороны", т.е. Есод, исходящий от Древа жизни, Зеир Анпина, "который наследует все эти "пять", что в Древе жизни, чтобы принести их невесте", Малхут. "День Творца – это тысяча лет", т.е. когда Зеир Анпин облачает высшие Абу ве-Иму, каждая сфира которых имеет числовое значение тысяча, то и шесть сфирот ХАГАТ НЕХИ Зеир Анпина называются шестью днями, каждый день – это тысяча лет. И получается тогда, что и Есод – это тысяча лет. "И это – "река, которая выходит из Эдена", потому что Есод, называемый рекой, выходит тогда из Эдена, высших Абы ве-Имы, "называемая "Йосеф-праведник", т.е. Есод гадлута Зеир Анпина, называемый праведником "по имени луны", Малхут, называемой праведностью, ибо он слит с ней, "как условился с ней Творец"», т.е. согласно сказанному: «Если бы не Мой союз днем и ночью,

законов неба и земли не установил бы Я»³¹⁵. «"И поэтому Песнь песней – это "святая святых"», в которую нисходят мохин Абы ве-Имы, которые так называются, как выяснится далее.

356) «"И нет у тебя написанного в Песни песней, чтобы в этом не было тайны "пять и тысяча"³¹¹, безусловно. Написанное "Песнь песней" – это, несомненно, так, ибо пять ступеней есть в этом написанном, как мы учили", что есть в нем пять слов, соответствующих пяти ступеням КАХАБ ТУМ. "И если скажешь: "Тысяча", т.е. Есод, "почему она не упомянута в этом изречении?" Это потому, что эта "тысяча скрыта, конечно, пока не соединяется жена с мужем своим", т.е. Зеир Анпин и Малхут. "Поэтому Шломо прилагал старания донести эту "тысячу" невесте в скрытии печати высшей мудрости"» – т.е. в Есоде сфиры Малхут, в которой заверяется печатью и раскрывается высшая Хохма.

357) «"После того, как сделал "святая святых" внизу", в Храме, "упрятанной и скрытой, он ввел тайну "святая святых" туда"». И это два херувима, т.е. свойства Зеир Анпина и Малхут, называемых «святая святых», «"чтобы совершать скрытие полного зивуга наверху", в Абе ве-Име, "и внизу", в Зеир Анпине и Малхут. "Святая святых" наверху – это высшая Хохма и йовель", т.е. Бина. "Подобно этому наследуют жених и невеста", т.е. Зеир Анпин и Малхут, "наследие Абы ве-Имы"», т.е. Хохмы и йовель, и они тоже называются «святая святых».

358) «"И вернулось обладание наследством иным образом. Наследие Абы", т.е. высшую Хохму, исходящую от скрытой Хохмы Арих Анпина, "наследует дочь", Малхут, ибо только в ней раскрывается Хохма, "во время подъема этого святого имени"», т.е. во время подъема Малхут, называемой «имя», к Абе ве-Име, раскрывается в ней Хохма, «"и она тоже называется "святая", т.е. Хохма", как и Аба. "Наследие Имы"», т.е. Бины, это хасадим, в тайне: «Ибо склонен к милости Он»³¹⁶, «"наследует сын, и называется "святых", поскольку берет все эти высшие святости", как Хохму Абы, так и хасадим Имы, "и присоединяет их к себе". Однако эта Хохма укрыта, и лишь

---

³¹⁵ Пророки, Йермияу, 33:25. «Если бы не Мой союз днем и ночью, законов неба и земли не установил бы Я».

³¹⁶ Пророки, Миха, 7:18. «Кто Творец, как Ты, который прощает грех и проявляет снисходительность к вине остатка наследия Своего, не держит вечно гнева Своего, ибо склонен к милости Он».

хасадим властвуют в нем (в сыне). Поэтому считается, что он наследует не от Абы, а только от Имы. "А затем передает их", т.е. эти Хохму и хасадим, "преподнося их невесте"», Малхут, и в ней раскрывается Хохма. Поэтому считается, что она наследует Абе, в котором есть высшая Хохма от скрытой Хохмы Арих Анпина, который является корнем этой Хохмы. Поэтому и она называется «святая», его именем.

359) «"Поэтому произнес он "Песнь песней"[290]. "Песнь"[290] – для "святости", т.е. для Абы, "песней"[290] – для "святых", т.е. для Имы. "Чтобы в свойстве "святая святых" всё было в единстве, как подобает. "Что для Шломо"[290], мы ведь учили", что это означает – "для Царя, которому принадлежит мир (шалом)"», т.е. для Зеир Анпина.

360) «"И если ты скажешь, что эта хвала", т.е. мохин, приводимые в Песне песней, "принадлежит ему"», Зеир Анпину, ведь он говорит: «Что для Шломо»[290], а это Зеир Анпин, «"не говори это, поскольку эта хвала восходит в высшее место", т.е. в Бину, которая вышла наружу из скрытой Хохмы Арих Анпина и вернулась к нему, и все эти мохин принадлежат ей.[317] "Однако здесь это"», т.е. сказанное «что для Шломо»[290], «"содержит скрытый смысл. Ибо когда устанавливаются вместе захар и нуква", Зеир Анпин и Малхут, "под высшим Царем", т.е. Биной, когда буквы ЭЛЕ Бины, то есть ее НЕХИ, опускаются в Зеир Анпин и Малхут во время катнута Бины, и эти НЕХИ дают им мохин во время ее гадлута,[318] "тогда этот Царь", Зеир Анпин, "поднимается наверх", в Бину, "и наполняется там всеми святынями и всеми благословениями, нисходящими вниз, и передает их вниз", т.е. Малхут. "И это является стремлением высшего Царя", Зеир Анпина, – "наполниться святостью и благословениями, чтобы передать вниз"», Малхут.

361) «"И на это направлены молитвы и просьбы", которые мы произносим, – "чтобы исправился и наполнился высший источник", Зеир Анпин. "Ибо когда он исправляется, как подобает",

---

[317] См. Зоар, главу Берешит, часть 1, п. 3, со слов: «В свойстве суда, т.е. в свойстве Малхут мира АК, прежде чем она подсластилась в Бине, в свойстве милосердия, мир не мог существовать...»

[318] См. «Предисловие книги Зоар», статью «Мать одалживает свои одежды дочери», п. 17, со слов: «И это означает: "Мать (има) одалживает свои одежды дочери и венчает ее своими украшениями" – т.е. во время выхода мохин гадлута...»

вот тогда "при виде него", т.е. Хохмы, называемой видением, "и при виде этого исправления", т.е. вследствие исправления свойства средней линии, "исправляется нижний мир", Малхут, "и служанки его", чертоги мира Брия. "И тогда нижний мир не должен исправляться" от Бины, как во время катнута ее, "но лишь от видения высшего мира", от Зеир Анпина, а не от Бины. "У луны", т.е. Малхут, "нет вообще собственного вида", т.е. после того, как она сократила себя от светов, которые получила от Бины, "и только когда исправляется с помощью солнца", Зеир Анпина, тогда "она светит".[319] И при виде солнца и исправлений его, исправляется луна и светит"».

362) «"И то, что нужно в молитвах и просьбах, – чтобы было исправлено место, от которого исходит свет", т.е. Зеир Анпин. "Ибо лишь после того, как исправляется это место, то при виде его исправляется всё, что находится внизу", в Малхут. "И поэтому песнь, которую воспел Шломо, он старался" исправить "лишь для Царя, которому принадлежит мир", для Зеир Анпина, "чтобы он исправился. И когда он исправляется, исправляется всё при виде его. А если он не исправился, нет исправления луне", Малхут, "никогда. И поэтому сказано: "Что для Шломо"[290] – т.е. Зеир Анпина, чтобы он вначале исправился и наполнился надлежащим образом, как мы учили"».

---

[319] См. Зоар, главу Берешит, часть 1, статью «Два великих светила», п. 111 и далее.

ГЛАВА ТРУМА

От каждого человека, расположенного сердцем

363) «"Пусть возьмут Мне приношение от каждого человека"[320] – это тайна тайн для постигших мудрость. Когда поднялось в желании самого скрытого из всех скрытых", т.е. Кетера, "придать величие величию Его, Он вернул дух от высшей точки", и это Хохма, т.е. дух мудрости (хохма), "нисходящий сверху вниз", в Малхут, потому что Хохма не раскрывается ни в одной сфире, но только в Малхут,[321] "и произвел там исправление, для того чтобы поселиться в этом мире". И почему Он произвел там это исправление? "Это потому, что если бы не были основа и корень этого мира" исправлены в Малхут, "не было бы вообще кли, чтобы наполнить этот мир. И если бы Он не наполнял этот мир, мир тотчас исчез бы, и не мог бы существовать даже одного мгновения. Но поскольку произвел исправление" в Малхут, "от этого мира наполняется" Малхут, "с одной стороны, чтобы наполнять этот мир, а с другой стороны, чтобы наполнять высших ангелов. И все получают от нее питание вместе"».

364) «"Совершенством исправления этого духа (руах)", т.е. света Малхут, как мы уже объясняли, "является дух праведников в этом мире. Дух этот восполнился в то время, когда Ханох, Еред и Меалельэль пребывали в этом мире. А когда умножились грешники мира, ушло совершенство от него", от этого духа. "Затем, когда они исчезли" при потопе, "пришел Ноах и восполнил его. Пришло поколение раздора, и ушло совершенство от него", от этого духа. "Пришел Авраам и восполнил его. Пришли люди Сдома и лишили его. Пришел Ицхак и восполнил его. Пришли филистимляне и грешники поколения, и лишили его" совершенства. "Пришли Яаков и сыновья его", образовавшие "совершенное ложе", без недостатков, "и восполнили этот дух (руах)"».

365) «"Они вышли из земли святости и спустились в Египет. Задержался" этот дух "из-за них в Египте, и поскольку повторяли там Исраэль деяния египтян, этот дух был подавлен и

---

[320] Тора, Шмот, 25:1-2. «И сказал Творец Моше, говоря: "Скажи сынам Исраэля, пусть возьмут Мне приношение; от каждого человека, расположенного сердцем, берите приношение Мне"».
[321] См. Зоар, главу Берешит, часть 1, п. 340, со слов: «И, кроме того, так же как высшая Хохма...»

лишен этого совершенства, пока не вышли Исраэль из Египта и не пришли к возведению Скинии. Сказал Творец: "Я желаю пребывать среди вас, но не могу, пока вы не исправите дух Мой", свет Малхут, как уже объяснялось, "чтобы он воцарился в вас". И это значение сказанного: "И построят Мне святилище, и Я буду обитать среди них"[322]».

366) «"Это означает сказанное: "Пусть возьмут Мне приношение"[320] – т.е. Шхину, дух Малхут. "Сказал Моше Творцу: "Кто может взять ее и возвести ее?" Ответил ему: "Моше, это не так, как ты думаешь, но "от каждого человека, расположенного сердцем, берите приношение Мне"[320], т.е. от их желания и духа берите его и восполняйте его"».

367) «"Когда пришел Шломо, установил он этот дух" Малхут "в совершенстве высшего", Бины, "ибо с того дня, когда он восполнился внизу в дни Моше, не был он лишен этого" нижнего "совершенства. Когда пришел Шломо, он старался восполнить его сверху, и начал исправлять облик высшего мира", Зеир Анпина, "чтобы с помощью этого облика исправить нижний мир", Малхут. "И это означает: "Что для Шломо"[290]», т.е. Зеир Анпина.

---

[322] Тора, Шмот, 25:8. «И построят Мне святилище, и Я буду обитать среди них».

ГЛАВА ТРУМА

Нешикин

368) «"И вот приношение"³²³. Мы ведь учили: когда Творец открылся на горе Синай, когда дарована была Тора Исраэлю в десяти речениях, каждое речение произвело голос", т.е. речение, являющееся свойством Хохмы, породило голос, являющийся свойством хасадим. "И этот голос поделился на семьдесят голосов, и все они светили и сверкали на глазах всего Исраэля, и они видели воочию сияние величия Его. И это значение сказанного: "И весь народ, видят они голоса"³²⁴. "Видят", конечно"», поскольку раскрылись в нем мохин Хохмы, называемые видением, хотя сами они являются свойством хасадим.

369) «"И этот голос", в нем было три линии, и "он свидетельствовал о каждом из Исраэля, и говорил ему: "Прими меня к сердцу в таких-то и таких-то заповедях Торы", и это правая линия, "и тот отвечал ему согласием. Возвращался над головой его и нисходил к нему, свидетельствовал о нем и говорил: "Прими меня к сердцу в таких-то и таких-то наказаниях Торы", и это левая линия, "и тот отвечал согласием. А затем возвращался голос и целовал его в уста, как сказано: "Пусть он целует меня поцелуями уст его"³²⁵», и это средняя линия, ГАР.

370) «"И тогда всё, что видели Исраэль в то время, они видели в одном свете", Малхут, "который принимал в себя все другие света", т.е. ХАГАТ. "И они страстно желали видеть его. Сказал им Творец: "Тот свет, который вы видели на горе Синай, принявший все эти оттенки светов, и было стремление ваше к нему", т.е. Малхут, – "примите это и возьмите это себе. И оттенки, которые принимает этот свет, это золотой", т.е. Гвура, "серебряный", Хесед, "медный"», Тиферет. И это три линии.

371) «"Другое объяснение сказанного: "Пусть он целует меня поцелуями уст его"³²⁵. Что видел царь Шломо, когда приводил эти слова любви между высшим миром", Зеир Анпином, "и нижним миром", Малхут, "и начало восхваления любви, которое он

---

³²³ Тора, Шмот, 25:3. «И вот приношение, которое должны вы брать от них: золото и серебро, и медь».
³²⁴ Тора, Шмот, 20:15. «И весь народ, видят они голоса и сполохи, и голос шофара, и гору дымящуюся. И увидел народ, и дрогнули они и стали поодаль».
³²⁵ Писания, Песнь песней, 1:2. «Пусть он целует меня поцелуями уст его, ибо ласки твои лучше вина!»

приводит между ними, это: "Пусть он целует меня"³²⁵? И отвечает: "Но мы учили, и так это, что нет иной любви слияния одного духа с другим, но только поцелуй, а поцелуй, он (совершается) устами, представляющими собой источник духа и излияние его. И когда они целуют друг друга, сливаются эти виды духа друг с другом, становясь одним, и тогда это единая любовь"».

372) «"В первой книге рава Амнуна Савы, он говорил об этом изречении, что поцелуй любви распространяется в четыре руаха, и четыре руаха сливаются вместе, и они внутри свойства веры", Малхут, и четыре руаха "восходят в четырех буквах, и это буквы, от которых зависит святое имя, и высшие, и нижние зависят от них, и прославление Песни песней зависит от них. И какие это? Это четыре буквы слова "любовь (ахава אהבה)". И они – высшее строение (меркава)", ХУГ ТУМ, "и они – единение и слияние, и совершенство всего"».

373) «"Эти" четыре "буквы" любовь (ахава אהבה) – "это четыре духа, и это четыре духа любви и радости всех органов тела, без всякой печали. Ибо четыре духа в поцелуе, каждый из которых содержит в себе другой", руах (дух) Зеир Анпина содержится в Малхут, а руах Малхут содержится в Зеир Анпине. "И когда этот дух содержится в другом духе, а другой содержится в нем, образуется в каждом из них два духа вместе", т.е. собственный дух и дух другого, содержащийся в нем. "И тогда они соединяются в едином слиянии и они – четыре в совершенстве", два – Зеир Анпина и два – Малхут. "Они излучаются друг в друге и включаются друг в друга"».

374) «"И когда распространяется" их свечение в этот мир, "образуется из этих четырех духов один плод, и это – один дух, состоящий из четырех духов. И он" снова "поднимается и пробивает небосводы, пока не поднимается и не поселяется у одного чертога, называемого чертогом любви, от которого зависит вся любовь. И дух этот тоже зовется любовью. И когда этот дух поднимается, он побуждает чертог (любви) соединению наверху"», с шестым чертогом, чертогом желания, где находятся все поцелуи.³²⁶

---

³²⁶ См. Зоар, главу Берешит, часть 2, статью «Семь чертогов парцуфа Аба ве-Има мира Брия. Шестой чертог, Тиферет», п. 130.

375) «"Четыре буквы у этих четырех руахов, и это" четыре буквы слова "любовь (ахава אהבה)"». Ибо руах Зеир Анпина – это «алеф א»; руах Малхут, включившийся в Зеир Анпин, – это «хэй ה». И руах Малхут – это «хэй ה», а руах Зеир Анпина, включившийся в Малхут, – это «бет ב». «"И плод их" называется "любовь", как пояснялось выше. "Ведь когда они соединяются друг с другом", Зеир Анпин с Малхут, в соединении поцелуев, "сразу же пробуждается этот на стороне того", руах Малхут пробуждается и включается в руах Зеир Анпина, "а тот на стороне этого", руах Зеир Анпина включается в руах Малхут. Поэтому "алеф א" сразу же выводит "хэй ה" – т.е. руах Малхут, соединившийся с ним, "и соединяется с "алеф א", сливаясь в сближении и любви. И пробуждаются две другие буквы: "хэй ה", руах Малхут, "с "бет ב", руахом Зеир Анпина, включившимся в Малхут, и включаются руахи в руахи в слиянии любви. "И воспаряют эти буквы "любовь (ахава אהבה)" от них", входят "в поднимающийся дух (руах)", как мы объясняли, что это их плод, и поэтому называется любовью (ахава אהבה) по их имени, "и они украшаются им, как подобает"», и он становится состоящим из этих четырех руахов.

376) «"Когда восходит эта любовь", т.е. руах, который родился от четырех руахов поцелуев, "включенный во все эти четыре руаха, он встречает одного высшего управляющего, властителя, правящего над тысячью девятьюстами девяносто небосводами, и он отвечает за потоки, которые нисходят от тринадцати рек чистого Афарсемона, проистекающих от высшей росы. Эти потоки", света хасадим, "называются многочисленными водами. После того, как руах встретил этого властителя станов, он противостоит ему, и тот не может обойти его. И он (этот дух) проходит по ним", по рекам чистого Афарсемона, "пока не входит в чертог любви"».

Объяснение. От первых поцелуев Зеир Анпина и Малхут, состоящих из четырех духов, как мы уже говорили, рождается один дух, состоящий из всех, и это значит, что в нем правая и левая, Зеир Анпин и Малхут, являются одним целым, и так же как левая отменяется и включается в правую, так же и правая отменяется и включается в левую. И поэтому называется любовью, ибо любовь правой проявляется по отношению к левой, и наоборот. И когда этот дух (руах) нисходит к праведникам вниз, то они поднимают его обратно в чертог любви в мире

Брия, для того, чтобы усилилась там любовь благодаря соединению с чертогом желания, как уже выяснялось.³²⁶

И вышеупомянутый правящий властитель – это Ахтариэ́ль, как мы еще выясним, который относится к свойству Кетер мира Брия и поэтому властвует над тысячью девятьюстами девяносто небосводами, т.е. Хохмой и Биной мира Брия, называемыми «тысячи (алафим)», как сказано: «И научу тебя разуму (аалеф-ха бина)». А недостающие десять у второй тысячи, это Малхут де-Малхут, относящаяся к свойству суда. Она отсутствует и не находится во второй тысяче, т.е. Бине, потому что только мифтеха властвует в ней, т.е. Есод сфиры Малхут.³²⁷ И он тоже властвует над многочисленными водами, т.е. многочисленными хасадим, нисходящими от тринадцати рек чистого Афарсемона.

И поэтому когда этот дух (руах) поднимается наверх и встречает этого правителя и его многочисленные хасадим, и они от правой стороны, следовало бы отмениться любви в нем, т.е. любви к левой стороне, а ему самому вернуться полностью в правую, как эти многочисленные воды. И поэтому сказано: «После того, как руах встретил этого властителя станов», т.е. многочисленные воды, которые находятся под его властью и влиянием, «он противостоит ему, и тот не может обойти его», т.е. не отменяется перед властью его многочисленных хасадим, и находится в любви к левой, Малхут. И с помощью этого ты поймешь все, о чем сказано далее.

377) «"Об этом сказал Шломо в конце своего воспевания" Песни песней: "Многие воды не смогут погасить любовь"³²⁸. "Многие воды"³²⁸ – это высшие воды, исходящие от высшей росы", т.е. многочисленные хасадим. "И реки не зальют ее"³²⁸ – это реки чистого Афарсемона, которых вместе тринадцать". И все они не гасят большой любви правой стороны к левой, как мы говорили в предыдущем пункте. "Этот правитель – это ангел-посланник Творца, властитель станов, связывающий Кетеры для Господина своего. И это означает Ахтариэль – венчающий украшениями Господина своего, начертанным именем "Творец (АВАЯ היוה) – Властитель (йуд-хэй יה) воинств"».

---

³²⁷ См. «Предисловие книги Зоар», статью «Манула и мифтеха», п. 41.
³²⁸ Писания, Песнь песней, 8:7. «Многие воды не смогут погасить любовь и реки не зальют ее; если человек предложит все добро дома своего за любовь, отнесутся к нему с пренебрежением».

378) «"Когда входит этот дух (руах), чтобы включиться в чертог любви, пробуждается любовь высших поцелуев", Зеир Анпина и Малхут мира Ацилут, как сказано: "И поцеловал Яаков Рахель"[329], чтобы были поцелуи высшей любви как подобает. И эти поцелуи являются началом пробуждения всей любви и слияния, и высшей связи. Поэтому начинается воспевание этой песни со слов: "Пусть он целует меня"[325]».

379) «Спрашивает: "Кому сказано: "Пусть он целует меня"[325]? И отвечает: "Это тот самый, кто скрыт высшим скрытием", т.е. высшие Аба ве-Има, называемые оба вместе Аба. "И если скажешь, что от "скрытого более всех скрытых", т.е. Арих Анпина, "зависят все скрытия, и он целует внизу", Малхут, "посуди сам, скрытого более всех скрытых", Арих Анпина, – "нет того, кто бы знал его, а сам он приоткрыл лишь один, едва уловимый скрытый свет свой", Абу, "то есть приоткрыл не более, чем одну узкую тропинку, протянувшуюся от него", чтобы светить Име. "И это свет, который светит всем" – (парцуфу) ИШСУТ, и ЗОН, и мирам БЕА. "И он – пробуждение всех высших тайн, и он скрыт. Иногда он скрыт, иногда открыт, хотя и не раскрывается совсем"». Иначе говоря, то, что он иногда открывается, это для того, чтобы светить Хохмой (парцуфу) ИШСУТ, но сам он никогда не раскрывается, потому что «йуд י» не выходит из свойства «авир (אויר воздух)» Абы ве-Имы.[330] «"Пробуждение подъема нешикин (поцелуев) зависит от него. И поскольку он скрыт, начало восхваления происходит скрытым образом"», с произнесения: «Пусть он целует меня поцелуями уст его»[325] – т.е. от третьего лица.

380) «Спрашивает: "И если от него зависят" нешикин (поцелуи), от Абы, "что хочет Яаков здесь", Зеир Анпин, – "ведь от Абы зависят нешикин (поцелуи)?"» – Почему же сказано: «И поцеловал Яаков Рахель»[329]? И отвечает: «"Но, конечно же, это так", что Яаков тот, кто целует, "ибо "пусть он целует меня"[325] – имеется в виду "скрытый наверху", Аба, "но с помощью чего? – Посредством высшего строения (меркава), от которого зависят все цвета, и в котором соединяются. И это – Яаков", т.е. Зеир Анпин, средняя линия, в которую включены цвета правой

---

[329] Тора, Берешит, 29:11 «И поцеловал Яаков Рахель, и вознес свой голос, и заплакал».

[330] См. Зоар, главу Берешит, часть 1, п. 308. «Теперь выясняется различие между зивугом высшего мира Бины и зивугом нижнего мира Бины. И говорится, что высший мир опускается в нижний мир...»

и левой линий, а его ХАГАТ являются высшим строением (меркава). "Как мы сказали, благодаря привязанности, соединяющей Царя", т.е. Абу, "с сыном Его"», с Зеир Анпином, называемым сыном Его, и это тайный смысл сказанного: «Как имя Его и как имя сына Его, знаешь ли?»[331] Таким образом, целует Яаков, однако он притягивает их (поцелуи) от Абы, к которому привязан. «"И поэтому сказано: "Поцелуями уст его"» – от третьего (досл. скрытого) лица, поскольку здесь имеется в виду Аба, который скрыт.

381) «"Ибо ласки твои (лучше вина)"[325] – Писание "возвращается к солнцу", и это сам Зеир Анпин, и поэтому здесь обращение во втором лице, т.е. открытым образом, "и оно светит луне", Малхут, "от света высших светил", т.е. собирает свет их всех и светит луне. "И эти светила, которые соединяются в нем, от какого места они светят?" Писание "говорит еще раз: "От вина"[332], т.е. от того выдержанного вина, от вина, которое является радостью всех радостей. И что это за вино, дающее жизнь и радость всем? Это Творящий жизнь (Элоким хаи́м)", т.е. Бина, "и Он – вино, несущее жизнь (хаи́м) и радость всем"» – свечение Хохмы, исходящее от левой линии Бины, включенной в правую.

382) «"Еще" необходимо разъяснить. "От вина" – которое от имени, называемого АВАЯ"». То есть имени АВАЯ (הויה) с наполнением «йуд י», в гематрии составляющего «аин-бет ע ב (72)», и это «аин ע (семьдесят)» членов Синедриона и «бет ב (два)» свидетеля. И «аин ע (70)» – это числовое значение слова «вино (я́ин יין)». «"И это вино радости, любви и милосердия, и от этого все светлы и радостны". Подошли товарищи, и поцеловали его", рабби Йоси, "в голову"».

383) «Заплакал рабби Шимон, сказал: "Конечно, я знаю, что дух высшей святости бьется в ваших сердцах. Счастливо это поколение, потому что не будет поколения, подобного этому, до прихода Царя Машиаха, ибо возвращается Тора в место укрытия своего. Счастливы праведники в этом мире и в мире будущем"».

---

[331] Писания, Притчи, 30:4. «Кто взошел на небо и снизошел, кто собрал ветер пригоршнями своими, кто завязал воды в одежду, кто поставил все пределы земли? Как имя Его и как имя сына Его, знаешь ли?»

[332] «Ибо ласки твои лучше вина» переводится дословно: «Ибо хороши ласки твои от вина (כי טובים דדיך מיין)».

ГЛАВА ТРУМА

И вот приношение

384) «"И вот приношение, которое должны вы брать от них"³³³. Рабби Эльазар сказал: "Это изречение уже объяснялось и тайны его мы уже изучали", что приношение – это свойство Малхут, как было сказано. "Но тайну сказанного: "И вот приношение" я учил так, и трудны изречения, если они в нижнем свойстве", т.е. согласно простому толкованию, "одно превышает по трудности другое, а если в высшем свойстве", где приношение означает Шхина, "они не светят". Ибо сказано: "Скажи сынам Исраэля, пусть возьмут Мне приношение"³³⁴. Это верно", т.е. означает, что оно не находится у них, но они должны взять его. "А затем: "От каждого человека, расположенного сердцем, берите приношение Мне"³³⁴, – трудно", потому что здесь это означает, что приношение уже находится у них, а другие должны брать его от сыновей Исраэля. И также сказано: "И вот приношение, которое должны вы брать от них"³³³, – трудно", потому что тоже означает, что приношение уже находится у них. "А здесь, конечно, трудно всё, наверху и внизу вместе"», т.е. как согласно простому пониманию, так и согласно скрытому смыслу, потому что согласно простому пониманию, когда говорит сначала, что сыны Исраэля возьмут, а затем сказано, что вы возьмете от них.

385) И отвечает: «"Но это так. "Пусть возьмут Мне приношение"³³⁴. Кто? Сыновья Исраэля. "От каждого человека (досл. мужа)"³³⁴ – это высшие ангелы, пребывающие наверху, потому что на них" Малхут – "это приношение", т.е. возношение, так как они возносят ее всегда перед высшим Царем", Зеир Анпином, "ведь они поднимают ее для зивуга (слияния) с высшим Царем". И это – четыре создания, несущие трон, как уже выяснялось,³³⁵ которые соответствуют четырем ангелам Михаэль-Гавриэль-Уриэль-Рефаэль. "И когда Исраэль праведники, они берут ее", Шхину, "от них", от ангелов, "и опускают ее вниз. Это означает сказанное: "От каждого человека (досл.

---

³³³ Тора, Шмот, 25:3-4. «И вот приношение, которое должны вы брать от них: золото и серебро, и медь, и синету, и пурпур, и багряницу и виссон, и козий волос».

³³⁴ Тора, Шмот, 25:1-2. «И сказал Творец Моше, говоря: "Скажи сынам Исраэля, пусть возьмут Мне приношение; от каждого человека, расположенного сердцем, берите приношение Мне"».

³³⁵ См. Зоар, главу Берешит, часть 1, п. 117. «Малхут (правление) дома Давида установилась в четвертый день...», а также главу Берешит, часть 1, п. 81, со слов: «В лике человека содержатся все формы...»

мужа), расположенного сердцем, берите приношение Мне"³³⁴. И кто они? Те четверо", Михаэль-Гавриэль-Уриэль-Рефаэль, "которые подняли ее наверх. "Расположенного сердцем" – т.е. это сердце", Малхут, "желало их. И это приношение", Шхина, "возносится над ними"».

386) «"И хотя она", Шхина, "устанавливается над ними и пребывает над ними", над ангелами, "берите"³³⁴ – возьмите ее от них, чтобы опустить вниз. И с помощью чего? В это время" опускают ее "с помощью добрых деяний, молитв, просьб и выполнения заповедей Торы. А в то время", возведения Скинии, – "с помощью этих цветов"», «золото и серебро, и медь, и синету, и пурпур, и багряницу и виссон»³³³, «"которые смотрятся внизу по высшему подобию", т.е. как высшие сфирот, "и при помощи других работ. И эти цвета притягивают вниз приношение", Шхину, "и нижние цвета берут верх над высшими цветами", над сфирот. Нижние цвета, "они притянули высшие цвета и вошли одни в другие, и стали одни", те, что внизу, "телом (гуф) для других" – тех, что наверху. И об этом сказано: "Должны вы брать от них"³³³».

387) «"Золото, включенное в Гавриэля. Золото – оно наверху", сфира Гвура, "а Гавриэль берет его вниз. И семь видов золота отделяется внизу от этого золота", и это – зеленоватое золото, золото офирское³³⁶, золото Шевы³³⁷, золото парваимское³³⁸, золото сокровенное, чистое золото³³⁹, таршишское³⁴⁰ золото.³⁴¹ "И серебро – оно наверху", т.е. сфира Хесед, "и оно включено в Михаэля внизу, и пребывает одно над другим. И медь наверху", т.е. сфира Тиферет, "и выходит из золота", так как Тиферет выходит из Гвуры, "поскольку золото и огонь в

---

[336] См. Писания, Диврей а-ямим 2, 9:10. «И также слуги Хурама и слуги Шломо, которые привезли золото из Офира, доставили сандаловые деревья и драгоценные камни».

[337] См. Писания, Диврей а-ямим 2, 9:9. «И подарила она царю сто двадцать талантов золота, и очень много благовоний, и драгоценные камни; и не бывало еще таких благовоний, какие подарила царица Шева царю Шломо».

[338] Писания, Диврей а-ямим 2, 3:6. «И обложил этот дом дорогими камнями для великолепия; золото же было золотом парваимским».

[339] Пророки, Мелахим 1, 10:18. «И сделал царь большой престол из слоновой кости, и обложил его чистым золотом».

[340] См. Писания, Диврей а-ямим 2, 9:22. «Ибо корабли царя ходили в Таршиш со слугами Хурама; раз в три года приходили корабли Таршиша, привозившие золото и серебро, и слонов, и обезьян, и павлинов».

[341] См. Зоар, главу Итро, п. 212.

одном свойстве устанавливаются и идут", так как оба они – Гвура, "и огонь извлек медь, и из этой силы и мощи распространились ядовитые змеи, выходящие из огня. Поэтому медь красна как огонь и включена вУриэля, и стало одно телом (гуф) для другого"».

388) «"Синета"[333] присутствует в меди и золоте", т.е. включает суды, имеющиеся в Тиферет, меди, и в Гвуре, золоте. "И поскольку усиливается с двух сторон, синета является более сильной в судах, и нет того, кто бы мог властвовать над ней при жизни", если видит во сне синий цвет.[342] "Ибо это престол суда, на котором царит суровый суд, и это – ангел Буэль,[343] как сказано: "Творец гневается каждый день"[344], и когда люди достигают полного возвращения, его имя снова становится Рефаэль (досл. излечил Творец), ибо излечение находят они от этого сурового суда"».[342]

389) «"Пурпур"[333] – это золото и серебро", Гвура и Хесед, "которые снова соединились вместе, Михаэль и Гавриэль, которые соединились друг с другом и включены друг в друга. Об этом сказано: "Устанавливающий мир в высях"[345]. И поскольку они включены друг в друга, они стали одной сущностью (гуф)"», т.е. пурпуром. И он соответствует сфире Нецах, ибо в Нецахе Хесед и Гвура правят вместе.

390) «"Багряница"[333] – она наверху", в сфире Ход, "и включена" внизу "в Уриэля, как мы сказали раньше", так как одно стало телом другого, чтобы быть включенным в "синету" и "пурпур", т.е. в Малхут и Нецах. "И "виссон"[333] – он наверху", в Есоде, "и включен, как мы сказали раньше, в Рефаэля", и одно стало телом другого. "И будет соединен с серебром и золотом"», т.е. с Хеседом и Гвурой.

391) «"До сих пор – свойство семи верхних столпов", ХАГАТ НЕХИ, "в семи нижних столпах" – т.е. золото, и серебро, и медь и т.д., "клипа внутри клипы". Иначе говоря, они облачены друг в друга, и те, что внизу, стали клипой на те, что наверху, для сохранения. "И козий волос"[333] – мы ведь объясняли, что эти

---

[342] См. выше, п. 230.
[343] См. выше, п. 131.
[344] Писания, Псалмы, 7:12. «Всесильный судит справедливо, и Творец гневается каждый день».
[345] Писания, Иов, 25:2.

семь" столпов "представляют собой мозг внутри мозга", то есть все они внутренние, "а этот", козий волос, – "это оболочка (клипа) для мозга"», т.е. она внешняя.

392) «"И кожи бараньи красненные"[346] – это ангелы-заступники", защищающие от ситры ахра. И это – глаза, горящие пылающим огнем, как сказано: "А глаза как факелы горящие"[347]. И называются небосводами, и они снаружи, внутри клипы. "И кожи тахашевые"[346] – они находятся внутри, со стороны святости, и соединяются и не соединяются со святостью, как мы говорили"».[348]

393) «"И дерево шитим"[346] – мы объясняли, что это стоя́щие серафимы, как сказано: "Серафимы стоят над ним"[349], т.е. в мире Брия. Спрашивает: "Что значит "над ним"?" И отвечает: "Над той клипой"». Другими словами, никакая клипа не властвует в них, потому что они находятся над ней, и суды не причиняют вреда выше их местонахождения. И таким же образом свойство «дерево шитим»[346]. «"И если ты скажешь, что это изречение написано о Творце, этот отрывок сказан не о Творце, что "над Ним" это будет означать", т.е. над Творцом, это не так, "ведь мы учили: "И увидел я (эт) Властелина"[350], "эт" – именно так"», т.е. означает, что видел Малхут, называемую «эт».[351] «"И точно так же сказанное в этом изречении: "И края Его наполняли (эт) Храм"[350] – именно "эт", которая призвана включить в себя эту клипу"». Иначе говоря, «края Его»[350] наполняют и отменяют ту клипу, что противостоит Малхут, называемую «эт». «"И поскольку назвал" и упомянул эту клипу, написано: "Серафимы стоят над ним"[349]» – т.е. над этой клипой.

---

[346] Тора, Шмот, 25:5. «И кожи бараньи красненные, и кожи тахашевые, и дерево шитим».

[347] Писания, Даниэль, 10:5-6. «И поднял я взор, и увидел: вот человек, одетый в льняные одежды, и бедра его препоясаны уфазским золотом. А тело его как хризолит, и лицо подобно молнии, а глаза как факелы горящие, а руки и ноги его будто из меди сверкающей, и голос его подобен гулу толпы».

[348] См. выше, п. 236.

[349] Пророки, Йешаяу, 6:2. «Серафимы стоят над Ним; шесть крыльев, шесть крыльев у каждого: двумя прикрывает он лицо свое и двумя прикрывает он ноги свои, и двумя летает».

[350] Пророки, Йешаяу, 6:1. «В год смерти царя Узияу, и увидел я Властелина, сидящего на престоле высоком и величественном, и края его наполняли Храм».

[351] См. Зоар, главу Ваехи, п. 780.

394) «"Елей для освещения"³⁵² – это елей величия высшего, нисходящий сверху", от Абы ве-Имы. "Это два елея, и это две ступени, одна – наверху", в Абе ве-Име, "которая называется "елей освещения"³⁵³, другая – внизу, называемая "елей для освещения"³⁵². "Елей освещения"³⁵³ – это высший, и масло, находящееся в нем, конечно же, никогда не прекращается, и всегда он полон масла святости. И все благословения, и все света, и все свечи, – все они благословляются и светят оттуда. "Елей для освещения"³⁵² – это Малхут, которая "иногда наполняется, а иногда и нет"».

395) «"Еще" нужно объяснить. "Ведь мы учили, сказано: "И создал Всесильный два великих светила"³⁵⁴. И хотя уже объясняли товарищи, и все правильно, но "два великих светила"³⁵⁴ – это "елей освещения"³⁵³ и "елей для освещения"³⁵², т.е. высший мир", Зеир Анпин, "и нижний мир", Малхут, "один – захар, а другой – некева. И каждый раз, когда захар и нуква находятся вместе, оба они называются в мужском роде. И поскольку высший мир называется великим, благодаря ему также и нижний мир, соединенный с ним и включенный в него, называется великим"». И поэтому сказано: «Два великих светила»³⁵⁴. ³⁵⁵

396) «"Когда они отделены друг от друга, каждый из них упоминается в отдельности, как подобает ему, один называется большим, а другой – малым. И поэтому сказали предшественники: "Пусть человек лучше будет хвостом у львов, но не головой у лисиц"³⁵⁶. Ибо, когда" Малхут "находилась среди львов", т.е. сфирот Ацилута, "вся она называлась свойством "львы", так как хвост льва является неотделимой частью самого льва. А если" Малхут, "она находится среди лисиц", сфирот мира Брия, то есть после того, как уменьшилась и опустилась в Брия, "даже если она голова" лисицы, т.к. она стала Кетером мира Брия, "голова лисицы – неотделимая часть самой лисицы, и называется лисицей"».

---

³⁵² Тора, Шмот, 25:6. «Елей для освещения, пряные снадобья для елея помазания и для курения благовонного».

³⁵³ Тора, Шмот, 35:14. «И светильник для освещения, и его принадлежности, и его лампады, и елей освещения».

³⁵⁴ Тора, Берешит, 1:16. «И создал Всесильный два великих светила: светило большое – для правления днем, и светило малое – для правления ночью, и звезды».

³⁵⁵ См. Зоар, главу Берешит, часть 1, статью «Два великих светила», п. 111 и далее.

³⁵⁶ Мишна, раздел Незикин, трактат Авот, часть 4, мишна (закон) 15.

397) «"И это внутренний смысл этого изречения" о елее освещения, "что вначале, когда они", Зеир Анпин и Малхут, "находились вместе, назывались двумя большими светилами, хотя она", Малхут "окончание (досл. хвост) высшего", Зеир Анпина. "Когда же" Малхут "отделилась от высшего, чтобы стать, якобы, головой у лисиц, то называется уже малым (светилом). И об этом сказано, что елей освещения никогда не заканчивается, и находится на ступени высшего, чтобы править днем", и это Зеир Анпин. "Елей для освещения", свечение его "прекращается, и называется малым и правит ночью"», т.е. Малхут.

398) Сказано: «Пряные снадобья для елея помазания и для курения благовонного»[352]. То есть «"пять видов пряных снадобий в елее и пять – в курении. И хотя это только одно"», как, вроде бы, следует из сказанного, что это только один вид пряных снадобий «для елея помазания и для курения благовонного»[352], «"все же это два"» отдельных состава пряностей. Пять видов для елея: благовонные коренья, мирра самоточная, корица ароматная, благовонный тростник, кáссия.[357] Пять видов для курения: бальзамовая смола, óних, гальбáн, пряности, чистый ладан.[358] И (вид) «пряные снадобья», приводимый в этом отрывке первым, включает все эти виды и не входит в счет. «"И все они – одно целое"», т.е. они соединяются, становясь одним целым. "Камни óниксовые и камни оправные"[359] – всех вместе тринадцать", т.е. двенадцать óниксовых камней с камнями оправными, вместе – тринадцать. "И они – исправление Скинии"», и это Малхут, которая исправляется этими тринадцатью исправлениями, т.е. получает от двенадцати сочетаний АВАЯ Зеир Анпина, вместе с включающим их.

399) «"И вернемся к тому, о чем говорилось вначале. Золото. Мы ведь учили, что есть семь видов золота. И если скажешь,

---

[357] Тора, Шмот, 30: 22-25. «И говорил Творец Моше так: "И ты возьми себе лучших благовонных кореньев, мирры самоточной – пятьсот, и ароматной корицы, половина ее – двести пятьдесят, и благовонного тростника двести пятьдесят. И кассии пятьсот по священному шекелю, и масла оливкового ин. И сделай его елеем священного помазания, состава смешанного, работы мирровара; елеем священного помазания будет это"».

[358] Тора, Шмот, 30: 34-35. «И сказал Творец Моше: "Возьми себе пряностей: бальзамовую смолу, и ониха, и гальбана; пряностей и чистого ладана; поровну будет. И сделай это курением, составом работы мирровара, (хорошо) смешанным, чистым, святым"».

[359] Тора, Шмот, 25:7. «Камни ониксовые и камни оправные для эфода и для наперсника».

что золото – это суд", т.е. Гвура, "а серебро – это милосердие", Хесед, "и золото поднялось выше него", т.е. суд смягчился (подсластился) настолько, что Гвура стала важнее Хеседа, "то это не так. Конечно, золото считается важнее их всех. Однако это просто так золото", а не поднявшееся выше Хеседа благодаря подслащению (суда). "Но то – высшее золото", т.е. Бина со стороны Гвуры в ней, "и это седьмой из всех видов золота – золото, дающее глазам свет и сверкание", а шесть нижних видов золота находятся в Зеир Анпине. "И поэтому, когда оно появляется в мире, тот, кто добывает его, прячет его у себя. И оттуда (от высшего золота) берут начало и исходят все виды золота"».

400) «"Когда называется золотом каждый, кто называется золотом? Это когда свет – в свете, который светит, и возвысился в величии и страхе", и это суды левой линии, которые смягчились (подсластились) и вызывают притяжение Хохмы, и превратился страх в покой и величие, "и он пребывает в высшей радости, чтобы доставлять ее нижним" свечением своим. "А когда он находится в свойстве суда", т.е. под властью только одной левой линии, то есть "когда меняется золотой оттенок на синий, черный или красный оттенки, тогда он в свойстве сурового суда. Но (если) золотой – он в радости, и находится в подъеме страха к радости", как было сказано, "и в пробуждении радости"».

401) «"А серебро ниже" золота, и это "свойство правой руки" Зеир Анпина, т.е. Хесед, "ибо рош высшего – это золото", т.е. Бина, "как сказано: "Голова его из чистого золота"[360]. "Грудь и руки из серебра", – оно (серебро) внизу, и когда становится совершенным серебро, оно включается в золото. И это смысл сказанного: "Золотые яблоки с серебряными украшениями"[361]. Таким образом, когда серебро возвратилось к золоту", т.е. когда серебряные украшения стали золотом, "тогда становится совершенным место его. И поэтому", поскольку золото относится к свойству Бины, "имеется семь видов золота"», так как Бина включает семь нижних сфирот (ЗАТ).

---

[360] Писания, Даниэль, 2:32-33. «(Вот) идол этот: голова его из чистого золота, грудь и руки из серебра, чрево и бедра из меди, голени из железа, а ступни его частью из железа, а частью из глины».

[361] Писания, Притчи, 25:11. «Золотые яблоки с серебряными украшениями – слово, сказанное разумно».

402) «"И медь"³³³ выходит из золота, и изменяется, становясь хуже него, поскольку является левой рукой", т.е. Гвурой. "И синета"³³³ – это левая нога", т.е. сфира Ход. "И багряница"³³³ – правая нога", т.е. Нецах, "и включена в левую. "И виссон"³³³ – это река, берущая начало и вытекающая (из Эдена)", т.е. Есод, и называется виссоном (шеш), "поскольку принимает и включает в себя все шесть (шеш) окончаний (ВАК Зеир Анпина). И подобно этому внизу", в Малхут, и указывает также на ее сфирот. "И мы это уже объясняли и учили"». И это отличается от того, что он объяснял выше.

403) «"Ведь здесь – семь свойств йовель", т.е. Бины, включающей шесть окончаний (ВАК) Зеир Анпина: золото, серебро, медь, синету, пурпур, багряницу. "И они – семь лет шмиты", Малхут, в которой тоже есть эти семь видов, соответствующих Бине и шести окончаниям ХАГАТ НЕХИ. "И хотя их шесть", кроме Бины, "они представляют собой тринадцать вместе с седьмым", Биной, т.е. ХАГАТ НЕХИ Зеир Анпина, ХАГАТ НЕХИ Малхут – это двенадцать, и сама Бина, "и он рош над ними, всего – тринадцать. Это рош, пребывающий над всем телом внизу", в Малхут, и этот "рош, пребывающий над всеми органами гуф (тела)" Зеир Анпина, – "это золото. В чем различие между одним и другим?" – между рош над Зеир Анпином и рош над Малхут. Оно в том, что "высшее золото", находящееся над Зеир Анпином, "оно недоступно, и называется оно сокровенным золотом", ибо оно "сокрыто и недоступно для всех. Оно потому и называется сокровенным, что скрыто от глаза, который не властен над ним". Однако "нижнее золото", которое в Малхут, "более раскрыто, и называется оно зеленоватым золотом..."» Недостает окончания, и оно – в Новом Зоаре.

ГЛАВА ТРУМА

Моше, Аарон и Шмуэль

404) Здесь недостает начала этой статьи, и оно находится в семьдесят седьмом пункте главы Трума в Новом Зоаре, и говорит там, что Аарон удостоился священнослужения и пророчества, чего другой коэн не удостоился. И задает вопрос: ведь Зехария был коэном и пророком, ибо сказано о нем: «Разве (бывало, чтобы) был убит священник и пророк в святилище Творца?»[362] И это то, что он объясняет здесь: «"Было временным", т.е. это пророчество было необходимо в этот час", а не в поколения, "как сказано: "И дух Всесильного облек Зехарию... (Зачем вы преступаете повеления Творца? Не будет удачи вам!)"[363] – т.е. это всего лишь сиюминутно. "И если скажешь, что Йермияу, о котором сказано: "Прежде чем Я создал тебя во чреве, Я знал тебя"[364] – ведь он же был коэном и пророком, "и также остальные", и не обязательно Аарон. "Но все они не удостоились пророчества и священнослужения, как Аарон, потому что Аарон удостоился высшего пророчества над всеми остальными коэнами, и удостоился высшего священнослужения над всеми ними"», так как был великим коэном.

405) «"Моше удостоился пророчества и выполнял высшее священнослужение", – т.е. во время семи дней посвящения. "И также Шмуэль удостоился этих двух (вещей)"», как сказано о нем: «И взял Шмуэль одного молодого ягненка и принес его во всесожжение»[365]. «"Так же как Моше взывал (к Творцу), и Творец сразу же отвечал ему, так же о Шмуэле сказано: "Ведь

---

[362] Писания, Мегилат Эйха, 2:20. «Воззри, Творец, и посмотри, кому причинил Ты такое! Разве (бывало, чтобы) женщины ели плод (чрева) своего, детей, взлелеянных (ими), разве (бывало, чтобы) был убит священник и пророк в святилище Творца?»

[363] Писания, Диврей а-ямим 2, 24:20. «И дух Всесильного облек Зехарию, сына Йеояды, священника, и встал он на возвышении пред народом, и сказал им: "Так говорит Всесильный – зачем вы преступаете повеления Творца? Не будет удачи вам! Ибо оставили вы Творца, а Он оставит вас!"»

[364] Пророки, Йермияу, 1:5. «Прежде чем Я создал тебя во чреве, Я знал тебя, и прежде чем ты вышел из утробы, Я посвятил тебя, пророком народов Я поставил тебя».

[365] Пророки, Шмуэль 1, 7:9. «И взял Шмуэль одного молодого ягненка и принес его целиком во всесожжение Творцу, и воззвал Шмуэль к Творцу об Исраэле, и внял ему Творец».

ныне жатва пшеницы, а я воззову к Творцу, и даст Он гром..."³⁶⁶. Но он не поднялся на высшую ступень, как Моше. Так же как Аарон служил перед Творцом, так и Шмуэль служил перед Творцом, но не поднялся в высшем служении", чтобы стать великим коэном, "как Аарон"».

406) «"Дело обстояло так. Их было трое, верных пророков, выполнявших священнослужение: один – Моше, другой – Аарон, и еще один – Шмуэль. И если ты скажешь, что Шмуэль не продолжил священнослужения, а другой выполнял священнослужение, и кто это – Йермияу", который был коэном, "то это не так, ведь сказано: "Из числа священнослужителей, которые в Анатоте"³⁶⁷, – был "из числа священнослужителей", но не выполнял" священнослужение. "А Шмуэль выполнял в дни Эли"», как сказано: «А отрок Шмуэль служил Творцу при Эли»³⁶⁸. «"И Моше служил одно время, т.е. все эти семь дней посвящения"».

407) «"Шмуэль удостоился" ступени "отрока", т.е. мохин малых паним, от херувимов.³⁶⁹ Как сказано: "А отрок (еще) отрок"³⁷⁰. "А Шмуэль служил (пред лицом Творца, отрок, препоясанный льняным эфодом)"³⁷¹. И поскольку он стоит на этой ступени, то он, безусловно, как Моше и Аарон. Ибо тот, кто берет ступень отрока и удостоился ее, – удостаивается тех высших ступеней, которых удостоился Моше и Аарон"³⁶⁹».

---

³⁶⁶ Пророки, Шмуэль 1, 12:17. «Ведь ныне жатва пшеницы, а я воззову к Творцу, и даст Он гром и дождь, и вы узнаете и увидите, что велико зло ваше, которое вы сделали пред очами Творца, испросив себе царя».

³⁶⁷ Пророки, Йермияу, 1:1. «Слова Йермияу, сына Хилкияу, из числа священнослужителей, которые в Анатоте, в земле Биньяминовой».

³⁶⁸ Пророки, Шмуэль 1, 3:1. «А отрок Шмуэль служил Творцу при Эли; слово же Творца было редко в те дни, видение было не часто».

³⁶⁹ См. Новый Зоар, конец главы Трума.

³⁷⁰ Пророки, Шмуэль 1, 1:24. «Когда же вскормила его, то взяла его с собой и поднялась с тремя быками и одной мерой муки и мехом вина. И она привела его в Дом Творца в Шило, а отрок (еще) отрок».

³⁷¹ Пророки, Шмуэль 1, 2:18. «А Шмуэль служил пред лицом Творца, отрок, препоясанный льняным эфодом».

ГЛАВА ТРУМА

Золото и серебро, и медь

408) «"Херувимы – это золото, как мы объяснили, потому что выходят со стороны золота", и это страх, который превратился в величие.[372] "И не примешалось к ним ни серебро, ни другой цвет. И это – зеленоватое золото", т.е. золото в рош Малхут, которое так называется.[373] В Скинии смешиваются цвета золота и серебра, чтобы находиться вместе", т.е. серебро и золото, правая и левая линии, включаются друг в друга, "чтобы высшее свойство было в единстве. Еще" смешалась "с ними медь", Тиферет, "чтобы быть вместе с ними, чтобы находиться между ними во всех сторонах", т.е. во всех трех линиях. Чтобы пребывало совершенство во всех них, словно одно целое, как сказано: "Золото и серебро, и медь"[374]».

409) «"Другое объяснение на "золото, и серебро". Золото вернулось к серебру, а серебро – к золоту", т.е. правая линия, серебро, включилось в левую линию, золото, и также золото – в серебро. "И всё соединилось вместе и в одном месте. В три цвета они обращались: когда требовалась радость, а не суд, это золото", левая линия. "А когда требовалось милосердие", Хесед, "это серебро", правая линия. "А когда требовалась сила суда", чтобы подчинить левую линию и соединить с правой,[375] "это медь"», т.е. Тиферет, средняя линия.

410) «"И на это смотрел Моше при создании медного змея, как сказано: "И сделал Моше медного змея"[376], и он знал место плавления золота", подчинения левой линии правой, "с помощью" судов "этой меди", средней линии,[375] "потому что "змей (нахаш נָחָשׁ)" – от слова "медь (нехошет נְחֹשֶׁת)". И он знал место его (змея), ведь Творец сказал ему только: "Сделай себе

---

[372] См. выше, п. 400.
[373] См. выше, п. 403.
[374] Тора, Шмот, 25:3. «И вот приношение, которое должны вы брать от них: золото и серебро, и медь».
[375] См. Зоар, главу Лех леха, п. 22, со слов: «Экран де-хирик, на который выходит средняя линия, происходит от свойства суда, имеющегося в Малхут, которое не подслащается милосердием Бины и называется "манула"...»
[376] Тора, Бемидбар, 21:9. «И сделал Моше медного змея, и установил его на (высоком) шесте, и было, когда змея жалила человека, тот смотрел на медного змея и выздоравливал».

змея"³⁷⁷, но он пришел к тому, что сделал медного змея, как сказано: "И сделал Моше медного змея"³⁷⁶. Какова же причина?"»

411) И отвечает: «"Однако, он знал место, являвшееся основой происходящего. Ведь вначале сказано: "И наслал Творец на народ ядовитых змей"³⁷⁸. И сказано: "ядовитый змей"³⁷⁹ – так как их корнем был змей" первородный. "И поскольку Моше знал причину, корень и основу этого места, он сделал змея и был уверен в нем. И почему? Потому что Исраэль грешили в речах своих", подобно этому змею, "как сказано: "И говорил народ против Творца и против Моше, поэтому: "И наслал Творец на народ ядовитых змей"³⁷⁸».

412) «"И Моше следовал только за корнем", а это змей (нахаш נָחָשׁ), "и сделал медного змея, именно так, как это требовалось для него, поскольку место его – это медь (нехошет נְחֹשֶׁת). И Творец не сказал ему, из чего он должен делать, но Моше всмотрелся и сделал его из меди, как это требовалось для места его. Как сказано: "И сделал Моше медного змея, и установил его на (высоком) шесте"³⁷⁶ – на той записи, которая выше"», т.е. на судах средней линии, поскольку там их место, как уже говорилось.³⁷⁵

413) «"Ведь мы учили, что в любом месте этот змей идет следом за "женой добродетельной", т.е. Малхут, "а "жена прелюбодейная", т.е. клипа, "жаждет исправиться по подобию" жены добродетельной, "но не может. Жена добродетельная – ее записью и знаком является буква "хэй ה", и так подобает ей. Жена прелюбодейная – ее записью и знаком должна быть по подобию этого буква "хэй ה", но она не исправилась, чтобы быть такой, и буква ее – это "куф ק". Ибо буква ее установилась в исправлении буквы "хэй ה", подобно обезьяне (коф) среди людей, которая повторяет за людьми", чтобы уподобиться им, "но не исправлена, чтобы это сделать. Подобно этому, сделал

---

³⁷⁷ Тора, Бемидбар, 21:8. «И сказал Творец Моше: "Сделай себе змея и посади его на шест, и будет: всякий укушенный, увидев его, останется жив"».

³⁷⁸ Тора, Бемидбар, 21:6. «И наслал Творец на народ ядовитых змей, и они кусали народ, и умерло много народа из Исраэля».

³⁷⁹ Тора, Дварим, 8:14-15. «И возгордишься ты, и забудешь Творца Всесильного твоего, который вывел тебя из земли египетской, из дома рабства, провел тебя по пустыне великой и грозной, где ядовитый змей и скорпион, где жажда и нет воды, извлек для тебя воду из скалы кремнистой».

Моше этого змея по записи, подобающей ему. И всегда он направлен на зло, и из-за него прегрешил Адам и был изгнан из Эденского сада, где было местопребывание его, подобно высшему месту"».

Да будет свет

414) «"Написано: "И сказал Всесильный: "Да будет свет". И был свет"[380]. Сказал рабби Йоси: "Этот свет скрыт. И он предназначен для праведников в будущем мире. Как мы объясняли сказанное: "Свет посеян для праведника"[381]. "Для праведника", конечно, без уточнения", что указывает как на высшего праведника, так и на нижнего праведника. И этот свет был использован в мире только в первый день, а затем был упрятан и больше не использовался"».

415) «Рабби Йегуда говорит: "Если бы он был упрятан от всех и вся, мир не мог бы простоять даже одно мгновение, но он был упрятан и посеян, подобно тому семени", которое сеют, "и дает порождения, побеги и плоды, и от него питается мир. Нет дня в мире, который не вышел бы из него. И он поддерживает всё, ибо с помощью него Творец дает питание всему миру. И в любом месте, где занимаются Торой ночью, выходит одна нить этого скрытого света и протягивается над теми, кто занимается" Торой. И это означает сказанное: "Днем явит Творец милость Свою, а ночью – песнь Его со мною"[382]. И мы это уже объясняли"».

416) «"В тот день, когда была возведена Скиния внизу, сказано: "И не мог Моше войти в Шатер собрания, ибо пребывало над ним облако"[383]. Что это за облако?" И отвечает: "Нить одна протягивалась со стороны этого первого света при всеобщей радости и входила в нижнюю Скинию, и с этого дня и далее он более не раскрывался. Однако он выполняет свою службу в мире, и он возобновляет с каждым днем действие начала творения"».

417) «Рабби Йоси занимался Торой, и были с ним рабби Ицхак и рабби Хизкия. Сказал рабби Хизкия: "Мы ведь видим, что возведение Скинии подобно созданию неба и земли. И

---

[380] Тора, Берешит, 1:3. «И сказал Всесильный: "Да будет свет". И был свет».
[381] Писания, Псалмы, 97:11. «Свет посеян для праведника, и радость – для прямых сердцем».
[382] Писания, Псалмы, 42:9. «Днем явит Творец милость Свою, а ночью – песнь Его со мною, молитва к Создателю жизни моей».
[383] Тора, Шмот, 40:35. «И не мог Моше войти в Шатер собрания, ибо пребывало над ним облако, и слава Творца наполнила Скинию».

товарищи уже немного указали в своих тайнах так, что человек не может вкусить это своими устами, или помочь себе проглотить"». Другими словами, раскрыли настолько малую меру, что невозможно отведать вкус этого, дабы приняло сердце.

418) «Сказал рабби Йоси: "Вознесем же эти слова к великому светочу (рабби Шимону), который готовит вкусные блюда так же, как готовит их Атика Кадиша, самый скрытый из всех скрытых. Он готовит блюда, в которых нет больше места, так, чтобы пришел другой и добавил в них соли. И кроме того, чтобы человек мог есть и пить, и наполнить нутро свое всеми яствами мира, и оставить". Иными словами, в то время, когда он слышит их, то понимает их достаточно ясно, и вместе с тем остается от них, – т.е. не исчерпал всё, что было в них, ибо в любой момент, когда он возвращается к ним, он обнаруживает в них новизну, которой еще не испытывал раньше. "И в нем воплощается сказанное: "И он поставил перед ними, а они ели и осталось, как и сказал Творец"[384]».

---

[384] Пророки, Мелахим 2, 4:44. «И он поставил перед ними, а они ели и осталось, как и сказал Творец».

ГЛАВА ТРУМА

И Творец дал мудрость Шломо

419) «Провозгласил и сказал: "И Творец дал мудрость Шломо, как говорил Он ему, и был мир между Хирамом и Шломо, и заключили оба они союз"[385]. Мы ведь учили это изречение в нескольких местах. Однако, "И Творец (ве-АВАЯ)"[385] указывает на "согласие наверху", Зеир Анпина, "и внизу", Малхут, "вместе, поскольку "ве-АВАЯ" указывает на Него", Зеир Анпин, "и на дом суда Его", Малхут. "Дал мудрость"[385] – подобно тому, кто дает приношения и дары любимому. "Как говорил Он ему"[385] – т.е. совершенство этой мудрости в богатстве и в мире, и в правлении, это означает сказанное: "Как говорил Он ему"[385]».

420) «"И был мир между Хирамом и Шломо"[385]. Почему? Потому что они понимали друг друга при разговоре, скрывая смысл слов, и другие люди не умели проникнуть в их смысл и что-либо узнать из них. И для них повторял Хирам, чтобы (они могли) благодарить и соглашаться со Шломо во всем сказанном им"».

421) «"Царь Шломо внимательно наблюдал и видел, что даже в этом поколении, которое было совершеннее всех остальных поколений, не было благоволения высшего Царя, чтобы через него мудрость раскрылась в достаточной мере и чтобы раскрылась Тора, которая вначале была недоступна. И он пришел и раскрыл врата к ней. Но, несмотря на то, что раскрывал, они все же остаются закрытыми (для всех), кроме тех мудрецов, которые удостоились, но не могли выразить их и не умели объяснить их. А к тому поколению, в котором находится рабби Шимон, благоволит Творец ради рабби Шимона, чтобы раскрылись недоступные вещи через него"».

422) «"Но удивляюсь я мудрецам поколения – как они упускают даже одно мгновение стоять перед рабби Шимоном и учиться Торе в то время, как рабби Шимон находится в мире! Однако в этом поколении мудрость уже не исчезнет из мира. Горе поколению после того, как он уйдет, и убудут мудрецы, и мудрость эта исчезнет из мира"».

---

[385] Пророки, Мелахим 1, 5:26. «И Творец дал мудрость Шломо, как говорил Он ему, и был мир между Хирамом и Шломо, и заключили оба они союз».

ГЛАВА ТРУМА

Синета

423) «Сказал рабби Ицхак: "Конечно же, это так, потому что я однажды шел с ним по дороге, и открыл он уста свои в Торе, и я увидел облачный столп, который установился сверху вниз. И одно сияние исходило изнутри столпа. Вострепетал я трепетом великим, сказал: "Счастлив человек, которому выпало такое в этом мире"».

424) «"Что написано о Моше: "И видел весь народ облачный столп, стоящий у входа в шатер. И поднимался весь народ, и падали они ниц, каждый у входа в свой шатер"[386]. Моше подобает быть верным высшим пророком над всеми пророками мира. И это поколение, которое получило Тору на горе Синай и видело множество чудес и великое могущество в Египте и на море", поэтому справедливо, что именно они видели облачный столп. "Однако здесь, в этом поколении, высшие заслуги рабби Шимона стали причиной тому, что чудеса были явлены через него"».

425) «"И синета, – сказал рабби Ицхак, – она от той рыбы, что в Генисаретском море", море Кинерет, "что в уделе Звулуна, и требовался этот цвет для возведения Скинии, чтобы был виден этот цвет"», как это выяснится далее.

426) «Провозгласил: "И сказал Всесильный: "Да будет свод посреди вод, и будет отделять он воды от вод"[387] – этот небосвод был создан во второй день", и это левая линия, "ибо создание этого небосвода происходило со стороны левой. И во второй день, являющийся левой стороной, была создана преисподняя, которая выходит вследствие плавления огня левой стороны. И в этот день образовался в море цвет синеты, и это – престол суда"», т.е. Малхут, когда она находится в свойстве суда.

427) «"И взял этот день", являющийся левой стороной, "воды, которые с правой стороны", так как воды – это хасадим. "И эти воды, которые (находятся) с правой стороны раскрылись только во второй день", являющийся левой стороной. "В

---

[386] Тора, Шмот, 33:10. «И видел весь народ облачный столп, стоящий у входа в шатер, и поднимался весь народ, и падали они ниц, каждый у входа в свой шатер».

[387] Тора, Берешит, 1:6. «И сказал Всесильный: "Да будет свод посреди вод, и будет отделять он воды от вод"».

свой день", правой стороны, т.е. в первый день, "не раскрылись воды, но только когда он сменился", т.е. раскрылся в нем свет со стороны огня, относящегося к левой, как выяснится далее, "поскольку они включились друг в друга, и наполнились благоуханием друг в друге". И объясняет: "Свет первого дня был первым светом из всех шести светов" шести дней начала творения, "и этот свет был со стороны огня, как сказано: "И свет Исраэля будет огнем"[388]. И этот свет", со своей стороны, "является правой (стороной), но он включился в огонь"», являющийся левой (стороной).

428) «"Первый день из этих шести дней – это воды", т.е. хасадим. "И послужил он не созданию воды, а созданию света, который со стороны огня, т.е. второго дня. Это призвано показать, что Творец создал мир исключительно на согласии", т.е. на включении правой линии и левой линии друг в друга с помощью средней линии, устанавливающей согласие между ними. "И путем согласия происходило всё". Поэтому "всё, что делал Он в первый день, со стороны другого", второго дня, "делал. Второй день на стороне первого дня делал тот Мастер и использовал его. Ибо каждый был использован в создании другого, чтобы показать, что они включились друг в друга. "Третий день", средняя линия, "был со стороны их обоих", т.е. он включает две эти линии, "и в нем – пурпур, в цвете которого перемешаны белый и красный", т.е. правая и левая. "Поэтому сказано дважды "что это хорошо"[389], "что это хорошо"[390] о третьем дне"», что соответствует двум линиям, включенным в него.

Объяснение. Три дня начала творения – это три линии, как выяснилось. И эти три линии исходят от трех точек холам-шурук-хирик, смысл которых выяснялся ранее.[391] И холам, который является первым днем действия начала творения, выяснилось там, был создан благодаря подъему Малхут в Бину, опустившему ее сфирот Бина и ТУМ на ступень, что

---

[388] Пророки, Йешаяу, 10:17. «И свет Исраэля будет огнем, а Святой его – пламенем, что будет гореть и сожжет тернии и колючки его в один день».

[389] Тора, Берешит, 1:10. «И назвал Всесильный сушу землею, а скопление вод назвал морями. И увидел Всесильный, что это хорошо».

[390] Тора, Берешит, 1:12. «И извлекла земля поросль, траву семяносную по виду ее, и дерево, дающее плод, в котором семя его, по виду его. И увидел Всесильный, что это хорошо».

[391] См. Зоар, главу Берешит, часть 1, п. 9. «Высшая точка, Арих Анпин, посеяла внутри чертога ИШСУТ три точки: холам, шурук, хирик…»

ниже нее, а в ней самой остался свет только в сфирот Кетер и Хохмы.[391] И подъем экрана Малхут в Бину породил в ней огонь, т.е. суды. Таким образом, свет, который используется в точке холам, являющейся первым днем, используется со стороны огня и относится к левой линии, т.е. к свойству судов, а не к правой линии, к Хеседу. И это означает сказанное: «И этот свет Исраэля со стороны правой»[392], – что сам свет является свойством правой, «но он включился в огонь», – т.е. в Малхут, которая поднялась туда и называется судами и огнем. Таким образом, первый день послужил в действии второго дня, свойства «огонь», а второй день послужил в действии первого дня, свойства «вóды», хасадим. И дело в том, что говорится после того, как три дня уже включились друг в друга, и поэтому каждый участвовал в действии другого.

429) «"Синета", т.е. Малхут со стороны суда, "это – свойство "второй день", принявший окраску двух цветов: красного и черного. И синета взяла свой красный цвет непосредственно от второго дня", красного, "подобного цвету огня, и это Элоким", свойство Бины и свойство Гвуры Зеир Анпина. То есть, в состоянии гадлут точки шурук, когда упавшие буквы ЭЛЕ (אלה) возвращаются, соединяясь с МИ (מי) и становясь именем Элоким (אלהים).[393] "И тогда перенимает цвет золота, и всё это один цвет", потому что цвет золота похож на огонь, только огонь – в катнуте, а золото – в гадлуте. "А синета исходит от красного цвета, и когда опускается вниз, отдаляется красный цвет и входит в то место, что называется морем", т.е. Малхут, "и окрашивается там в синий цвет", т.е. перемешивается с черным цветом и возвращается к синему цвету. "Этот красный входит в море, и ослабляется цвет его, и обращается в синий цвет, и это – Элоким", что в Малхут, "однако суд его не так силен, как у первого"», т.е. имени Элоким в левой линии Зеир Анпина.

Объяснение. Гадлут левой линии – это соединение МИ (מי) и ЭЛЕ (אלה) в имя Элоким (אלהים), и это произошло сначала в левой линии Зеир Анпина, и тогда властвуют суды точки шурук, являющиеся суровыми судами. Но внизу, в Малхут, когда соединяются МИ и ЭЛЕ в левой линии, суд не настолько суров, как в Элоким левой линии Зеир Анпина. И это потому, что Малхут

---

[392] См. выше, п. 427.
[393] См. «Предисловие книги Зоар», статью «"Кто создал их", по Элияу», п. 14, со слов: «Сказано, что "оно стоит и не стоит". С одной стороны, строение уже стоит во всем совершенстве...»

светит только снизу вверх, и тогда этот суд не суровый. Тогда как в левой линии Зеир Анпина, прежде чем она включилась в правую, он светил сверху вниз, и поэтому суд был суровым.

430) «"Черный, этот цвет исходит от плавления красного, когда тот расплавляется и ослаб внизу при расплавлении нечистоты", т.е. нечистоты змея, "и опускается вниз. И выходит вначале из этой нечистоты красный цвет, от тяжелой нечистоты", т.е. судов от Малхут, подслащенной в Бине, суды которой удвоились из-за соединения ее с тяжелой нечистотой змея, т.е. с судами, исходящими от Малхут свойства суда, не подслащенной. "И из-за этой тяжелой нечистоты он снова становится черным", т.е. свойством суда, который не подслащен. "Таким образом, всё исходит от первого красного цвета" – того, что в левой линии. Ибо он стал ущербным, когда удвоились суды из-за нечистоты змея, и оттуда исходит черный цвет. "И всё это было создано во второй день. И именно эта нечистота называется "иные божества"».

431) «"Эта чернота является самой сильной тьмой, когда цвет ее неразличим из-за тьмы. Великий светоч", т.е. рабби Шимон, "сказал так: "Эта чернота и тьма, – в каком месте получили окраску?" И говорит: "Только когда этот красный цвет расплавился внутри синего, и перемешались цвета" красный и синий, "произошло расплавление нечистоты", т.е. свойства суда, как уже было сказано, "в пучинах бездны", в свойстве Малхут де-Малхут, "и образовались от этого ил и грязь. Как сказано: "И извергают воды его ил и грязь"[394]. И из этой грязи бездны вышла тьма, т.е. чернота, – и не потому, что она черная, а потому, что это самая сильная тьма. Это означает: "И тьма над бездной"[395]. Почему называется тьмой? Потому что цвет ее – тьма, и она омрачила лица созданий", т.е. это нечистота змея, принесшего смерть созданиям. "И это – синий цвет, т.е. красный и черный. И поэтому не сказано о втором дне: "Что это хорошо"».[396]

---

[394] Пророки, Йешаяу, 57:20. «А нечестивые – как море разбушевавшееся, когда утихнуть не может оно, и извергают воды его ил и грязь».

[395] Тора, Берешит, 1:2. «Земля же была пустынна и хаотична, и тьма над бездной, и дух Всесильного витал над поверхностью вод».

[396] Это отличается от того, как объяснил в главе Берешит, часть 2, п. 253, со слов: «Пояснение сказанного...»

ГЛАВА ТРУМА

И вот – хорошо очень

432) «"И если скажешь, что ведь написано: "И вот – хорошо очень"[397] – это ангел смерти, а здесь ты говоришь, что из-за него не сказано: "Что это хорошо". И отвечает: "Но скрыта здесь тайна тайн. Ибо, конечно же, ангел смерти – это "хорошо очень"[397]. И какова причина? Это потому, что все жители мира знают, что умрут и возвратятся в прах, поэтому многие из них совершают возвращение к Господину своему по причине этого страха и боятся грешить перед ним. Многие боятся Господина своего, ибо плеть занесена над ними. Сколько пользы приносит эта плеть людям, делая их покладистыми и откровенными и помогая им исправить пути свои подобающим образом. Поэтому: "И вот – хорошо очень"[397]. Конечно же, "очень"».

433) «"Тайна тайн, которую я учил у великого светоча. "И вот – хорошо"[397] – это ангел жизни, "очень"[397] – это ангел смерти, который более важен. Почему ангел смерти "хорошо очень"? И отвечает: "Однако, когда Творец создал мир, всё было исправлено, пока не пришел человек, чувствующий себя царем этого мира. Когда был создан Адам, Он сделал его направленным на путь истины. Это означает сказанное: "Что Всесильный создал Адама (человека) прямым, а они впали в различные домыслы"[398]. Создал Он его прямым, но затем тот прегрешил и был изгнан из Эденского сада"».

434) «"Эденский сад посажен на земле, благодаря тем саженцам, которые посадил Творец. Как сказано: "И насадил Творец Всесильный (АВАЯ-Элоким) сад в Эдене, с востока"[399]. Он насадил его с помощью полного имени", т.е. АВАЯ-Элоким, "в подобии высшему Эденскому саду. Все высшие формы сотканы и представлены в этом нижнем Эденском саду. И там находятся херувимы, и они не отчеканены в виде людей из золота или другого материала, но все они являются светами, которые наверху отчеканены и изображены в сотканном рисунке работы парчевника полного имени Творца. И все они отчеканены там. И все формы и образы этого мира, и души (рухот) людей, все

---

[397] Тора, Берешит, 1:31. «И увидел Всесильный всё, что Он создал, и вот – хорошо очень. И был вечер, и было утро – день шестой».

[398] Писания, Коэлет, 7:29. «Только вот что я нашел: что Всесильный сотворил Адама (человека) прямым, а они впали в различные домыслы».

[399] Тора, Берешит, 2:8. «И насадил Творец Всесильный сад в Эдене с востока, и поместил Он там Адама, которого создал».

они изображены там, и вырезаны и отчеканены там все они в том виде, в каком были они в этом мире"».

435) «"Это место является местонахождением святых душ (рухот) – как тех, которые уже являлись в этот мир, так и тех, которые не являлись еще в этот мир. И им предстоит еще явиться в этот мир. Все они – это души (рухот), которые облачаются в облачения и тела, и лица, наподобие этого мира, и созерцают там сияние величия своего Господина, пока не приходят в этот мир"».

436) «"В час, когда они выходят оттуда, чтобы прийти в этот мир, освобождаются эти души (рухот) от этого тела и облачения Эденского сада, и облачаются в тело и облачение этого мира, и делают себе жилища в этом мире, пребывая в облачении и теле, происходящем от зловонной капли"».

437) «"И когда наступает его время отправиться и уйти из этого мира, он не покидает его, пока ангел смерти не отнимет это облачение и это тело. Когда тело отнято от духа ангелом смерти, дух отправляется и облачается в другое тело, что в Эденском саду, которое он оставил в час своего прихода в этот мир. И нет иной радости у духа, чем находиться в теле, которое там, и он рад, что освободился от тела этого мира, и облачился в другое, совершенное одеяние" Эденского сада, "подобное тому, что в нашем мире. И в нем он пребывает, и непрерывно созерцает, познавая высшие тайны, которые он не сумел познать и созерцать, находясь в этом мире, в этом теле"».

438) «"И когда душа облачается в это облачение того мира, сколько наслаждений, сколько прелестей есть у него там. Кто был причиной тому, что в это тело" Эденского сада "облачился этот дух? Тот, кто освободил его от облачений этого мира", – ангел смерти. Получается, что ангел смерти – хорошо очень, "и Творец относится милостиво к творениям, не освобождая человека от облачений" этого мира, "пока не установит ему другие облачения, величественнее и прекраснее этих"», – в Эденском саду.

439) «"Кроме тех грешников мира, которые не совершают полного возвращения к Господину своему, которые как пришли нагими в этот мир, так нагими и вернутся назад. И душа

испытывает стыд перед другими" душами, "ибо нет у нее никакого облачения, и определено ей наказание в преисподней на земле от высшего огня. Есть такие среди них, которые пробиваются в преисподней и сразу же поднимаются. И это те грешники мира, которые в сердце своем думали о возвращении, но умерли и не смогли совершить его", возвращение. Эти получили наказание там, в преисподней, но они пробиваются, а затем поднимаются"».

440) «"Посмотри, насколько милосерден Творец к своим созданиям. Даже самый большой грешник, помышлявший о возвращении и умерший, так и не совершив возвращения, безусловно, получает наказание за то, что он покинул мир, не совершив возвращения. Затем то желание, которое вложил он в сердце свое, совершить возвращение, не скрывается от высшего Царя. И Творец устраивает для такого грешника место в аду, и там он добивается возвращения. Ибо желание нисходит от Творца и сокрушает все силы стражников, стоящих на вратах отделений преисподней, и достигает того места, где находится этот грешник, и бьется в нем, пробуждая в нем желание совершить возвращение, как было у него раньше, при жизни. И тогда пробивается эта душа, чтобы подняться из этого места в аду"».

441) «"Нет хорошего желания, которое укрылось бы от святого Царя. Поэтому счастлив тот, у кого хорошие помыслы по отношению к Господину его. И хотя человек не может воплотить их, Творец засчитывает ему это желание, словно он воплотил его. Но это – (желание) к добру. Однако и желание совершить зло не засчитывает" Творец за проступок, "а только лишь мысли об идолопоклонстве. И товарищи уже объясняли это"».

442) «"Те, кто не размышляли о возвращении, опускаются в преисподнюю и не поднимаются оттуда в поколения. О них сказано: "(Как) исчезает облако и уходит, так нисходящий в преисподнюю не поднимется вновь"[400]. О предыдущих сказано: "Творец умерщвляет и оживляет, низводит в преисподнюю и поднимает"[401]».

---

[400] Писания, Иов, 7:9. «(Как) исчезает облако и уходит, так нисходящий в преисподнюю не поднимется вновь».

[401] Пророки, Шмуэль 1, 2:6. «Творец умерщвляет и оживляет, низводит в преисподнюю и поднимает».

ГЛАВА ТРУМА

Суд преисподней

443) «Сказал рабби Йегуда: "Суд наказаний преисподней, мы ведь учили, что он предназначен для вынесения приговора грешникам". И спрашивает: "Почему им выносится приговор судом преисподней?" И отвечает: "Однако преисподняя – это огонь, горящий днем и ночью, подобно тому, как грешники подогреваются огнем злого начала преступать речения Торы со всем жаром, разогреваемым в них злым началом, так же сжигает их огонь преисподней"».

444) «"Однажды не было злого начала в мире, поскольку провели его через железное кольцо в отверстие великой бездны. И всё это время был погашен огонь преисподней, и не сжигал вообще. Вернулось злое начало на свое место, и грешники мира начали подогреваться им. И также начал разгораться огонь преисподней, ибо преисподняя может сжигать огнем лишь в силу подогревания злым началом грешников. И этим жаром огонь преисподней сжигает денно и нощно и не утихает"».

445) «"Есть семь входов в преисподнюю, и имеется там семь отделов. Семь видов грешников пребывают там: злонамеренный, нечестивый, грешащий, злодей, губитель, кощунствующий, надменный. И для всех них есть соответствующие отделы в аду, каждому по делам его, и соразмерно той ступени, на которой совершил нарушение этот грешник, такой дают ему отдел в преисподней"».

446) «"И в каждом из отделов есть ангел, поставленный над этим местом и находящийся под властью Думы. И множество тысяч и десятков тысяч" ангелов "осуждают грешника вместе с ним, каждого сообразно с тем, что положено ему в том отделе, где он находится"».

447) «"Огонь нижней преисподней исходит от огня высшей преисподней", т.е. от реки Динур (огненной), "и приходит в нижнюю преисподнюю, и сжигает тем самым жаром, пробудившимся в грешниках, которым они подогревают себя с помощью злого начала. И все эти отделы сжигают (их) там"».

448) «"Есть место в преисподней, ступени которого называются "кипящая клоака". И там – скверна душ, замаранных

всей скверной этого мира, и они очищаются и поднимаются, а скверна остается там. Эти ступени зла, называемые кипящей клоакой, поставлены над этой скверной. И огонь преисподней властвует над этой оставшейся скверной"».

449) «"И есть грешники, всегда марающие себя прегрешениями и не очищающиеся от них, и умершие, не совершив возвращения. Они грешили и вводили в грех других, и всегда были непреклонны, и не сломились перед Господином своим в этом мире. Этим выносится наказание находиться там в этой скверне и в кипящей клоаке, и они не выходят оттуда никогда. Те, кто извращает свой путь на земле и не уповает на величие Господина своего в этом мире, все они наказываются там в поколения и не выходят оттуда"».

450) «"В субботы и новомесячья, и в назначенные времена и праздники утихает огонь в этом месте, и они не наказываются. Однако они не выходят оттуда, как остальные грешники, у которых есть покой. Всех тех, кто нарушает субботы и игнорирует назначенные времена, и вовсе не уповает на величие Господина своего, чтобы Он оберегал их, и к тому же высмеивает публично", в открытую, – "так же, как они не хранят субботы и назначенные времена в этом мире, так же не оберегают их в том мире, и нет им покоя"».

451) «Сказал рабби Йоси: "Не говори так. В преисподней соблюдают субботы и назначенные времена, вынужденно"». Против желания. «Сказал рабби Йегуда: "Это те идолопоклонники, которым не было заповедано, и они не соблюдают субботы в этом мире, там они соблюдают ее вынужденно. Однако у грешников, позорящих субботы, нет там покоя"».

452) «"При каждом наступлении субботы, когда освящается день, проходят воззвания по всем этим отделам преисподней: "Удалились суды грешников, ибо явился святой Царь, и освящается день, и Он защищает от всего". И тотчас прекращаются суды, и наступает покой для грешников. Однако тех, кто не соблюдают субботу, никогда не оставляет огонь преисподней, и все грешники в преисподней спрашивают о них: "Чем эти отличаются от всех находящихся здесь грешников, что нет им покоя?" И вершащие суд отвечают им: "Это те грешники, которые отступились от Творца и нарушили все заповеди Торы,

поскольку не соблюдали они субботу там", в этом мире, а тот, кто не соблюдает субботу, словно нарушает полностью всю Тору. "Поэтому нет им никогда покоя"».

453) «"И эти грешники, все они выходят из своих мест, и им дано право пойти смотреть на них. И один ангел по имени Сантириэль идет и извлекает их тело, и приносит его в преисподнюю на обозрение всем грешникам, и они смотрят на него и видят, как оно плодит червей, и (видят) душу" их, у которой нет покоя в огне преисподней"».

454) «"И все те грешники, что там, окружают это тело и возглашают о нем: "Это такой-то, грешник, который не уповал на величие Господина своего и отступился от Творца, и отступился от всей Торы. Горе ему! Лучше бы ему не рождаться и не подвергаться этому суду и позору!" И об этом сказано: "И выйдут, и увидят трупы людей, злоумышляющих против Меня, ибо червь их не изведется, и огонь их не погаснет, и будут они мерзостью для всякой плоти"[402]. "Ибо червь их не изведется"[402] – в этом теле, "и огонь их не погаснет"[402] – в этой душе. "И будут они мерзостью (дераóн דֵּרָאוֹן) для всякой плоти"[402] – для них это было нестерпимым зрелищем (дай раон דַּי רָאוֹן), когда все грешники преисподней, находившиеся там, сказали: "Довольно этого зрелища"». Ибо не могли этого выдержать.

455) «Рабби Йоси сказал: "Это несомненно так, потому что суббота соответствует полностью всей Торе, а Тора – это огонь, и поскольку нарушили огонь Торы, огонь преисподней горит в них, не утихнет над ними никогда"».

456) «Сказал рабби Йегуда: "Затем, когда выходит суббота, приходит тот ангел", Сантириэль, "и возвращает это тело в могилу, и осуждаются они оба: один (душа) – со своей стороны, а другой (тело) – со своей. Всё это – пока тело существует, ибо после того, как тело разложилось, все эти законы не действуют на него, и сказано о нем, что Творец "не пробудит всей ярости Своей"[403]».

---

[402] Пророки, Йешаяу, 66:24. «И выйдут, и увидят трупы людей, злоумышляющих против Меня, ибо червь их не изведется, и огонь их не погаснет, и будут они мерзостью для всякой плоти».

[403] Писания, Псалмы, 78:38. «А Он, милостивый, прощает грех и не губит, и много раз отвращал гнев Свой и не пробудит всей ярости Своей».

457) «"У всех грешников мира, когда тело их со всеми его органами находится в могиле, осуждаются тело и дух, каждый судом, который полагается ему. После того, как тело истлело, прекращается суд духа. Тот, кто должен выйти" из преисподней, "выходит. Тот, кому положен покой, получает покой. Тот, кому положено стать огнем и прахом под ногами праведников", таким и становится. "Каждый получает то, что полагается ему"», после того, как освобождается от суда преисподней.

458) «"И поэтому, насколько хорошо им, как праведникам, так и грешникам, чтобы их тело было слитым с землей, дабы разложиться во прахе за короткое время, и не существовать долгое время, когда постоянно осуждаются тело (гуф), и оживляющая его сила (нефеш), и дух его (руах)" долгое время. "Ведь нет такого праведника в мире, который не прошел бы суд могилы, поскольку ангел, назначенный над могилами, стоит над телом и судит его каждый день. И если праведникам так, то уж тем более – грешникам"».

459) «"Но в то время, когда тело разлагается и сгнивает во прахе, то суд прекращается по отношению ко всем", т.е. как к духу (руах), так и к оживляющей силе (нефеш). "Кроме тех праведников, столпов мира", которым не полагается суд могилы, и им разрешено быть захороненными в гробнице, "поскольку они удостоились поднять свою душу (нешама)" сразу же "в высшее место, подобающее им, но они малочисленны в мире"».

460) «"Все, кто умирает в мире, предаются смерти ангелом-губителем, кроме тех, кто умирает в святой земле, и они не умирают от руки его, а от руки ангела милосердия, властвующего в этой земле"».

461) «Сказал рабби Ицхак: "В таком случае, в чем заключается хвала Моше, Аарону и Мирьям, о которых сказано", что они умерли "по слову Творца"[404]? Это говорит о том, что они умерли не от руки этого ангела-губителя, – а ты говоришь, что все те в мире, кто умирают в земле Исраэля, не погибают от руки его"».

---

[404] Тора, Бемидбар, 33:38. «И взошел Аарон-священнослужитель на гору Ор, по слову Творца, и умер там в сороковом году после исхода сынов Исраэля из земли Египта, в пятом месяце, в первый (день) месяца». Тора, Дварим, 34:5. «И умер там Моше, раб Творца, на земле моавитской, по слову Творца».

462) «Сказал ему: "Конечно, это так, ибо слава Моше, Аарона и Мирьям превосходит славу всех живущих в мире. Ведь все они умерли вне пределов святой земли, и умерли от руки ангела-губителя, кроме Моше, Аарона и Мирьям, умерших по указанию Творца. Однако те, кто умирают в святой земле, не умирают от руки этого губителя, ибо святая земля не находится в чужой власти, а во власти одного лишь Творца"».

463) «"И поэтому сказано: "Оживут Твои умершие, восстанут мертвецы! Пробудитесь и ликуйте, покоящиеся во прахе!"[405] "Оживут Твои умершие"[405] – те, кто умерли в земле святости, и они – умершие Его", Творца, "а не от другого, поскольку там вовсе не властвует ситра ахра, и поэтому сказано: "Твои умершие"[405] – т.е. Творца. "Восстанут мертвецы"[405] – т.е. те, кто умер в другой земле, чужой, от руки этого губителя"».

464) «"Поэтому называются мертвецами", как сказано о них: "Восстанут мертвецы"[405]. Ибо так же, как падаль оскверняет при переноске, так же и те, кто умирает вне пределов земли святости, оскверняют при переноске. И поэтому они считаются падалью. Любое заклание, совершенное неправильно, называется падалью, поскольку это заклание от ситры ахра, ибо тотчас, как оно стало непригодным, пребывает над ним ситра ахра. И поскольку это принадлежит ей, и она пребывает над ним, называется падалью. И это значение имени Навал – каково имя его, таков и он. "Навал (подлец) – имя его"[406], т.е. "подлость свойственна ему (досл. при нем)"[406]». Иначе говоря, ситра ахра пребывает над ним.

465) «"И поэтому, в любом месте, где пребывает" ситра ахра, это место "называется падалью. Ибо эта мерзость пребывает только лишь над местом негодным, и поэтому заклание, совершенное неправильно, принадлежит ей и называется ее именем. И поэтому мертвецы, находящиеся вне земли святости под чужой властью, и ситра ахра пребывает над ними, называются падалью"».

---

[405] Пророки, Йешаяу, 26:19. «Оживут Твои умершие, восстанут мертвецы! Пробудитесь и ликуйте, покоящиеся во прахе, ибо роса рассветная – роса Твоя, и земля изрыгнет мертвых».

[406] Пророки, Шмуэль 1, 25:25. «Пусть господин мой не обращает внимания на этого негодного человека, на Навала, ибо каково имя его, таков и он: Навал (подлец) – имя его, и подлость свойственна ему. А я, раба твоя, не видала отроков господина моего, которых ты присылал».

466) «"Пробудитесь и ликуйте, покоящиеся во прахе"[405]. "Покоящиеся" означает – спящие обитатели, а не мертвые. И кто же они? Это – спящие в Хевроне, и они не умирают, а спят. И поэтому говорится об их упокоении, подобно тому, кто покоился, и есть у него сила встряхнуться. И так же эти четыре пары в Хевроне покоятся, а не умерли, и все они существуют в своих телах, и знают скрытые тайны больше, чем все остальные люди. Их тела упрятаны при входе в Эденский сад", ибо вход Эденского сада расположен в пещере Махпела,[407] "и это они – "покоящиеся во прахе"[405]. Поэтому у всех тех, чья душа отошла в земле святости, отходит она не от руки этого губителя, так как он не властвует там, но от руки ангела милосердия, поскольку святая земля расположена в его уделе"».

---

[407] См. Зоар, главу Лех леха, п. 95. «Уходя из этого мира, душа вступает сначала в пещеру Махпела, где находится вход в Эденский сад...»

ГЛАВА ТРУМА

Есть место в поселении, в котором не умирают

467) «"Есть место в поселении, в котором не властвует этот губитель, и не дано ему право входить туда. И все те, кто живет там, не умирают, пока не выходят за пределы города. И нет человека, из всех живущих там, кто бы не умер, и все они умирают, как и остальные люди, однако не в городе. И в чем причина? Потому что не могут они все время находиться в городе, но одни выходят, другие входят, и поэтому все умирают"».

468) «"И в чем причина – почему ангел-губитель не властвует там? Если ты скажешь, что (это место) не находится в его власти, то ведь святая земля не находится в чужой власти, и там умирают, почему в этом месте не умирают? А если скажешь, что из-за святости" места, "то ведь нет у тебя места, в котором пребывает святость, во всем поселении, подобно земле Исраэля. А если скажешь, что из-за заслуг человека, построившего этот город, – разве не было много людей, заслуги которых превышают его заслуги?" Сказал рабби Ицхак: "Я не слышал и не могу сказать"».

469) «Пришли они и спросили рабби Шимона. Сказал им: "Конечно, над этим местом не властвует ангел смерти. И Творец не желает, чтоб когда-либо в этом месте умер человек. И если скажешь, что раньше, пока оно еще не было возведено, умирали в этом месте люди, то это не так, а со дня сотворения человека место это установлено для существования. И тайна тайн скрыта здесь для тех, кто проникает в тайны мудрости"».

470) «"Когда Творец создавал мир, Он создал его в тайне букв. И распространились буквы, и Он создал мир начертаниями святого имени. И распространились буквы и окружили мир начертаниями. И когда раскрылся и простерся мир, и создавался, и буквы окружали, чтобы создать, сказал Творец, что мир завершится в "йуд י", осталась буква "тэт ט" на этом месте подвешенной в воздухе. "Тэт ט" – это буква, светящая жизнью, поэтому тот, кто видел букву "тэт ט" во сне – это хороший знак для него, ему определена жизнь. И поскольку "тэт ט" висит над этим местом, смерть не властвует в нем"».

ГЛАВА ТРУМА Есть место в поселении, в котором не умирают

Пояснение сказанного. Всё создано и сотворено в трех линиях и Малхут, получающей их. И это – четыре буквы АВАЯ (הויה), где три линии – это «йуд-хэй-вав יהו», а Малхут – нижняя «хэй ה». Вначале выходит правая линия, из точки холам, и буквы ЭЛЕ (אלה) падают за пределы ступени, и поэтому ей недостает ГАР. А затем протягивается левая линия из точки шурук, и возвращаются буквы ЭЛЕ (אלה) на ступень, и возвращаются вместе с ними ГАР светов, однако они принадлежат свойству ахораим, что означает – Хохма без хасадим. И поэтому от нее исходят суды. И тогда выходит средняя линия и уменьшает левую линию с помощью экрана, исходящего от точки хирик, и в силу этого объединяются левая с правой, и Хохма в левой облачается в хасадим в правой, и эта ступень восполняется ГАР свойства паним. И смысл трех точек холам-шурук-хирик уже выяснялся ранее.[408] И это уменьшение, когда средняя линия уменьшает левую, происходит в два действия. Сначала она уменьшает ее со стороны экрана манулы, т.е. Малхут свойства суда, которая не подслащается в Бине, а затем уменьшает ее с помощью мифтехи, т.е. Малхут, соединенной с Биной.[409]

И буквы, представляющие собой келим сфирот, – уже выяснялось,[410] что это свойства Бина, Зеир Анпин и Малхут. От «алеф א» до «йуд י» – девять сфирот Бины. От «йуд י» до «куф ק» – девять сфирот Зеир Анпина. От «куф ק» до «тав ת» – сфирот Малхут.[410] Таким образом, от «йуд י» до «тав ת» – это Зеир Анпин и Малхут букв, в которых находятся света нефеш-руах, и это ВАК, а ГАР букв – это от «алеф א» и до «тэт ט», где облачен свет нешама букв.

И это означает сказанное: «Когда Творец создавал мир... Он создал мир начертаниями святого имени», – т.е. Он создал мир в свойстве трех линий, и это «йуд-хэй-вав יהו» и Малхут, получающая их, т.е. нижняя «хэй ה». И он разъясняет согласно порядку, что вначале: «Распространились буквы и окружили мир начертаниями», «начертаниями» – указывает на катнут,

---

[408] См. Зоар, главу Берешит, часть 1, п. 9. «Высшая точка, Арих Анпин, посеяла внутри чертога ИШСУТ три точки: холам, шурук, хирик...»

[409] См. Зоар, главу Лех леха, п. 22, со слов: «Экран де-хирик, на который выходит средняя линия, происходит от свойства суда, имеющегося в Малхут, которое не подслащается милосердием Бины и называется "манула"...»

[410] См. «Предисловие книги Зоар», статью «Буквы рабби Амнуна Савы», п. 23, со слов: «Необходимо также знать деление двадцати двух букв на три ступени: Бина, Зеир Анпин и Малхут...»

правую линию, нисходящую от точки холам, в которой вначале есть только свет нефеш-руах, ВАК. А затем, «когда раскрылся и простерся мир, и создавался» – т.е. левая линия, в которой раскрывается ГАР, и это простирание, чтобы светить сверху вниз этому миру, но они находятся в свойстве суда, поскольку ей недостает хасадим, как мы уже сказали. «И буквы окружали, чтобы создать» – то есть окружали, чтобы создать, но не могли из-за отсутствия хасадим. И тогда «сказал Творец» – т.е. средняя линия, «что мир завершится в "йуд ׳"», то есть, после того, как начали распространяться в обратном порядке «тав-шин-рейш-куф תשרק», Он сказал, чтобы распространялись только буквы от «тав ת» до «йуд ׳», которые являются келим Зеир Анпина и Малхут со светами руах-нефеш, и это – ВАК без ГАР. Ибо она уменьшила левую линию с помощью экрана де-хирик в отношении манулы, и это – первое действие, и та стала ВАК без ГАР, и поэтому завершился мир в «йуд ׳», и исчезли все девять букв Бины из мира.

И также в мире, называемом Малхут, есть эти келим Бина, Зеир Анпин, Малхут, и то место, упомянутое выше, (в котором не умирают), – это Бина этого мира. И поскольку уменьшение средней линии было только в свойстве манула, т.е. в Малхут, не соединенной с Биной, не затронуло это уменьшение никого, кроме самой Малхут, а также Зеир Анпина, в той мере, в какой он соединен с Малхут. Однако Бину это уменьшение вообще нисколько не затрагивает. Таким образом, буква «тэт ט», являющаяся Есодом Бины, могла остаться на том же месте, и получать от нее свет Бины, т.е. ГАР. И это означает сказанное: «Осталась буква "тэт ט" на этом месте подвешенной в воздухе» – ибо уменьшение манулы никак не касается этого места вообще. Но более, чем букву «тэт ט», т.е. Есод Бины, это место не может получить, потому что этот мир, относящийся к свойству манулы, является свойством одной только Малхут, и поэтому она может получать лишь от Есода Бины, тоже состоящего из Малхут, но не из свойства выше Есода Бины.

«"Тэт ט" – это буква, светящая жизнью» – поскольку она от Бины, от свойства «Творец жизни (Элоки́м хаи́м)». «И поскольку "тэт ט" висит над этим местом, смерть не властвует в нем», потому что со стороны манулы нет никаких судов и удержания ситры ахра в Бине, и ангел смерти не властен приближаться туда.

471) «"Когда пожелал Творец" – т.е. средняя линия, "установить мир" – т.е. притянуть в мир ГАР, которые называются установлением, "Он бросил один камень в воду" – т.е. отправил Малхут, называемую камнем, в Бину, называемую водой, и соединил Малхут с Биной, что является вторым уменьшением средней линии, в отношении свойства мифтеха.[411] И таким путем "сделал начертания в виде семидесяти двух (аин-бет) букв" – т.е. притянул из Бины в Малхут ВАК, над которыми сможет раскрыться в гадлуте семидесятидвухбуквенное имя. "И оттуда" – из Бины, "вышел этот камень" – подслащенный в Бине, "и не нашел никакого места, чтобы установиться, кроме земли Исраэля. И вода", т.е. ВАК Бины, "шла за ним", за этим камнем, "пока камень не достиг места под жертвенником и не опустился там" – т.е. низошли суды экрана де-Малхут, называемой камнем, и опустились под жертвенник, и тогда Малхут стала свойством Бины, и раскрылся ГАР от Бины в Храме. "И благодаря этому установился весь мир"» – ибо они светили оттуда во всем мире. И по поводу опускания камня, вызывающего раскрытие ГАР, смотри выше.[412]

472) «"Ты можешь спросить: если в этом месте пребывает жизнь, почему там не был построен Храм, чтобы дать жизнь живущим в мире?" И отвечает: "Но здесь, в этом месте, он установился из-за одной буквы, пребывающей над ним"», т.е. «тэт ט», однако «"в Храме полностью все буквы пребывают над ним, и с помощью них был сотворен один только Храм, как весь мир"». Иными словами, как весь мир был создан с помощью всех букв, и у каждой буквы есть особое место, так и Храм в отдельности был создан с помощью всех букв сам по себе.

473) «"И кроме того, земля святости дает обитающим в ней жизнь и искупление в том мире, а с этим местом – не так, так как дает жизнь этому месту только в этом мире, но не в будущем мире. А Храм – наоборот, поскольку у Исраэля есть удел в том мире, а не в этом мире, потому и стоит Храм, чтобы искупить грехи и удостоить Исраэль будущего мира.

---

[411] См. Зоар, главу Лех леха, п. 22, со слов: «Экран де-хирик, на который выходит средняя линия, происходит от свойства суда, имеющегося в Малхут, которое не подслащается милосердием Бины и называется "манула"...»

[412] См. Зоар, главу Берешит, часть 1, п. 366, со слов: «Поскольку все воды, т.е. все эти ступени, включены в этот высший небосвод...»

Объяснение. Это место, хотя и является свойством Бины, всё же оно – Бина этого мира, т.е. Бина де-Малхут, и эта жизнь дается только свойству Малхут, являющемуся этим миром. Тогда как Храм является свойством Малхут, подслащенной в Бине и поднявшейся в место Бины, называемой будущим миром. И получается, что именно мохин будущего мира светят в Храме. И вследствие этого удостаиваются Исраэль благодаря ему (этому свету) будущего мира, а не свойства светов этого мира, т.е. Малхут. Ибо Малхут приняла там очертания будущего мира, т.е. Бины, а ее собственное свойство, т.е. этот мир, исчезло.

474) «"Смотри, буква "тэт ט" в любом месте является свечением жизни", ибо она – Есод Бины, как мы уже сказали. "И поэтому Писание начинает с нее, говоря: "Что он хорош (ки тов כִּי טוֹב)", как сказано: "И увидел Всесильный свет, что он хорош"[413]. От этой буквы убегает ангел-губитель". И Зоар повторяет и говорит: "Не говори "убегает", но ему не дано позволения входить туда"».

475) «"Эта буква отличается от буквы "куф ק". "Куф ק" вообще не может обосноваться ни в каком месте в мире. И признак для тебя: "Злословящий не найдет пристанища на земле"[414]. Буква «тэт ט» может обосноваться в любом месте и исправляется, чтобы обосноваться подобающим образом", т.е. чтобы передавать ГАР, как сказано выше, в случае с Храмом. "Поэтому в любом месте, где есть буква "тэт ט", нет там места для буквы "куф ק", чтобы обосноваться там. Поэтому вообще не властвует ситра ахра", ангел смерти, "в этом месте, и "тэт ט" дает жизнь этого мира живущим под этой буквой и не выходящим за ее пределы. А если он выходит за пределы ее, у ситры ахра есть право властвовать над ним. И так же, как эта буква властвует в этом месте", давая ему жизнь, "другая буква властвует в месте преисподней, и кто она. Это буква "куф ק"».

Пояснение сказанного. Ты уже знаешь, что четыре буквы «куф-рейш-шин-тав קרשת» – это четыре сфиры Малхут.[410] И это – КАХАБ и Тиферет, и Тиферет включает ХАГАТ НЕХИ. Но когда буква «куф ק» одна, без остальных букв «рейш-шин-тав רשת», это указывает на то, что она распространяется в БЕА, а ее

---

[413] Тора, Берешит, 1:4. «И увидел Всесильный свет, что он хорош; и отделил Всесильный свет от тьмы».
[414] Писания, Псалмы, 140:12. «Злословящий не найдет пристанища на земле; грабителя будет преследовать зло, понукая им».

Малхут де-Малхут, свойство манула, светит в клипот, как сказано: «И ноги ее нисходят к смерти»[415] – ибо от нее получает силу ангел смерти умерщвлять всех живых. И это – форма буквы «куф ק», ибо когда Малхут исправлена, она принимает форму буквы «хэй ה», теперь же, когда она не исправлена, окончание левой ножки буквы «хэй ה», т.е. Малхут де-Малхут, выходит за черту и распространяется вниз, до клипы, называемой смерть. И это смысл того, что ножка «куф ק» протянута вниз.

Когда Малхут установилась во время создания мира в своем подъеме и соединении с Биной, и при этом к ней присоединились все буквы, и она притягивает жизнь от Бины,[416] тогда она оканчивается буквой «тав ת», у которой левая ножка толстая и сложена внизу. И это указывает на то, что левую ножку «куф ק», которая протянулась светить до самой клипы, называемой «смерть», – теперь Малхут снова подняла эту ножку свою, и вытянула ее из клипы смерти, и вернула к черте. Поэтому окончание ее ножки стало утолщенным, потому что есть у нее там две Малхут, сложенные вместе: мифтеха, которая подсластилась в Бине, и также манула, которую она вытянула из клипот, прилепилась к ней.

И свойством мифтеха она пользуется открыто, а свойством манула – скрыто, как сказано: «Если удостоился человек – стало добром, а если не удостоился – то злом».[417] И после того, как Малхут установилась в Бине, больше уже не отделяется, и она получает жизнь от Бины и передает ее миру. И нет больше сил у клипы смерти властвовать в мире.[416] Однако в любом месте, где необходимо наказать грешников или умертвить живые существа, ангел смерти должен получить разрешение на это, как сказано: «Конец всякой плоти пришел предо Мною»[418] – чтобы

---

[415] Писания, Притчи, 5:5. «И ноги ее нисходят к смерти, на преисподнюю опираются стопы ее».

[416] См. Зоар, главу Берешит, часть 1, п. 3, со слов: «В свойстве суда, т.е. в свойстве Малхут мира АК, прежде чем она подсластилась в Бине, в свойстве милосердия, мир не мог существовать...»

[417] См. «Предисловие книги Зоар», статью «Две точки», п. 122. «Буква "бет ב" слова "берешит (בראשית вначале)" указывает, что обе они соединяются вместе, в Малхут. И это две точки. Одна – упрятана и скрыта, а другая – открыта...», а также Зоар, главу Ваеце, п. 23. «"От силь света Ицхака" – святости, "и осадков вина" – клипот, из них обоих "выходит одна сложная форма", состоящая из добра и зла...»

[418] Тора, Берешит, 6:13. «И сказал Всесильный Ноаху: "Конец всякой плоти пришел предо Мною, ибо земля наполнилась злодеянием из-за них. И вот, Я истреблю их с землею"».

получить разрешение. И без разрешения нет у этого ангела смерти никакой силы раскрыть свойство манула.

И это означает сказанное: «"Куф ק" вообще не может обосноваться ни в каком месте в мире», – т.е. после того, как Малхут подсластилась в Бине, у смерти нет больше сил господствовать в мире, но только при получении разрешения. И причина в том, что «буква "тэт ט" может обосноваться в любом месте», так как она – Есод Бины, и светит с помощью мифтехи, как мы уже сказали, и наполняет в любом месте светом жизни от Бины. «Поэтому в любом месте, где есть буква "тэт ט"», – свет Бины, в исправлении «мифтеха», «нет там места для буквы "куф ק", чтобы обосноваться там», – ибо после того, как она исправлена в мифтехе, чтобы получать света жизни от Бины, она больше не отделяется никогда, но только лишь в случае разрешения. И поэтому нет силы у клипы смерти, которая символизируется буквой «куф ק», властвовать в мире, и властвует она только в преисподней.

Таким образом, теперь есть три места: 1. То место, в котором властвует только одна «тэт ט», по вышеуказанной причине, что там эта «тэт ט» светит только светом жизни этого мира, и там вообще не дается разрешение. 2. Весь мир после подслащения Малхут в Бине – в свойстве мифтеха, и тогда «тэт ט» светит в любом месте, однако дается разрешение наказывать грешников, как сказано: «Если удостоился человек – стало добром, а если не удостоился – то злом». 3. В преисподней, являющейся местом наказания, непрерывно властвует только одна буква «куф ק», так же как буква «тэт ט» в том месте, где жизнь непрерывна.

ГЛАВА ТРУМА

Бецалель знал сочетания букв

476) «"И в книге рава Амнуна Савы написано: "Здесь, в слове "грех (хет חֵטְא)", есть две буквы "хэт ח" "тэт ט", поэтому они не были записаны на камнях ониксовых и камнях оправных,[419] так как колена исраэлевы избегали этих двух букв, чтобы не был записан в них "хэт חֵיט"», т.е. грех (хет חֵטְא).

477) «"С местом Храма связаны все буквы алфавита, в начертанных тайнах святых имен, соединенных и вышитых на нем. И любой мир наверху и внизу – все они определены и начертаны этими буквами, а высшее святое имя", т.е. АВАЯ, "начертано над ними"».

478) «"В Скинии были начертаны и изображены эти буквы, как подобает. Ибо Бецалель знал мудрость сочетания букв, которыми были созданы небо и земля. И благодаря его мудрости Скиния была возведена им. И он был избран из всего народа Исраэля"».

479) «"И так же, как он был избран наверху, точно так же хотел Творец, чтобы он был избран внизу. Наверху написано", что сказал Творец Моше: "Смотри, Я призвал по имени Бецалеля"[420]. И внизу" – сказал Моше Исраэлю: "Смотрите, Творец призвал по имени Бецалеля"[421]. И имя его наречено так по высшему свойству, Бецалель (בְּצַלְאֵל)", что означает: "В тени Творца (бе-цель Эль בְּצֵל אֵל)". И кто он? Это праведник", т.е. Есод, "который пребывает в тени того Творца, который называется высшим Творцом (Эль)", т.е. Тиферет, "и он", Бецалель, "пребывает точно так же, как и этот Творец (Эль)", т.е. Тиферет. "Этот Эль приобретает шесть окончаний (ВАК)", ибо Тиферет охватывает ВАК, ХАГАТ НЕХИ, "и также этот праведник", т.е. Есод, "приобретает их. И так же, этот Эль светит наверху, а этот праведник светит внизу" – в Малхут. "Этот Эль", Тиферет, "включает шесть окончаний (ВАК), и также этот праведник включил все шесть окончаний"».

---

[419] Тора, Шмот, 25:7. «Камни ониксовые и камни оправные для эфода и для наперсника».

[420] Тора, Шмот, 31:2. «Смотри, Я призвал по имени Бецалеля, сына Ури, сына Хура, из колена Йегуды».

[421] Тора, Шмот, 35:30. «И сказал Моше сынам Исраэля: "Смотрите, Творец призвал по имени Бецалеля, сына Ури, сына Хура, из колена Йегуды"».

480) «"Бецалеля, сына Ури, сына Хура"[420]. "Сына Ури (בֶּן אוּרִי)"[420] означает – сына первого света, созданного Творцом в действии начала творения. "Сына Хура (בֶּן חוּר)"[420] означает – сына свободы (херу́т (חֵרוּת) всего", т.е. света Бины, означающего свободу. Другое объяснение: "Сына Хура"[420] – сына, который белый (хиве́р (חִיוֵור)", т.е. он "белее всех цветов", иными словами, белый цвет, свет хасадим, властвует в нем. "И он", Бецалель, т.е. Есод, "назначен "из колена Йегуды"[420], т.е. Малхут, – "всё, как и должно быть"», потому что Есод должен быть соединен с Малхут.

ГЛАВА ТРУМА

Синета

481) «"Все цвета хороши", если их видят "во сне, кроме синего, поскольку это престол", Малхут, "чтобы вершить на нем суды душ". И спрашивает: "Ведь эта ступень", Малхут, "она белая", поскольку ты говоришь, что она получает от Есода, называемого сыном Хура,[420] что означает – белого, т.е. Хеседа? И отвечает: "Однако в час, когда она собирается вершить суды душ", из-за прегрешений нижних, "тогда она синего цвета, и мы уже объясняли это"[422]».

482) «"В час, когда человек видит этот цвет", т.е. синий, "он вспоминает о выполнении всех заповедей Господина своего. Как и медного змея – в час, когда видели его, испытывали страх перед Творцом и оберегали себя от любого греха. И в час, когда этот страх поднимался над ними, они сразу же излечивались. Кто был причиной того, что они боялись Творца? Тот самый змей – та самая плеть, на которую они взирали. И так же о синем цвете сказано: "Чтобы вы видели это и помнили все заповеди Творца"[423] – из-за того, что боитесь его. И для этого была синета в Скинии"».

483) «Сказал рабби Ицхак: "То, что мой господин сказал, что синета – это престол суда, и когда" Малхут – "она этого цвета, она является престолом для вершения на нем суда душ. Согласно этому, когда Малхут в свойстве милосердия?" Сказал ему: "В час, когда херувимы", т.е. ЗОН, "обращают свои лица (паним) друг к другу, и созерцают друг друга паним бе-паним (досл. лицом к лицу). Тогда исправляются все цвета, и превращается синий цвет в другой цвет, а зеленый цвет превращается в золотой цвет"».

484) «"И поэтому, при перемене цветов" Малхут "обращается из суда в милосердие, и также из милосердия в суд. И всё это – при перемене цветов. Так же, как Исраэль выстраивают свои исправления к Творцу, так всё находится и так выстраивается"

---

[422] См. выше, п. 230.
[423] Тора, Бемидбар, 15:38-39. «Говори сынам Исраэля и скажи им, чтобы они делали себе кисти на краях одежд своих во всех поколениях своих и вставляли в кисти края (одежды) синюю нить И будет вам кистью, чтобы вы видели это и помнили все заповеди Творца и исполняли их, и не высматривали вослед сердцу вашему и глазам вашим, за которыми вы блудно следуете».

наверху. "И поэтому сказано: "Исраэль, в котором Я прославлюсь"[424] – ибо в этих цветах, включенных друг в друга" заключена "красота всего"».

---

[424] Пророки, Йешаяу, 49:3. «И сказал мне: "Ты раб Мой, Исраэль, в котором Я прославлюсь"».

ГЛАВА ТРУМА

И сделай стол

485) «"И сделай стол из дерева шитим"[425]. Рабби Ицхак провозгласил: "И будешь есть и насыщаться, и благословлять Творца Всесильного своего"[426]. Насколько счастливы Исраэль, которым благоволил Творец, и приблизил их к Себе из всех народов, и ради Исраэля Он дает Свое питание и насыщение всему миру, и если бы не Исраэль, не давал бы Творец питание миру. А теперь, когда Исраэль находится в изгнании, весь мир тем более получает" питание и насыщение, "вдвойне"», – чтобы остающегося от них было достаточно для Исраэля.

486) «"В то время, когда Исраэль находились в земле святости, питание нисходило к ним от высшего места, и они давали остающееся народам-идолопоклонникам, и все народы питались остатками. Теперь же, когда Исраэль в изгнании, всё коренным образом изменилось"», и пища поступает народам мира, а Исраэль получает остающееся от них.

487) «"Притча о Царе, приготовившем трапезу своим домочадцам. Всё то время, когда они выполняют волю Его, они едят на трапезе вместе с Царем, и дают псам часть костей, чтобы утащить с собой. В час, когда Его домочадцы не выполняют волю Царя, всю трапезу Он отдаёт псам, а им дает кости"».

488) «"Так же, как Исраэль, всё время, пока выполняют волю Господина своего, они едят за столом Царя, и вся трапеза приготовлена для них, и от своего торжества они оставляют кости, т.е. остатки, идолопоклонникам. А всё то время, когда Исраэль не выполняют волю Господина своего, они отправляются в изгнание, и трапеза отдается псам, а им самим отдаются остатки. Как сказано: "Так будут есть сыны Исраэля хлеб свой нечистый среди народов"[427] – ибо едят они остающееся от мерзости их", т.е. от их пищи, вызывающей отвращение. "Горе сыну Царя, который сидит и ждет (пищи) с рабского стола, т.е. оставшееся на столе он ест"».

---

[425] Тора, Шмот, 25:23. «И сделай стол из дерева шитим: два локтя его длина, и локоть его ширина, и полтора локтя его высота».

[426] Тора, Дварим, 8:10. «И будешь есть и насыщаться, и благословлять Творца Всесильного своего за землю добрую, которую дал Он тебе».

[427] Пророки, Йехезкель, 4:13. «И сказал Творец: "Так будут есть сыны Исраэля хлеб свой нечистый среди тех народов, к которым Я изгоню их"».

489) «"Царь Давид сказал: "Ты накрываешь предо мною стол на виду у врагов моих, Ты умащаешь елеем голову мою, наполнена чаша моя!"[428] "Ты накрываешь предо мною стол"[428] – это трапеза Царя, "на виду у врагов моих"[428] – псов, сидящих под столом и ждущих доли костей, а он сидит с Царем за столом, наслаждаясь трапезой"».

490) «"Ты умащаешь елеем голову мою"[428] – это начало (рош) трапезы, когда весь елей и самое тучное, и исправление трапезы, даны с самого начала любимцу Царя, а то, что остается, отдается псам и прислуживающим этому столу. "Наполнена чаша моя"[428] – эта чаша всегда полна перед любимцем Царя, и он не должен просить. И за эту тайну Исраэль всегда были" в (натянутых) отношениях "с остальными народами"».

491) «Рабби Хия шел к рабби Шимону в Тверию, и с ним был рабби Яаков бар Иди и маленький рабби Йеса. Пока они шли, сказал рабби Йеса рабби Хие: "Удивительно, сказано: "А сынам Барзилая Гиладитянина окажи милость, и пусть будут они среди тех, кто ест за столом твоим"[429]. Согласно этому, вся милость и истина заключается в том, чтобы есть за столом его, и не более, как сказано: "Пусть будут они среди тех, кто ест за столом твоим"[429]. И еще, не подобает величию царя, чтобы кто-либо другой ел за столом царя, и не должно быть так, но царь – отдельно, а вокруг – все его сановники, ниже него"».

492) «Сказал рабби Хия: "Я об этом ничего не слышал и не говорю". Сказал рабби Яакову бар Иди: "А ты что-нибудь слышал об этом?" Сказал ему: "Вы, впитывающие каждый день от сладости высшего масла", т.е. от рабби Шимона, "не слышали, и тем более я". Сказал рабби Йесе: "Ты что-нибудь слышал об этом?" Сказал ему: "Несмотря на то, что я отрок и с малолетства пришел к вам, и до этого не удостоился", вместе с тем, "я слышал"».

---

[428] Писания, Псалмы, 23:5. «Ты накрываешь предо мною стол на виду у врагов моих, умащаешь елеем голову мою, наполнена чаша моя!»

[429] Пророки, Мелахим 1, 2:7. «А сынам Барзилая Гиладитянина окажи милость, и пусть будут они среди тех, кто ест за столом твоим, ибо с тем и они пришли ко мне, когда я бежал от Авшалома, брата твоего».

493) «Провозгласил и сказал: "Он дает пищу всякой плоти, ибо навеки милость (хесед) Его"[430]. Что имел в виду Давид, закончив великое прославление этим отрывком?" И отвечает: "Однако есть три высших властелина, в которых познается Творец, и они тайны величия Его, и это мозг, сердце и печень" – т.е. Бина, Зеир Анпин и Малхут. "И они противоположны этому миру" – т.е. относятся к пробуждению снизу, восходящему от этого мира, как например, во время поста и т.п., как мы выясним далее. "Наверху: мозг принимает вначале, а потом дает сердцу, сердце дает печени, а печень дает часть всем источникам внизу, каждому – как подобает ему. Внизу", благодаря пробуждению снизу, "печень", т.е. Малхут, "берет это пробуждение вначале, а затем она приближает всё к сердцу", т.е. к Зеир Анпину, "а сердце берет лучшее, что есть в пище. Когда оно взяло и укрепилось благодаря той силе и желанию, которые приобрело, и дает, пробуждаясь, мозгу" – т.е. Бине, и тогда передается наполнение от Бины Зеир Анпину, а от Зеир Анпина – Малхут, т.е. печени. "А затем печень снова раздает питание всем источникам тела"», т.е. трем мирам БЕА.

494) И поясняет свои слова. «"В день поста человек приносит в жертву еду и питье высшей печени", т.е. Малхут. "И что он приносит в жертву?" Он приносит в жертву "внутренний жир, кровь и свое желание. Эта печень принимает всё это с желанием. Когда всё уже у нее, она берет и приносит все в жертву сердцу" – Зеир Анпину, "которое важнее нее и властелин над ней. Когда сердце приняло и укрепилось в желании, оно приносит всё это в жертву мозгу" – т.е. Бине, "высшему властелину над всем телом", над Зеир Анпином. И возвращается наполнение от Бины к Зеир Анпину, а от Зеир Анпина к Малхут, т.е. к печени, "а затем печень снова раздает части всем тем источникам и органам, что внизу"» – в БЕА.

495) «"В другое время", т.е. в то время, когда наполнение передается вследствие пробуждения свыше, "всё наполнение получает мозг", Бина, "вначале, от того, что выше него", от Хохмы, "а затем передает сердцу", Зеир Анпину. "И сердце передает печени", Малхут, "а печень передает всем источникам и органам, находящимся внизу", в БЕА. "А затем, когда она желает раздать пищу этому миру, то дает прежде всего", т.е.

---
[430] Писания, Псалмы, 136:25. «Он дает пищу всякой плоти, ибо навеки милость Его».

самое отборное и лучшее из наполнения, "сердцу, являющемуся царем на земле", т.е. царю Исраэля. "И стол царя пробуждается вначале, чтобы принять до остальных жителей мира. Счастлив тот, кто причислен к столу царя. Ибо известен он" – наверху, "дабы насладить его тем благом, что наверху"», когда принимает царь.

496) «"И это милость и истина, – то, что сделал Давид сыновьям Барзилая, как сказано: "Пусть будут они среди тех, кто ест за твоим столом"[429]. Разве ты можешь сказать, что за столом царя ест любой другой человек, кроме него? Нет. Но сначала ест царь, а затем весь народ. И те, кто едят с царем, в час, когда он ест, любимы им больше всех остальных, и это те, кто назначен" относиться "к царскому столу"».

497) «"И если скажешь, что ведь написано: "Ибо ел он всегда за царским столом"[431], – т.е. имеется в виду: за самим столом. И отвечает, что это из-за того, что это вся его пища ", входит в счет тех, кто ест за царским столом, "и не делал другого расчета, а только – за царским столом, так как оттуда приходили пища и питание его. И это означает: "Ибо ел он всегда за царским столом"[431]. Подошел рабби Хия и поцеловал его в голову. Сказал ему: "Ты отрок, но высшая мудрость пребывает в тебе". Тем временем увидели рабби Хизкию, который подошел. Сказал ему рабби Хия: "Несомненно, что в этом соединении Творец с нами. Ибо новые речения Торы открылись здесь"».

498) «Сели есть. Договорились, что каждый должен сказать речение Торы на этой трапезе. Сказал рабби Йеса: "Это небольшая трапеза, но вместе с тем называется трапезой. И мало того, именно она называется той трапезой, от которой наслаждается Творец, и поэтому сказано: "Это стол, что пред Творцом"[432] – ибо речения Торы будут окружать это место"».

---

[431] Пророки, Шмуэль 2, 9:13. «И жил Мефивошэт в Йерушалаиме, ибо ел он всегда за царским столом. А он хром был на обе ноги».

[432] Пророки, Йехезкель, 41:22. «Жертвенник деревянный в три локтя высотой и длиной в два локтя; "и углы его, и длина (верхняя доска) его, и стены его – деревянные. И сказал он мне: "Это стол, что пред Творцом"».

ГЛАВА ТРУМА

И будешь есть и насыщаться, и благословлять

499) «Провозгласил рабби Хия и сказал: "И будешь есть и насыщаться, и благословлять Творца Всесильного своего"[433]. Разве прежде чем человек насытится, наполнив свою утробу, он не должен благословлять Творца, как же это согласуется со сказанным: "И будешь есть и насыщаться"[433], а лишь затем: "И благословлять"[433]?" И отвечает: "Но даже если человек съел всего лишь в мере "ке-зайт (с маслину)", и желание его над ним, и эту пищу он считает основной своей пищей, тогда это называется насыщением. Как сказано: "Открываешь руку Твою и насыщаешь каждого живущего желанием"[434]. Не сказано: "Каждого живущего пищей", а "каждого живущего желанием"[434]. Это учит тому, "что желание, которое он возносит над пищей, называется насыщением. И хотя перед человеком есть что-то небольшое, всего лишь в мере "ке-зайт (с маслину)", но ведь желание насыщаться он вознес над этим. И поэтому сказано: "Насыщаешь каждого живущего желанием"[434]. 'Желанием' сказано, а не пищей. Поэтому, безусловно: "И благословлять"[433], потому что человек обязан благословлять Творца, для того чтобы эту радость вознести наверх"».

500) «После него рабби Хизкия провозгласил это изречение и сказал: "И будешь есть и насыщаться"[433], – отсюда следует, что пьяному разрешается произносить благословение на пищу, тогда как с молитвой это не так", пьяному нельзя молиться, "поскольку хорошая молитва – она без пищи. И почему? Это потому, что молитва поднимается наверх, в место, где нет пищи и питья", т.е. в Бину. "И об этом мы учили, что в будущем мире нет пищи и питья. Однако на остальных ступенях, находящихся ниже, есть"» пища и питье.

501) «"При благословении на пищу получается, что другой вид хорош, т.е. благословение, произносимое в состоянии насыщения. Поскольку благословение на пищу – оно в месте, где есть пища и питье", т.е. в Малхут, "от которого поступает пища и насыщение вниз. Поэтому необходимо показывать пред ним

---

[433] Тора, Дварим, 8:10. «И будешь есть и насыщаться, и благословлять Творца Всесильного своего за землю добрую, которую дал Он тебе».
[434] Писания, Псалмы, 145:16. «Открываешь руку Твою и насыщаешь каждого живущего желанием».

насыщение и радость. Однако в месте, куда восходит молитва, это не так. Ибо она поднимается больше, высоко-высоко", т.е. в Бину, где нет пищи и питья, и "поэтому пьяный не должен возносить молитву"».

502) «"В благословении на пищу пьяному можно произносить благословения, что следует из сказанного: "И будешь есть и насыщаться, и благословлять Творца Всесильного своего"[433]. "И будешь есть"[433] – это пища, "и насыщаться"[433] – это питье, ибо насыщение – оно вином", и в вине – "дух, в вине, разумеется, есть насыщение, и это (означает) "пьяный". Как сказано: "И благословлять (эт) Творца Всесильного твоего"[433]. Именно "эт"», что указывает на Малхут, называемую «эт», в которой есть еда и питье. «Это означает, что благословение на пищу требует радости и насыщения", поскольку сказано: "За землю добрую". Что такое "добрую"? Насыщение. Как сказано: "И ели мы хлеб досыта и благоденствовали"[435]. Поэтому должны быть радость и насыщение"».

---

[435] Пророки, Йермияу, 44:17.

ГЛАВА ТРУМА

И сделай стол

503) «Провозгласил рабби Йеса и сказал: "И сделай стол из дерева шитим"[436]. Этот стол находится внутри Скинии, и высшее благословение пребывает над ним, и от него поступает пища всему миру. Стол этот не должен быть пустым даже на мгновение, и на нем должна находиться пища, ибо благословение не пребывает над пустым местом. Поэтому на нем должен быть всегда хлеб, для того чтобы всегда пребывало с ним высшее благословение. И от этого стола исходит благословение ко всем остальным столам в мире, которые благословляются ради него"».

504) «"Стол каждого человека должен таким быть перед ним в час, когда он благословляет Творца, дабы пребывало над ним благословение свыше, и не показывался, когда он пуст, потому что благословения свыше не пребывают в пустом месте, как сказано: "Скажи мне, что есть у тебя в доме?"[437], и товарищи уже объясняли это».

505) «"О столе, над которым не произнесены речения Торы, сказано: "Ибо все столы наполнились рвотой, испражнениями; без места"[438]. И запрещено благословлять на такой стол. И почему? Потому что стол столу рознь. Есть стол, который накрыт пред Творцом наверху", т.е. Малхут, "и он стоит всегда, чтобы с помощью него были упорядочены речения Торы, и чтобы были включены в него буквы речений Торы, и он собирает их к Творцу, и включает все их в себя, и восполняется ими, и радуется, и есть у него радость. И об этом столе сказано: "Это стол, что пред Творцом"[432]. "Пред Творцом"[432] сказано, и это Малхут, "но не "перед Творцом"», что означает выше Зеир Анпина, т.е. Бина.

506) «"Есть другой стол, в котором нет доли Торы, и нет у него доли в святости Торы", т.е. Малхут клипот. "И этот стол называется "рвотой, испражнениями"[438], и это означает "без

---

[436] Тора, Шмот, 25:23. «И сделай стол из дерева шитим: два локтя его длина, и локоть его ширина, и полтора локтя его высота».

[437] Пророки, Мелахим 2, 4:2. «И сказал ей Элиша: "Что мне сделать для тебя? Скажи мне, что есть у тебя в доме?" И сказала она: "Нет у служанки твоей в доме ничего, кроме кувшинчика масла"».

[438] Пророки, Йешаяу, 28:8. «Ибо все столы наполнились рвотой, испражнениями; без (чистого) места».

места"⁴³⁸, что нет у него вообще доли в стороне святости. Поэтому стол, за которым не сказано учение Торы, это стол рвоты, испражнений, это стол иного божества. Нет у этого стола доли в тайне "Высший Творец"».

507) «"Стол, за которым были произнесены речения Торы, Творец берет и помещает его в Свой удел. И, кроме того, Сурья, доверенный сановник, берет все эти речения, и представляет образ этого стола пред Творцом. И все те речения Торы, которые были произнесены за ним, поднимаются над этим столом, и он украшается пред святым Царем. И это означает сказанное: "Это стол, что пред Творцом"⁴³², т.е. он украсился пред Творцом. Стол человека стоит для того, чтобы очистить человека от всех его грехов"».

508) «"Счастлив тот, за столом которого есть две эти вещи: 1. Речения Торы; 2. И часть бедным с этого стола. Когда возвышают этот стол перед человеком, два святых ангела появляются там, один – справа, а другой – слева. Один говорит: "Это стол святого Царя, который такой-то накрыл пред Ним. Этот стол будет украшен высшими благословениями и елеем, и высшим величием, над ним воцарится Творец". А второй ангел говорит: "Это стол святого Царя, который такой-то накрыл пред Ним, это стол, который благословляют высшие и нижние, будет накрыт пред Атиком Йомином в этом мире и в мире будущем"».

509) «"Рабби Аба, когда убирали перед ним со стола, прикрывал его и говорил: "Убирайте со стола аккуратно, чтобы не опозориться перед посланниками Царя. Стол человека удостаивает его будущего мира, и удостаивает его пищи в этом мире, и удостаивает его быть известным своими благодеяниями перед Атик Йомином, и удостаивает его добавить силу и величие в необходимом месте. Счастлива участь этого человека в этом мире и в мире будущем"».

510) «Рабби Яаков сказал: "Написано: "И было – все знавшие его со вчерашнего и третьего дня, увидев, что он прорицает с пророками, говорили в народе друг другу: "Неужели и Шауль в пророках?"⁴³⁹ – ведь Шауль был избранником Творца

---

⁴³⁹ Пророки, Шмуэль 1, 10:11. «И было – все знавшие его со вчерашнего и третьего дня, увидев, что он прорицает с пророками, говорили в народе друг другу: "Что это стало с сыном Киша? Неужели и Шауль в пророках?"»

до этого, как сказано: "Видели вы, кого избрал Творец?"[440] Не сказано: "Кого избирает Творец", а "кого избрал Творец"[440] – то есть, это было раньше. Почему же удивились, когда он пришел, и вошел между пророками, и прорицал среди них?"»

511) И отвечает: «"Когда Творец избрал его, Он ведь избрал его только на царство, а не на пророчество. Ибо и то, и другое вместе не были переданы ни одному человеку в мире, за исключением Моше, высшего доверенного, который удостоился пророчества и царства одновременно, и оба вместе они не давались одному человеку"».

512) «"И если ты скажешь, что Шмуэль удостоился и того и другого, пророчества и царства, это не так. Пророчества удостоился, как сказано: "И знал весь Исраэль, от Дана до Беэр-Шевы, что верен Шмуэль как пророк Творца"[441] – как пророк, а не царь. Он был пророком и судьей, ведь если бы был царем, не просили бы Исраэль царя. Но он был только верным пророком, и он вел суды Исраэля, как сказано: "И судил он Исраэль"[442]. И поэтому, когда Шауль пророчествовал, удивлялись ему"».

513) «"Ты можешь сказать: почему Шауль удостоился пророчества после того, как он удостоился царства? Однако он не удостоился обоих одновременно. И поскольку царство основывается только на пробуждении духа святости", а не на пророчестве, "поэтому он был в пророческом пробуждении до этого. Однако, когда он взошел на царство, не было уже в нем пророчества, а только пробуждение духа разума (твуна), чтобы вершить суд истинный, пребывало над ним, ибо так подобает царю. Пока он еще находился среди пророков, пребывало над ним пророчество, а затем, когда он отделился от них, пророчества в нем уже не было"».

514) «"А я, – сказал рабби Яаков бар Иди, – кто дал мне пробуждение духа святости, чтобы находиться между верными

---

[440] Пророки, Шмуэль 1, 10:24. «И сказал Шмуэль всему народу: "Видели вы, кого избрал Творец, – что подобного нет ему среди всего народа?" И воскликнул весь народ, и сказали: "Да будет жив царь!"»

[441] Пророки, Шмуэль 1, 3:20. «И знал весь Исраэль, от Дана и до Беэр-Шевы, что верен Шмуэль как пророк Творца».

[442] Пророки, Шмуэль 1, 7:16. «И ходил он из года в год, и обходил Бейт-Эль и Гилгаль, и Мицпу, и судил он Исраэль во всех этих местах».

пророками, учениками рабби Шимона, пред которым трепещут высшие и низшие, не говоря о том, что я удостоился находиться среди вас!"»

515) «Провозгласил и сказал: "И сделай стол"[436]. Этот стол – он внизу, чтобы возлагать на него выпеченный хлеб". Спрашивает: "Кто из них важнее – хлеб или стол? Если скажешь, что это одно целое", это не так, "ведь стол приготовлен для хлеба. И, кроме того, стол внизу, а хлеб наверху". И отвечает: "Это не так, ведь стол – это основа, чтобы с помощью приготовления его получить благословения свыше и пищу для мира. И благодаря свойству этого стола", т.е. Малхут, "пища выходит в мир так же, как дается в него свыше"».

516) «"Хлеб этот – это плод и пища, исходящие от этого стола, чтобы показать, что от этого стола выходят плоды и порождения, и пища для мира. Если бы не было виноградника, не было бы и винограда, то есть плодов, получаемых от него. И если бы не было дерева, не было бы в мире плодов. Поэтому стол – это основа, а пища, исходящая от него, – это тот самый "личной хлеб (лехем паним)"[443]».

517) «"И коэны собирали плоды этого стола от кануна субботы до кануна субботы, чтобы показать, что высшая пища исходит от этого стола. И благодаря тому хлебу, который собирали коэны, благословлялась любая пища, которую они ели и пили, чтобы не обвиняло в них злое начало, потому что злое начало присутствует лишь вследствие еды и питья. И это смысл сказанного: "Дабы не пресытился я и не отрекся, и не сказал: "Кто такой Творец?"[444] – ибо вследствие еды и питья усиливается злое начало в чреве человека"».

518) «"Хлеб этот, являющийся пищей, исходящей от этого стола, благословляет пищу коэнов, чтобы не пребывал над ними обвинитель, оговаривая их, и чтобы служили они Творцу всем сердцем. И коэнам это нужно больше, чем всему миру. Поэтому стол является основой", т.е. Малхут, "а плодами и пищей, исходящими от него, является этот хлеб"», т.е. личной хлеб (лехем паним).

---

[443] Тора, Шмот, 25:30. «И возлагай на стол личной хлеб предо Мною всегда».
[444] Писания, Притчи, 30:9. «Дабы не пресытился я и не отрекся, и не сказал: "Кто такой Творец?", и дабы, обеднев, я не воровал и не осквернял имени Всесильного моего».

ГЛАВА ТРУМА   И сделай стол

519) «"Этому столу нужны его принадлежности, чтобы установиться в северной стороне", т.е. левой, "как сказано: "Стол же поставь на северной стороне"⁴⁴⁵. И почему? Это потому, что оттуда начало радости. Ибо левая вначале всегда получает от правой, а затем пробуждается и передает Нукве", т.е. столу. "А затем приближается правая к ней", к Нукве, "и (Нуква) сливается с ней"».

520) И Зоар приводит доказательство и говорит: «"Вода, она от правой стороны", т.е. хасадим, "и она – радость. Тотчас передает" правая сторона воду "левой, и соединяется с ней вода и радует ее", т.е. Хохма в левой облачается в хасадим правой. "И после того, как она включается в правую, она пробуждает этой радостью Нукву", т.е. передает ей Хохму, включенную в хасадим. "И признак тебе" – омовение рук, "ибо тот, кто льет воду в сосуд (кли)", льет "правой рукой", а дает левой руке. "И первой льет воду левая" – на правую руку, "но не" приходит вода "от левой к правой, ведь левая получила воду от правой руки"».

521) «"И поэтому вода", т.е. хасадим, "находится не иначе, как в левой стороне", для того чтобы включиться и восполниться Хохмой, имеющейся в левой стороне. "Когда взята вода в левую линию, то она пробуждается к Нукве" и передается ей. "И поэтому мы учили ниспослание дождей (гвурот гшамим)". Ведь, несмотря на то, что вода – это хасадим от правой стороны, вместе с тем она приходит от левой, т.е. Гвуры. "И поэтому: "Стол же поставь на северной стороне"⁴⁴⁵, поскольку от этой стороны больше плодов, чем от другой", правой, "потому что вначале пробудилась от радости ее", т.е. левой. Как сказано: "Его левая рука под моей головой"⁴⁴⁶, и затем: "а правая обнимает меня"⁴⁴⁶».

522) «"Стол человека должен пребывать в чистоте, чтобы тело приступало к приему пищи лишь в состоянии собственной чистоты. Поэтому человек должен освободиться заранее, еще до приема пищи чистого стола. Потому что пищу, которую он приготовил Ему, желает Творец, чтобы не приближался он к

---

⁴⁴⁵ Тора, Шмот, 26:35. «И поставь стол вне разделительной завесы, а светильник против стола на стороне Скинии к югу, стол же поставь на северной стороне».

⁴⁴⁶ Писания, Песнь песней, 2:6. «Его левая рука под моей головой, а правая обнимает меня».

тому столу, "рвоты, испражнений"[438], который от свойства ситра ахра. И ситра ахра не получит от пищи этого стола ничего"».

523) «"После того, как человек ел и насладился, необходимо дать часть остатков той стороне", клипот. "И что она (эта часть) собой представляет? Это "последняя вода", та нечистота рук, которую нужно отдать той стороне, и это часть, в которой она нуждается. И поэтому она (последняя вода), конечно же, обязательна, и она является долгом и пребывает в месте долга", т.е. в клипот, "и человек должен отдать ей (стороне клипот) эту часть. И поэтому не должен благословлять вообще" на последнюю воду, "так как благословение не находится на этой стороне"».

524) «"И поэтому человек должен остерегаться, чтобы не дать пищу, находящуюся на его столе, этой "рвоте, испражнениям"[438]. И тем более в чрево свое, которое должно быть чисто. И тем более, что она (пища) хороша для человека, для здоровья и исправления его тела. И поэтому стол нужен, чтобы есть на нем в чистоте. Как мы учили"».

525) «"Тот стол, что стоит в Храме, который нужен для того, чтобы находилась на нем пища, и убирать с него пищу. Поэтому даже на одно мгновение он не должен быть пуст. Другой стол", ситры ахра, "это стол пустоты, и не надо давать ему места в уделе святости. Поэтому стол Храма даже одно мгновение не должен стоять без пищи. И нужно, чтобы не было плохого места, ибо высшее благословение не пребывает в месте изъяна и недостатка. И это означает: "Стол, поставленный пред Творцом"[432]. А стол, за которым человек благословляет пред Творцом, тоже не должен быть пуст, потому что нет благословения в пустом месте"».

526) «"Хлебов, находящихся на столе Творца", т.е. Малхут, "двенадцать. И мы ведь объясняли, что означают эти хлеба, что они свойства "паним (лик)". То есть двенадцать ликов (паним), имеющихся в Зеир Анпине, и это ХУГ ТУМ, и это тайна четырех ликов созданий (ШиНАН), – лик быка, лик орла, лик льва, лик человека, – и каждый из них состоит из трех ликов лев-бык-орел. Всего их двенадцать ликов, "и поэтому называется "личнóй хлеб (лéхем паним)"[443], ведь пища и питание мира", Малхут, "поступают от этих высших ликов" Зеир Анпина, "и поэтому

этот хлеб является внутренней сутью (пнимиют) всего", т.е. питанием Малхут, "и он пребывает в высшем свойстве", Зеир Анпина, "как подобает"».

527) «"Личной хлеб (лехем паним)", приносимый в Храме, "является пищей этих ликов (паним)", что в Малхут, "т.е. нисходит от ее питания, которое она получает от двенадцати ликов Зеир Анпина, как говорилось выше. "Питание и пища, поступающие в мир, приходят от них, и пребывают на том столе", что в Храме. "И поскольку этот стол", Малхут, "получает питание и пищу от этих высших ликов", от двенадцати ликов Зеир Анпина, "и она", Малхут, "извлекает питание и пищу от этих внутренних ликов (паним)" Зеир Анпина, "и питание, которое она извлекает, – это тот вышеупомянутый хлеб", что в Храме, и поэтому тот хлеб называется личным хлебом (лехем паним). Хлеб "приносился горячим на этот стол и горячим он забирался оттуда. И это мы уже объясняли. Как сказано: "В день, когда убирали его"[447]. И из-за этого стола, человек должен беречь тайны своего стола во всех видах, о которых мы говорили"».

528) «Рабби Эльазар провозгласил и сказал: "Во всякое время пусть будут белы одежды твои, и не прекратит изливаться елей на голову твою"[448]. Это изречение объяснено, и мы его учили. Но посуди сам, Творец сотворил человека в мудрости, и сделал его с величайшим искусством, и вдохнул в него дух жизни (с целью) познавать и созерцать тайны мудрости, чтобы познать величие Господина своего, как сказано: "Каждого, названного именем Моим, и во славу Мою, – сотворил Я его, создал Я его и сделал Я его"[449]. "И во славу Мою, – сотворил Я его"[449], – именно так, и эту тайну "и во славу Мою, – сотворил Я его"[449] я учил. Ибо слава внизу, называемая святым престолом", т.е. Малхут, "устанавливается наверху лишь благодаря исправлениям живущих в этом мире"».

---

[447] Вавилонский Талмуд, трактат Йома, лист 21:1. «Как сказал рабби Йеошуа бен Леви: "Великое чудо происходило с личным хлебом: убирали его таким же, как накрывали, о чем сказано (Пророки, Шмуэль 1, 21:7): "Положить хлеб горячий в день, когда убирали его"».

[448] Писания, Коэлет, 9:8. «Во всякое время пусть будут белы одежды твои, и не прекратит изливаться елей на голову твою».

[449] Пророки, Йешаяу, 43:7. «Каждого, названного именем Моим, и во славу Мою, – сотворил Я его, создал Я его и сделал Я его».

529) «"Когда люди праведны и благочестивы и умеют производить исправления" ради этой славы, т.е. Малхут, "это означает: "И во славу Мою, – сотворил Я его"[449] – т.е. ради этой славы Моей, чтобы установили ее на незыблемых основах", ХАГАТ, "и чтобы увенчали ее исправлениями и украшениями внизу", то есть, чтобы подняли МАН снизу, притянув к ней мохин, называемые украшениями, "чтобы возвысилась слава Моя благодаря праведникам, которые на земле"».

530) «"Поэтому "сотворил Я его"[449], т.е. подобным высшей славе, Бине, которая снова стала Хохмой, и эта Хохма называется тридцатью двумя путями Хохмы, и слава (кавод כבוד) в числовом значении – тридцать два. "И эти исправления в ней", – что есть в ней "сотворение в левой стороне", т.е. левая линия Бины, от которой нисходит Хохма. Поэтому, поскольку человек пребывает на земле, и должен исправить эту Мою славу", Малхут, "произвел Я в нем исправление высшей славы", Бины, "и тогда у человека тоже есть сотворение (брия). Об этом сказано: "Сотворил Я его"[449]», и это – свойство нешама.

531) «"В этой высшей славе", Бине, "есть создание (ецира)", т.е. свет хасадим, и свойство руах, исходящее от правой линии Бины. "И поэтому: "Создал Я его"[449] – т.е. установил это исправление в человеке, для того чтобы был он на земле в подобии этой высшей славе", Бине. "В этой высшей славе есть деяние (асия)", т.е. Малхут и свойство нефеш, "поэтому о человеке тоже сказано: "Сделал Я его"[449], чтобы был он в подобии этой высшей славе, – исправляющим и благословляющим нижнюю славу"», Малхут.

Необходимо понять, может ли быть, чтобы нижний человек наполнял свойствами НАРАН Малхут Ацилута, ведь наоборот, у нижнего человека нет ничего, если он не получит это от Малхут. И в чем здесь дело, ты поймешь с помощью выясненного ранее,[450] что не может нижний человек получить что-либо от Малхут прежде, чем возрастут благодаря ему все высшие ступени. И, кроме того, основная часть притяжения, привлеченного человеком, остается в высших, а к самому человеку приходит только ветвь его.

---

[450] См. «Введение в науку Каббала», пп. 160-162.

И согласно этому, получается, что в то время, когда человек притягивает НАРАН от Бины, и это НАРАН де-нешама, эти НАРАН передаются сначала от Бины к Малхут, и там они остаются в виде основного света, и только три ветви НАРАН передает Малхут человеку. Таким образом, нижний человек привел к тому, что Малхут были переданы корни НАРАН его нешамы.

И это смысл сказанного: «Для того чтобы был он на земле в подобии этой высшей славе… чтобы был он в подобии этой высшей славе, – исправляющим и благословляющим нижнюю славу», – что человек подобен высшей славе, Бине, которая передала НАРАН нижней славе, ведь если бы не человек, притянувший эти НАРАН, Бине нечем было бы наполнить Малхут. И, кроме того, те НАРАН, которыми Бина наполнила Малхут, они по-настоящему принадлежат этому человеку, т.е. он притянул их, и они на самом деле являются корнями его собственных НАРАН, оставшимися в Малхут, как было выяснено. И поэтому считается, что человек вызвал их наполнение в Малхут. Поэтому сказал Творец: «Поскольку человек пребывает на земле, и должен исправить эту Мою славу, произвел Я в нем исправление высшей славы»[451] – т.е. сделал в нем исправления, чтобы он мог притянуть НАРАН де-нешама от высшей славы, вследствие чего они передаются и остаются в их корне в нижней славе, и благодаря этому нижняя слава исправляется.

532) «"Откуда нам известно, что в высшей славе", Бине, "есть в ней эти три?", БЕА. Потому что сказано о ней: "Создаю свет и творю тьму, делаю мир"[452]. "Создаю свет"[452] – это Ецира (досл. создание). "Творю тьму"[452] – это Брия (досл. сотворение)", ведь поскольку она является левой стороной Бины, как выяснилось выше, там пребывает тьма, прежде чем она соединяется с правой линией. "Делаю мир"[452] – это Асия (досл. деяние)"». Объяснение. Потому что Ецира – это Зеир Анпин в Бине, являющийся средней линией, и с помощью Асии в нем, где находится экран точки хирик, он делает мир между двумя линиями, правой и левой. «"И это – высшая слава, которая исправляет и благословляет, и дает всё необходимое нижней славе"», Малхут.

---

[451] См. выше, п. 530.
[452] Пророки, Йешаяу, 45:7. «(Я) создаю свет и творю тьму, делаю мир и навожу бедствие, Я, Творец, свершаю все это».

533) «"Подобно этому сотворил Он человека на земле, т.е. в подобии той высшей славе, чтобы он исправил эту славу", Малхут, "так, чтобы она включала все стороны. Ибо в высшей славе есть эти три", БЕА, "и в человеке внизу есть эти три", БЕА, "и благодаря этому будет включать эта слава", Малхут, "сверху и снизу", т.е. от Бины и от человека, "и будет совершенной со всех сторон. Счастлив человек, удостоившийся в результате деяний своих стать подобным этому"».

534) «"Об этом сказано: "Во всякое время пусть будут белы одежды твои, и не прекратит изливаться елей на голову твою"[453]. Так же, как высшая слава не прекращает получать святой елей помазания", т.е. наполнение от Абы, предназначенное для будущего мира, Бины, "так же и человек, деяния которого всегда отбеливаются, никогда не прекратит получать этот елей помазания"», наполнение Абы.

535) «"Благодаря чему удостаивается человек насладиться высшим блаженством?" – наполнением Абы. "Благодаря столу своему, – так же как наслаждает он за своим столом души бедных. Ибо сказано: "И душу измученную насытишь"[454], а что сказано после этого: "Тогда наслаждаться будешь Творцом"[455]. Ибо также и Творец насыщает его всеми этими наслаждениями священного елея высшего помазания, стекающего и нисходящего всегда к этой высшей славе, как сказано: "И душу измученную насытишь"[454], а затем сказано: "Тогда наслаждаться будешь Творцом"[455]».

---

[453] Писания, Коэлет, 9:8. «Во всякое время пусть будут белы одежды твои, и не прекратит изливаться елей на голову твою».
[454] Пророки, Йешаяу, 58:10. «И отдашь голодному душу твою, и душу измученную насытишь, тогда засияет во тьме свет твой, и мрак твой – как полдень».
[455] Пророки, Йешаяу, 58:14. «Тогда наслаждаться будешь Творцом, и Я возведу тебя на высоты земли, и питать буду тебя наследием Яакова, отца твоего, потому что уста Творца изрекли это».

ГЛАВА ТРУМА

Время действовать ради Творца

536) «Рабби Йоси и рабби Хия шли по дороге, и за ними какой-то погонщик погонял ослов. Сказал рабби Йоси рабби Хие: "Мы должны заниматься речениями Торы и приложить старание в этом, потому что Творец идет перед нами. И поэтому пришло время совершить для Него исправления, чтобы Он был с нами на этом пути"». Погонщик обычно покалывает ослов острием палки, чтобы они поторапливались при ходьбе.

537) «Заговорил рабби Хия, провозгласив: "Время действовать ради Творца! Нарушили они Тору Твою!"[456] Мы учили это изречение, и его объясняли товарищи. Но "время действовать ради Творца"[456], – потому что в любое время, когда Тора выполняется в мире, и люди занимаются ею, Творец словно рад деянию рук Своих, и рад во всех мирах, и небеса и земля могут существовать. И, кроме того, Творец собирает всё Свое окружение и говорит им: "Смотрите на святой народ, который есть у Меня на земле! Тора украшается благодаря им! Посмотрите на деяние рук Моих, о котором сказали вы: "Что такое человек, чтобы Ты помнил о нем?"[457] А они, когда видят, как радуется Господин их народу Своему, сразу же начинают возглашать: "И кто подобен народу Твоему, Исраэлю, народу единому на земле?!"[458]»

538) «"А в час, когда Исраэль перестают изучать Тору, словно ослабляется сила Его, как сказано: "Твердыню, тебя породившую, ослабил ты"[459]. И тогда сказано: "И всё воинство небесное стоит"[460]», когда Он сказал им: «Кто бы уговорил

---

[456] Писания, Псалмы, 119:126. «Время действовать ради Творца! Нарушили они Тору Твою!»

[457] Писания, Псалмы, 8:5. «Что такое человек, чтобы Ты помнил его, и сын человеческий, чтобы Ты вспоминал о нем?»

[458] Пророки, Шмуэль 2, 7:23. «И кто подобен народу Твоему, Исраэлю, народу единому на земле, ради которого ходил Всесильный искупить его Себе в народ и сделать Себе имя, и совершить вам (деяния) великие и страшные в стране Твоей, (изгоняя) пред народом Твоим, который Ты избавил от Египта, народов и божеств его?!»

[459] Тора, Дварим, 32:18. «Твердыню, тебя породившую, ослабил ты, и забыл Творца, тебя сотворившего».

[460] Писания, Диврей а-ямим 2, 18:18. «И сказал (Миха): "Итак, внимайте слову Творца. Видел я Творца, восседающего на престоле своем, и все воинство небесное стоит справа и слева от Него"».

Ахава»⁴⁶¹. «"И поэтому: "Время действовать ради Творца"⁴⁵⁶. То есть оставшиеся праведники должны собраться с силами и совершать добрые деяния для того, чтобы Творец усилился в них – в праведниках и в станах, и войсках Его. И почему? Потому что: "Нарушили они Тору Твою!"⁴⁵⁶ – и не занимаются ею жители мира, как полагается"».

539) «Обратился к ним этот погонщик ослов, погонявший за ними: "Могу ли я выяснить у вас один вопрос?" Сказал рабби Йоси: "Конечно, путь устанавливается перед нами, задавай свой вопрос". Сказал: "Если бы в этом изречении было сказано: "Надо действовать" или "будем действовать", то я бы согласился, но что означает: "Время действовать"⁴⁵⁶? И еще. Сказано: "Действовать ради Творца"⁴⁵⁶ – "пред Творцом" следовало сказать, но что означает: "Действовать ради Творца"⁴⁵⁶?" Сказал рабби Йоси: "Несколькими способами путь устанавливается перед нами. Один: мы были вдвоем, а сейчас нас трое, и Шхина соединилась с нами. Еще один: думал я, что ты – не более чем высохшее дерево, ты же – как маслина плодородная. И еще один: ты хорошо спросил. И поскольку ты начал говорить, продолжай"».

540) «Провозгласил и сказал: "Время действовать ради Творца"⁴⁵⁶. Ибо времена бывают разные – "время любить и время ненавидеть"⁴⁶². Это время – оно наверху, и это время является тайной веры", т.е. Малхут, называемая временем. "И это называется "время благоволения". И поэтому человек должен любить Творца всегда, как сказано: "И возлюби Творца Всесильного твоего"⁴⁶³. И об этом сказано: "Время любить"⁴⁶² – т.е. это то время, когда человек должен любить"».

---

⁴⁶¹ Писания, Диврей а-ямим 2, 18:19. «И сказал Творец: "Кто бы уговорил Ахава, царя исраэльского, чтобы он поднялся и пал в Рамоте Гиладском?" И говорили они, и каждый высказывался по-своему».

⁴⁶² Писания, Коэлет, 3:1-8. «Всему свое время и свой срок – всякой вещи под небесами. Время рождаться и время умирать. Время насаждать и время вырывать насажденное. Время убивать и время исцелять. Время ломать и время строить. Время плакать и время смеяться. Время скорбеть и время плясать. Время разбрасывать камни и время собирать камни. Время обнимать и время отдалиться от объятий. Время искать и время терять. Время хранить и время бросать. Время разрывать и время сшивать. Время молчать и время говорить. Время любить и время ненавидеть. Время войне и время миру».

⁴⁶³ Тора, Дварим, 6:5. «И возлюби Творца Всесильного твоего всем сердцем твоим и всей душой твоей, и всем достоянием твоим».

541) «"И есть другое время, являющееся состоянием "чужие божества", когда человек вынужден ненавидеть Его, и не следовать Ему в сердце своем. Об этом сказано: "Время ненавидеть"[462]. Поэтому сказано: "Скажи Аарону, брату своему, чтобы не во всякое время входил он в святилище"[464]».

542) «"Когда Исраэль занимаются Торой, и заповедями Торы, это время, являющееся тайной святой веры", Малхут, "проходит исправления свои, и украшается совершенством, как подобает. А когда Исраэль не занимаются Торой, время это словно не проходит своих исправлений, и не пребывает ни в совершенстве, ни в свете. И тогда – "время действовать ради Творца"[456]».

543) Спрашивает: «"Что значит "действовать", когда он говорит: "Время действовать (досл. сделать) ради Творца"[456]? Сказано: "Которую создал Всесильный, чтобы сделать"[465]. И что означает: "Сделать"? Это то, что остались тела демонов, которые еще не были сделаны, поскольку освятился день, и остались, чтобы сделать (их), поскольку это духи без тела. Так же и здесь: "Время действовать (сделать)" – это то время, которое осталось без исправлений и совершенства. И почему? Потому что "нарушили они Тору Твою"[456], т.е. перестали Исраэль внизу заниматься речениями Торы. Ибо в это время она либо возносится, либо опускается из-за Исраэля"». Если они занимаются Торой, то возносится, а если оставляют Тору, то опускается.

544) «Подошли рабби Йоси и рабби Хия и поцеловали его в голову. Сказал рабби Йоси: "Безусловно, не подобает тебе погонять ослов за нами. Благословен этот путь, ибо удостоились мы слышать это. Счастливо поколение, в котором находится рабби Шимон, ведь даже между гор пребывает там мудрость (хохма)". Сошли рабби Йоси и рабби Хия с ослов своих, и продолжили они свой путь втроем».

---

[464] Тора, Ваикра, 16:2. «И сказал Творец Моше: "Скажи Аарону, брату своему, чтобы не во всякое время входил он в святилище за завесу и не приближался к крышке, покрывающей ковчег, дабы он не умер, ибо в облаке явлюсь Я над крышкой"».

[465] Тора, Берешит, 2:3. «И благословил Всесильный день седьмой и освятил его, ибо в этот день отдыхал от всей работы своей, которую создал Всесильный, чтобы сделать».

ГЛАВА ТРУМА

Время благоволения

545) «Заговорил погонщик ослов, провозгласив: "А я – молитва моя Тебе, Творец, (во) время благоволения. Всесильный, по великой милости Твоей ответь мне истинным спасением Твоим"[466]. Мы учили, когда это называется временем благоволения, – в час, когда собравшиеся молятся, ибо тогда собравшиеся выстраивают и совершают исправления этого времени. И тогда это время благоволения, и можно обращаться с просьбами, как сказано: "Всесильный, по великой милости Твоей ответь мне истинным спасением Твоим"[466]. Ибо тогда нужно обращаться с просьбами"».

546) «"А я – молитва моя Тебе, Творец"[466], – здесь говорится о тайне единства. "А я"[466] – это царь Давид"», т.е. Малхут, называемая «я», «"и это место, называемое избавлением", Малхут в то время, когда она соединена с Есодом.[467] "Молитва моя"[466] – молитва предшествует избавлению, и они являются одним целым", т.е. оба они являются свойством Малхут. "И когда он приблизил избавление к молитве, тогда это время благоволения. "Время благоволения" – это тоже единая совокупность вместе. "Время" – это единая", т.е. Малхут, "благоволение" – это единый", т.е. благоволение, раскрывающееся от Кетера, "они включаются друг в друга и становятся единым целым. И царь Давид желал этим изречением создать полное единство"», как мы уже сказали.

547) «"И если ты спросишь: почему это изречение должно произноситься в субботней послеполуденной молитве (минха)?" И отвечает: "Хорошо, что это в субботу, в послеполуденной молитве, а не в молитве будней. Ибо, несомненно, послеполуденная молитва в субботу не такая, как молитва в будни. Потому что в будни, во время послеполуденной молитвы (минха), суд удерживается в мире, и это не является временем благоволения. Однако в субботу, когда прекратился весь гнев, и всё соединилось вместе", т.е. суд и милосердие стали одним целым, "то хотя и пробудился суд, – это во благо", т.е. только для раскрытия содержащейся в нем услады. "И поэтому нужно

---

[466] Писания, Псалмы, 69:14. «А я – молитва моя Тебе, Творец (во) время благоволения. Всесильный, по великой милости Твоей ответь мне истинным спасением Твоим».

[467] См. Зоар, главу Эмор, п. 136. «Эти четыре (ступени) ХУБ ТУМ называются четырьмя избавлениями...»

это изречение единства, чтобы соединить все ступени, ибо, когда есть единство, суд соединяется с милосердием и включается в него, и всё становится благоприятным. И тогда сказано: "Время благоволения"[466]. Время благоволения указывает, что всё", суд и милосердие, "соединены вместе, и суд становится благоприятным в это время. И во всём присутствует радость"».

548) «"Моше ушел из мира в тот самый час субботней послеполуденной молитвы (минха), в час, когда наступает время благоволения. И в этот час благоволение пребывало наверху, а скорбь – внизу", о кончине Моше. "И поэтому в субботу закрывались ворота, от времени послеполуденной молитвы и далее. Что это за ворота, которые закрывались? – Врата дома учения, в память о Моше, верном пастыре, ибо прекратилось изучение Торы из-за него"», из-за его кончины.

549) «"В то время", когда он скончался, "закрылся дом учения Моше, и тем более, другие" дома учения. "Кто-то видел, чтобы закрылись врата дома учения Моше, а все другие ворота не закрылись? Тора Моше пребывала в скорби о нем в это время, – кто-то не пребывал в скорби? Поэтому все врата этого дома учения закрылись. И все должны оправдать Творца путем прославления. И это изречение: "Справедливость Твоя – как высочайшие горы"[468]», которое мы произносим тогда.

550) «"Трое покинули мир в это время, и все они включены в Моше. Один – это Моше, верный пророк. Второй – Йосеф-праведник. И еще один – царь Давид. Поэтому здесь имеются три молитвы о справедливости суда. Первая – это Йосефа-праведника, предваряющая все их, и это: "Справедливость Твоя – как высочайшие горы, правосудие Твоё – бездна великая"[468]. Это Йосеф-праведник, который сам по себе как высочайшие горы", т.е. ХАГАТ Нецах Ход Зеир Анпина, и Йосеф, Есод, состоит из их всех. "Вторая – это (молитва) Моше, верного пророка, как сказано: "А справедливость Твоя до небес, Всесильный, который сотворил великое"[469], потому что Он", Зеир Анпин, средняя линия, "берет все стороны", т.е. правую и левую стороны, поскольку она производит согласование между

---

[468] Писания, Псалмы, 36:7. «Справедливость Твоя – как высочайшие горы, правосудие Твоё – бездна великая! Человека и скотину спасаешь Ты, Творец!»

[469] Писания, Псалмы, 71:19. «А справедливость Твоя до небес, Всесильный, который сотворил великое. Всесильный, кто подобен Тебе?»

ними.⁴⁷⁰ "И одна – (молитва) царя Давида, и это сказанное: "Справедливость Твоя – справедливость навек (ле-олам), и Тора Твоя – истина"⁴⁷¹. "Навек (ле-олам)" – это царь Давид"», т.е. Малхут, называемая «олам (мир)».

551) «"Тогда собирается всё в это время: письменная Тора", Моше, "и устная Тора", Давид. "И поэтому в это время закрылись врата Торы, и закрылись врата всего мира в это время. В час, когда умер Йосеф-праведник, высохли источники и родники, и все колена попали в изгнание. Заговорили высшие, провозгласив: "Справедливость Твоя – как высочайшие горы, суды Твои – бездна великая"⁴⁶⁸. В час, когда умер Моше, померк свет солнца в полдень, и закрылась письменная Тора. И это – свет "светящего зеркала", Зеир Анпина. "В час, когда умер царь Давид, скрыла луна", Малхут, "свет свой, и устная Тора скрыла свет свой"».

552) «"С этого времени укрыты света Торы и усилилось разногласие (мудрецов) в Мишне, и все смельчаки путаются во мнениях. И поэтому нет радости Торы в это время во всех поколениях мира. И если эти так, то тем более назначение мудрецами поста, когда умирал кто-то, назначали пост. И когда что-то случалось, соответственно этому назначали. И когда более всего скрылась радость письменной Торы и устной Торы в то время, то уж тем более в такое время нужно запереть врата Торы. И поэтому мы произносим эти молитвы о справедливости суда, как мы уже говорили". Возрадовались рабби Йоси и рабби Хия, и поцеловали его в голову, как и раньше. Сказали: "Счастлив наш удел на этом пути"».

---

⁴⁷⁰ См. Зоар, главу Берешит, часть 1, п. 363. «Трое выходят благодаря одному, один находится в трех, входит между двумя, двое питают одного, и один питает многие стороны ...»

⁴⁷¹ Писания, Псалмы, 119:142. «Справедливость Твоя – справедливость навек (ле-олам), и Тора Твоя – истина».

ГЛАВА ТРУМА

Мудрого укрепит мудрость

553) «Еще провозгласил и сказал: "Мудрого укрепит мудрость от десяти правителей, находившихся в городе"[472]. "Мудрого укрепит мудрость"[472] – это Моше, когда он поднялся на гору Синай получить Тору, содрогнулись все небосводы и все станы высших ангелов. Обратились они к Творцу: "Владыка мира, ведь всё наше благо и радость только лишь в Торе, а Ты хочешь опустить ее на землю". Собрались они против Моше, чтобы сжечь его в огне. Укрепился Моше, как объяснили товарищи,[473] ибо Творец обратился к Моше"[473]».

554) «"Каждый, кто занимается Торой и прикладывает старания в ней ради нее (лишма), он укрепляется в Торе в нужный час, чтобы была у него отвага и сила, и чтобы защитила она его в нужный час. От какого места он получает эти отвагу и силу, чтобы укрепиться? Писание уточняет: "От десяти правителей"[472] – это десять речений, написанных в Торе, являющиеся высшими правителями, с помощью которых укрепляется человек в этом мире и мире будущем. Все тайны мира, все заповеди и вся мудрость, находящаяся наверху и внизу, зависят от них, и в них заключено всё, и всё находится в Торе. Счастлива участь того, кто занимается Торой, поскольку укрепляется отвага его в мире будущем"».

---

[472] Писания, Коэлет, 7:19. «Мудрого укрепит мудрость от десяти правителей, находившихся в городе».

[473] См. Зоар, главу Бешалах, п. 300. «Сказал ему Творец: "Моше, ведь ты был со Мной так многословен в терновнике, желая узнать тайну святого имени, и не боялся. А теперь ты испытываешь страх пред одним из Моих служителей?!" Когда услышал Моше голос Творца, укрепился...»

ГЛАВА ТРУМА

Питание душ

555) «"Десять правителей" – это десять видов мудрости (хохма), содержащихся в Торе" – т.е. десять сфирот, "в десяти начертанных именах" – т.е. десять имен, указывающие на десять сфирот (Эке). "И они включились в одно имя из двадцати двух начертанных букв" – т.е. двадцатидвухбуквенное имя благословения коэнов, "в тайны будущего мира, в те света, которые глаз не способен увидеть. И даже разум не способен постичь и проникнуть в то наслаждение и стремление, которые Творец уготовил для праведников в будущем мире, как сказано: "Глаз, который не видел иных божеств, но лишь Тебя, даст Он уповающему на Него"[474]».

556) «"Стол человека удостаивает его возможности есть за другим столом, в наслаждении того мира", в будущем мире, "как сказано: "Ибо ел он всегда за царским столом"[475]. А царь Давид говорит: "Ты накрываешь предо мною стол на виду у врагов моих"[476]. И это – приготовление стола в будущем мире, ибо тогда он становится наслаждением и стремлением, которыми душа наслаждается в будущем мире"».

557) Спрашивает: «"Разве есть стол у душ в том мире?" И отвечает: "Да, ибо пищу и упоительную отраду вкушают души в будущем мире, подобные тем, что вкушают ангелы-служители". Спрашивает: "Разве высшие ангелы едят?" И отвечает: "Да. И наподобие их пищи ели Исраэль в пустыне", т.е. ман. "Этой пищей является роса, стекающая и опускающаяся из будущего мира", Бины. "И это пища от света елея священного помазания, и души праведников питаются оттуда в Эденском саду и наслаждаются там. Ибо души праведников облачаются там, в нижнем Эденском саду, так же как" облачались "в этом мире"».

558) «"В субботы и праздники освобождаются" души от облачений своих "и поднимаются созерцать славу Господина своего и наслаждаться высшим блаженством как подобает,

---

[474] Пророки, Йешаяу, 64:3. «И никогда не слышали, не внимали; глаз, который не видел иных божеств, но лишь Тебя, даст Он уповающему на Него».

[475] Пророки, Шмуэль 2, 9:13. «И жил Мефивошэт в Йерушалаиме, ибо ел он всегда за царским столом. А он хром был на обе ноги».

[476] Писания, Псалмы, 23:5. «Ты накрываешь предо мною стол на виду у врагов моих, умащаешь елеем голову мою; наполнена чаша моя!»

как сказано: "И будет, в каждое новомесячье и в каждую субботу пусть явится всякая плоть, чтобы преклониться предо Мной, – сказал Творец"[477]. Спрашивает: "Разве явится всякая плоть? Ведь это не так, следовало бы ему сказать: "всякий дух" или "всякая душа", – что означает всякая плоть? Однако Творец сделал человеку в этом мире подобие высшему величию наверху", т.е. Хохму тридцати двух путей, как уже объяснялось. "Та высшая слава – это руах для руаха", т.е. светит Зеир Анпину, называемому руах, "и нешама для нешамы", которая светит Бине, называемой нешама, "пока не достигает одного места внизу, называемого гуф", т.е. Малхут, "и не вносит в него один дух источника жизни, называемый "всё", и это Есод. "И это скрытый смысл сказанного: "Но превосходство земли – во всём"[478]. Это "всё" является духом (руах) для этого тела (гуф)"».

559) «"Подобно этому, человек в этом мире – это тело, а дух, властвующий в нем, подобен высшему духу, называемому "всё (коль)", который властвует над высшим телом (гуф)", Малхут. "И этот дух в теле человека называется "всякая плоть (коль басар)"[477]. И об этом сказано: "Пусть явится всякая плоть, чтобы преклониться предо Мной, – сказал Творец"[477]. Об этом блаженстве сказано: "Глаз, который не видел иных божеств, но лишь Тебя, даст Он уповающему на Него"[474]».

560) «Радовались товарищи в пути. Когда подошли к одной горе, обратился рабби Хия к погонщику ослов: "Как имя твое?" Сказал ему: "Ханан (милующий)". Сказал ему: "Творец помилует тебя и услышит голос твой в час, когда ты вознуждаешься в Нем". Сказал рабби Йоси: "Конечно, ибо зашло солнце, а здесь, за этой горой, есть одна деревня по имени твоему, потому что деревня называется Ханан, заночуем там ради славы имени твоего". Когда пришли туда, они зашли на постоялый двор, и накрыли пред собой стол разными видами еды. Сказал рабби Хия: "Конечно, этот стол подобен будущему миру, и мы должны вознести достоинства этого стола и найти его в речениях Торы"».

---

[477] Пророки, Йешаяу, 66:23. «И будет, в каждое новомесячье и в каждую субботу пусть явится всякая плоть, чтобы преклониться предо Мной, – сказал Творец».

[478] Писания, Коэлет, 5:8. «Но превосходство земли во всем – это царь при возделанном поле».

ГЛАВА ТРУМА

Центр мира

561) «Провозгласил рабби Йоси и сказал: "И будешь есть и насыщаться, и благословлять Творца Всесильного своего за землю добрую, которую дал Он тебе"[479]. Спрашивает: "Если мы благословляем на земле Исраэль, то откуда нам известно, что и за пределами земли?" – нужно благословлять. "Ведь следует" из сказанного, "что в таком виде", за пределами этой земли "не нужно благословлять?" И отвечает: "Однако когда Творец создавал мир, Он разделил его, расположив место поселения в одной стороне, а место разрушения – в другой стороне. И Он разделил место поселения, разместив мир вокруг одной точки. И что она собой представляет? Это святая земля, потому что святая земля является центром мира, и в центре святой земли – Йерушалаим. А центр Йерушалаима – это Храм святая святых. И всё благо и всё питание всего поселения нисходит туда свыше, и нет у тебя места во всем поселении, которое не питалось бы оттуда"».

562) «"Разделил место разрушения, и тогда нет сильного разрушения во всем мире, за исключением пустыни, силу и мощь которой сокрушали Исраэль сорок лет. Как сказано: "И провел Он тебя по пустыне великой и страшной"[480]. В пустыне господствует ситра ахра, и насильно", вопреки ее желанию, "шли по ней Исраэль, сокрушая силы ее сорок лет. И если бы Исраэль были праведниками в течение этих сорока лет, они бы прогнали ситру ахра из мира. Но, поскольку гневили Творца каждый раз, укрепилась ситра ахра, и все они попали там под ее власть"».

563) «"И если ты скажешь: "Как же Моше, который поднялся на ступень свою, находящуюся над всеми живущими в мире, умер там?" И отвечает: "Это не так, так как Моше не находился во власти ее", ситры ахра, "но только лишь на горе Аварим. "Аварим" означает "спор"», как в сказанном: «Ярость и негодование»[481], «"поскольку спорили из-за нее высшие правители

---

[479] Тора, Дварим, 8:10. «И будешь есть и насыщаться, и благословлять Творца Всесильного своего за землю добрую, которую дал Он тебе».

[480] Тора, Дварим, 8:15. «И провел Он тебя по пустыне великой и страшной, где змей ядовитый и скорпион, где жажда и нет воды, извлек для тебя воду из скалы кремнистой».

[481] Писания, Псалмы, 78:49. «Послал Он на них пыл гнева Своего, ярость и негодование, и бедствие, нашествие посланцев злых».

наверху", желая властвовать над этой горой, "но она не передавалась в руки иного ставленника и правителя, и это продолжалось до тех пор, пока не пришел Моше, верный раб, и не стал властвовать над ней. И он был похоронен там, и никто не занимался его похоронами, кроме Творца, как сказано: "И похоронил его в долине"[482]».

564) Спрашивает: «"Сказано: "И похоронил его"[482]. Кто?" похоронил его. И отвечает: "Тот, о ком написано без уточнения: "А Моше сказал Он"[483], и не сказано, кто это. Также и здесь: "И похоронил его"[482], и не сказано, кто это. Но это место, безусловно, известно товарищам", что это Шхина, называемая местом, так как в любом месте, где сказано без уточнения, это Шхина.[484] "Поэтому никто не властвовал над этой горой, кроме самого Моше, и он похоронен там. И поскольку знали все другие поколения мира, что эти умершие в пустыне восстанут" к возрождению из мертвых, "поместил Творец среди них их пастыря, чтобы все они были при пробуждении существования для будущего мира"».

565) «"И если ты скажешь, что ведь эта пустыня является силой ситры ахра, как же повелел Творец отсылать козла к другой горе, которая называется Азазель, им же следовало отсылать его к той горе, которую проходили Исраэль в пустыне?", ибо там место, где действует сила ситры ахра. И отвечает: "Но поскольку уже шли по ней Исраэль сорок лет, сокрушилась сила ее, и ее сила окрепла в том месте, по которому никогда не проходил человек. Однако в месте горы", расположенной в пустыне, к которой шли Исраэль, "находилось поселение Исраэля сорок лет"».

566) «"Но в отношении этого козла, то место", куда посылают его, – "это высшая могучая скала, и там, под глубиной этой скалы, куда не может войти человек", ситра ахра "властвует сильнее, чтобы пожирать свою жертву. И тогда она устраняется из Исраэля, и не будет над ними обвинителя в месте поселения"».

---

[482] Тора, Дварим, 34:6. «И похоронил его в долине, в стране Моав, напротив Бейт-Пеора, и никто не знал места погребения его до сего дня».

[483] Тора, Шмот, 24:1-2. «А Моше сказал Он: "Взойди к Творцу, ты и Аарон, Надав и Авиу, и семьдесят старейшин Исраэля, и поклонитесь издали. И подступит Моше один к Творцу, они же не подступят; а народ не взойдет с ним"».

[484] См. Зоар, главу Бешалах, п.350.

567) «"Правление веры находится в центральной точке всей святой земли, в Храме святая святых, и хотя теперь он не поддерживается", вместе с тем, благодаря ему питается весь мир. Пища и питание выходят оттуда для всех в любое место стороны поселения. Поэтому, хотя Исраэль находятся вне пределов святой земли, все же, благодаря силе и достоинству этой земли есть пища и питание в мире. Поэтому сказано: "И будешь благословлять Творца Всесильного своего за землю добрую, которую дал Он тебе"[479]. "За землю добрую"[479], конечно, ведь благодаря ей есть пища и питание в мире"».

568) «"Тот, кто наслаждается за своим столом, получая удовольствие от яств, должен помнить и беспокоиться о святости святой земли, и о Храме Царя, который разрушен. Скорбь, испытываемая им за столом его там, во время радости и пиршества, засчитывается ему Творцом, словно он отстраивал Храм Его, и отстраивал все разрушения Святилища. Благословенна участь его"».

ГЛАВА ТРУМА

Чаша благословения

569) «"Чаша благословения может быть лишь среди троих", которые ели, как один, "ибо она благословляется от трех праотцев", то есть Малхут, называемая чашей благословения, благословляется от ХАГАТ Зеир Анпина, называемых праотцами. "Поэтому чаше требуется не иначе, как три. Чашу благословения необходимо вкладывать в правую" руку "и левую, и принимать ее между обеими, поскольку" Малхут "находится между правой и левой" линиями Зеир Анпина. А затем нужно оставить ее только на правой руке, ибо оттуда она благословляется"», т.е. от света хасадим, находящегося в правой линии Зеир Анпина.

570) «"Десять вещей сказано о чаше благословения, и все они как должно быть, поскольку исправлений чаши благословения", Малхут, "десять", т.е. десять сфирот. "И уже установили товарищи,[485] что на чашу благословения необходимо направлять взор очей, потому что сказано: "Глаза Творца Всесильного твоего на ней"[486] – (направлены) на землю, Малхут, называемую чашей благословения, "и нельзя отводить от нее взор, но необходимо смотреть на нее"».

571) «"Чаша благословения благословляется во время произнесения человеком над ней благословения Творцу, поскольку она – свойство веры", т.е. Малхут. "И необходимо беречь ее высшим хранением, словно она – величие Царя, ведь благодаря ей благословляется этот стол во время благословения на пищу, которое этот человек произносит"».

572) «"Стол человека не должен быть пустым, ибо благословение не пребывает над пустым столом, как мы объясняли сказанное: "Скажи мне, что есть у тебя в доме?"[487]. И поэтому стол не должен выглядеть пустым, потому что высшие благословения пребывают лишь в месте совершенства. И это тайный

---

[485] См. Зоар, главу Экев, п. 57. «Девятое исправление – "чаша благословения". Десять действий мы изучаем в исправлении "чаша благословения"...»
[486] Тора, Дварим, 11:12. «Земля, о которой Творец Всесильный твой печется, – непрестанно глаза Творца Всесильного твоего на ней, от начала года и до конца года».
[487] Пророки, Мелахим 2, 4:2. «И сказал ей Элиша: "Что мне сделать для тебя? Скажи мне, что есть у тебя в доме?" И сказала она: "Нет у служанки твоей в доме ничего, кроме кувшинчика масла"».

смысл сказанного: "И в сердце всякого мудрого сердцем вложил Я мудрость"[488], т.е. после того, как он совершенен в мудрости, дают ему мудрость. "И также: "Дает мудрость мудрым"[489]. И об этом тайна стола для личного хлеба (лехем паним)", что он не бывает пустым, как сказано: «И возлагай на стол личной хлеб предо Мною всегда"[490]».

---

[488] Тора, Шмот, 31:6. «И вот, Я назначил к нему Аолиава, сына Ахисамаха, из колена Данова, и в сердце всякого мудрого сердцем вложил Я мудрость, и они сделают все, что Я повелел тебе».

[489] Писания, Даниэль, 2:20-21. «И заговорил Даниэль, и сказал: "Да будет благословенно имя Творца во веки веков, ибо мудрость и сила – у Него! Он меняет времена и сроки, свергает царей и возносит их, дает мудрость мудрым и знание – способным понимать"».

[490] Тора, Шмот, 25:30. «И возлагай на стол личной хлеб предо Мною всегда».

ГЛАВА ТРУМА

Светильник-шекели-месяц
(Раайа Меэмана)

573) «"Танаи́м (мудрецы Мишны) и амораи́м (мудрецы Гмары), соберитесь все, ибо настал час установить все принадлежности (келим) Царя, светить, чтобы они установились пред Ним. И это Скиния, светильник, стол, жертвенник, умывальник и основание его, ковчег, завеса и херувимы. И всё устанавливалось "по шекелю", как выяснится далее, и поэтому повелел Он Исраэлю: "Это пусть дадут они"[491]».

574) «Встал один из танаим и сказал: "Верный пастырь (Моше), конечно же, это так, и тебе повелел Он сделать всё, как сказано: "И сделай светильник"[492], "И сделай стол"[493]. И так всё – "смотри и делай"[494]. И из всего этого тебе ничего не было трудно, кроме трех вещей, записанных в буквах имени твоего, Моше (משה), и это светильник (менора מנורה), шекели (шкалим שקלים) и месяц (а-ходеш החודש). Почему тебе это было трудно?"»

575) «Ответил ему: "Старик, старик! Вы учите той трудности, которую я испытал в сказанном: "Чеканной работы будет сделан светильник"[492]». Ибо «будет сделан светильник»[492] означает, что будет сделан сам по себе, т.е. Моше не мог сделать его. «"Конечно, кли Творца – это Шхина, и она – кли для служения Мужу своему", Зеир Анпину, "и она – светильник Его, как сказано о ней: "Семь раз в день я восхваляю Тебя"[495]. И это "величие (гдула) и могущество (гвура), и великолепие (тиферет), и

---

[491] Тора, Шмот, 30:13. «Это пусть дадут они, всякий, переходящий к сочтенным: половину шекеля по шекелю священному; двадцать гер в шекеле, половина такого шекеля – возношение Творцу».

[492] Тора, Шмот, 25:31. «И сделай светильник из чистого золота; чеканной работы будет сделан светильник, его основание и его ствол; его венчики, его завязи и его цветы из него будут».

[493] Тора, Шмот, 25:23. «И сделай стол из дерева шитим: два локтя его длина, и локоть его ширина, и полтора локтя его высота».

[494] Тора, Шмот, 25:40. «Смотри и делай по их образцу, какой тебе показан на горе».

[495] Писания, Псалмы, 119:164. «Семь раз в день я восхваляю Тебя за справедливые законы Твои».

вечность (нецах), и красота (ход)"⁴⁹⁶, основа (есод) и царство (малхут), и она состоит из семи"».

576) «"Из семи этих ступеней состоит светильник. "Три ветви светильника с одной стороны"⁴⁹⁷ – это гуф", Тиферет, "и две руки Царя", Хесед и Гвура, "он", Малхут, – "это свеча заповеди, чтобы светить в них", и она четвертая по отношению к ним. "И три ветви светильника с другой стороны"⁴⁹⁷ – это две ноги", Нецах и Ход, и брит (союз)", Есод. "А он", Малхут, – "это западная свеча, чтобы светить в них"». То есть Малхут в двух состояниях – четвертая, после ХАГАТ, и тогда она в свойстве «два больших светила», и она – седьмая, после НЕХИ, когда получает от Есода.⁴⁹⁸ «"Светильником Царя называется" Малхут, "и это свеча, чтобы светить ею свече заповеди", четвертой по отношению к ХАГАТ, как мы уже сказали, и оттуда она получает Хохму,⁴⁹⁸ "о которой сказано: "Заповедь Творца чиста, освещает очи"⁴⁹⁹», и это Хохма, называемая светом очей.

577) «"А рош этого светильника – это Бина, верхняя "хэй ה", т.е. ГАР Бины, высшие Аба ве-Има, "и есть у него", в ее ЗАТ, ИШСУТ, "три ветви в виде буквы "хэй ה", и это три "вав ו", и это три праотца", ХАГАТ. "Вторая "хэй ה" – у нее есть вторые три ветви в этом виде "хэй ה", и это Нецах, Ход и Есод. "Вав ו" – это середина светильника", т.е. Зеир Анпин, "и это сын "йуд-хэй יה", ибо Зеир Анпин – это средняя линия, согласующая две линии Бины между собой. "По имени его она называется Бина"», ибо Бина (בינה) – это буквы «сын йуд-хэй יה». «"Он", Зеир Анпин, "включает шесть стволов внизу", на своем месте, "по числу букв "вав ו", содержащихся в шести его ветвях"».

Объяснение. Когда Зеир Анпин поднимается в ИШСУТ, т.е. ХАГАТ НЕХИ Бины, они светят ему в свойстве этого светильника, где ХАГАТ – это три правые ветви, образующие первую «хэй ה» де-АВАЯ (הויה), а Зеир Анпин – он после них и получает от

---

⁴⁹⁶ Писания, Диврей а-ямим 1, 29:11. «Тебе, Творец, величие и могущество, и великолепие, и вечность, и красота, ибо всё на небе и на земле – Тебе! Тебе царство, и превознесен Ты над всеми!»

⁴⁹⁷ Тора, Шмот, 25:32. «И шесть ветвей выходят из его боков: три ветви светильника с одной стороны и три ветви светильника с другой стороны».

⁴⁹⁸ См. Зоар, главу Берешит, часть 1, п. 117. «Малхут (правление) дома Давида установилась в четвертый день…»

⁴⁹⁹ Писания, Псалмы, 19:9. «Повеления Творца справедливы, веселят сердце, заповедь Творца чиста, освещает очи».

них. И это – «вав ו» де-АВАЯ (הויה), средняя линия. А НЕХИ – это вторая «хэй ה» имени АВАЯ (הויה), и они светят ему с левой стороны. И имя АВАЯ делится на Абу ве-Иму, т.е. ГАР Бины, обозначаемые буквой «йуд י» де-АВАЯ (הויה), и на ИШСУТ, ЗАТ Бины и «хэй-вав-хэй הוה» де-АВАЯ. И известно, что когда Малхут поднялась в Бину, в виде «йуд י», которая вошла в свет Бины, сократился свет (ор אור) и стал «воздухом (авир אויר)». Хотя во время гадлута Бины она (Малхут) снова опускается на свое место, но это говорится только об ИШСУТ, а не о высших Абе ве-Име, в которых Малхут осталась постоянной и не выходит из их «воздуха (авир אויר)» никогда, как объяснялось ранее.[500] И она становится Малхут Абы ве-Имы, т.е. свойством «йуд י» де-АВАЯ (הויה). И известно, что Малхут высшего – это Кетер для нижнего. Таким образом, эта Малхут стала Кетером его, в тайне сказанного: «Добродетельная жена – венец мужу своему»[501], поскольку она является Кетером для ИШСУТ.[502] И с помощью этого выяснится все последующее.

578) «"Йуд י", "добродетельная жена – венец мужу своему"[501], т.е. она – венец книги Торы", Зеир Анпина, "в виде буквы "заин ז"», и это «йуд י» над «вав ו», т.е. корона (кетер) над «вав ו», над Зеир Анпином, «"со стороны будущего мира", Бины, "не является она", Малхут, "кли по отношению к нему, и служит ему лишь венцом на голове его", как объяснялось в предыдущем пункте. "Однако в этом мире", т.е. Малхут в собственном свойстве, на своем месте, "она в виде "хэй-вав-хэй-йуд הוהי", и это сочетание указывает, "что она – кли под ним, и она "служение ему в каждой его сфире и в каждом его органе, и в каждой его мере"». То есть эта Малхут служит Зеир Анпину для раскрытия всех свойств Зеир Анпина, называемых «сфира», «орган», «мера».

579) «"И поэтому эта "йуд י", Малхут, "иногда находится под" Зеир Анпином, "а иногда над рош его, а иногда посередине". И объясняет: "Над рош его"», это «йуд י» «"АВАЯ (הויה), как сказано: "Камень, отвергнутый строителями, стал

---

[500] См. Зоар, главу Берешит, часть 1, п. 308. «Теперь выясняется различие между зивугом высшего мира Бины и зивугом нижнего мира Бины. И говорится, что высший мир опускается в нижний мир...»

[501] Писания, Притчи, 12:4. «Добродетельная жена – венец мужу своему, и как гниль в костях его – позорящая».

[502] См. «Учение десяти сфирот», часть 13, п. 20.

краеугольным"⁵⁰³. И это означает сказанное: "Чтобы возжигать лампаду постоянно"⁵⁰⁴, т.е. "йуд י" над АВАЯ (הויה) со стороны светильника"», т.е. Аба ве-Има над ИШСУТ, когда Малхут Абы ве-Имы – это Кетер для Зеир Анпина, со стороны подъема его в ИШСУТ, когда он устанавливается в свечении светильника.⁵⁰⁵

«"Посередине", Зеир Анпина, "она половина шекеля", т.е. она большая, как и он, и оба они – это две половины гуф (тела). И Зеир Анпин – это правая половина Бины, а Малхут – левая половина Бины, и тогда она называется половиной шекеля. "И это означает сказанное: "Это пусть дадут они... половину шекеля по шекелю священному"⁴⁹¹. И она – в виде "хэй-вав-йуд-хэй הויה"», где «йуд י» находится посередине после «вав ו» и перед второй «хэй ה», и она – НЕХИ, поскольку получает тогда от ХАГАТ Зеир Анпина, «вав ו», в свойстве «четвертая по отношению к праотцам».

«"В конце" Зеир Анпина, "в Скинии, она в виде "хэй-вав-хэй-йуд הוהי"», т.е. она опустилась под Есод, который во второй «хэй ה». И установилась там как полный парцуф. «"Как сказано: "Пять локтей длина"⁵⁰⁶ – это со стороны первой "хэй ה", "и пять локтей ширина"⁵⁰⁶ – со стороны нижней "хэй ה". И локоть – это "вав ו", Зеир Анпин. "А половина локтя – это "йуд י", т.е. Малхут, находящаяся в конце. И всё это указано относительно буквы "вав ו"», Зеир Анпина: либо она – Кетер его, либо в середине его, либо в конце.

580) «"И это смысл сказанного: "Я первый и Я последний, и кроме Меня нет Всесильного"⁵⁰⁷». «Я первый»⁵⁰⁷ – это Малхут в то время, когда она является Кетером над рош Зеир Анпина. «Я последний»⁵⁰⁷ – в то время, когда она точка в конце Зеир Анпина. «И кроме Меня нет Всесильного»⁵⁰⁷ – в то время, когда

---

⁵⁰³ Писания, Псалмы, 118:22. «Камень, отвергнутый строителями, стал краеугольным».

⁵⁰⁴ Тора, Ваикра, 24:2. «Вели сынам Исраэля, и возьмут тебе масла оливкового чистого, битого, для освещения, чтобы возжигать лампаду постоянно».

⁵⁰⁵ См. выше, п. 577.

⁵⁰⁶ Тора, Шмот, 27:1. «И сделай жертвенник из дерева шитим: пять локтей длина и пять локтей ширина, четырехугольным будет жертвенник, и три локтя его высота».

⁵⁰⁷ Пророки, Йешаяу, 44:6. «Так сказал Творец, Царь Исраэля и Избавитель его, Творец воинств: "Я первый и Я последний, и кроме Меня нет Всесильного"».

она в середине Зеир Анпина, четвертая по отношению к праотцам, после ХАГАТ. «"И обозначается этим именем "**йуд**-вав-далет יוד" "**хэй**-йуд הי" "**вав**-йуд-вав ויו" "**хэй**-йуд הי"». Здесь есть «йуд י» в начале (в рош), «йуд י» посередине «хэй-вав-йуд-хэй הויה», и «йуд י» в конце, после «хэй ה». «"И в любом имени, где властвует "хэй ה" над "йуд י", – это Нуква с левой стороны. И хотя со стороны буквы "йуд יוד" она в начале (рош) имени", т.е. свойство захар, вместе с тем, "поскольку после двух "хэй ה" имени она находится в конце, т.е. "хэй-йуд הי" "хэй-йуд הי", то в соответствии с большинством случаев она свойство нуква. Однако "йуд י", которая находится над "хэй ה", – это Кетер. Под "хэй ה" она – служение, и тем более, после "вав ו"».

581) «"И поскольку я не делаю сокращения и разъединения в высшем единстве", которое в Бине, "и всё является одним единством, вместе с тем трудно было мне сделать" три вещи – светильник, шекели, месяц, являющиеся свойством Малхут. И светильник – в свойстве Кетер Зеир Анпина, а в шекелях и месяце – это свойство середины его. "И Творец, знающий все мысли, сказал: "После того, как это будет уготовано во благо, чтобы не делать сокращения и разделения", поэтому "будет сделан светильник"[492] сам по себе, подобно Шхине, которая будет сделана самим Творцом без разделения. Об остальных принадлежностях Скинии, в которой Шхина – это служение", т.е. в конце Зеир Анпина, сказано: "И сделал Бецалель"[508]». И не было необходимости, чтобы была сделана сама по себе.

Объяснение. Шхина находится в свойстве Кетера Зеир Анпина только лишь с помощью ее подъема в Бину, в свойстве «йуд י», которая вошла в свет (ор אור), и уменьшился свет, став воздухом (авир אויר).[509] Это уменьшение является сокращением ГАР Бины, и поэтому не мог Моше это сделать, ибо не мог произвести сокращение наверху, в Бине. И также свойство Малхут, когда она в середине Зеир Анпина, в свойстве «полсвина шекеля», и также – «месяц». Тогда Малхут является частью гуф и отделяется от Зеир Анпина, поскольку она – Хохма без хасадим. И поэтому Моше не мог произвести разделения между Зеир Анпином и Малхут. И это означает, что будет сделана сама по себе, – посредством Зеир Анпина. Однако остальные

---

[508] Тора, Шмот, 37:1. «И сделал Бецалель ковчег из дерева шитим: два с половиной локтя его длина, и полтора локтя его ширина, и полтора локтя его высота».

[509] См. выше, п. 577.

принадлежности (келим), находящиеся в Скинии, в которых Малхут находится в конце Зеир Анпина, и она – служение ему, нет там сокращения и разделения, а наоборот, она является свойством единства, и поэтому Бецалель мог сделать ее.

582) «"И в любом месте, где нижняя Шхина является венцом над средним столпом", Зеир Анпином, "это в то время, когда она берется от Бины, являющейся будущим миром"», т.е. в то время, когда Малхут поднимается в Бину в свойстве «йуд י», которая входит в «воздух (авир אויר)»,[509] – «"и тогда, конечно, человек не знает о Творце и обо всех свойствах Его"», из-за того, что Бина уменьшилась до ВАК, "пока не войдет в те врата, о которых сказано: "Вот врата Творца"[510], т.е. "в букву "ламед ל"», указывающую на «башню, парящую в воздухе»[511], т.е. что «йуд י», которая вошла в «авир (воздух אויר)», снова вышла оттуда, и тогда возвращаются ГАР Бины и Зеир Анпина, и тогда есть знание в свойстве Даат.[512]

583) В состоянии, когда она находится в середине Зеир Анпина, «"она состоит из всех сфирот и всех букв произносимых и скрытых имен"», ибо она получает от всех них, и они включаются в нее. А в состоянии, когда она в конце Зеир Анпина, "она является точкой под каждой буквой, т.е. она – служение под мужем своим"», Зеир Анпином, ибо там она выстраивается для зивуга с Зеир Анпином. А в состоянии, "когда она – венец на голове" Зеир Анпина, "то она со стороны таамим", находящихся над буквами. И объясняет: "Она – точка, как, например, точка сэгол под коленями Царя", т.е. под НЕХИ Зеир Анпина, называемыми коленями. "Как сказано: "А земля – подножие ног Моих"[513], т.е. Малхут, которая называется землей, и она находится посередине" с Зеир Анпином, "и называется тогда половиной шекеля, половиной гуф, как объяснено выше.[514] В точке шурук"», т.е. мелафум, когда она посередине «вав ו»,

---

[510] Писания, Псалмы, 118:20. «Вот врата Творца, праведники войдут в них».
[511] Вавилонский Талмуд, трактат Хагига, лист 15:2.
[512] См. Зоар, главу Берешит, часть 1, п. 33. «Когда от Арих Анпина есть первая точка, "йуд י", его "свет (ор אור)" раскрывается над ней...»
[513] Пророки, Йешаяу, 66:1. «Так сказал Творец: "Небо – престол Мой, а земля – подножие ног Моих. Что это за дом, который вы (можете) построить Мне, и где место покоя Моего?"»
[514] См. п. 579

«"и она – венец на его голове (рош) со стороны" знака (таам), называемого "сэгу́льта"», который находится над буквами.

584) «"Когда направляют и приближают" Малхут к Бине, называемой "шофар", то она "идет" и становится "сэгульта" де-тэамим. "И в это время, когда она корона (кетер) на голове (рош) Царя", Зеир Анпина, как объяснено выше, и это смысл сказанного: "Корону дадут Тебе, Творец Всесильный наш", тогда она известна в том, о котором сказано: "Не исследуй Того, кто выше тебя, и не ищи Того, кто скрыт от тебя"[515]. Это высшие Аба ве-Има, исследование и объяснение которых запрещено. Малхут включается в них и становится их Малхут,[509] и в ней познается, что Он – "первый"[507] наверху, в Кетере, когда она – сэгульта", когда она над буквами. "И Он – "последний"[507] в сэголе", когда она под буквами. "И кроме Него "нет Всесильного"[507] – в шуруке", находящемся в середине букв, и тогда она светит свечением Хохмы, как мы уже сказали, "И всё познается в ней"».

585) «"Того, кто прилепляется" к Малхут, "находясь ниже" букв, "она поднимает его наверх", ибо оттуда она выстраивается к зивугу паним бе-паним с Зеир Анпином. "А того, кто желает подняться над ней, чтобы постичь ее наверху", над буквами, "она унижает его, делая ниже себя, и нет у него удела в ней". Ибо когда она наверху, в высших Абе ве-Име, нет в ней постижения. "И поскольку Яаков известен в ней", как ее свойство под буквами, "он обучал ей своих сыновей, и наказал им не желать подняться на ступень выше нее, так как она – это всё", т.е. она включает всех "сверху, снизу и посередине. И это означает сказанное: "И это (зот) то, что сказал им отец их"[516]», – т.е. Малхут, называемая «зот», о которой отец наказал им не подниматься выше нее.

586) «"Пророк, который знал ее, воззвал и сказал владеющим Торой и мудрецам Торы, что они богаты ею, т.е. рады своей участи", так как радующийся своей участи – богат. "Воззвал к ним и сказал: "Так сказал Творец: "Пусть не хвалится мудрый мудростью своей... и пусть не хвалится богатый богатством своим, но хвалящийся пусть хвалится лишь тем (бе-зот), что он

---

[515] Вавилонский талмуд, трактат Хагига, лист 13:1.
[516] Тора, Берешит, 49:28. «Вот все колена Исраэля, двенадцать. И это то, что сказал им отец их, и благословил их, – каждого своим благословением благословил он их».

разумеет и знает Меня"⁵¹⁷», – лишь Малхут, называемой «зот», но не выше нее. «"Давид, знавший ее, сказал: "Если выступит против меня стан, не устрашится сердце мое; если нагрянет война – на Него (бе-зот) я уповаю"⁵¹⁸. А Йермияу видел продолжительность изгнания, и Сама, и змея, и всех правителей семидесяти народов, обрушивающихся на Исраэль десятками тысяч десятков тысяч (рибо ревавот), и видел изречение, сказанное Творцом: "Но при всем том, в их пребывание на земле их врагов Я ими не пренебрег и их не отверг"⁵¹⁹. Сказал пророк: "Такое (зот) приму я к сердцу, потому и надеяться буду"⁵²⁰» – из-за того, что Малхут, называемая «зот», находится с ними в изгнании, поэтому надеется он на избавление. «"И не обратилось его сердце также и к этому (ле-зот)"⁵²¹, сказано о нем: "А глупец не поймет этого (эт-зот)"⁵²². И также сказано: "А это (ве-зот) для Йегуды. И сказал он: "Услышь, Творец, голос Йегуды"⁵²³ – ведь за то, что Йегуда соблюдал наказанное отцом его, он удостоился царства. И Давид благодаря ей взошел на царство, поскольку все дни свои заботился о ней"», чтобы исправить ее.

587) «"Сказал великий светоч", рабби Шимон, "верному пастырю (Моше): "О ней сказано: "И вот (ве-зот) учение (Тора), которое изложил Моше"⁵²⁴. Ею ты светил Исраэлю в час своей смерти, ею благословил ты Исраэль в каждом из колен, как сказано: "И вот (ве-зот) благословение, которым благословил

---

⁵¹⁷ Пророки, Йермияу, 9:22-23. «Так сказал Творец: "Пусть не хвалится мудрый мудростью своей и пусть не хвалится сильный силою своей, пусть не хвалится богатый богатством своим. Но хвалящийся пусть хвалится лишь тем, что он разумеет и знает Меня, что Я – Творец, творящий милосердие, правосудие и справедливость на земле, ибо лишь это желанно Мне", – сказал Творец».

⁵¹⁸ Писания, Псалмы, 27:3. «Если выступит против меня стан, не устрашится сердце мое; если нагрянет война – на Него я уповаю».

⁵¹⁹ Тора, Ваикра, 26:44. «Но при всем том, в их пребывание на земле их врагов Я ими не пренебрег и их не отверг, чтобы истребить их, нарушая союз Мой с ними; ибо Я Творец Всесильный их».

⁵²⁰ Писания, Мегилат Эйха, 3:21. «Такое приму я к сердцу, потому и надеяться буду».

⁵²¹ Тора, Шмот, 7:23. «И повернулся Фараон и пошел в свой дом, и не обратилось его сердце также и к этому».

⁵²² Писания, Псалмы, 92:7. «Невежда не познает, а глупец не поймет этого».

⁵²³ Тора, Дварим, 33:7. «А это для Йегуды. И сказал он: "Услышь, Творец, голос Йегуды и к народу его приведи его; руками своими сражается за себя, но Ты будь помощью ему от врагов его"».

⁵²⁴ Тора, Дварим, 4:44. «И вот учение, которое изложил Моше пред сынами Исраэля».

Моше"[525]. И поэтому пояснили товарищи, авторы Мишны, сказав: "Вот (зот) учение: если человек умрет в шатре"[526]. Спрашивается об этом: "Что значит: умрет в шатре"[526]? Воплощается Тора лишь в том, кто умерщвляет себя ради нее. И нет иной смерти, кроме бедности, ибо бедный – всё равно, что мертвый"».

588) Малхут – «"это жертвоприношение, поднимающееся и опускающееся. Со стороны "богатого" она, безусловно, поднимается, так как она возвышается над ним. Ибо все "богатые" всё то благо, которое они делают, всё это – в заслугу им, ради будущего мира, и там она – венец над их головой". И это в состоянии, когда она Кетер над Зеир Анпином. "Средний" – работающий, чтобы удостоиться двух миров", т.е. также и этого мира. "И она с ним – "половина шекеля" в будущем мире. Как в примере с мацой, которая делится: половина ее кладется под салфетку в качестве афикомана после трапезы, а половина предназначается в качестве мацы, которая съедается перед основной трапезой. И с этой стороны сказано об Эстер: "Какое желание твое? И будет оно исполнено. И в чем просьба твоя? Хоть полцарства проси, и выполнено будет"[527]». И это в состоянии, когда она посередине Зеир Анпина, в свойстве точки шурук.

Пояснение сказанного. Известно, что вначале Малхут находится в состоянии «два больших светила», наравне с Зеир Анпином, когда оба они представляют собой две половины тела (гуф), так как Зеир Анпин получает хасадим от правой линии Бины, а Малхут получает Хохму без хасадим от левой линии Бины, и тогда светит также и внешней части, т.е. этому миру. И тогда она считается половиной шекеля свойства Хохмы без хасадим, и четвертой относительно ХАГАТ, поскольку стоит в середине Зеир Анпина, от хазе и выше. А затем уменьшилась Малхут до точки под Есодом Зеир Анпина, и тогда у нее есть только хасадим без Хохмы, и называется она половиной шекеля

---

[525] Тора, Дварим, 33:1. «И вот благословение, которым благословил Моше, человек Всесильного, сынов Исраэля перед смертью своей».

[526] Тора, Бемидбар, 19:14. «Вот учение: если человек умрет в шатре, то всякий, кто войдет в шатер, и всё, что в шатре, нечисто будет семь дней».

[527] Писания, Мегилат Эстер, 5:6. «И сказал царь Эстер, когда они пили вино: "Какое желание твое? И будет оно исполнено. И в чем просьба твоя? Хоть полцарства проси, и выполнено будет"».

свойства хасадим без Хохмы, и светит только внутренней части, свойству «будущий мир», а не внешней – свойству «этот мир».[528]

И это смысл сказанного: «"Средний" – работающий, чтобы удостоиться двух миров», – т.е. вначале он притягивает Малхут в состоянии «два больших светила», и тогда она светит внешней части, свойству «этот мир», и затем притягивает ее в состоянии после уменьшения, когда она опустилась в окончание Зеир Анпина, в точку под Есодом Зеир Анпина, и тогда она светит только внутренней части, свойству «будущий мир». И это означает сказанное: «И она с ним – "половина шекеля" в будущем мире», – т.е. тогда она «половина шекеля» свойства хасадим без Хохмы, светящего только внутренней части. И это – то, что делает ее подобной маце, которая разделена перед трапезой для съедания мацы, и это «половина шекеля» от Хохмы без хасадим, а половина ее – после трапезы, для афикомана, т.е. «половина шекеля от хасадим без Хохмы. И это означает: «Хоть полцарства проси, и выполнено будет»[527]. Ведь невозможно притянуть две части Малхут вместе, а только одну за другой. И не может существовать высшая половина Малхут, поскольку ей недостает Хохмы. И поэтому может существовать только нижняя половина Малхут, находящаяся под Есодом Зеир Анпина. И знай, что все, о чем говорится здесь, это о свойстве ГАР Хохмы, которое не светит в нижней (половине). Но свойство ВАК Хохмы светит также и в нижней (половине). Однако свойство ВАК Хохмы не светит внешней части, т.е. свойству «этот мир».

589) «"Однако для того, кто "беден", т.е. для умерщвляющего себя ради нее, как свойственно тебе, верный пастырь (Моше), она", Малхут, "жертва, нисходящая ниже тебя" – т.е. она стала точкой под Есодом Зеир Анпина, являющегося свойством верного пастыря (Моше). "А почему? Потому что к тому, кто принижает себя ради Шхины, нисходит Творец. И об этом сказал Давид: "Ибо возвышен Творец, но униженного видит"[529]. А пророк сказал: "Ибо так говорит Возвышенный и Превознесенный, Существующий вечно и Святой имя Его: "В вышине и святости обитать буду, и с сокрушенным и смиренным духом, чтобы оживлять дух смиренных и оживлять сердце

---

[528] См. Зоар, главу Берешит, часть 1, п. 117. «Малхут (правление) дома Давида установилась в четвертый день...»

[529] Писания, Псалмы, 138:6. «Ибо возвышен Творец, но униженного видит, и высок – знает издалека».

сокрушенных"⁵³⁰. То есть, хотя Я "в вышине и святости обитать буду"⁵³⁰, но для того, кто стал угнетен и сокрушен духом во имя Шхины, дабы поднять ее из унижения", чтобы сделать "венцом для головы его, Я нисхожу, чтобы обитать с ним. И после того, как Муж Шхины", Зеир Анпин, "нисходит к человеку, она опускается из места над головой его, и отдает место головы (рош) мужу своему", Зеир Анпину, "а сама опускается к ногам Царя", т.е. под НЕХИ его, называемые ногами (раглаим). "И тайна этого: "Небо – престол Мой, а земля – подножие ног Моих"⁵³¹», т.е. Малхут, называемая землей.

590) «"С того дня, как человек обретает душу (нешама), состоящую из Творца и Шхины, с этого момента он называется сыном". Сказал один мудрец: "Разве с того дня, когда человек обретает душу, состоящую из Творца и Шхины его, он будет называться сыном, – откуда это нам известно?" Это из того, изречения, которое произнес Давид в книге псалмов: "Возвещу как закон! Творец сказал мне: "Ты – сын Мой, Я сегодня родил тебя"⁵³²». И это происходит с каждым человеком в час, когда он постигает душу (нешама).

591) «Сказал ему великий светоч, рабби Шимон: "Верный пастырь, что значит: "Я сегодня родил тебя"⁵³²?» Ведь достаточно было сказать: «Ты сын Мой, ибо Я родил тебя». «"Однако для тебя сказал Давид в духе святости: "Я сегодня родил тебя"⁵³²». Поскольку «Я» – это Шхина, а «сегодня (а-йом)» – это верный пастырь (Моше), т.е. Тиферет, как сказано: «"Ведь день этот (а-йом) еще велик"⁵³³ – именно о том, о ком сказано: "И не встал более пророк в Исраэле, подобный Моше"⁵³⁴, поэтому называется он великим днем. "Ты воплотил в Шхине "И возлюби

---

⁵³⁰ Пророки, Йешаяу, 57:15. «Ибо так говорит Возвышенный и Превознесенный, Существующий вечно и Святой имя Его: "В вышине и святости обитать буду, и с сокрушенным и смиренным духом, чтобы оживлять дух смиренных и оживлять сердце сокрушенных"».

⁵³¹ Пророки, Йешаяу, 66:1. «Так сказал Творец: "Небо – престол Мой, а земля – подножие ног Моих. Что это за дом, который вы (можете) построить Мне, и где место покоя Моего?"»

⁵³² Писания, Псалмы, 2:7. «Возвещу как закон! Творец сказал мне: "Ты – сын Мой, Я сегодня родил тебя"».

⁵³³ Тора, Берешит, 29:7. «И сказал он: "Ведь день этот еще велик, не пора собираться скоту. Напоите овец и идите, пасите"».

⁵³⁴ Тора, Дварим, 34:10. «И не встал более пророк в Исраэле, подобный Моше, которого знал Творец лицом к лицу».

Творца Всесильного твоего"[535] "всем сердцем твоим"[535] – т.е. телом (гуф), "и всей душой (нефеш) твоей"[535] – т.е. нешамой, ибо пять имен есть у нее – нешама, руах, нефеш, хая, ехида, "и всем существом твоим"[535] – т.е. всем достоянием своим. Творец и Его Шхина не отступят от тебя благодаря всему этому"».

592) «"Ты думал, что если бы даже все миры были в твоем распоряжении, ты бы отдал их ради возведения Шхины Творцом, дабы возвести Его на царство в Шхине Его, над всеми правителями народов мира, а затем – для вознесения Его и Шхины Его. Образ твой содержит все лучшие свойства и (содержится) во всех мирах, и в станах высших и нижних ангелов, и во всём Исраэле"».

593) «"Хорошую мысль Творец присоединяет к действию. И поскольку ты – сын Его, всё, о чем ты думал во имя Господина своего, Он выполнит через тебя, и ты не отойдешь от Него никогда, и будешь во всем подобен Ему. Теперь, во время изгнания, ты покидаешь людей, и я, от этого мира, призван Творцом, чтобы сказать тебе всё это. И Он повелел мне не отходить от тебя в любой момент и любой час, когда ты пожелаешь. Я и все танаи́м (мудрецы Мишны), и амораи́м (мудрецы Гмары) нашего собрания просим тебя: "Встань и заверши заповеди Господина своего"».

---

[535] Тора, Дварим, 6:5. «И возлюби Творца Всесильного твоего всем сердцем твоим и всей душой твоей, и всем достоянием твоим».

ГЛАВА ТРУМА

И пусть сделают ковчег

594) «Провозгласил и сказал: "И пусть сделают ковчег из дерева шитим"[536]. Книга Торы – это срединный столб", т.е. Зеир Анпин, "а ковчег ее – это Шхина. "Изнутри и снаружи покрой его"[537] – это Творец в Шхине Его", которая покрывает Его "снаружи и изнутри". Творец и Шхина Его – "это одно целое. Тогда как в ковчеге, который в этом мире, Тора, находящаяся внутри, представляет собой один вид, а ковчег – другой вид. Она написана чернилами, а он – дерево, покрытое золотом. И конечно, Тора дороже всего, как сказано: "Не сравнимы с ней ни золото, ни стекло"[538]».

595) «"А с другой стороны, даже по тем" Торе и ковчегу, "которые принадлежат этому миру, видно, что все это одно целое – чернила и дерево", как Творец и Шхина Его. Ибо чернила добывались от яблонь, т.е. деревьев, от наростов[539]. Получается, что книга Торы, написанная чернилами, являются вместе с ковчегом одним видом, деревом, так же как Творец и Шхина Его. "И еще, чернила", т.е. буквы, "они черные снаружи, но белые внутри. И также владеющие Торой и мудрецы, они черны в этом мире, т.е. снаружи, и красивы в будущем мире, т.е. изнутри. И поэтому чернила (дио דְיוֹ) от выражения: "Достаточно (дайо דַיּוֹ) рабу быть подобным Господину своему"[540]. "Достаточно (дайо דַיּוֹ)" – это" буквы "йуд יוֹד", а также слова "ядо יָדוֹ (рука его)", указывающие соответственно на "Хохма Бина Даат"», т.е. «йуд יוֹד», «"что человек пишет своей рукой (ядо יָדוֹ) при помощи чернил (дио דְיוֹ)"».

(До сих пор Раайа Меэмана)

---

[536] Тора, Шмот, 25:10. «И пусть сделают ковчег из дерева шитим, два с половиной локтя его длина, и полтора локтя его ширина, и полтора локтя его высота».
[537] Тора, Шмот, 25:11. «И покрой его чистым золотом, изнутри и снаружи покрой его, и сделай на нем золотой венец вокруг».
[538] Писания, Иов, 28:17. «Не сравнимы с ней ни золото, ни стекло, и не выменять ее за сосуд из червонного злата».
[539] Наросты на некоторых видах растений в виде чернильных орешков, называемых цецидии (или галлы), из которых добывалось вещество для изготовления чернил.
[540] Вавилонский Талмуд, трактат Брахот, лист 58:2.

ГЛАВА ТРУМА

Смотри и сделай по их образу

596) «Провозгласил рабби Йоси и сказал: "Об этих тайнах Скинии сказано: "Смотри и сделай по их образу"[541]. И сказано: "И возведи Скинию в таком порядке"[542]. Мы учили, что сказал Творец Моше: "Все формы и все исправления Скинии – каждое как подобает ему", и показал ему" ангела "Матата, "который служит великим коэном внутри. И если скажешь: но ведь не была возведена Скиния наверху до того дня, пока не была возведена Скиния внизу, и Матат не служил наверху, до того дня, пока не стали служить внизу, в другой Скинии?"»

597) И отвечает: «"Но именно так и было, Скиния не была возведена наверху, пока не была возведена внизу. Но Моше видел наверху образ всей Скинии, которая еще не была установлена в надлежащем порядке, пока не была возведена Скиния внизу, и видел Матата, как тот будет служить затем. И не" видел, "как тот служит, но только, как будет служить затем, а не в это время. Сказал Творец Моше: "Посмотри на Скинию и посмотри на юношу", Матата, "и всё задерживается, пока не будет возведена Скиния внизу"».

598) «"И если скажешь: в таком случае, Матат служил в Скинии наверху?", а не Михаэль. И отвечает: "Но Скиния, конечно, принадлежит Матату, а Михаэль, великий коэн, служит внутри этой Скинии Матата. Так же как служит великий коэн наверху, в другой Скинии, недоступной и нераскрытой, т.е. в будущем мире", Бине. "Это две Скинии: одна – высшая, скрытая", Бина, "другая – Скиния Матата. И это – два коэна", т.е. (два) свойства Хесед, называемого коэном, "один – первый свет", т.е. Хесед Зеир Анпина, "а другой – Михаэль, великий коэн внизу"».

---

[541] Тора, Шмот, 25:40. «Смотри и сделай по их образу, какой показан тебе на горе».
[542] Тора, Шмот, 26:30. «И возведи Скинию в таком порядке, какой был показан тебе на горе».

ГЛАВА ТРУМА

Три имени, соединенные вместе

599) «"Отсюда начинаются скрытые тайны Скинии, вышедшие из уст светила", т.е. рабби Шимона. "Высшая Скиния", т.е. Бина, "возведена на двенадцати драгоценных камнях высших органов", и это три линии и Малхут, получающая их, и каждая из этих четырех сама состоит из трех линий, вместе – двенадцать. И соединены правая с левой и левая с правой"».

600) «"Это три имени, соединенные вместе", и это Эль, Элоким, Элокейну, которые нам предстоит выяснить. "Одно входит в другое. Эль – это первое имя, и оно выстраивается в правой линии" Зеир Анпина, свойстве Хесед. И порядок следующий: "алеф א", являющаяся первой, это правая", т.е. Хесед, "и она образовалась и сформировалась в свойстве правой"», – катнут называется «образовалась», т.е. является незавершенной формой (го́лем), а гадлут называется «сформировалась». «"И когда она вошла и стала служить внутри", т.е. в Бине, называемой высшей Скинией, "соединилась с ней "ламед ל", и в свойстве ее называется Эль (אל), так как "ламед ל" вышла сверху, из святая святых"», Бины. Ибо «ламед ל» указывает на свойство «башня, парящая в воздухе»[543], Бину.

601) «"И не то, чтобы "ламед ל" образовалась там", в Бине, "но, разумеется, когда вышла оттуда, она образовалась, как и остальные буквы, которые после выхода из будущего мира", Бины, "образуются и формируются". Ведь прежде, чем буквы входят в среднюю линию, они еще сырые, но после того, как выходят оттуда к небосводу, средней линии, они затвердевают и образуются.[544] "И также эта "ламед ל", хотя и является высшей тайной"», указывающей на Бину в свойстве «башня, парящая в воздухе»[543], «"она не образовалась, пока не вышла наружу, и тогда – это имя Эль (אל), относящееся к правой линии"» Зеир Анпина.

602) «"Левая включает в себя правую и берет это имя", Эль (אל), "себе, и соединяется с ним. И когда соединилась с ним, она называется Элоким (אלהים)". И спрашивает: "Но если скажешь: ведь левая первой получает свойство будущего мира?"»

---
[543] Вавилонский Талмуд, трактат Хагига, лист 15:2.
[544] См. Зоар, главу Берешит, часть 1, п. 34.

Объяснение. Бина называется (именем) Элоким (אלהים), пять букв которого – это пять сфирот КАХАБ ТУМ. И корень трех линий правой-левой-средней – они (он) в Бине, т.е. при выходе ее мохин в порядке трех точек холам-шурук-хирик, смысл которых выяснялся ранее,[545] и посмотри там внимательно. Точка холам – это подъем оканчивающей Малхут со своего места под Хохму в Бине, т.е. под две буквы «алеф-ламед אל (Эль)» в Бине, и это Кетер и Хохма, а буквы «хэй-йуд-мем הים» Бины, т.е. ее Бина и ТУМ, падают на ступень Зеир Анпина, находящуюся под ней. И это, когда говорится о келим.

Но когда говорится о светах, то наоборот: две буквы МИ (מי) имени Элоким (אלהים), т.е. нефеш-руах, остаются на ступени Бины, а три буквы ЭЛЕ (אלה) имени Элоким (אלהים), являющиеся свойствами светов ехида-хая-нешама, падают с этой ступени. Ибо всегда существует обратный порядок в светах и келим.[546] И поэтому мы иногда делим их на «алеф-ламед אל» и «хэй-йуд-мем הים», как уже выяснялось,[547] а иногда делим на МИ (מי) и ЭЛЕ (אלה), как уже выяснялось,[548] когда в Бине есть лишь ВАК светов нефеш-руах и Кетер-Хохма келим, а отсутствуют Бина и ТУМ, и отсутствуют ГАР. И это называется точкой холам, как выяснилось там,[547] и это правая линия.

И выяснилось там,[547] что точка шурук выходит во время гадлута, в то время, когда точка оканчивающей Малхут, находившаяся под Хохмой, снова опускается оттуда на свое место, и благодаря этому поднимаются три буквы «хэй-йуд-мем הים» имени Элоким (אלהים), которые упали в место ЗОН, и возвращаются на свою ступень в Бине. И тогда снова восполняется имя Элоким (אלהים) пятью келим и пятью светами,[547] так как буквы «хэй-йуд-мем הים» снова соединяются с буквами «алеф-ламед אל». Однако буквы «хэй-йуд-мем הים», поскольку упали один раз, то, хотя и поднялись снова, они не стали полностью одной ступенью с буквами «алеф-ламед אל», оставшимися на ступени, но остались в свойстве левой линии этой ступени таким образом, что буквы «алеф-ламед אל», которые никогда не падали со ступени Бины, представляют собой правую линию, а буквы

---

[545] См. Зоар, главу Берешит, часть 1, п. 9. «Высшая точка, Арих Анпин, посеяла внутри чертога ИШСУТ три точки: холам, шурук, хирик...»
[546] Смотри «Введение в науку Каббала», п. 24.
[547] См. Зоар, главу Берешит, часть 1, п. 59.
[548] См. «Предисловие книги Зоар», статью «Мать одалживает свои одежды дочери», п. 17.

«хэй-йуд-мем היה», которые упали и вернулись, – левую, но имя Эль (אל), находящееся в правой, включилось в них. И поэтому есть в них пять букв Элоким (אלהים) целиком, и есть Эль (אל) в правой, а Элоким (אלהים) в левой. И это означает сказанное им: «Левая включает в себя правую и берет это имя себе», т.е. левая, и это «хэй-йуд-мем היה», включает в себя правую и берет себе имя Эль, содержащееся в правой, «и когда соединилась с ним, она называется Элоким (אלהים)», – потому что, когда буквы «хэй-йуд-мем היה» левой включаются в буквы «алеф-ламед אל» правой, восполняется в левой имя Элоким (אלהים).

И в то время, когда буквы «хэй-йуд-мем היה» возвращаются в Бину и становятся левой линией, они поднимают вместе с собой в Бину также и ЗОН, в которые они были облачены во время своего падения, как выяснялось ранее,[549] и это точка хирик, внимательно изучи там.[550] И вследствие этого выходит ступень хасадим на экран Зеир Анпина, который поднялся туда, и он становится средней линией, соединяющей правую и левую друг в друге. И это то, что сказано здесь: «Но если скажешь: ведь левая первой получает свойство "будущий мир"?» – поскольку начало укоренения Зеир Анпина в Бине произошло с помощью букв «хэй-йуд-мем היה», которые подняли Зеир Анпин в Бину, называемую будущим миром, и после того, как он поднялся туда, он включился также и в правую линию Бины. И, в таком случае, сначала должна была выйти левая линия в Зеир Анпине, а затем правая.

603) И отвечает: «"Всё это так, но когда выходят ступени в виде букв из будущего мира", Бины, "это имя", Элоким, "должно проявиться и выстроиться, и указывать на то место, откуда оно вышло", т.е. на тот же порядок, в котором они вышли в Бине. "И поэтому выстраивается это имя в таком порядке: вначале вышло имя "алеф-ламед אל (Эль)" в правой стороне, и включилось" затем "в левую, и берет его левая"» и соединяет со своими буквами «хэй-йуд-мем היה», «"и называется

---

[549] См. Зоар, главу Берешит, часть 1, п. 9, со слов: «После того, как ИШСУТ поднимают три своих кли ЭЛЕ, также и ЗОН поднимаются вместе с ними...»

[550] См. Зоар, главу Берешит, часть 1, п. 9, со слов: «Пояснение. После того, как эта точка, Арих Анпин, произвела в парцуфе ИШСУТ, называемом чертог, три посева холам-шурук-хирик, ИШСУТ находились в свойстве Элоким...»

Элоким (אלהים)". То есть, так же, как они вышли в Бине, так же выходят и в Зеир Анпине. "И это свойство правой", называемой Эль (אל), содержащейся "в имени Элоким (אלהים). И поэтому" получается, что "в любом месте, где есть суд, там и милосердие, ибо суд", левая, "включает его, и оно выстраивается и проявляется в нем"».

604) «"Тот, кто вышел оттуда", из Бины, "средний", в качестве средней линии Зеир Анпина, "берет оба их", т.е. имя Эль (אל) и имя Элоким (אלהים), "и восполняется, и называется Элокейну (אלהינו). Ведь здесь совершенство проявляется со стороны высшего мира", Бины, "и всё включается друг в друга"». Ибо есть здесь, в имени Элокейну (אלהינו), шесть букв: «алеф-ламед אל» – правая (линия), «хэй-йуд הי» – левая, «нун-вав נו» – средняя, и они включаются друг в друга. «"Когда эта средняя линия завершается, пребывает над ней святое имя, являющееся ключом всего, называемое АВАЯ (הויה). И тогда средний", средняя линия "берет все стороны: верх и низ", Нецах и Ход, "правую и левую", Хесед и Гвуру, "и все остальные стороны", т.е. восточную и западную. "И поэтому, когда восполняется с двух сторон", от двух линий, "правой и левой, называется Элокейну (אלהינו), т.е. в этом имени есть правая, левая и средняя линии", как мы уже сказали. "И она проявляется и выстраивается, и подобно этому буквы, которые выходят оттуда, выстраиваются и проявляются каждая из них"», как нам предстоит выяснить.

605) Спрашивает: «"Но ведь правая включилась в левую, т.е. левая берет имя правой", Эль (אל). "Но где в правую включилась левая, чтобы правая могла взять свойства левой?" И отвечает: "Однако, когда правая включилась в левую, и левая взяла имя правой, т.е. имя Эль (אל), также и правая включила в себя левую, т.е. "хэй-йуд-мем הים"».

606) Спрашивает: «"Почему так?" – как включилась правая в левую? И отвечает: "Но в час, когда выстроилось то место, из которого они вышли", т.е. в трех линиях Бины, "левая взяла две буквы"» от букв «хэй-йуд-мем הים» в левой линии Бины, «"а правая взяла одну"» из букв «хэй-йуд-мем הים» «"будущего мира", Бины. "Левая взяла две"», и это «хэй-йуд הי» от «хэй-йуд-мем הים», «"и тогда правая включила в себя левую и взяла последнюю букву"» от «хэй-йуд-мем הים», т.е. «"мем ם"». Объяснение. Ибо так в имени Элокейну (אלהינו), включающем

ГЛАВА ТРУМА

правую-левую-среднюю, как мы уже сказали, что левая линия в нем – это «хэй-йуд יה», и отсутствует «мем מ». И об этом он говорит, что имя Эль (אל) правой взяло и включило в себя эту «мем מ». «"И также взяло "йуд י", которая была в левой. "Мем מ", которую оно взяло, она с наполнением "мем-мем מם", и вместе с той "йуд י", которое взяло сверх того"», выстроились слова «мем-йуд-мем מים (маим, вода)». «"И тогда правая включает в себя левую"».

Объяснение. Конечная «мем ם» считается закрытой, так как она закрыта со всех сторон, и это указывает на застывание светов в левой линии, когда они перекрываются и не светят. И благодаря правой линии они оттаивают. Как сказано: «От свойства северной стороны, от левой линии, застывают воды, а от свойства южной стороны, правой линии, они тают и начинают течь»[551]. И это означает, что правая берет закрытую «мем ם» от левой линии, и она становится у нее открытой «мем מ», т.е. света открываются и светят. И берет также «йуд י» от левой, и образуется в нем сочетание «мем-йуд-мем מים (маим, вода)», т.е. застывшее оттаяло и течет, как вода.

---

[551] См. Зоар, главу Берешит, часть 1, п. 302.

ГЛАВА ТРУМА

Буквы

607) «"Затем выстраиваются буквы так, что "алеф א", которая была вначале в правой стороне, породила и вывела в левой стороне букву "шин ש", состоящую из трех сторон", правой, левой и средней, и поэтому есть в ней три буквы "вав ו", "и она соединилась с буквой "алеф א", и образовалось сочетание "алеф-шин שא (эш, огонь)". В левой стороне "еще зародили эти буквы вследствие ударного сочетания этих двух сторон", правой и левой, "и сошлись вместе в противодействии, так как правая состоит из воды, а левая – из огня. "И вследствие этого противодействия огня воде и воды огню, породили буквы, и вывели букву "рейш ר" и букву "вав ו", и букву "хэт ח", и они стали ветром (руах רוח). И" этот ветер (руах) "вошел между двумя сторонами", водой и огнем, и согласовал и включил их друг в друга, "и тогда установились первые буквы на своих местах, каждая в совершенстве"».

Объяснение. Вначале были выяснены три линии Зеир Анпина в общем виде. И это три имени: Эль (אל), Элоким (אלהים), Элокейну (אלהינו). А затем он начинает выяснять порядок распространения ступеней, содержащихся в мохин Зеир Анпина и Малхут в виде сочетаний букв, при нисхождении ступеней сверху вниз. И эти три свойства вода-огонь-ветер, приводимые здесь, это три линии в ГАР Зеир Анпина со стороны высших Абы ве-Имы. А затем он выясняет остальные ступени, согласно их порядку, как выяснится далее. И это означает сказанное: «И тогда установились первые буквы на своих местах», – т.е. буквы высших Абы ве-Имы, которые в мохин Зеир Анпина.

608) «"Еще зародили в себе буквы и совершили кругообращение вместе, "алеф א" вывела "мем מ", которая с ее стороны в правой, ибо она установилась в правой,[552] а теперь "алеф א" вывела ее в качестве левой линии. "Мем מ" вывела "шин ש" в качестве средней линии, поскольку "мем מ" вначале состояла из левой"», потому что была закрытой «мем ם» в имени Элоким (אלהים), что в левой (линии),[553] «"а затем включилась в правую"», т.е. взяла «алеф א» и сделала ее открытой «мем מ».[552] И таким образом, «"она восполняется в двух сторонах", в правой и левой. "И когда она восполнилась, зародили обе

---
[552] См. выше, п. 606.
[553] См. выше, п. 605.

стороны в ней и породили вместе букву "шин ש", которая включила в себя две стороны"», ибо она является средней линией, содержащей в себе правую и левую, на которые указывают три линии «шин ש».

Объяснение. Он выясняет здесь порядок распространения трех линий, и это три мохин ХАБАД Зеир Анпина от свойства ИШСУТ, и это – три буквы «алеф-мем-шин אמש», которые зародили и породили одна другую. Но необходимо понять, что означает зарождение и рождение на высших ступенях. И выше уже приведены корни трех линий, и это три точки холам-шурук-хирик. И знай, что подъем нижнего вместе с тремя упавшими келим высшего, происходящий в точке шурук, называется подъемом МАН. А экран нижнего, на который выходит средняя линия, образующаяся в точке хирик, – это сам МАН, и взаимовключение двух линий, правой и левой, посредством этого экрана, называется «зивуг (соединение)». И свечение совершенства, получаемое нижним от этого зивуга в то время, когда он находится в высшем, называется «ибур (зарождение)». А когда он выходит оттуда и опускается на свое место вместе с мохин, в виде «три выходят благодаря одному, один удостаивается всех трех»[554], это называется «лейда (рождение)». Однако нижний не получает от высшего все три точки сразу, но рождается в состоянии холам, т.е. в двух кли, Кетер и Хохма, ибо три нижних кли, Бина и ТУМ, пока еще упавшие на ступень, которая после этой. И благодаря вскармливанию со стороны высшего, он получает точку шурук. А благодаря подъему его нижнего в МАН к нему, получает все свойства точки хирик. И таким образом распространяются все ступени от высшей до нижней.

И после того, как три линии установились впервые в таком порядке, они включили в себя друг друга, и тогда есть в каждой линии три линии в свойстве трех точек холам-шурук-хирик. И поэтому после того, как они снова уменьшились до состояния холам из-за прегрешения нижних, произошло неизбежное уменьшение отдельно в каждой из линий таким образом, что оканчивающая Малхут поднялась в место Бины в правой линии, и упали от нее три кли Бина и ТУМ в левую линию, которая

---

[554] См. Зоар, главу Берешит, часть 1, п. 363. «Трое выходят благодаря одному, один находится в трех, входит между двумя, двое питают одного, и один питает многие стороны ...»

считается ниже нее. И так же левая линия окончилась на Кетере и Хохме, а три ее кли Бина и ТУМ упали в среднюю линию, которая считается ниже нее. И вместе с тем это считается вторым состоянием, когда три вида келим, упавших от трех линий, полностью опустились на ступень, находящуюся под ними. И тогда считается, что каждое свойство падает в свойство, соответствующее ему в нижнем так, что Бина и ТУМ правой линии падают в правую линию нижней ступени, Бина и ТУМ левой линии падают в левую линию нижней ступени, а Бина и ТУМ средней линии падают в среднюю линию нижней ступени. То есть, подобно тому, как в первый раз Бина и ТУМ высшего полностью упали на нижнюю по отношению к нему ступень. Однако в первом состоянии присутствует падение келим, и это – от одной линии к другой на той же ступени. А затем, когда нижние исправляют свои деяния, то снова нисходит свечение зивуга АБ САГ де-АК, опускающее оканчивающую Малхут на свое место, и три упавших кли Бина и ТУМ возвращаются на свое место во всех свойствах, в виде точки шурук, когда они поднимают вместе с собой также и нижнего к высшему, что называется подъемом МАН, как мы уже сказали.

А затем экран в нижнем сам считается МАНом, и это точка хирик, а включение правой и левой друг в друга, происходящее с помощью этого экрана, считается зивугом (соединением), и свечение этого зивуга, светящего нижнему, когда он находится в высшем, это ибур (зарождение). А когда он выходит оттуда на свое место, это лейда (рождение). И всё это происходит только в правой линии, считающейся высшим свойством по отношению к левой. А после того, как рождается левая и получает свечение АБ САГ де-АК, она тоже опускает оканчивающую Малхут на ее собственное место, и тогда поднимаются Бина и ТУМ ее, упавшие в среднюю линию, и берут вместе с собой также и саму среднюю линию, являющуюся нижним по отношению к ней (свойством), и это называется подъемом МАН. А экран в средней линии – это МАН. Включение правой и левой, происходящее на экран, это зивуг. И свечение, которое получает нижний, т.е. средняя линия, это ибур, а когда опускается на свое место, это лейда. И это относится к первому состоянию.

И так же во втором состоянии, о котором говорилось выше, когда келим, упавшие от каждой линии, находятся в соответственном свойстве в нижнем, в них тоже различается подъем

МАН, и МАН, и зивуг, и ибур, и лейда, от каждого свойства в нижней ступени к соответствующему свойству в высшей, т.е. от правой – к правой, от левой – к левой, от средней – к средней.

И это означает сказанное им: «Еще зародили в себе буквы» – т.е. нижняя ступень поднялась к высшей, и они получили там свечение зивуга, называемое «ибур (зарождение)», как мы уже сказали. И поэтому сказано: «"Алеф א" вывела "мем מ"», – т.е. «алеф א», являющаяся правой линией, зародила в себе от левой линии, т.е. «мем מ», и породила ее. Иначе говоря, как говорилось выше, так же, как левая линия восходит к зарождению (ибур) в правую линию и получает свечение, и возвращается на свое место, называемое рождением (лейда). И таким же образом «мем מ», левая линия, зародила и породила среднюю линию, т.е. «шин ש», как объяснялось выше.

Однако необходимо понять, что поскольку линии противоположны друг другу, одна – правая, другая – левая, как может быть, чтобы келим Бины и ТУМ правой упали и находились в месте левой, которая противоположна ей? И так же левая линия – в среднюю? И это то, что объясняет Зоар: «"Алеф א" вывела "мем מ", которая с ее стороны в правой, ибо она установилась в правой». Потому что левая, прежде чем она включается в правую, называется закрытой «мем ם», так как закрыта и не светит. А поскольку здесь говорится после того, как включилась в правую, считается, что закрытая «мем ם» раскрылась и стала открытой «мем מ». И поскольку здесь говорится уже после того, как включились три линии друг в друга во время их исправления в первый раз, как мы уже говорили, получается, что левая уже включилась один раз в правую, и закрытая «мем ם» уже стала тогда открытой, и поэтому у левой линии есть одинаковое соотношение с правой так, что три кли Бина и ТУМ де-«алеф א» смогут упасть в левую линию, которая уже стала свойством открытой «мем מ». И это означает сказанное: «"Мем מ" вывела "шин ש" в качестве средней линии, поскольку "мем מ" вначале состояла из левой, а затем включилась в правую», – потому что «шин ש», т.е. средняя линия, состоит из правой и левой, и поскольку также и «мем מ» включила в себя правую и левую, она могла зародить в себе «шин ש», так как Бина и ТУМ ее могли упасть в «шин ש», которая является средней линией, подобно ей.

И то, что он говорит: «Еще зародили в себе буквы и совершили кругообращение вместе» означает, что в том зивуге, который совершился на свечение ибур, представляющее собой включение двух линий, правой и левой, с помощью средней линии, как было сказано выше, это их свечение происходит вследствие перемещения.[555] Поэтому говорит: «Зародили в себе и совершили кругообращение». И помни все сказанное здесь в продолжение статьи.

609) «"Укрепились три буквы "алеф-мем-шин אמש", зародили в себе и породили три других во время кругообращения. "Мем מ" установилась, зародила и породила "рейш ר", "алеф א" зародила и породила "вав ו". "Шин ש" зародила и породила букву "хэт ח», и вместе пришли к завершению"».

Объяснение. После того, как он выяснил порядок распространения мохин Зеир Анпина от трех линий Абы ве-Имы и ИШСУТ, находящихся в Зеир Анпине, выясняет сейчас три линии моаха Даат Зеир Анпина, называемые «рейш-вав-хэт רוח (руах)». Поэтому сказано, что три линии ХАБАД ИШСУТ, т.е. три буквы «алеф-мем-шин אמש», зародили и породили три линии моаха Даат Зеир Анпина, и это три буквы «рейш-вав-хэт רוח (руах)». И смысл зарождения, рождения и кругообращения уже выяснялся в предыдущем пункте. И порядок подъема МАН и зарождения произошел здесь согласно второму состоянию, приводимому выше, когда каждое свойство из трех букв «алеф-мем-шин אמש» зародило в себе и породило соответствующее ему свойство на нижней ступени, которое в трех буквах «рейш-вав-хэт רוח (руах)», как уже объяснялось.

610) «"Еще зародили эти буквы свойства "алеф-мем-шин אמש", и совершили кругообращение, как и раньше. "Алеф א" зародила, породила и вывела букву "бет ב" с западной стороны", Малхут. "И тогда установилась "алеф א" в южной стороне", Хесед. "Мем מ" зародила, породила и вывела букву "далет ד" в северной стороне", Гвуре. И тогда поднялась "мем מ" между севером и югом и висит в воздухе. "Шин ש" зародила, породила и вывела букву "гимель ג", и установилась в восточной стороне", Тиферет, "а "шин ש" поднялась между западом и востоком

---

[555] См. Зоар, главу Хаей Сара, п. 11, со слов: «"И лежащие во прахе", т.е. грешники, не включаются в зивуг...»

и висит в воздухе. И есть две буквы "мем מ" и "шин ש", которые висят в воздухе"».

Объяснение. Теперь выясняет, как три линии, т.е. ХАБАД Зеир Анпина, называемые «алеф-мем-шин אמש», зародили и породили Хесед, Гвуру, Тиферет и Малхут (ХАГТАМ) Зеир Анпина. И так же – в соответствии со вторым состоянием, каждое свойство из трех свойств «алеф-мем-шин אמש» зародило и породило от свойства, соответствующего ему в ХАГТАМ Зеир Анпина. Поэтому сказано, что «алеф א», являющаяся Хохмой и правой линией, породила «бет ב», западную сторону, т.е. Малхут, и это смысл сказанного: «Отец (Аба) основал дочь»[556]. А «мем מ», левая линия, зародила и породила букву «далет ד» в северной стороне, и это Гвура и левая линия в гуф. И «шин ש», средняя линия, зачала и породила букву «гимель ג» в восточной стороне, и это Тиферет, и средняя линия в гуф.

А то, что говорит, что «алеф א» сама низошла и установилась в южной стороне, Хесед, и не породила там другой буквы, как остальные линии, это потому, что свет Хесед вовсе не приобретает авиют во время его распространения из рош в гуф, и поэтому Хесед, находящийся в самой «алеф א», может распространиться в свойство Хесед де-гуф, и она не нуждалась в других буквах. Тогда как левая линия и средняя, и тем более Малхут, приобретают авиют вследствие своего нахождения в гуф. И поэтому они нуждаются в других буквах, и это – «далет ד», «гимель ג», «бет ב». И поэтому остались две буквы «мем-шин מש» зависшими в воздухе, т.е. не могли облачиться в келим гуф, как «алеф א».

611) «"Алеф א", которая осталась" в кли Хеседа свойства гуф, "приподнялась на своем месте и поднялась наверх"», в место ХАБАД, и это буквы «йуд-хэй יה» имени АВАЯ (הויה), «"и украсилась там в "йуд-хэй יה". И благодаря этим "йуд-хэй יה" укрепилась "алеф א", и зародила и породила "хэй-вав הו", и восполнилось имя АВАЯ (הויה), "и она стояла на своем месте"», в Хеседе де-гуф, и светило имя АВАЯ в гуф, – «йуд-хэй-вав יהו» в ХАГАТ де-гуф, а последняя «хэй ה» в Малхут. «"Тогда украсилась "алеф א" и светила, и распространилась в свете своем, и породила свет, и вывела букву "тэт ט", и это ударное воздействие и свечение, производимые высшим миром", т.е.

---

[556] См. Зоар, главу Пинхас, п. 841.

Биной, "в свете"» ХАГАТ, т.е. буква «тэт ט» – это свет Есода Бины, нисходящий с помощью «алеф א» и облачающийся во внутреннюю часть ХАГАТ до хазе.

612) «"Тогда приподнялась "алеф א" и взяла себе "мем-шин מש", которые находились в воздухе, и они соединились с ней и стали" сочетанием "алеф-мем-шин אמש", как и раньше. И установилась "алеф א" в южной стороне", т.е. Хеседе, "а "шин ש" – в восточной стороне", Тиферет, "и "мем מ" – в северной стороне", Гвуре. "И поднялась "гимель ג", которая была в восточной стороне, и зародила и породила "цади-тав צת". И пришла "бет ב", находившаяся в западной стороне", Малхут, "и поднялась и соединилась между "цади-тав צת". И поднялись "алеф-вав או", одна – с юга, другая – с востока", т.е. «алеф א» – с юга, а «вав ו» – с востока, «"и соединились обе с "бет ב", находящейся между буквами "цади-тав צת", и присоединилось, "и начало светить имя Цваот (צבאות)"».

Объяснение. Имя Цваот (צבאות) светит в Нецахе и Ходе Зеир Анпина. И для того, чтобы породить это свечение, распространились света букв «алеф-мем-шин אמש» в ХАГАТ Зеир Анпина, называемые «юг-север-восток», и тогда получила «гимель ג», Тиферет, силу, чтобы зародить и породить две буквы, начала (рош) и окончания (соф) имени Цваот (צבאות), т.е. «цади-тав צת», ибо света Нецах и Ход нисходят от Тиферет, «гимель ג». И присоединилась к ней «бет ב», расположенная в западной стороне, и «алеф א» – в южной, и «вав ו», которая тоже является свойством Тиферет, и от их свечения вместе соединились буквы Цваот (צבאות). И также «далет ד», находящаяся в северной стороне, поднялась от свечения «алеф-мем-шин אמש», и вывела имя Шадай (שדי), светящее в Есоде, как мы выясним далее.[557]

613) «"Когда начало светить это имя", Цваот (צבאות), "в Скинии", т.е. в Малхут, "зародили буквы и породили "заин-бет-нун זבן"». Объяснение. Это три состояния Малхут, которые вышли в последовательности холам-шурук-хирик. «Заин ז» – это «йуд י» над «вав ו», и свойство холам. «Бет ב» – это Малхут от хазе и выше, являющаяся четвертой по отношению к ХАГАТ, как мы уже говорили, и это середина «вав ו», т.е. точка шурук. «Нун ן» – это Малхут в конце «вав ו», точка под Есодом, т.е. точка хирик. «"Поднялись буквы "алеф-мем-шин אמש", как и

---
[557] См. п. 615.

раньше", т.е. стали светить в ХАГАТ, "и зародили и породили "самех-аин-пэй סעפ"», сфирот Тиферет, Нецах и Ход, расположенные от хазе Зеир Анпина и ниже, которые распространились от свечения «алеф-мем-шин אמש», происходящего в ХАГАТ Зеир Анпина. И имя Цваот (צבאות) светит в сфирот Нецах и Ход, а вышеупомянутое имя Шадай (שדי) – в Есоде.

614) «"Осталась "куф ק" одна, и поднялась и опустилась, и стояла в нукве великой бездны. Увидел ее Творец, что смешалась она, без тела и без образа, и не вошла в Скинию", т.е. Малхут. "Сделал Он ее покрытием на Скинию. И что она собой представляет? Она – это полотнища козьего (волоса) для шатра поверх Скинии, как сказано: "И сделай полотнища козьего (волоса) для шатра поверх Скинии"[558]. "Для шатра"[558] сказано, "а не "шатром", т.е. покрытием над шатром. И это "обезьяна (коф), а не человек"».

Объяснение. «Куф ק» включает в себя свойство сурового суда первого сокращения, ведь поэтому и протягивается ножка «куф ק» вниз под черту, чтобы указать на сказанное: «Ноги ее нисходят к смерти»[559], как объяснено выше.[560] И это смысл сказанного: «Осталась "куф ק" одна» – потому что уже вышли и начали светить все буквы, кроме «куф ק», «и поднялась и опустилась, и стояла в нукве великой бездны», – т.е. поднялась, чтобы подсластиться в Бине, и опустилась из Бины на свое место, и снова проявились суды в ней, и стояла в отверстии великой бездны, где (находятся) клипот от свойства Малхут, подслащенной в Бине. «Увидел ее Творец, что смешалась она» – увидел Творец, что сила ее от свойства суда смешивается с клипот великой бездны, «без тела и без образа, и не вошла в Скинию", – что нет у нее ни кли, называемого «гуф», ни света, называемого «образ», и она не входит в Скинию, т.е. Малхут. «Сделал Он ее покрытием на Скинию... как сказано: "И сделай полотнища козьего (волоса) для шатра поверх Скинии»[558]. Ибо слово «козий (эзи́м עזים)» указывает на сильные (ази́м עזים) и суровые суды в ней. И она была установлена для защиты над Скинией, ибо вследствие судов в ней, внешние не могут питаться от Скинии. «"Для шатра", а не "шатром"», ибо «шатер (оэль

---

[558] Тора, Шмот, 26:7. «И сделай полотнища козьего (волоса) для шатра поверх Скинии; одиннадцать полотнищ сделай таких».
[559] Писания, Притчи, 5:5. «И ноги ее нисходят к смерти, на преисподнюю опираются стопы ее».
[560] См. п. 475.

אֹהֶל)» – от слова «светить», как сказано: «Когда Он светил (бе-ило בְּהִלּוֹ) светильником Своим над моей головой»[561]. И она стала только защитой снаружи, поэтому сказано: «Для шатра (ле-оэль לְאֹהֶל)». И поскольку проявляются в ней суровые суды, она не исправилась, чтобы быть в Малхут, называемой Адам. И она не похожа на Малхут, а, как обезьяна, уподобляемая человеку. И это значение сказанного: «Обезьяна, а не человек».

615) «"Снова совершили кругообращение буквы "алеф-мем-шин אמש" при установке Скинии, как и вначале: "шин ש" – в восточной стороне, а "гимель ג", которая была в восточной стороне, "осталась висеть в воздухе", и из нее вышло имя Цваот (צבאות),[562] "и "мем מ" совершила кругообращение и установилась в северной стороне"», ибо для того, чтобы светить в НЕХИ, буквы «алеф-мем-шин אמש» должны облачиться в ХАГАТ, как мы уже говорили. «"И вышла "далет ד", которая была в северной стороне, "и соединилась с "шин ש" в этой стороне"», и образовалось сочетание «шин-далет שד». «"Алеф א" совершила кругообращение и установилась в южной стороне, и поднялась" в рош, "к "йуд י", которая находится там, и поднялась и укрепилась вместе с ней, и взяла ее"», и соединила ее с «шин-далет שד», «"и соединилось в едином соединении имя Шадай (шин-далет-йуд שדי)", и оно светит в сфире Есод. "Когда это имя устанавливается внутри Скинии", Малхут, "у нее есть поддержка, и она стоит благодаря Скинии внизу"», т.е. поддержка приходит к ней благодаря возведению Скинии внизу.

616) «"Снова совершили кругообращение буквы "алеф-мем-шин אמש", как вначале, чтобы установиться в Скинии, и поднялись буквы: "алеф א" – вначале, а "тав ת" – затем, и образовалось сочетание "алеф-тав את", "бет ב" вначале, а "шин ש" – затем"», и образовалось сочетание «бет-шин בש». «"И поменялись буквы"», – сочетания букв в силу «алеф-тав את» «бет-шин בש», и вышли «"алеф-бет-гимель אבג" "йуд-тав-цади ית"צ", и совершили кругообращение в начертаниях святости "алеф א" "куф ק"». «Алеф א» от «алеф-тав את» «бет-шин בש» вывела «куф ק», «"чтобы защищать Скинию. Куф ק" вывела "рейш ר", "рейш ר" вывела "аин ע", и образовалось сочетание "куф-рейш-аин קרע""».

---

[561] Писания, Иов, 29:3. «Когда Он светил светильником Своим над моей головой; при свете его проходил я тьму».
[562] См. выше, п. 612.

617) «"И эта тайна"» этого имени «куф-рейш-аин ערק» – это внутренний смысл сказанного: «"И шкурки козлят надела на руки его и на гладкую шею его"[563], а также сказанного: "И сделай полотнища козьего (волоса) для шатра поверх Скинии"[558]». Ибо в имени «куф-рейш-аин ערק», корень которого – это «куф ק», есть суровые и сильные (азим עזים) суды, называемые «эзим (козы עזים)»[564], «"и поэтому эта часть должна быть видна снаружи для сохранения находящегося внутри", чтобы внешние не могли питаться от этого, как мы уже говорили. "Буквы" имени "шин-тэт-нун שטן" "куф-рейш-аин קרע"», и это второе имя сорокадвухбуквенного имени после «алеф-бет-гимель-йуд-тав-цади אבגיתץ», – «"они записаны снаружи" Скинии, "чтобы охранять Скинию, и это союз святости, и устраняется крайняя плоть (орла) благодаря этому покрытию"». Иными словами, с помощью сильных судов, содержащихся в имени «куф-рейш-аин ערק» «шин-тэт-нун שטן», т.е. судов, содержащихся в «куф ק», относящихся к свойству сурового суда первого сокращения, производится обрезание крайней плоти, как мы уже выясняли.[565]

618) «"Снова совершили кругообращение буквы и вывели" сочетание "алеф-тав את" "бет-шин בש" до "шин-куф-вав-цади-йуд-тав שקוצית"». То есть «алеф-тав את» «бет-шин בש» вывело все семь имен сорокадвухбуквенного имени молитвы «ана бе-хоах», до «шин-куф-вав-цади-йуд-тав שקוצית», и это: «алеф-бет-гимель-йуд-тав-цади אבגיתץ», «куф-рейш-аин קרע» «шин-тэт-нун שטן», «нун-гимель-далет-йуд-каф-шин נגדיכש», «бет-тэт-рейш-цади-тав-гимель בטרצתג», «хэт-куф-бет-тэт-нун-аин חקבטנע», «йуд-гимель-ламед-пэй-заин-куф יגלפזק», «шин-куф-вав-цади-йуд-тав שקוצית». И это – сорок две (мем-бет) буквы отрывка: «Вначале создал Всесильный небо и землю, и земля была пустынна и хаотична (ва-воу וָבֹהוּ)"[566]» – до буквы «бет ב» слова «ва-воу וָבֹהוּ хаотична)». И эти сорок

---

[563] Тора, Берешит, 27:15-16. «И взяла Ривка любимые платья Эсава, старшего сына своего, которые у нее в доме, и надела на Яакова, младшего сына своего. И шкурки козлят надела на руки его и на гладкую шею его».
[564] См. выше, п. 614.
[565] См. Зоар, главу Ваера, п. 49, со слов: «И потому явилась к нему Шхина...», а также п. 51, со слов: «Объяснение. "Праведник" и "праведность" – это Есод и Малхут...»
[566] Тора, Берешит, 1:1-2. «Вначале создал Всесильный небо и землю, и земля была пустынна и хаотична, и тьма над бездной, и дух Всесильного витал над поверхностью вод».

две буквы представляют собой сорокадвухбуквенное имя.[567] «"В этом кругообращении" букв, "это тайна: "И земля была пустынна и хаотична"[566], из-за букв "куф-рейш-аин קרע" "шин-тэт-нун שטן", т.е. из-за сильных (азим) судов в нем, образовалась "и тьма над бездною"[566]. "Гимель ג" вывела "рейш ר", а "далет ד" – "куф ק"», и образовались сочетания «гимель-рейш גר» «далет-куф דק». «"До сих пор"», после того, как вышли четыре сочетания «алеф-тав את» «бет-шин בש» «гимель-рейш גר» «далет-куф דק», «"буквы совершили кругообращение и произвели соударения друг с другом, чтобы стать исправлением в Скинии"». И это потому, что в алфавите, буквы которого расположены в последовательности «алеф-тав את» «бет-шин בש», есть одиннадцать сочетаний «алеф-тав את» «бет-шин בש» «гимель-рейш גר» «далет-куф דק» «хэй-цади הצ» «вав-пэй וף» «заин-аин זע» «хэт-самех חס» «тэт-нун טן» «йуд-мем ים» «каф-ламед כל», которые делятся на три линии, правую, левую и среднюю, и четыре первых сочетания «алеф-тав את» «бет-шин בש» «гимель-рейш גר» «далет-куф דק» – это правая линия в них, и поэтому они становятся исправлением в Скинии.

619) «"Эти" три буквы "алеф-мем-шин אמש" произвели порождения "хэй-цади הצ" "вав-пэй וף"», очередные сочетания алфавита «алеф-тав את» «бет-шин בש», «"и это буквы, висящие в воздухе. И произвели соударение с другими (буквами) и произвели образ Скинии "заин-аин זע"», являющийся седьмым сочетанием алфавита «алеф-тав את» «бет-шин בש». «"До сих пор она (Скиния) находится в состоянии, как сказано: "И тьма над бездною"[566]. И все они"», т.е. все три сочетания «хэй-цади הצ» «вав-пэй וף» «заин-аин זע», «"находятся на ее стороне"», т.е. на стороне тьмы, поскольку эти три сочетания находятся в левой линии алфавитного порядка «алеф-тав את» «бет-шин בש», и прежде, чем левая соединяется с правой, вся она – тьма. «"К букве "хэт ח" приходит "самех ס" и соединяется с ней"», и образуется сочетание «хэт-самех חס», являющееся началом (рош) четырех сочетаний, находящихся в средней линии, и это «хэт-самех חס» «тэт-нун טן» «йуд-мем ים» «каф-ламед כל». «"Тогда сказано: "Да будет свет! И был свет"[568]» – ибо

---

[567] См. «Предисловие книги Зоар», п. 3. «И подобно тому, как форма союза была зачата в сорока двух зивугах от этого семени, высеченное и проявленное имя тоже было зачато сорока двумя буквами действия начала творения...»

[568] Тора, Берешит, 1:3. «И сказал Всесильный: "Да будет свет!" И был свет».

свет приходит со стороны средней линии, после того, как она согласовывает две линии, правую и левую.

620) «"Совершили кругообращение буквы "алеф-бет-гимель אבג" "йуд-тав-цади יתץ", как вначале, и зародили и породили, и вывели образ внутри тайн Скинии, одну совокупность алфавитного порядка "алеф-ламед אל" "бет-мем בם". Ибо "алеф א" зародила и породила с помощью силы и мощи букву "ламед ל"», и образовалось сочетание «алеф-ламед אל». «"И усилилась "алеф א" в своей мощи и поднялась в величии своем и породила букву "бет ב". Тогда зародили и породили буквы, и соединились другие буквы, следующие: "мем מ" соединилась в начертании своем с буквой "бет ב"», и образовалось сочетание «бет-мем בם», «и здесь они вышли в соединении до образования сочетаний "тэт-рейш טר" "йуд-шин יש" "каф-тав כת", чтобы начали подниматься буквы на свое место в сочетании, относящемся к свойствам Скинии". И это внутренний смысл сказанного: "Умывальник и основание его"[569]». И «умывальник» – это Нецах, а «основание его» – Ход.

Объяснение. После того, как выяснил распространение светов букв на всех ступенях Зеир Анпина от высших ХАБАД до Есода его,[570] выясняет далее[571] распространение светов букв на ступенях Скинии, Малхут. Буквы алфавита, расположенного в порядке «алеф-тав את» «бет-шин בש», светят в свойстве ГАР Малхут, и с помощью этого алфавитного порядка благо, находящееся наверху, нисходит вниз.[572] И поэтому вывело (сочетание букв) «алеф-тав את» «бет-шин בש» сорокадвухбуквенное имя молитвы «а́на бе-хо́ах», начиная с «алеф-бет-гимель-йуд-тав-цади אבגיתץ» и далее, в ХАГАТ де-Малхут. Поскольку сорокадвухбуквенное имя «алеф-бет-гимель-йуд-тав-цади אבגיתץ» светит в Ецира, и это ХАГАТ. И это имя «алеф-бет-гимель-йуд-тав-цади אבגיתץ» вывело сочетание букв алфавита в порядке «алеф-ламед אל» «бет-мем בם». И это: «алеф-ламед אל» «бет-мем בם» «гимель-нун גן» «далет-самех דס» «хэй-аин הע» «вав-пэй ופ» «заин-цади זצ» «хэт-куф חק» «тэт-рейш טר» «йуд-шин יש»

---

[569] Тора, Шмот, 35:16. «Жертвенник всесожжения, и медную решетку, которая к нему, его шесты и все его принадлежности; умывальник и основание его».
[570] До п. 616.
[571] Начиная с п. 616.
[572] См. выше, п. 110.

«каф-тав כת». И тайна этого имени – поднимаются и не опускаются, т.е. (буквы этого имени) светят только снизу вверх, а не сверху вниз, как уже объяснялось.[573] И поэтому это имя светит в Нецахе и Ходе де-Малхут, свечение которых направлено снизу вверх, как известно.

621) «"Да будет свод посреди вод"[574] – потому что эти воды поднимались" в высших водах "и опускались" в нижних водах. "В тайне букв "алеф-ламед אל" "алеф א"» сочетания «алеф-ламед אל» «"вывела "вав ו", а "вав ו" вывела "куф ק", а буква "ламед ל"» сочетания «алеф-ламед אל» «"поднялась" к ним, "и запечатлелись буквы в своих начертаниях в едином соединении"» «куф-вав-ламед קול (коль, голос)», где «куф ק» имеет экран, как уже объяснялось, и поэтому отделились высшие воды от нижних вод с помощью букв «коль (קול голос)». И это означает: «"Голос Творца над водами, Творец (Эль) величия прогремел"[575]. То есть буквы "алеф-ламед אל (Эль)"» в сказанном: «Творец (Эль) величия прогремел»[575] «"зародили и породили и запечатлелись в начертании букв, чтобы вывести образ Скинии"». И это значение сказанного: «Голос Творца над водами»[575] – так как этот голос (коль קול) отделил одни воды от других, и это – экран, имеющийся в разделяющем небосводе.[576] И этот голос родился от «Творец (Эль אל) величия...»[575], т.е. от двух букв «алеф-ламед אל (Эль)», являющихся Кетером и Хохмой и правой линией, и это высшие воды.[577]

622) «"Три буквы "алеф-мем-шин אמש" зародили и породили и запечатлелись в начертании этих букв, чтобы произвести образы Скинии", Малхут. "Алеф א" вывела "гимель ג", "шин ש" вывела "нун נ" и соединила ее с "гимель ג" в сочетании "гимель-нун גנ (ган)"». И это третье сочетание из алфавитного порядка «алеф-ламед אל» «бет-мем במ», в тайне сказанного: «"Да произрастит земля зелень"[578]. И совершили кругообращение

---
[573] См. выше, п. 113.
[574] Тора, Берешит, 1:6. «И сказал Всесильный: "Да будет свод посреди вод, и будет отделять он воды от вод"».
[575] Писания, Псалмы, 29:3. «Голос Творца над водами, Творец величия прогремел, Творец над водами многими!»
[576] См. Зоар, главу Берешит, часть 1, п. 44, со слов: «И именно здесь, при выходе состояния катнут с речением "да будет свод"...»
[577] См. выше, п. 602.
[578] Тора, Берешит, 1:11. «Да произрастит земля зелень, траву семяносную, плодовое дерево, производящее плод по виду его, семя которого в нем, на земле».

буквы "алеф-мем-шин אמש", как вначале, в сочетании букв "бет-мем במ"» алфавитного порядка «алеф-ламед אל» «бет-мем במ», «"в них собрались воды в одно место, как сказано: "Да соберутся воды под небесами в одно место"⁵⁷⁹».

Объяснение. Здесь он указывает на три сочетания «алеф-ламед אל» «бет-мем במ» «гимель-нун גנ», в изречениях о начале творения, где «алеф-ламед אל» – это высшие воды в сказанном: «Да будет свод»⁵⁷⁴, и это точка холам, а «бет-мем במ» это: «Да соберутся воды под небесами в одно место, и покажется суша»⁵⁷⁹. И это точка шурук, в которой собрались нижние воды в одно место, в ГАР, однако оно стало сушей, не дающей плодов. И это из-за отсутствия облачения хасадим. А «гимель-нун גנ» – это тайна: «Да произрастит земля зелень»⁵⁷⁸, т.е. точка хирик, благодаря которой то, что было сушей стало землей, чтобы производить плоды и порождения, и сажать деревья.⁵⁸⁰ И это объяснение не связано с предыдущим.

---

⁵⁷⁹ Тора, Берешит, 1:9. «И сказал Всесильный: "Да соберутся воды под небесами в одно место, и покажется суша"».

⁵⁸⁰ См. «Предисловие книги Зоар», п. 206.

ГЛАВА ТРУМА

Шма Исраэль

623) «Рабби Хия и рабби Йоси находились в пути. Пока они шли, сказал рабби Йоси: "Начнем с приятного и произнесем речения Торы". Начал рабби Йоси со слов возглашения "Шма" и сказал: "Написано: "Слушай, Исраэль: Творец – Всесильный наш, Творец един!"[581], и написано: "Слушай, Исраэль! Сегодня ты становишься народом"[582], и написано: "Слушай, Исраэль! Ты переходишь сегодня Ярден"[583]. Все эти "слушай", "слушай", произносимые Моше, зачем нужны? Ведь "Слушай, Исраэль: Творец – Всесильный наш, Творец един!"[581] призывает к единству, – но зачем нужны другие?"»

624) И отвечает: «"Но все они призваны, чтобы выяснить их. "Шма Исраэль" единства призвано, безусловно, чтобы выяснить его, и здесь указывается и проявляется единство высшей Хохмы. "Аин ע" слова "Шма (שְׁמַע)" относится к большим буквам. Почему? Но это указывает, что все наверху и внизу включено в одно единство, ведь "шма (שְׁמַע)" – это буквы слов "имя (шем שם)" "аин ע". И здесь включилось это имя", т.е. Малхут, называемая именем, "в эти семьдесят (аин ע) высших имен" Зеир Анпина, "чтобы включить их, потому что это имя", Малхут, "благословляется от них и включается в них, и надо включить их как одно целое"», т.е. в одно слово «шма (שְׁמַע)» «"в одном единстве, и вложить желание его в них"».

625) «"Ведь эти семьдесят имен, безусловно, являются свойствами высшего строения (меркава)"», т.е. это ХАГАТ Зеир Анпина от хазе и выше, являющиеся строением для Бины, то есть семьдесят два (аин-бет) имени трех изречений: «И

---

[581] Тора, Дварим, 6:4. «Слушай, Исраэль: Творец – Всесильный наш, Творец един!»
[582] Тора, Дварим, 27:9. «И говорил Моше и коэны, левиты, всему Исраэлю так: "Внимай и слушай, Исраэль! Сегодня ты становишься народом Творца, Всесильного твоего!"»
[583] Тора, Дварим, 9:1. «Слушай, Исраэль! Ты переходишь сегодня Ярден, чтобы пойти овладеть племенами, которые больше и сильнее тебя, городами великими и укрепленными до небес».

двинулся»⁵⁸⁴, «И вошел»⁵⁸⁵, «И простер»⁵⁸⁶,⁵⁸⁷ и это – семьдесят членов Синедриона и два свидетеля. «"И от этого высшего строения (мерка́ва) благословляется это имя", Малхут, "и включается в них. А затем"», после «Шма», произносится «"Исраэль, в общем", т.е. Зеир Анпин. "Но мы ведь учили, что это Исраэль Саба, когда будет Исраэль в полном единстве с местом, являющимся слиянием всего". Другими словами, Зеир Анпин, называемый просто Исраэль, будет в слиянии с Исраэлем Саба, когда поднимется и облачится на него. "И поэтому "Шма (שְׁמַע) Исраэль" указывает, что жена теперь прилепляется к мужу своему", – т.е. Малхут, называемая "имя (שם)", к Зеир Анпину, называемому Исраэлем. "И всё будет в полном единстве. И это" объяснение "Шма Исраэль" этого единства. Затем соединяет три стороны, т.е. "Творец – Всесильный наш, Творец един"⁵⁸¹, т.е. Абу ве-Иму и Зеир Анпин,⁵⁸⁸ "чтобы всё было единым"».

626) «"Шма Исраэль" во всех остальных" местах "не в таком виде, но все эти остальные призваны, чтобы выяснить (их), и все они относятся к другому месту. "Слушай, Исраэль! Ты переходишь сегодня"⁵⁸³, "Слушай, Исраэль! Сегодня ты становишься народом"⁵⁸² – и все они относятся к нижней ступени"», т.е. к Малхут, называемой слышанием.

627) Спрашивает: «"Слушай, Исраэль!"⁵⁸² – это хорошо. Но "сегодня ты становишься народом"⁵⁸² – что это означает?" Следовало бы сказать: "Стал" – что значит "становишься (нихйе́та נִהְיֵיתָ)"?" И отвечает: "Но в любом месте, где сказано "народ", имеется в виду состояние, в котором сердца их разбиты для работы Творца"», и поэтому сказано: «Становишься (нихйе́та

---

⁵⁸⁴ Тора, Шмот, 14:19. «И двинулся ангел Всесильного, шедший перед станом Исраэля, и пошел позади них. И двинулся облачный столп, (шедший) перед ними, и встал позади них».

⁵⁸⁵ Тора, Шмот, 14:20. «И вошел он между станом Египта и станом Исраэля, и было облако и мрак, и осветил ночь, и не приближался один к другому всю ночь».

⁵⁸⁶ Тора, Шмот, 14:21. «И простер Моше руку свою на море, и гнал Творец море сильным восточным ветром всю ночь, и сделал море сушею, и расступились воды».

⁵⁸⁷ См. Зоар, главу Бешалах, п. 163. «И два украшения со стороны Абы ве-Имы, и это – семьдесят два имени. И мы учили, что со стороны Хеседа их семьдесят, и два свидетеля...»

⁵⁸⁸ См. выше, п. 132.

נִהְיֵיתָ)». «"Как сказано: "Изнемог (נִהְיֵיתִי) и болел"[589]. А то, что сказано: "Слушайте меня, братья мои и народ мой"[590] – непонятно, "если "братья мои", почему сказал: "Народ мой", а если "народ мой", то почему "братья мои"?" И отвечает: "Но этим сказал Давид: "Если с желанием" будете делать, "вы – братья мои, а если нет – вы народ мой, чтобы сломили вы сердце свое для работы Моей (Его). Так же "сегодня становишься ты народом"[582] означает – "что сломил сердце свое для работы Творца"».

628) «"Слушай, Исраэль! Ты переходишь сегодня Ярден"[583] – всё это на нижней ступени", Малхут. "А "Шма Исраэль"[581] единства – это высшая ступень", т.е. Зеир Анпин, включенный в Исраэль Саба, как мы уже сказали. "В чем различие между тем и другим? Однако "Шма Исраэль" единства не находится во всех в таком виде, поскольку это тайна как высшего", ИШСУТ, "так и нижнего", Зеир Анпина и Малхут, "и это значит: принять им на себя бремя небесного правления в каком бы то ни было виде, потому что человек должен быть готов в этот час соединить имя Творца", Зеир Анпина, "и принять на себя бремя небесного правления"», т.е. Малхут.

629) «"И в час, когда человек готов принять на себя бремя небесного правления, является Шхина и пребывает над головой его, и стоит над ним словно свидетель, чтобы свидетельствовать перед святым Царем о том, что он приводит к единству Его имени дважды в день, и имя Его соединяется наверху и внизу как подобает. И поэтому "аин ע" от "Шма (שְׁמַע) Исраэль"[581] относится к большим буквам, и "далет ד" слова "един (эхад אֶחָד)"[581] тоже относится к большим буквам"», и это буквы «аин-далет עד (эд, свидетель)», «"чтобы быть свидетелем перед святым Царем. И мы уже объясняли, что "Творец (АВАЯ) – Всесильный наш (Элокейну), Творец (АВАЯ)"[581] – это единство в трех сторонах", т.е. Абы ве-Имы и Зеир Анпина, "и это единство в трех сторонах, как объяснил великий светоч (рабби

---

[589] Писания, Даниэль, 8:27. «И я, Даниэль, изнемог и болел несколько дней; потом встал я и занялся делами царскими; и был я смущен видением, но никто не понял (этого)».

[590] Писания, Диврей а-ямим 1, 28:2. «И поднялся царь Давид на ноги свои и сказал: "Слушайте меня, братья мои и народ мой! (Было) на сердце у меня построить дом покоя для ковчега союза Творца и как подставку ногам Всесильного нашего; и (необходимое) для постройки приготовил я"».

Шимон), и пояснял он его в нескольких местах, и нет у нас права пояснять его более этого"».

630) «"Конечно же, человек, который соединяет имя Творца наверху и внизу как подобает, – Шхина приходит и пребывает над его головой, и благословляет его семью благословениями", соответствующими семи сфирот. "И она провозглашает о нем: "И сказал мне: "Ты раб Мой, Исраэль, в котором Я прославлюсь"[591]».

---

[591] Пророки, Йешаяу, 49:3. «И сказал мне: "Ты раб Мой, Исраэль, в кстором Я прославлюсь"».

ГЛАВА ТРУМА

Тебе было показано, чтобы знать

631) «После него провозгласил рабби Хия и сказал: "Тебе было показано, чтобы знать, что Творец – Он Всесильный, нет никого кроме Него"[592]. Нужно внимательно всмотреться в это изречение. "Тебе было показано"[592], что значит "было показано"? И отвечает: "Но когда Исраэль вышли из Египта, они ничего не знали о вере Творца, потому что в изгнании все они были заняты идолопоклонством, и позабыли все корни веры, что были у них вначале, которые унаследовали двенадцать колен от своего отца Яакова"».

632) «"И когда пришел Моше, он научил их тому, что есть высший Владыка в мире, как мы объясняли. А затем они видели все чудеса и могущество, явленные им на море, и все чудеса и могущество, которые Он содеял в Египте. А затем видели великое могущество в деянии с маном и водой, и им была дарована Тора, и они учились путям Творца, пока не достигли этого времени"».

633) Сказал им Моше: «До сих пор я был вынужден обучать вас, как обучают ребенка, и это означает: "Тебе было показано, чтобы знать"[592] – т.е. обучал я вас до сих пор, "чтобы знать" – познать и изучить, и войти в тайну веры. И что именно? "Что Творец (АВАЯ) – Он Всесильный (Элоким)"[592]».

634) «"И если ты скажешь, что не так уж важно знать это, ведь сказано: "Познай же сегодня и утверди в сердце своем, что Творец (АВАЯ) – Он Всесильный (Элоким), в небесах наверху и на земле внизу, нет другого"[593]. Здесь", в этом высказывании, "заключена вся вера, чтобы познать с помощью этого тайну всех тайн, познать самое скрытое из всего скрытого. АВАЯ Элоким – это полное имя", где АВАЯ – это Зеир Анпин, Элоким – Малхут, "указывающее, что всё это единое целое. "Тебе было показано, чтобы знать, что Творец (АВАЯ) – Он Всесильный (Элоким)"[592]. Здесь заключена тайна тайн, для тех, кто знает закон"», что Зеир Анпин, т.е. АВАЯ, и Элоким, т.е. Малхут, едины.

---

[592] Тора, Дварим, 4:35. «Тебе было показано, чтобы знать, что Творец – Он Всесильный, нет никого, кроме Него».

[593] Тора, Дварим, 4:39. «Познай же сегодня и утверди в сердце своем, что Творец – Он Всесильный, в небесах вверху и на земле внизу, нет другого».

ГЛАВА ТРУМА

И была я у Него питомицей

635) «"Счастливы все те, кто занимаются Торой, ведь когда Творец создавал мир, Он смотрел в Тору и создавал мир. И этой Торой был создан мир, как мы объясняли сказанное: "И была я у Него питомицей"[594]. Читай не "питомицей (амон אָמוֹן)", а "мастером (уман אָמָן)"». То есть Тора – это созидание (досл. мастерство) мира.

636) И спрашивает: «"Разве Тора – мастер?" И отвечает: "Да, подобно тому, как царь, который хотел построить дворец, если он не берет себе зодчего, то он не может возвести дворец. После того, как дворец построен, он не называется по имени зодчего, а по имени царя, когда говорят, что эти чертоги возвел царь", поскольку "царь подал мысль об этих чертогах"».

637) «"Также и Творец желал сотворить мир, присмотрел зодчего", т.е. Тору, "и хотя этот зодчий возвел чертог, называется он не иначе, как именем Царя, когда говорят: эти чертоги возвел Царь. Конечно же, Царь возвел чертог. Тора восклицает: "И была я у Него питомицей"[594] – мной Творец сотворил мир, ибо Тора существовала и до создания мира, опередив его на две тысячи лет. И когда пожелал Создатель сотворить мир, он вглядывался в Тору, в каждое ее слово, и согласно ей вершил созидание в мире. Поскольку все элементы и деяния миров находятся в Торе. Поэтому Творец смотрел в нее и создавал мир"».

638) «"И не Тора создала мир, но Творец, смотря в Тору, создал мир. Таким образом, Творец – мастер, а Тора в соответствие Ему и у Него – мастер, как сказано: "И была я у Него питомицей (амон אָמוֹן)"[594]. Не сказано просто: "И была питомицей", а "у Него". Благодаря тому, что Творец смотрел в нее, она была у Него мастером (уман אָמָן)"».

639) «"Ты можешь спросить: кто может быть мастером у Творца? Однако созерцание Творца происходило следующим образом: в Торе написано: "Вначале создал Всесильный *небо и землю*"[595]. Он смотрел на это слово и создавал небо. В Торе

---

[594] Писания, Притчи, 8:30. «И была я у Него питомицей, и была радостью каждый день, веселясь пред Ним все время».

[595] Тора, Берешит, 1:1. «Вначале создал Всесильный небо и землю».

сказано: "И сказал Всесильный: "Да будет *свет*!"[568] – Он смотрел на это слово и создавал свет. И так было с каждым словом, написанным в Торе, – смотрел Творец и создавал Его. Поэтому сказано: "И была я у Него питомицей"[594]. И таким образом Он создал весь мир"».

640) «"После того, как был создан мир, ничто не могло воплотиться, пока не пожелал Он создать человека, чтобы тот занимался Торой, и с помощью нее воплощался мир. Теперь каждый, кто изучает Тору и занимается ею, он словно воплощает весь мир. Творец смотрел в Тору и создавал мир, человек смотрит в Тору и воплощает мир. Таким образом, создание и воплощение всего мира – это Тора. Поэтому счастлив человек, занимающийся Торой, ибо он воплощает мир"».

641) «"В час, когда пожелал Творец создать человека, тот предстал пред Ним в том же образе и в том же воплощении, как и в этом мире. И также все жители мира, прежде, чем они приходят в этот мир, все они находятся в своем воплощении и исправлении, словно находятся в этом мире, в одной сокровищнице, там, где все души мира облачаются в свой образ"».

642) «"В тот час, когда им предстоит низойти в этот мир, призывает Творец одного управляющего, в распоряжение которого назначил Творец все души, которым предстоит низойти в этот мир, и говорит ему: "Отправляйся и приведи ко Мне дух такого-то". Тотчас является эта душа, облаченная в образ этого мира, и этот управляющий представляет ее пред святым Царем"».

ГЛАВА ТРУМА

Тебе было показано, чтобы знать

643) «"Творец наказывает ей (душе) и берет с нее клятву, что низойдя в этот мир, она будет заниматься Торой, чтобы постичь ее и постичь веру. И каждый, кто был в этом мире и не прилагал стараний в постижении ее, лучше бы ему не рождаться. Поэтому представляется она пред Царем" этим управляющим, "чтобы постичь" Его "в этом мире, и усердствовать в (постижении) Творца с помощью веры"».

644) «"И поэтому сказано: "Тебе было показано, чтобы знать"[592]. То есть "тебе было показано"[592] – этим управляющим пред Творцом, "чтобы знать"[592] – знать и видеть в этом мире, с помощью веры, с помощью Торы. И все, кто был в этом мире и не занимался Торой, чтобы постичь ее, лучше бы ему не рождаться, поскольку именно ради этого Творец привел человека в этот мир"».

645) «"Чтобы знать, что Творец (АВАЯ) – Он Всесильный (Элоким)"[592]. Это является совокупностью всей веры, всей Торы, совокупностью всего, что наверху и внизу. И это является совокупностью всей веры", т.е. Малхут, "конечно, это так", потому что имя Элоким – это Малхут. "Совокупностью всей Торы – это письменная Тора", т.е. имя АВАЯ, и это Зеир Анпин, называемый письменной Торой, "и это устная Тора", т.е. Малхут, являющаяся именем Элоким. "И всё это одно целое, это совокупность веры, потому что "Творец (АВАЯ) – Он Всесильный (Элоким)"[592] – это полное имя", т.е. вера, называемая именем, и в этом единстве она полная и совершенная. "И что оно собой представляет? Это "Творец (АВАЯ) един, и имя Его – едино"[596]. "Творец (АВАЯ) един"[596] – это воззвание: "Слушай, Исраэль, Творец – Всесильный наш, Творец един", являющееся одним видом единства. "И имя Его – едино"[596] – это воззвание: "Благословенно имя величия царства Его вовеки"[597], и это другое единство, когда становится единым имя Его", Малхут.[598] "И это смысл: "Творец (АВАЯ) – Он Всесильный (Элоким)"[592] – т.е. это написано, когда они находятся в полном единстве"».

---

[596] Пророки, Зехария, 14:9. «И будет Творец Царем на всей земле, в тот день будет Творец един, и имя Его – едино».
[597] Благословение, произносимое шепотом после воззвания «Шма Исраэль».
[598] См. выше, п. 134.

646) «"И если скажешь: тогда то, что ты говоришь, что"» сказанное: «Творец (АВАЯ) – Он Всесильный (Элоким)»⁵⁹² – «"это подобно сказанному: "Творец (АВАЯ) един, и имя Его – едино"⁵⁹⁶, то ведь оно не подобно сказанному: "Творец (АВАЯ) – Он Всесильный (Элоким)"⁵⁹². Если бы было сказано: "Творец един, и имя Его – оно едино", можно было бы так утверждать. Но сказано: "Творец (АВАЯ) един, и имя Его – едино"⁵⁹⁶. Разве не следовало сказать" здесь: "Творец (АВАЯ) – Он, Всесильный (Элоким) – Он", и тогда это выглядело бы как: "Творец (АВАЯ) един, и имя Его – едино"⁵⁹⁶».

647) И отвечает: «"Однако всё едино, ведь когда эти два имени соединяются, первое находится в полном единстве, и второе – в полном единстве"», как сказано: «Творец (АВАЯ) един, и имя Его – едино»⁵⁹⁶. «"Тогда становятся два этих имени одним, и включаются друг в друга, и всё становится полным именем в одном единстве. И тогда: "Творец (АВАЯ) – Он Всесильный (Элоким)"⁵⁹², так как всё включается друг в друга, чтобы быть единым. Но пока они еще не достигли единства, каждое из них само по себе, они не включаются друг в друга, чтобы все было единым"».

648) Зоар объясняет сказанное им выше, где он говорит, что «Творец (АВАЯ) – Он Всесильный (Элоким)»⁵⁹², – "это совокупность всей Торы. Конечно, это так, потому что Тора – это письменная Тора и устная Тора. Письменная Тора – это АВАЯ", и это Зеир Анпин, называемый письменной Торой, "а устная Тора – это Элоким", т.е. Малхут, называемая устной Торой и называемая Элоким. "И поскольку Тора является святым именем"» «Творец (АВАЯ) – Он Всесильный (Элоким)»⁵⁹², «"называется так письменная Тора и устная Тора. Это общее", письменная Тора, "а это частное", устная Тора. Ибо Зеир Анпин – это общее, а Малхут – частное, т.к. Малхут является одной частной сфирой десяти сфирот Зеир Анпина. "Общее нуждается в частном, а частное нуждается в общем, и они соединились друг с другом, чтобы все было единым"».

649) «"И поэтому совокупность всей Торы – это совокупность того, что наверху", Зеир Анпин, "и того, что внизу", Малхут, "потому что это имя", АВАЯ, "оно наверху", в Зеир Анпине, "а это имя", Элоким, "оно внизу", в Малхут. "Одно – свойство высшего мира, а другое – свойство нижнего мира, и об этом

сказано: "Тебе было показано, чтобы знать, что Творец (АВАЯ) – Он Всесильный (Элоким)"⁵⁹². Это совокупность всего, и это должен знать человек в этом мире"».

650) «"И если скажешь: где находятся заповеди Торы в этой совокупности?"» – «Творец (АВАЯ) – Он Всесильный (Элоким)»⁵⁹². И отвечает: «"Однако это", АВАЯ, – "помни"⁵⁹⁹, а это", Элоким, – "храни"⁶⁰⁰, и все заповеди Торы включены в них: в свойство "помни"⁵⁹⁹, включающее двести сорок восемь (РАМАХ) исполнительных заповедей, "и в свойство "храни"⁶⁰⁰, включающее триста шестьдесят пять (ШАСА) запретительных заповедей, и вместе их – шестьсот тринадцать (ТАРЬЯГ) заповедей, содержащихся в Торе, "и всё это едино"».

---

⁵⁹⁹ Тора, Шмот, 20:8. «Помни день субботний, чтобы освящать его».
⁶⁰⁰ Тора, Дварим, 5:12. «Соблюдай (досл. храни) день субботний, чтобы освящать его, как повелел тебе Творец Всесильный твой».

Тфилин

651) «Заговорил рабби Йоси, сказав: "Мы ведь учили, что вечерняя молитва (арви́т) является обязательной. Конечно же, она обязательна, потому что является обязательным возглашение "Шма"[601] вечерней молитвы, благодаря которому Творец соединяется" с Малхут "ночью так же, как соединяется днем. И тогда свойство "ночь", Малхут, "включается в "день", Зеир Анпин, "и свойство "день" включается в "ночь", и настает полное единство. И тот, кто сказал, что" вечерняя молитва "необязательна, это потому, что она соответствует возложению на жертвенник "эмурим"[602] и "пдарим"[603], которые пожираются ночью на жертвеннике", и не было обязательным оставлять их для сожжения ночью. "И мы уже объясняли это"».

652) «"Сказано: "И возлюби Творца Всесильного твоего всем сердцем твоим и всей душой твоей и всем достоянием твоим"[604]. Если в это единство воззвания "Шма Исраэль"[601] включено все, правая и левая"», так как «Творец (АВАЯ)»[601] – это правая, а «Всесильный наш (Элокейну)»[601] – это левая, «"почему" нужно произносить "затем: "И возлюби"[604], – и это правая, "и будет, если послушаетесь"[605] – левая? Ведь они уже включились в единство"» воззвания «Шма Исраэль»[601]. «"Однако там"», в «Шма Исраэль»[601], «"они" указаны "в общем, а здесь"», в отрывках «И возлюби», «И будет, если послушаетесь»[605] – «"в частном"».

653) «"В отношении этого единства мы указывали, что это единство подобно головным и ручным тфилин. В головных тфилин есть четыре отрывка, так мы учили, а здесь"», в «Шма Исраэль»[601], – «"три имени"», «Творец – Всесильный наш, Творец»[601]. «"Там, в головных тфилин, есть четыре отрывка, каждый – сам по себе, а здесь – три имени. Как связано одно с другим?"»

---

[601] Тора, Дварим, 6:4. «Слушай, Исраэль, Творец – Всесильный наш, Творец един!»

[602] Эмурим – части жертв, которые сжигались на жертвеннике: две почки, перепонка с печени и курдюк.

[603] Пдарим – внутренний жир сжигаемых жертв.

[604] Тора, Дварим, 6:5. «И возлюби Творца Всесильного твоего всем сердцем твоим и всей душой твоей, и всем достоянием твоим».

[605] Тора, Дварим, 11:13. «И будет, если послушаетесь заповедей Моих, которые Я заповедую вам сегодня, чтобы любили вы Творца Всесильного вашего и служили Ему всем сердцем вашим и всей душой вашей».

654) И отвечает: «"Но уже указывалось, что в этих четырех отрывках первый отрывок"», «Посвяти»[606], – «"это первая высшая точка", т.е. Хохма и правая линия, "другой отрывок"», «И будет, когда введет тебя»[607], – «"это свойство будущего мира", Бина и левая линия, "следующий отрывок"», «Шма»[608] – «"это правая линия" моаха Даат. "И еще один"» отрывок: «И будет, если послушаетесь»[609] – «"левая линия" моаха Даат. Потому что Даат – это средняя линия, включающая Хохму и Бину, правую и левую. "И они – свойство головных тфилин"».

«"А здесь, в этом единстве"» «Шма Исраэль»[601], «"есть три имени, которые подобны этим четырем отрывкам. Первое имя "Творец (АВАЯ)"[601] – это высшая точка, начало всего", т.е. Хохма и правая линия. "Всесильный наш (Элокейну)"[601] – свойство будущего мира", т.е. Бина и левая линия. "Последнее имя "Творец (АВАЯ)"[601] – совокупность правой и левой вместе, в полном взаимовключении", т.е. Даат, средняя линия, содержащая правую и левую, "и это" также "единство головных тфилин". Таким образом, оба (единства) они равны. "И это первое единство"», – т.е. «Шма Исраэль, Творец – Всесильный наш, Творец един»[601], является высшим единством, предваряющим нижнее единство, то есть: «Благословенно имя величия царства Его вовеки»[597].

655) «"Ручные тфилин являются совокупностью всех этих четырех отрывков вместе", которые не вкладываются в четыре различных отделения, как в головных тфилин, но все они находятся в одном отделении. "И это единство: "Благословенно имя величия царства Его вовеки"[597] – нижнее единство Малхут.[610] "И здесь", в нижнем единстве, "вся совокупность головных тфилин", т.е. ХАБАД Зеир Анпина, "которые включились в ручные тфилин"», Малхут.

656) «"И свойство этого единства, "Благословенно"[597], – это высшая точка, являющаяся свойством "благословенный", и все

---

[606] Первый отрывок тфилин. Тора, Шмот, 13:1-10, со слов: «Посвяти Мне каждого первенца» и до слов: «Из года в год».
[607] Второй отрывок тфилин. Тора, Шмот, 13:11-16, со слов: «И будет, когда введет тебя» и до слов: «Вывел нас Творец из Египта».
[608] Третий отрывок тфилин. Тора, Дварим, 6:4-9, со слов: «Слушай, Исраэль» и до слов: «На вратах твоих».
[609] Четвертый отрывок тфилин. Тора, Дварим, 11:13-21, со слов: «И будет, если послушаетесь» и до слов: «Сколько дней небеса над землей».
[610] См. выше, п. 134.

благословения исходят оттуда", и это Хохма. "И если скажешь, что будущий мир", Бина, "называется "благословенный", это не так, поскольку высшая точка является захаром, будущий мир – это некева", и поэтому он называется благословенным, а она – благословением. И поэтому "благословенный" – это высшая точка", Хохма. "Имя"[597] – это будущий мир", Бина, и это великое имя, как сказано: "И что сделаешь Ты имени Твоему великому"[611]. "Величия"[597] – это высшее величие", Зеир Анпин, "включающее правую и левую линии"».

657) «"И все они", т.е. Хохма, Бина, Зеир Анпин, "включены в тфилин руки, и это "царство Его"[597], которое принимает всё в себя, и в это "царство Его" включены все миры, чтобы давать им пищу и питать их всем необходимым, и поэтому: "Вовеки (ле-олам ва-эд)"[597]», которое указывает на то, что (царство Его) питает все миры (оламот).

658) «"И это единство тфилин головы", Зеир Анпина, "и тфилин руки", Малхут. "И так же как единство тфилин, так и единство всего. И это пояснение сути вещей, и я ведь выстроил это единство пред великим светочем", рабби Шимоном, "и он сказал мне, что в четырех видах выстраивается единство", и это Хохма, Бина, правая линия Даат и левая линия Даат. "И этот порядок является самым понятным из всех, и это так, безусловно, и все они находятся в вере", т.е. в Малхут, получающей их. "Однако порядок" единства "тфилин – это высшее единство", Зеир Анпина, "как подобает"».

---

[611] Пророки, Йеошуа, 7:9. «Ведь услышат кнаанеи и все жители земли, и окружат нас, и истребят имя наше с земли. И что сделаешь Ты имени Твоему великому?»

ГЛАВА ТРУМА

И возлюби Творца Всесильного твоего

659) «"И вследствие того, что правая и левая линии включились в святое имя в общем виде"», т.е. в «Шма Исраэль»[601] и в «Благословенно имя величия царства Его вовеки»[597], «"нужно их затем вывести в частном виде"», т.е. в (отрывках) «И возлюби»[604], «И будет, если послушаетесь»[605]. «"Но не через единство, ибо единство в первом отрывке"», в «Шма Исраэль»[601], «"чтобы был "Творец един"[596], в головных тфилин, "и имя Его – едино"[596], в ручных тфилин, и станет всё единым. Когда всё в этом единстве выстроилось в общем виде, от начала (рош) высшей точки", Хохма, "надо затем сначала пробудить первый свет", Хесед Зеир Анпина, "являющийся началом всего"» – из сфирот Зеир Анпина.

660) «"Отрывок "И возлюби"[604] является началом правой линии", т.е. сфира Хесед, – "возлюбить Творца любовью слияния в Нем. И кто это?", пробуждающий любовь. "Это правая", Хесед, "и она пробуждает любовь. Тот, кто любит Творца", Творец "пробуждает к нему Свою правую, и принимает его с любовью. Всё, имеющееся в мире, зависит только лишь от желания. Дух притягивает дух и приносит дух. Как сказано: "Если человек обратит к Нему сердце свое, то дух и душу его присоединит Он к Себе"[612]».

661) «"Когда человек пробуждает любовь к Творцу, то пробуждение правой", т.е. любовь, "пробуждается в трех видах, как сказано: "Всем сердцем твоим и всей душой твоей и всем достоянием твоим"[604], – таким образом, есть здесь три вида. И не говори, что может быть либо это, либо это, ведь не написано: "Либо всем сердцем твоим, либо всей душой твоей, либо всем достоянием твоим", но все они нужны: сердце, душа, имущество. И тогда Творец пробуждает к нему правую Свою и простирает ее к нему, и принимает его"».

---

[612] Писания, Иов, 34:14. «Если человек обратит к Нему сердце свое, то дух и душу его присоединит Он к Себе».

662) «"И тогда сказано: "Слово Творца к господину моему: "Сиди справа от Меня"[613]. И уже объяснялось это изречение, что царь Давид сказал его о своей ступени", Малхут, "когда она связывается с правой стороной. Тринадцать заповедей здесь, в правой стороне. "И возлюби Творца Всесильного твоего"[604] – одна. "Всем сердцем твоим"[604] – две. "Всей душой твоей"[604] – три. "Всем достоянием твоим"[604] – четыре. "И повторяй их сыновьям твоим"[614] – пять. "И говори о них"[614] – это шесть. "Сидя в доме твоем"[614] – семь. "И идя дорогою"[614] – восемь. "И ложась"[614] – девять. "И вставая"[614] – десять. "И повяжи их как знак на руку твою"[615] – одиннадцать. "И будут они начертанием между глазами твоими"[615] – двенадцать. "И напиши их на косяках дома твоего и на вратах твоих"[616] – итого тринадцать"».

663) «"Эти тринадцать заповедей зависят от правой, а левая включена в правую, и так должно быть. И в любое время, когда левая пробуждается, правая уже присутствует в ней изначально, и поэтому, если удостаиваются, левая включается в правую, а если нет, правая включается в левую, и левая властвует. И признаком этого является, когда "если" написано вначале, как в случае: "Если по законам Моим поступать будете"[617]. И в любом месте, левая пробуждается в любви, благодаря правой, а затем, как и положено, усиливается суд. И так должно быть в любом месте. И товарищи уже поясняли это". Подошел рабби Хия и поцеловал его».

---

[613] Писания, Псалмы, 110:1. «Псалом Давида. Слово Творца к господину моему: "Сиди справа от Меня, пока Я не сделаю врагов твоих подножием твоим"».

[614] Тора, Дварим, 6:7. «И повторяй их сыновьям твоим, и говори о них, сидя в доме твоем и идя дорогою, и ложась и вставая».

[615] Тора, Дварим, 6:8. «И повяжи их как знак на руку твою, и будут они начертанием между глазами твоими».

[616] Тора, Дварим, 6:9. «И напиши их на косяках дома твоего и на вратах твоих».

[617] Тора, Ваикра, 26:3. «Если по законам Моим поступать будете и заповеди Мои соблюдать и исполнять их».

ГЛАВА ТРУМА

А Скинию сделай из десяти полотнищ

664) «Провозгласил и сказал: "А Скинию сделай из десяти полотнищ"[618]. Здесь скрыта тайна единства", т.к. десять полотнищ – это десять сфирот, "потому что исправление Скинии состоит из многих ступеней, ибо сказано о ней: "И будет Скиния единым целым"[619] – это показывает, что все части строения (гуф) Скинии являют собой единое строение (гуф)"».

665) «"Подобно тому, как у человека есть многочисленные органы, верхние и нижние, одни – внутренние, скрытые внутри, а другие – видны снаружи, и все они называются единым телом, а он называется единым человеком в едином соединении, так же и Скиния. Все ее органы подобны высшим, и когда все они соединяются как одно целое, тогда сказано: "И будет Скиния единым целым"[619]».

666) «"Заповеди Торы – все они части и органы в свойстве высшего, и когда все они соединяются в одно целое, то поднимаются в одно место. И это Скиния, в которой все органы и части восходят к свойству "Адам (человек)" в соответствии заповедям Торы, потому что все заповеди Торы относятся к свойству "Адам (человек)", что означает "захар и некева", т.е. ЗОН. "Когда соединяются вместе, они одно целое – свойством "Адам (человек)"», т.е. АВАЯ (הויה) с наполнением «алеф א», в гематрии «Адам אדם (45)». «"И тот, кто убавляет хотя бы одну заповедь в Торе, как будто умаляет образ веры", т.е. Малхут, "ведь все органы находятся в единстве в образе "Адам (человек)". И поэтому всё восходит к этому единству"».

667) «"Поэтому Исраэль – это единый народ, как сказано о них: "И вы – овцы Мои, овцы паствы Моей человеческой вы

---

[618] Тора, Шмот, 26:1. «А Скинию сделай из десяти полотнищ. Из крученого (в шесть сложений) виссона и синеты, и пурпура, и червленицы, (с) херувимами работы парчевника сделай их».

[619] Тора, Шмот, 26:6. «И сделай пятьдесят золотых крючков, и соедини полотнища друг с другом крючками, и будет Скиния единым целым».

(досл. человек вы)"⁶²⁰. И сказано: "И кто подобен народу Твоему, Исраэлю, народу единому на земле?!"⁶²¹»

---

⁶²⁰ Пророки, Йехезкель, 34:31. «И вы – овцы Мои, овцы паствы Моей человеческой вы. Я – Всесильный ваш, – слово Творца!»

⁶²¹ Пророки, Шмуэль 2, 7:23. «И кто подобен народу Твоему, Исраэлю, народу единому на земле, ради которого ходил Всесильный искупить его Себе в народ и сделать Себе имя, и совершить вам (деяния) великие и страшные в стране Твоей, (изгоняя) пред народом Твоим, который Ты избавил от Египта, народов и божеств его?!»

ГЛАВА ТРУМА

Всем сердцем твоим и всей душой твоей, и всем достоянием твоим

668) «"Рабби Ицхак находился перед рабби Эльазаром, сказал ему: "Разумеется, любовь Творца, когда человек любит Его, пробуждается ни в чем ином, как в сердце. Поскольку сердце – это место пробуждения, чтобы пробудить любовь к Нему". И спрашивает: "В таком случае, почему сказано: "Всем сердцем твоим"[604], а затем: "Всей душой твоей"[604] – ведь это означает, что есть два вида" любви, "одна – в сердце, другая – в душе? И если сердце – это главное, то зачем нужна душа?" Сказал ему: "Конечно, сердце и душа – это два, и оба они соединяются в одно целое, поскольку сердце, душа и имущество – все они соединяются друг с другом, но сердце – оно главное и основа всего"».

669) «"И то, что мы учили: "Всем сердцем твоим (досл. сердцами твоими)"[604], означает – "двумя сердцами". И это – два начала, одно – доброе начало, а другое – злое. И оба они, каждое само по себе называется сердцем. Одно называется добрым сердцем, а другое – злым сердцем. Именно поэтому" сказано: "Всеми сердцами твоими (левавхá לְבָבְךָ)"[604], а не 'всем сердцем твоим (либха לִבְּךָ)". И это указывает на оба сердца, т.е. "доброе начало" и "злое начало"».

670) «"Следовало сказать: "И душой твоей", что значит: "И всей душой твоей"[604], почему сказано "всей"? И отвечает: "Но это потому, что она должна включить нефеш-руах-нешама (НАРАН), это означает: "И всей душой твоей"[604], – всем, что содержит в себе эту нефеш. "И всем достоянием твоим"[604]». Почему сказано: «И всем»[604]? Это «"потому, что и здесь есть несколько видов имущества, и все они отличаются друг от друга", – серебро, драгоценные камни, и тому подобное. Поэтому сказано: "И всем достоянием твоим"[604] – т.е. всем приобретенным тобою. Ведь любовь Творца означает – отдать Ему всё это, и любить Его в каждом из них"».

671) «"И если скажешь: "Злым началом, как человек может возлюбить им" Творца, "ведь злое начало обвиняет человека с тем, чтобы человек не приближался к работе на Творца, как же он может полюбить, (находясь) в нем, Творца?" И отвечает:

"Однако эта работа Творца важнее, когда злое начало подчиняется ему, и этот человек ломает его, это и называется любовью Творца, поскольку он умеет пожертвовать злым началом ради работы Творца"».

672) «"Здесь – тайна для знающих закон. Ибо всё, что создал Творец наверху и внизу, всё это лишь для того, чтобы проявить величие Свое, и всё необходимо для работы Его. Видано ли такое, чтобы раб жаловался на Господина своего, чтобы воздвигал он обвинения на всё, что является волей Господина своего?!", не желая повиноваться воле Его. "Желание Творца – чтобы люди всегда пребывали в работе Его и шли путем истины, для того чтобы удостоить их многочисленным благом. И поскольку это является волей Творца, как может явиться негодный раб и жаловаться на волю Господина его, и уводить людей на путь зла, сбивая их с пути добра, и подстрекать их не выполнять волю их Господина, уводя людей на путь зла?"»

673) И отвечает: «"Однако он, безусловно, выполняет волю Господина своего. Это подобно царю, у которого был единственный сын, любимый им больше всего. Наказал он ему с любовью, чтобы не приближался он к женщине нечестивой, поскольку каждый, кто приближается к ней, недостоин являться в чертог царя. Заверил его сын этот, что исполнит он волю отца своего с любовью"».

674) «"За пределами дома царя крутилась одна развратница, красивая видом и красивая станом. В один из дней сказал царь: "Проверю-ка я, как относится мой сын ко мне". Призвал к себе эту развратницу и сказал ей: "Попытайся соблазнить сына моего, дабы проверить отношение сына ко мне". Что сделала эта развратница? – Стала она увиваться за сыном царя, пытаясь завлечь его в свои объятия, очаровать его своими поцелуями и всячески пытаясь ввести его в соблазн. Если этот сын порядочный и соблюдает наказ отца своего, он отнесется к ней с презрением и не будет слушать ее, и не даст ей подступиться к себе. Тогда радуется отец его сыну своему и вводит его на свою половину чертога, воздавая ему подарками, приношениями и большими почестями. Кто стал причиной всей этой славы, которой удостоился сын его? Эта развратница"».

675) И спрашивает: «"Но сама развратница достойна похвалы за это или нет?" И отвечает: "Конечно же, она достойна похвалы во всех отношениях: во-первых – за то, что выполнила указание царя, и во-вторых – за то, что привела этого сына ко всему этому благу, ко всей этой любви царя к нему. Поэтому сказано: "И вот, хорошо очень"[622]. "И вот, хорошо" – это ангел жизни, "очень" – ангел смерти, т.е. злое начало. Ведь, несомненно, он очень хорош для того, кто выполняет заповеди Господина своего. И посмотри, если бы этого обвинителя не было, праведники не смогли бы унаследовать те высшие богатства, которые им предстоит унаследовать в мире будущем"».

676) «"Счастливы те, кому встретился этот обвинитель. И счастливы те, кому он не встретился". И объясняет: "Счастливы те, кому он встретился", то есть те, "кто спасся от него, ибо благодаря ему они наследуют всё благо и все наслаждения, и все сокровища будущего мира, и о них сказано: "Глаз, который не видел иных божеств, но лишь Тебя"[623]».

677) «"И счастливы те, кому он не встретился", потому что не сбились с пути из-за него. "Ведь из-за него они бы унаследовали преисподнюю и были выгнаны из земли жизни, ибо те грешники, что встретили его, послушались его и потянулись за ним. Поэтому праведники должны сохранять благодарность ему, поскольку удостоились из-за него унаследовать всё благо и наслаждения, и сокровища мира будущего"».

678) Спрашивает: «"В чем польза от обвинителя, когда грешники слушают его?" И отвечает: "Хотя нет в нем пользы", всё же "указание Господина своего он выполняет. И ещё, он усиливается из-за этого, ведь поскольку он нечестив, он усиливается, когда делают зло. Грешник не укрепится, пока не убьет человека. Когда же убивает людей, он укрепляется в силе своей и получает удовольствие. Так же и этот обвинитель, то есть злое начало, называемое ангелом смерти, не набирается сил, пока не совратит людей и не возведет на них обвинение, и не убьет их. Тогда он получает удовольствие и укрепляется, и набирается сил"».

---

[622] Тора, Берешит, 1:31. «И увидел Всесильный всё созданное Им, и вот, хорошо очень. И был вечер и было утро – день шестой».

[623] Пророки, Йешаяу, 64:3. «И никогда не слышали, не внимали; глаз, который не видел иных божеств, но лишь Тебя, даст Он уповающему на Него».

679) «"Так же, как укрепляется сторона жизни, когда люди благочестивы и идут прямым путем, так же и этот обвинитель укрепляется и усиливается, когда грешники слушаются его, и властвует над ними. Счастливы те, кто удостаивается победить и покорить его, удостоившись благодаря ему будущего мира. А человек укрепляется всегда в святом Царе, как сказано: "Счастлив человек, чья сила в Тебе, пути (к Тебе) – в сердце их"[624]. Счастливы они в этом мире и в мире будущем"».

---

[624] Писания, Псалмы, 84:6. «Счастлив человек, чья сила в Тебе, пути (к Тебе) – в сердце их».

ГЛАВА ТРУМА

Праведники – это лицо Шхины

680) «"Рабби Йоси и рабби Йегуда, и рабби Хия, находились в пути, встретил их рабби Эльазар, когда они увидели его, слезли все со своих ослов. Сказал рабби Эльазар: "Несомненно, я вижу лик Шхины. Ибо когда человек видит праведников или достойных людей поколения, и встречается с ними, несомненно, они – лик Шхины. Почему они называются ликом Шхины? - Потому что Шхина скрывается внутри них, Шхина в них находится в скрытии, а сами они раскрыты. И те, кто близок Шхине, называются ликом ее. И кто они", близкие ей? – "Это те, с кем она исправляется, чтобы предстать пред высшим Царем", Зеир Анпином, т.е. поднимающие МАН, чтобы соединить Творца со Шхиной Его. "И когда вы здесь, несомненно, Шхина устанавливается над вами, и вы – лик ее"».

Отпусти меня, ибо взошла заря

681) «Провозгласил и сказал: "Прими же мое благословение, которое поднесено тебе"⁶²⁵. Когда Яаков увидел в эту ночь обвинителя-Сама", который боролся с ним при переходе Ябока, "он увидел его в облике Эсава и не узнал, пока не взошла заря. После того, как взошла заря, он всмотрелся в него, и увидел его со скрытым лицом и с открытым. Вгляделся он в облик его, который был подобен облику Эсава, тотчас разглядел и узнал в нем покровителя Эсава", т.е. Сама. "Напал (Яаков) на него, что тогда сказано: "И сказал тот: "Отпусти меня, ибо взошла заря"⁶²⁶. И товарищи пояснили, что это потому, что пришло его время воспевать и восславлять Творца, и поэтому сказал: "Ибо взошла заря"⁶²⁶».

682) «"И здесь необходимо рассмотреть то, что власть его, безусловно, действует только ночью, во тьме. И это означает: "От страха по ночам"⁶²⁷ – т.е. это страх преисподней. И то, что сказано: "По ночам (лейлот לילות)", во множественном числе, "это значит – он", Сам, "и нуква его", Лилит (לילית). "И поэтому он властвует лишь ночью"».

683) «"И в словах его: "И сказал тот: "Отпусти меня, ибо взошла заря"⁶²⁶, – что означает: "Ибо взошла заря"⁶²⁶?" И отвечает: "Поскольку когда наступает утро и устраняется власть ночной тьмы, тогда входит он и станы его в расщелину великой бездны, что в северной стороне, пока не наступает ночь, и спускаются псы", т.е. ситра ахра, "с цепей своих, и властвуют и рыщут в ночи, пока не наступает утро. И поэтому" Сам "так настойчиво просил: "Отпусти меня, ибо взошла заря"⁶²⁶ – потому что он не властвует днем"».

684) «"И подобно этому изгнание Исраэля – это свойство "ночь" и называется "ночь". Нечестивое царство

---

⁶²⁵ Тора, Берешит, 33:9-11. «И сказал Эсав: "Есть у меня много, брат мой, пусть твое останется у тебя". Но Яаков сказал: "О нет, если я нашел милость в глазах твоих, то прими мой дар из руки моей, ибо поистине, увидел я лицо твое, как видят лицо ангела, и ты благоволил ко мне. Прими же мое благословение, которое поднесено тебе, ибо Всесильный одарил меня, и есть у меня всё". И упросил он его, и тот принял».

⁶²⁶ Тора, Берешит, 32:27. «И сказал тот: "Отпусти меня, ибо взошла заря". Но он сказал: "Не отпущу тебя, пока не благословишь меня"».

⁶²⁷ Писания, Песнь песней, 3:8. «Все они препоясаны мечом, обучены битве, у каждого меч на бедре его от страха ночного (досл. по ночам)».

идолопоклонников властвует над Исраэлем, пока не наступит утро", т.е. избавление, "и не засветит им Творец, и не устранится власть царства идолопоклонников. И поэтому сказал: "Ибо взошла заря"[626] – тот удерживал его, и силы его ослабли, так как прошла ночь. И поэтому возобладал над ним Яаков и увидел в облике его облик Эсава, но не столь явно. И тогда" Сам вынужден был (это сделать) и "признал благословения"», данные ему отцом. Ибо сказал ему: «Не отпущу, пока не благословишь меня»[626]. И сказано: «И благословил он его там»[628].

685) «"Что сказано затем: "Ибо поистине, видел я лицо твое, как видят лик ангела, и ты благоволил ко мне"[629]. Потому что увидел в лице Эсава точно тот же облик, в котором явился ему Сам. Ведь если человек связан с каким-либо местом, это видно по лицу его. "И вы, преисполненные высшей святости, – Шхина пребывает с вами, и поэтому ваши лики, как лик ее. Благословенны вы". Сказал: "Если бы шел одной дорогой с вами, я бы посидел с вами. Теперь же, когда вам надо идти своим путем, а мне своим, расстанусь с вами со словами Торы"».

---

[628] Тора, Берешит, 32:30. «И спросил Яаков, сказав: "Скажи же мне имя твое". И он сказал: "Зачем спрашиваешь об имени моем?" И благословил он его там».

[629] Тора, Берешит, 33:10. «Но Яаков сказал: "О нет, если я нашел милость в глазах твоих, то прими мой дар из руки моей, ибо поистине, видел я лицо твое, как видят лик ангела, и ты благоволил ко мне».

ГЛАВА ТРУМА

Если Творец не возведет Храм

686) «Провозгласил и сказал: "Песнь ступеней для Шломо. Если Творец не возведет Храм, напрасно трудятся строящие его; если Творец не защитит город, напрасно усердствует страж"[630]. Спрашивает: "Разве Шломо произнес это прославление, когда возводил Храм?" И говорит: "Это не так, ведь царь Давид сказал это за царя Шломо, сына своего, когда пришел к нему пророк Натан, и сказал ему о Шломо, что он возведет Храм. А затем царь Давид показал Шломо вид этого Храма. Когда Давид увидел вид Храма и все устройство его, он вознес песнь за Шломо, сына своего, сказав: "Если Творец не возведет Храм"[630]».

687) «"Песнь ступеней для Шломо"[630] означает – для царя, которому принадлежит мир (шалом)", и это Зеир Анпин. "И эта песнь – это песнь и прославление над всеми остальными песнями, и эта песнь превосходит все их. "Если Творец не возведет Храм"[630] – ибо царь Давид видел все эти семь столбов", т.е. ХАГАТ НЕХИМ Зеир Анпина, "на которых стоит этот Храм", т.е. Малхут, "и они стоят, ряд за рядом, чтобы возвести этот Храм, и над всеми ними стоит Хозяин этого Храма", Бина, "и находится над ними и дает им силу и мужество, каждому из них, как подобает"».

688) «"И об этом сказал Давид, – если Царь, которому принадлежит весь мир (шалом)", т.е. Бина, "являющийся Хозяином этого Храма, не возвел этот Храм, "напрасно трудятся строящие его"[630], т.е. столбы", ХАГАТ НЕХИМ Зеир Анпина, "стоящие, чтобы построить этот Храм"». Объяснение. Если бы Бина не подсластила Малхут, называемую Храм, в свойстве «Мать одалживает свои одежды дочери», Малхут не смогла бы получить никакой свет.[631] «"Если Творец не защитит город"[630] – это Царь, которому принадлежит весь мир (шалом)", Бина. "Напрасно усердствует страж"[630] – это один столб, на котором установлен мир", Малхут, "и кто он? – Это праведник", Есод Зеир Анпина, "который защищает этот город"», Малхут. Бина

---

[630] Писания, Псалмы, 127:1. «Песнь ступеней для Шломо. Если Творец не возведет Храм, напрасно трудятся строящие его; если Творец не защитит город, напрасно усердствует страж».

[631] См. Зоар, главу Берешит, часть 1, п. 3, со слов: «В свойстве суда, т.е. в свойстве Малхут мира АК, прежде чем она подсластилась в Бине, в свойстве милосердия, мир не мог существовать...»

называется Царем, которому принадлежит весь мир (шалом), и это значит, что все мохин нисходят от нее. А Зеир Анпин называется Царем, которому принадлежит мир, т.е. Есод, называемый миром (шалом). И поэтому: «Песнь ступеней для Шломо»[630] – т.е. Зеир Анпина, «если Творец не возведет Храм»[630] – т.е. Бина.

689) «"Скиния, которую возвел Моше", и это Малхут с мохин де-ВАК, – "Йеошуа всегда стоял и охранял ее, и нет охраны, кроме совершаемой им, и он называется отроком", т.е. свойство Матат, как сказано: "А его служитель, Йеошуа бин Нун, отрок, не отлучался от шатра"[632]. И затем Скиния не охранялась никем, кроме другого отрока, как сказано: "А отрок Шмуэль служил"[633]. Ибо охрана Скинии не осуществляется никем, кроме отрока, и кто этот страж? Это тот страж, который охраняет высшую Скинию", Малхут с мохин де-ВАК, "и он называется так" именем "отрок", и это "Матат"».

690) «"Но вы, высшие праведники, ваша охрана – не просто охрана Скинии, а ваша охрана – словно охрана Храма", т.е. Малхут с мохин паним бе-паним с Зеир Анпином. "И только один Творец хранит его, как сказано: "Если Творец не защитит город, напрасно усердствует страж"[630]. Ибо в любое время, когда праведники находятся в пути, Творец всегда оберегает их, как сказано: "Творец будет оберегать исход твой и приход"[634]».

691) «Пошли за ним и провожали его три мили, и вернулись на путь свой. Провозгласили о нем: "Потому что ангелам Своим Он заповедает о тебе – хранить тебя на всех путях твоих, на руках понесут тебя"[635]. "Возрадуются отец твой и мать твоя, и возликует родительница твоя"[636]».

---

[632] Тора, Шмот, 33:11. «И говорил Творец Моше лицом к лицу, как говорит человек ближнему своему; и возвращался он в стан, а его служитель, Йеошуа бин Нун, отрок, не отлучался от шатра».

[633] Пророки, Шмуэль 1, 3:1. «А отрок Шмуэль служил Творцу при Эли; слово же Творца было редко в те дни, видение было не часто».

[634] Писания, Псалмы, 121:8. «Творец будет оберегать исход твой и приход твой отныне и вовеки».

[635] Писания, Псалмы, 91:11-12. «Потому что ангелам Своим Он заповедает о тебе – хранить тебя на всех путях твоих. На руках понесут тебя, чтобы не споткнулась о камень нога твоя».

[636] Писания, Притчи, 23:25. «Возрадуются отец твой и мать твоя, и возликует родительница твоя».

Объяснение. Вначале говорит Писание: «Потому что ангелам Своим Он заповедает о тебе хранить тебя»[635] – т.е. ангелу Матату. А затем говорит Писание: «На руках понесут тебя»[635], т.е. сам Творец, Бина, несущая Малхут и праведников на руках своих, что означает – на сокращении, принятом ею из-за Малхут, и благодаря этому она затем может дать праведникам и Малхут также и свой гадлут.[631] И это смысл сказанного: «На руках понесут тебя»[635] – т.е. на сокращении и на катнуте ее, называемом руками (капа́им), с тем, «чтобы не споткнулась о камень нога твоя»[635], т.е. свойство суда Малхут первого сокращения, называемое камнем. И в любом месте, где оно раскрывается, сразу же уходят оттуда все мохин.[637] И поэтому провозгласили о рабби Эльазаре это изречение, так как оно включает все, сказанное им выше. И благодаря этому: «Возрадуются отец твой и мать твоя»[636].

---

[637] См. Зоар, главу Ваеце, п. 23.

ГЛАВА ТРУМА

Во множестве народа – величие Царя

692) «"А Скинию сделай из десяти полотнищ"[638]. Рабби Йегуда провозгласил: "Во множестве народа – величие царя, а в малочисленности народа – гибель владыки"[639]. "Во множестве народа – величие царя"[639] – это Исраэль, о которых сказано: "Ибо народ святой ты у Творца Всесильного твоего"[640]. И они – народ, восходящий к множеству тысяч и множеству десятков тысяч (ревавот). И когда они многочисленны по счету, это является величием Творца, ибо высшие и нижние восславляют имя высшего Царя, и восславляют его благодаря этому святому народу. Это означает сказанное: "Как мудр и разумен народ этот великий!"[641]»

693) «"И если скажешь, что ведь написано: "Ведь вы малочисленнее всех народов"[642]? По сравнению со всеми народами, конечно же, они малочисленнее, но по сравнению с одним народом" из них, "они многочисленнее, поскольку нет народа во всем мире такого великого и многочисленного, как Исраэль. И если скажешь, – а как же сыновья Ишмаэля и сыновья Эдома, которых очень много?" И отвечает: "В действительности, так оно и есть, что они многочисленны, однако все остальные народы смешиваются друг с другом, когда у одного народа есть сыновья в другом народе, а у этих сыновей – в другом народе, а у тех – в другом". А Исраэль не смешиваются, и не смешиваются с ними другие народы. "И поэтому нет народа во всем мире, такого великого и многочисленного, как Исраэль. Они избранный единственный народ, в них нет постороннего смешения вообще, как сказано: "Ибо народ святой ты у Творца Всесильного

---

[638] Тора, Шмот, 26:1. «А скинию сделай из десяти полотнищ. Из крученого (в шесть сложений) виссона и синеты, и пурпура, и червленицы, (с) херувимами работы парчевника сделай их».

[639] Писания, Притчи, 14:28. «Во множестве народа – величие царя, а в малочисленности народа – гибель владыки».

[640] Тора, Дварим, 7:6. «Ибо народ святой ты у Творца Всесильного твоего, тебя избрал Творец Всесильный твой, чтобы ты был Ему народом, избранным из всех народов, что на лице земли».

[641] Тора, Дварим, 4:6. «Храните же и исполняйте, ибо это мудрость ваша и разум ваш на глазах всех народов, которые, лишь услышав обо всех этих установлениях, скажут: "Как мудр и разумен народ этот великий!"»

[642] Тора, Дварим, 7:7. «Не потому, что многочисленнее вы прочих народов, возжелал вас Творец и избрал вас, ведь вы малочисленнее всех народов».

твоего, тебя избрал Творец"⁶⁴⁰. И поэтому "во множестве народа – величие царя"⁶³⁹ – это величие высшего Царя, Творца"».

694) «"Еще" надо объяснить это изречение: "В то время, когда Творец входит в дом собрания, и весь народ приходит вместе и молится, и благодарит, и восхваляет Творца, тогда это – "величие царя"⁶³⁹, и просто царь (без уточнения), это святой Царь", т.е. Творец, "который устанавливается в великолепии и исправлении, дабы взойти наверх"», к Абе ве-Име.

695) «"А в малочисленности народа – гибель владыки"⁶³⁹, т.е. когда Творец пришел раньше в дом собрания, а народ не собрался, чтобы молиться и восславлять Творца, тогда всё высшее правление и все высшие правители и станы – все они прекращают восхождение свое, в котором они устанавливались в исправлениях этого царя"», т.е. Творца.

696) «"И по какой причине?" они прекращают свое восхождение. Это "потому, что в час, когда Исраэль внизу выстраивают свои молитвы и просьбы и восславляют высшего Царя, все эти высшие станы возносят прославления и устанавливаются в этом святом исправлении, поскольку высшие станы, – они товарищи с Исраэлем внизу, дабы восславлять Творца вместе, чтобы возвышение Творца было одновременно наверху и внизу"».

697) «"Но когда они", ангелы, "являются, чтобы находиться в содружестве с Исраэлем", восславлять вместе Творца, "а Исраэль внизу не приходят, чтобы выстроить свои молитвы и просьбы, и восславить Господина своего, все святые станы, принадлежащие высшему правлению, прекращают свои исправления, ибо они не поднимаются в возвышении, так как не могут восславить Господина своего как подобает, потому что прославления Творца должны совершаться вместе, наверху и внизу, высшими и нижними одновременно. Поэтому сказано: "Гибель владыки"⁶³⁹, а не "гибель царя"», ибо это затрагивает только станы ангелов, но не самого Царя.

698) «"И если даже немного пришло в дом собрания, только десять, с этими десятью являются высшие станы, чтобы в содружестве с ними восславлять Творца. И какова причина? Это потому, что все исправления Царя происходят в десяти, поэтому достаточно десяти, если нет больше"».

ГЛАВА ТРУМА

В любом месте добавление букв означает убавление

699) «"Смотри, что написано о Скинии: "А Скинию сделай из десяти полотнищ"⁶¹⁸. Число "десять потому, что исправление Скинии", т.е. Малхут, "происходит в десяти,⁶⁴³ чтобы оно было как должно". Спрашивает: "Почему говорит десять "э́сер (עשר)", а не "асара́ (עשרה)"? И отвечает: "Но в любом месте, где пишется десять (эсер עשר)"» без «хэй ה» – «"это" десять сфирот "без Шхины", потому что Шхина окружает их свыше, так как она не входит в счет этих десяти. Также и в изречении: "Стояло оно на двенадцати (шней аса́р שְׁנֵי עָשָׂר) быках"⁶⁴⁴» – так как «аса́р עָשָׂר» без «хэй ה», «"Шхина не входит в счет" двенадцати, "ведь она стоит на них сверху, как сказано: "И море на них сверху"⁶⁴⁴ – т.е. Шхина, называемая морем. "И в тех местах, где указано на то, что недостает им свыше, Шхина дополняет этот счет, так как сама она не входит в счет"».

700) «"Ситру ахра прибавляют дополнительно к счету, и она убавляет от числа, как в случае с числом одиннадцать (аштей аса́р עַשְׁתֵּי עָשָׂר)"», где дополнительная «аин ע» к счету «двенадцать (штей аса́р שְׁתֵּי עָשָׂר)» уменьшает числовое значение с двенадцати на одиннадцать. И это указывает на то, что недостает им свыше, где дополнительная «аин ע» – это «дурной глаз (аин а-ра)». И это уже объяснялось.⁶⁴⁵ «"И в любом месте добавление букв, как в этом случае, – это к убавлению. Как например: "Не Аминон (אֲמִינוֹן) ли брат твой"⁶⁴⁶, ведь достаточно было сказать Амнон"», и то, что добавил (Авшалом) «йуд י» к имени Амнон (אַמְנוֹן) – это, чтобы принизить достоинство того. «"А со стороны святости убавление буквы – это добавление"». Когда убавляют «аин ע» от одиннадцати (ашти́ эсре́ עשתי עשרה), то числовое значение меняется с одиннадцати на двенадцать.

---

⁶⁴³ См. предыдущий пункт.
⁶⁴⁴ Пророки, Мелахим 1, 7:25. «Стояло оно (море) на двенадцати быках: три глядели на север, три глядели на запад, три глядели на юг и три глядели на восток. И море на них сверху, а задней частью все они были обращены внутрь».
⁶⁴⁵ См. Зоар, главу Ваякель, п. 382, а также главу Пкудей, п. 249.
⁶⁴⁶ Пророки, Шмуэль 2, 13:20. «И сказал ей Авшалом, брат ее: "Не Аминон ли, брат твой, был с тобою? – А теперь, сестра моя, молчи; он – брат твой, не принимай этого (близко) к сердцу". И жила Тамар в одиночестве в доме Авшалома, брата своего».

701) «Рабби Хия провозгласил: "Окутан светом, как плащом, простер небеса, как полотнище"[647]. Мы это изречение объясняли. Когда Творец создал мир, Он облачился в тот первый свет" начала творения, "и создал им небеса"».

702) «"Смотри, свет и тьма не находились вместе, ибо свет – от правой линии, а тьма – от левой линии. Что сделал Творец?" – Бина. "Соединил их вместе, и создал из них небеса", Зеир Анпин. Поскольку Зеир Анпин – это средняя линия, включающая и согласующая две линии, правую и левую, огонь и воду. "Что такое небеса (шамаим שמים)?" – Это буквы "огонь (эш אש)" и "вода (маим מים)". И Он соединил их вместе, и сделал мир между ними"».

703) «"И когда соединились вместе" огонь и вода, "и Он простер их, как полотнище простер их"», как сказано: «Простер небеса, как полотнище», «"и сделал из них букву "вав ו" имени АВАЯ (הויה), т.е. Зеир Анпин, "и тогда она называется полотнищем, или полотнищами, потому что от этой буквы "вав ו" распространился свет" в Малхут, "и стал полотнищами. И это смысл сказанного: "А Скинию сделай из десяти полотнищ"[618]» – т.е. десяти ее сфирот, как мы уже говорили.

---

[647] Писания, Псалмы, 104:2. «Окутан светом, как плащом, простер небеса, как завесу (досл. как полотнище)».

ГЛАВА ТРУМА

Семь небосводов

704) «"И семь небосводов распространяются и скрываются в высшем скрытии", т.е. семь сфирот Зеир Анпина, ХАГАТ НЕХИМ, в которых укрыта и спрятана Хохма, в свете хасадим, который светит им из Бины. "Как мы объясняли.[648] Один небосвод, находящийся над ними сверху", т.е. Твуна. "Нет у него ни цвета, ни явного места в свечении Хохмы, и он не установлен так, чтобы можно было созерцать его. И этот небосвод скрыт и светит всем" семи небосводам, "и перемещает их во время передвижений, каждый как подобает ему". И он не установлен для созерцания, "а установлен для понимания"».

705) «"От этого небосвода и выше", т.е. выше ИШСУТ, "нет того, кто бы познавал и созерцал. И человек должен замкнуть уста свои, чтобы не говорить о Твуне и не созерцать ее. Тот, кто созерцает, возвращается назад, так как нет того, кто бы мог постичь"» там.

706) «"Это десять полотнищ, являющиеся десятью небосводами, и что они собой представляют? Это полотнища Скинии", т.е. Малхут, "и их десять", т.е. десять сфирот, как уже говорилось. "И они установлены для постижения мудрыми сердцем", потому что в Малхут раскрывается Хохма, но не выше нее. "Кто постигает их, он созерцает великую мудрость (хохма), и тайны мира, и созерцает наверху, в месте, с которым каждый сливается. Кроме двух" небосводов, "установленных в правой и левой сторонах", т.е. Хохма и Бина ее, "которые скрыты вместе со Шхиной"».

707) «Рабби Йоси сказал: "Это девять небосводов, а Шхина – десятая. Ведь если скажешь, что из-за того, что написано "десять (эсер עשר)" без "хэй ה", их десять без Шхины,[649] то, в таком случае, одиннадцать сфирот есть в Шхине, – она' одна сфира "и стоит над десятью" сфирот. И известно, что их десять сфирот, а не одиннадцать, как сказано в книге Создания (Ецира). "Но их, безусловно, девять, поскольку девять дней от

---

[648] См. Зоар, главу Лех леха, п. 211. «Семь небосводов создал Творец наверху, и это – ЗАТ Ацилута: ХАГАТ НЕХИМ. И все они – для того, чтобы познать величие Творца. И все они находятся, чтобы сообщить о таинстве высшей веры ...»

[649] См выше, п. 699.

Начала года до Дня искупления, и она – десятая. И подобно этому Скиния – она из десяти полотнищ"».

Пояснение сказанного. Малхут поднялась в Бину и подсластилась там, и благодаря этому светит ей свойство Бины и называется мифтеха (ключ), а ее собственное свойство скрыто. Так, что в ней имеется лишь девять сфирот КАХАБ ХАГАТ НЕХИ, и недостает ее собственного свойства. И это то, что говорит Зоар выше: «Десять (эсер עשר) – это без Шхины»[649]. Ибо свойство самой Малхут называется манула (замок), и его недостает в десяти ее сфирот, и вместо него используют кли Бины.[650] И свойство самой Малхут скрыто выше десяти ее сфирот, в месте хазе Зеир Анпина, и получается, что свойство самой Малхут находится выше десяти ее сфирот. И рабби Йоси не противоречит этому, а говорит, что свойство мифтеха, хотя оно от Бины, всё же считается свойством Малхут, и получается, что в ней самой есть десять сфирот. И это уподобляется десяти дням раскаяния, где десятый день – это День искупления, Бина, и всё же она считается свойством Малхут и дополняет десять сфирот. А Малхут в отношении собственного свойства, стоящая в точке хазе Зеир Анпина, – рабби Йоси считает, что она вообще не принимается в расчет, поскольку она скрыта там.

708) «"Десять этих небосводов – это тайна тайн, которая передается только тем, кто постиг мудрость, и всё это заключено в высших тайнах великого светоча (рабби Шимона), который раскрыл тайну каждого небосвода и тех служителей, который служат на каждом из них. Семь небосводов – наверху", в Зеир Анпине, "и семь небосводов – внизу", в Малхут, "такие же, как наверху". Седьмой небосвод, Хесед, включает ГАР, поэтому их десять. "Это семь небосводов, в которых есть звезды и созвездия, чтобы управлять этим миром согласно пути его, как подобает ему"».

---

[650] См. «Предисловие книги Зоар», п. 42, со слов: «Поэтому сказано: "И эта печать" – которая утвердилась в Бине, "была утверждена и скрыта в ней, подобно тому, как кто-то прячет всё, закрывая под один ключ..."», а также п. 44. «В этих воротах есть один замо́к и одно узкое место, чтобы вставить в него этот ключ...»

ГЛАВА ТРУМА

Превозносите Восседающего в небесах

709) «"Среди всех них седьмой наиболее важный", т.е. Хесед, "кроме восьмого небосвода", Бины, "который управляет всеми семью небосводами и стоит над всеми ними. Сказано: "Превозносите Восседающего в небесах"[651]. Спрашивает: "Кто такой "Восседающий в небесах" и кто такие "небеса (аравот)"?" И говорит: "Аравот – это седьмой небосвод", т.е. первая сфира Зеир Анпина, называемая Хесед и включающая все сфирот Зеир Анпина, которые под ней. "И почему называется Аравот (עֲרָבוֹת)? Потому что замешан (меурав מְעוּרָב) из огня и воды вместе, т.е. из южной стороны", и это вода, "и из северной стороны", и это огонь. "И он замешан из двух этих сторон"». А «Восседающий на небесах (аравот)»[651] – это восьмой небосвод, Бина.

710) «"И если скажешь: в таком случае, две ивовые ветви (аравóт), которые соединяют с лулавом, и мы изучали, что это значение сказанного: "Превозносите Восседающего в небесах (аравóт)"[651], т.е. Нецах и Ход, называемые ногами (ярхин). И спрашивает: "Кто поместил ноги (ярхин)", т.е. Нецах и Ход, "в тело", т.е. ХАГАТ, "и кто поместил тело", ХАГАТ, "в нсги?", Нецах и Ход. То есть, здесь ты говоришь, что Аравот – это Хесед Зеир Анпина, считающийся гуф (телом) Зеир Анпина, а там ты говоришь, что также Нецах и Ход, т.е. ноги (ярхин), находящиеся вне гуф (тела). Кто уравнял их, "ведь одно", т.е. тело, 'дает плоды, а другое", Нецах и Ход, т.е. ноги, "не дает плодов"».[652]

711) И отвечает: «"Однако, всё это – как свойство ивовых ветвей (аравóт), что в лулаве, и эти аравот, что в лулаве" т.е. Нецах и Ход, "одна – огонь", Ход, "другая – вода", Нецах, "и в этом свойстве они полностью", т.е. одно – полностью вода, а другое – полностью огонь, и они не перемешиваются друг с другом, ведь это две отдельные сфиры, каждая в собственной власти. "А этот, седьмой" небосвод, Хесед, "соединил в себе огонь и воду вместе, в одном свойстве", поскольку является одной сфирой, и он полностью включает в себя две ивовые ветви (аравот), что в лулаве, по-настоящему вместе. "И поскольку

---

[651] Писания, Псалмы, 68:5. «Пойте Всесильному, воспевайте имя Его, превозносите Восседающего в небесах, в Творце имя Его, и радуйтесь пред Ним».

[652] См. ниже, п. 796.

небосвод Аравот включает в себя все остальные шесть" сфирот, т.е. Гвуру, Тиферет, НЕХИМ, так как высший включает всех, находящихся ниже него, "он представляет собой высшее строение (мерказа), и Творец", т.е. Бина, "благоволит к этому небосводу больше всех небосводов, и всегда стремление Его исправить этот небосвод высшим великолепием, и об этом сказано: "Превозносите Восседающего в небесах (аравот)"[651] – т.е. Того, Кто восседает в Аравот. И кто это? Это небосвод, расположенный над созданиями", т.е. Бина, которая стоит над ХАГАТ Зеир Анпина, называемыми созданиями, "и он – "Восседающий в Аравот"».

712) «"Сказано: "И радуйтесь пред Ним"[651], но не сказано: "Перед Ним", а "пред Ним"[651]. Потому что "перед Ним" означало бы – перед Биной, а это Хохма, "но ведь нет того, кто бы знал что-то о Нем. Но "пред Ним"[651]» – т.е. Бина, «Восседающий в Аравот». «"Тот, кто входит, (представ) пред этим небосводом, должен войти в радости, без всякой печали, поскольку этот небосвод приводит к тому, что там вовсе не бывает печали и злости, ибо всё там в радости"». И поэтому сказано: «И радуйтесь пред Ним»[651].

713) «"И поэтому великий коэн, предстающий пред Ним, никогда не входил в Храм иначе, как в радости, и чтобы показать радость, поскольку место обязывает. И об этом сказано: "Служите Творцу в радости..."[653] – ибо важно, чтобы не проявилась в ней печаль"».

714) «"И если скажешь: в таком случае, тот, кто находится в нужде и страданиях, не может радоваться в сердце своем. И поскольку находится в страданиях, он должен просить о милосердии перед высшим Царем. И если так, он вообще не вознесет молитву свою и не явится, находясь даже в малейшей печали, ведь он не может порадовать сердце свое и предстать пред Ним в радости. Какое же исправление имеется для этого человека?"»

715) И отвечает: «"Но, конечно, мы же учили, что все врата запираются и закрываются, а врата слез не закрываются. И плач бывает только от горести и печали. И тогда все эти

---

[653] Писания, Псалмы, 100:2. «Служите Творцу в радости, предстаньте пред Ним с пением».

хранители ворот убирают преграды и замки и впускают эти слезы, и эта молитва входит, (представая) пред святым Царем"».

716) «"Тогда это место", Малхут, "испытывает страдание из-за печали и подавленности этого человека, как сказано: "В каждой беде их не страдал"[654]», и надо читать: «Страдание Ему». Ведь горе человека доходит до Шхины. «"Стремление высшего мира", Зеир Анпина, "к этому месту", Малхут, "подобно тому, как влечение мужчины (захар) всегда направлено к женщине (нукве). Поэтому, когда Царь", Зеир Анпин, "входит к Царице", Малхут, "и застает ее в печали, то всё, что пожелает она, будет подано ей. И этот человек или эта молитва не возвращаются пустыми, и Творец обращает к нему милосердие Свое. Благословенна участь того человека, который в слезах изливает молитву свою пред Творцом"».

717) «"И также в субботу – тот, кто постится в субботу, он страданием своим показывает печаль. "И в субботу властвует тот высший небосвод", Бина, "который показывается в радости, и сам он – радость, и радует всех". Человека "этого, пребывающего в печали, когда властвует этот небосвод, он избавляет этого человека от наказания, вынесенного ему. И мы это уже учили. И это означает сказанное: "Превозносите" – т.е. восславляйте и возвеличивайте "Восседающего в небесах (аравот)"[651], ибо Он радость и радует всех, и это небосвод, который над созданиями", т.е. Бина, как мы уже объясняли. "В Творце (йуд-хэй יה) имя Его"[651], конечно, поскольку в это место включается это имя"», так как Бина называется «йуд-хэй יה». «"И радуйтесь пред Ним"[651] – т.е. нельзя показывать пред Ним печаль, как уже выяснилось"».

718) «Рабби Эльазар сказал: "Следовало это изречение сказать так: "Превозносите Восседающего на небесах" и это означало бы, что Бина восседает на Зеир Анпине, что значит: "В небесах (аравот)"[651]? И также: "В "йуд-хэй יה" – имя Его. "В "йуд-хэй יה" – Он", – следовало сказать", если Он указывает на Бину, "что значит "имя Его"? Но это изречение сказано о самом скрытом из всех скрытых, о самом древнем из всех древних", Арих Анпине, который более скрытый, чем скрытые высшие Аба

---

[654] Пророки, Йешаяу, 63:9. «В каждой беде их страдание Ему (досл. не страдал), и ангел лика Его спасал их, в любви Своей и милосердии Своем Он избавлял их, и носил их, и возвышал во все былые времена».

ве-Има, и более древний, чем они. "Тот, который не раскрылся и не постигнут вовсе", потому что Его Хохма окончательно скрыта и никогда не светит ниже Него, и Он "Восседающий в небесах (аравот)"⁶⁵¹» – т.е. Абе ве-Име, «йуд-хэй יה». «"И если скажешь: раз Он восседает в "йуд-хэй יה", то хотя Он и скрыт, Он ведь собирается раскрыться в этом месте?"»

719) И отвечает: «"Но "превозносите Восседающего в небесах"⁶⁵¹ – это самый древний из всех древних, самый скрытый из всех скрытых, который непостижим", и не собирается раскрываться. "И в чем же он восседает? "В небесах (Аравот), В Творце (йуд-хэй יה) имя Его"⁶⁵¹ – т.е. в Абе ве-Име, "и это первая ступень, вышедшая из Него"», так как Аба ве-Има вышли из Арих Анпина. "И это имя Его – этого скрытого, который не постигнут", потому что "имя Его "йуд-хэй יה". Поэтому говорит Писание: "В Творце (йуд-хэй יה) имя Его"⁶⁵¹. И не" сами Аба ве-Има, "это Он" – имя Его, "но" Аба ве-Има, "это сам Он" – имя Его, "из-за завесы, которая распростерлась и вышла перед Ним", т.е. Малхут, поднявшаяся в место Бины рош Арих Анпина и образовавшая там экран и завесу, место окончания ступени рош Арих Анпина, и выведшая Бину и ТУМ рош Арих Анпина в свойство гуф. "Но эта завеса – это имя Его"», потому что Малхут называется «имя», «"и это меркава (строение) Его", то есть с помощью этой завесы он облачается в Абу ве-Иму, "и" поэтому "непостижим вовсе"», поскольку она не раскрывается ими.

Пояснение сказанного. Хотя по отношению к Абе ве-Име и ИШСУТ, называемым «йуд-хэй יה», считается, что Малхут, которая поднялась в место Бины рош Арих Анпина, она опустилась оттуда и вернулась на свое место, и поэтому вернулись Бина и ТУМ рош Арих Анпина, и поднялись из гуф на ступень рош Арих Анпина, и взяли с собой в рош Арих Анпина также «йуд-хэй יה», т.е. Абу ве-Иму и ИШСУТ, в которые они были облачены.⁶⁵⁵ И тогда считается, что Арих Анпин – Он «Восседающий в небесах, в Творце (йуд-хэй יה)»⁶⁵¹, вместе с тем, по отношению к самому Арих Анпину, а также по отношению к Абе ве-Име, считается, что Малхут не сдвинулась со своего места и пока еще оканчивает рош Арих Анпина под Хохмой, и поэтому он остается непостижимым для нижних.

---

⁶⁵⁵ См. Зоар, главу Берешит, часть 1, п. 366, со слов: «Поскольку все воды, т.е. все эти ступени, включены в этот высший небосвод…»

И это означает сказанное: «Но эта завеса – это имя Его», т.е. Малхут, находящаяся под Хохмой, это имя Его, «и это меркава (строение) Его, и непостижим вовсе», так как остался облаченным в свою оканчивающую Малхут, хотя эта Малхут считается по отношению к Абе ве-Име и ИШСУТ опустившейся оттуда, и Он поднял Абу ве-Иму и ИШСУТ к себе, и восседает в них, и восседает Он в них только лишь благодаря имени Его, т.е. Малхут, которая под Хохмой, и называется завесой, и поэтому остались Арих Анпин и Аба ве-Има непостижимы, как и до опускания Малхут. И получается, что с одной стороны, раскрывается Хохма в ИШСУТ благодаря тому, что Арих Анпин восседает в «йуд-хэй יה», а с другой стороны, сам Арих Анпин и Аба ве-Има остались непостижимы, как и прежде.

720) «"И это имя Его великое" – т.е. Аба ве-Има с Малхут Арих Анпина, которые облачены в них. "Поскольку есть имя, которое не столь велико, как Он", т.е. имя АВАЯ (הויה), Зеир Анпин, "хотя и имеются в нем дополнительные буквы"», потому что Аба ве-Има называются только двумя буквами «йуд-хэй יה», всё же «"это имя Его великое. Поэтому с этим именем мы продолжаем (молитву) и говорим "амен", так как оно исходит от него, с этим именем всё время произносится "амен", ибо зивуг Абы ве-Имы не прекращается никогда. "А с другим именем", Зеир Анпином, называемым АВАЯ (הויה), "это не так"», пстому что зивуг ЗОН прекращается из-за прегрешений нижних.

721) И это то, что мы произносим: «"Амен. Да будет имя Его великое благословляемо вечно и на вечные времена"[656] – ибо когда это имя устанавливается, всё наполняется совершенством, и все миры радуются. В это имя включены высшие и нижние, в это имя включены шестьсот тринадцать (ТАРЬЯГ) заповедей Торы, являющихся совокупностью всех тайн, высших и нижних. Оно совокупность мира захар наверху", Зеир Анпина, "и совокупность мира нуквы внизу"», Малхут.

Объяснение. Это великое имя – это Малхут Арих Анпина, облаченная в Абу ве-Иму и ИШСУТ, называемые «йуд-хэй יה». И в этой Малхут есть два действия: по отношению к Арих Анпину и Абе ве-Име она не опускается на свое место и светит всегда светом хасадим; а по отношению к ИШСУТ считается, что во время гадлута опускается на свое место, благодаря чему

---

[656] Молитва Кадиш.

возвращаются Бина и ТУМ Арих Анпина на свое место, вместе с Аба ве-Има и ИШСУТ, которые облачены на них и получают от него (Арих Анпина) Хохму. И все мохин состояния гадлут, которые имеются в ИШСУТ, ЗОН и трех мирах БЕА, нисходят от этого так, что и катнут, и гадлут, и хасадим, и Хохма – все они нисходят от имени Его великого, т.е. Малхут рош Арих Анпина, облаченной в Абу ве-Иму и ИШСУТ, как сказано: «В Творце (йуд-хэй י״ה) имя Его»[651]. И это уже подробно выяснялось ранее.[655]

722) «"И все заповеди – все они части и органы, чтобы показать в них свойство веры", т.е. Шхину. "Тот, кто не следит и не вглядывается в тайны заповедей Торы, тот не знает и не может увидеть, как исправляются эти органы в свойстве высшего. Органы тела, все они исправляются на (основе выполнения) заповедей Торы", поскольку двести сорок восемь органов соответствует двумстам сорока восьми исполнительным заповедям, а триста шестьдесят пять сухожилий соответствуют тремстам шестидесяти пяти запретительным заповедям. "И несмотря на то, что есть органы большие и высшие", но есть маленькие и менее значительные, ведь "все они, если мы возьмем один из них, даже самый маленький орган человека, человек будет называться носителем порока. И уж тем более тот, кто убавляет хотя бы одну заповедь из заповедей Торы, он привносит изъян в место, где ему нельзя быть"».

723) «"Посмотри, что сказано: "И взял Творец Всесильный человека и поместил его в саду Эдена, чтобы возделывать его и хранить его"[657]. Мы учили: "Возделывать его и хранить его"[657] – это жертвоприношения. И все это – одно целое, но это тайна заповедей Торы. "Возделывать его"[657] – это двести сорок восемь (РАМАХ) высших органов, и "хранить его"[657] – это триста шестьдесят пять (ШАСА) нижних органов", т.е. триста шестьдесят пять (ШАСА) сухожилий. Высшие относятся к заповеди "помни"[599], Зеир Анпину, "а нижние – к заповеди "храни"[600], Малхут, "и всё это – одно целое"».

724) «"Счастлив тот, кто удостоился завершить заповеди Торы, это ведет человека к восполнению своего духа и души в этом мире и в мире будущем, и Тора удостаивает человека

---

[657] Тора, Берешит, 2:15. «И взял Творец Всесильный человека и поместил его в саду Эдена, чтобы возделывать его и хранить его».

унаследовать два мира – этот мир и будущий мир. Каждый, кто усердствует в Торе, усердствует в жизни, – жизни этого мира и жизни мира будущего, и избавляется от всех тяжелых наказаний, так как они не властны над ним. Если это верно относительно усердия" в Торе, "то уж тем более – при совершении действия"» и выполнении заповедей Торы.

725) «Рабби Хия и рабби Аба пребывали на своем постоялом дворе. Встали в полночь, чтобы заниматься Торой. Дочь хозяина постоялого двора поднялась и зажгла им свечу, а потом встала за ними послушать речения Торы».

ГЛАВА ТРУМА

Ибо заповедь – свеча, а Тора – свет

726) «Провозгласил рабби Йоси и сказал: "Ибо заповедь – свеча, а Тора – свет, и путь жизни – назидательные наставления"[658]. "Ибо заповедь – свеча"[658] означает – "каждому, кто усердствует в этом мире в заповедях Торы, уготована в каждой заповеди одна свеча, чтобы светить ему в том мире. "А Тора – свет"[658] – тот, кто занимается Торой, удостаивается высшего света, от которого зажигается свеча. Ибо свеча без света ничего собой не представляет, свет без свечи тоже не может светить. Получается, что оба они нуждаются друг в друге, ведь необходимо выполнение заповеди, чтобы исправить свечу, и необходимо заниматься Торой для того, чтобы горела эта свеча. Счастлив тот, кто занимается ею (Торой) при свете и при свече"».

727) «"И путь жизни – назидательные наставления"[658], т.е. путь жизни, чтобы прийти по нему в мир будущий, и это наставления, получаемые человеком для того, чтобы отвратить себя от пути зла и пойти путем добра. Еще" нужно объяснить "И путь жизни"[658] – это те назидательные наставления, которые Творец посылает человеку, чтобы очистить его от прегрешений с помощью этих наставлений. Счастлив тот, кто принимает их с желанием сердца"».

728) «Другое объяснение. "Ибо заповедь – свеча"[658]. Эта свеча – озарение Давида, называемое свечой заповеди, устная Тора", Малхут, "которая должна исправляться всегда, и она светит не иначе, как от письменной Торы", Зеир Анпина, "потому что устная Тора – нет у нее иного света, кроме как от письменной Торы, и это свет, чтобы озарять"».

729) «Оглянулся назад и увидел дочь хозяина постоялого двора, стоявшую за ними. Сказал: "Ибо заповедь – свеча"[658]. Что такое свеча? Это свеча, являющаяся заповедью, которой удостаиваются женщины, и это субботняя свеча. И хотя женщины не удостаиваются Торы, однако мужчины, удостаиваясь Торы, зажигают именно ту свечу, которую женщины исправляют в этой заповеди. Женщины (занимаются) исправлением этой свечи, а мужчины – Торой, чтобы воспламенить и зажечь

---

[658] Писания, Притчи, 6:23. «Ибо заповедь – свеча, а Тора – свет, и путь жизни – назидательные наставления».

эту свечу. И это является исправлением той заповеди, которую обязаны выполнять женщины"».

730) «Слушала та женщина и плакала. Тем временем поднялся отец той женщины, которая была там, и подошел, (встав) между ними. Увидел дочь свою, стоящую за ними и плачущую. Расспросил ее отец, и она рассказала ему о происходящем. Начал также и отец этой женщины плакать. Сказал ему рабби Йоси: "Может быть, зять твой, муж дочери твоей, не удостоился Торы?" Ответил ему: "Именно так и есть. И об этом, конечно, мы с дочерью все время плачем"».

731) «"И поскольку увидел я однажды, как он стремительно вышел из этой верхней комнаты слушать "Кадиш" вместе с обществом, захотелось мне отдать за него дочь. И сразу же после того, как вышло общество из дома собрания, отдал я ему дочь мою, ибо сказал себе: "Та стремительность, с которой он пришел слушать "Кадиш", указывает на то, что он будет великим человеком в Торе. И хотя он ребенок, и я ничего о нем не знал, отдал я ему свою дочь. А теперь он даже не знает, как произносится благословение на пищу. И я не могу с ним заниматься среди товарищей, чтобы обучить его произнесению "Шма"[581] и благословению на пищу"».

732) «Сказал ему (рабби Йоси): "Поменяй его на другого. Или, может быть, он произведет на свет сына, который будет великим в Торе". Тем временем поднялся тот", зять хозяина постоялого двора, "быстро подошел к ним и сел перед ними. Взглянул на него рабби Йоси и сказал: "Безусловно, я вижу в этом ребенке, что выйдет от него свет Торы в мир, или сын, который встанет от него". Засмеялся этот ребенок и сказал: "Уважаемые, начну я с одного речения пред вами"».

733) «Провозгласил он и сказал: "Молод я годами, а вы – старцы, потому я робел и боялся высказать вам свое мнение"[659]. Это изречение поясняли столпы мира, но что касается Элиу, о котором сказано: "Из рода Рам"[660], пояснили, что он происходит

---

[659] Писания, Иов, 32:6. «И отвечал Элиу, сын Барахеля, Бузи (бузиец), и сказал: "Молод я годами, а вы – старцы; потому я робел и боялся высказать вам свое мнение"».

[660] Писания, Иов, 32:2. «И воспылал гнев Элиу, сына Барахеля, Бузи, из рода Рам; на Иова воспылал его гнев за то, что тот считал себя правее Всесильного».

от семени Авраама. И это верно. Однако Элиу был коэном, и происходил от семени пророка Йехезкеля, поскольку сказано здесь: "Сын Барахэля, Бузи"[660], а там сказано: "Йехезкель, сын Бузи, священника"[661]».

734) «"И если скажешь, что написано: "Бузи"[660] из-за того, что он был презираем (буз), то это не так, ибо затем сказал повторно: "Из рода Рам (возвышенного)"[660], т.е. возвышен над всеми. И почему называется Бузи (презрение мое)? Потому что презирает себя перед тем, кто больше него. Поэтому поднялся в высшем имени, Бузи (презрение мое), тот, кто называется человеком, совершенным во всем, тогда как другой человек так не называется", т.е. Йехезкель, "как сказано: "А ты, сын человеческий"[662]. И за то, что" Элиу "назывался этим именем", Бузи (презрение мое), "стал называться Рам, т.е. возвышенным (рам) над всеми"».

735) «"И поэтому сказал: "Молод я годами"[659]. Спрашивает: "Говорит: "Годами"[659], "по годам" следовало сказать, что значит "годами"[659]? Однако "молод я"[659] – т.е. уменьшил я себя, "годами (досл. днями)"[659] – перед человеком, у которого есть многочисленные дни. И в чем причина? Поскольку "думал я: "(Пусть) говорит возраст"[663]. Потому "молод я"[659] – т.е. уменьшил себя перед возрастом (досл. днями). "А вы – старцы"[659] – видел я, что вы старцы, "потому я робел и боялся высказать вам свое мнение"[659]. И я также, "думал я: "(Пусть) говорит возраст, и долголетие возвестит мудрость"[663], конечно, "однако, дух – это в человеке, и душа Всемогущего поймет их"[664]. И поэтому, из-за того, что я ребенок, я принял решение не разговаривать до двух месяцев, которые сегодня завершились, и теперь, когда вы здесь, следует начать с речений Торы пред вами"».

---

[661] Пророки, Йехезкель, 1:3. «Было слово Творца к Йехезкелю, сыну Бузи, священника, в земле Касдим, на реке Квар, и была там на нем рука Творца».

[662] Пророки, Йехезкель, 2:6. «А ты, сын человеческий, не бойся их и речей их не бойся, – поскольку воспротивятся и терниями (станут) для тебя, ведь живешь среди скорпионов, – речей их не бойся и лиц их не страшись, ибо они – дом мятежный».

[663] Писания, Иов, 32:7. «Думал я: "(Пусть) говорит возраст, и долголетие возвестит мудрость"».

[664] Писания, Иов, 32:8. «Однако, дух – это в человеке, и душа Всемогущего поймет их».

736) «Провозгласил и сказал: "Ибо заповедь – свеча, а Тора – свет, и путь жизни – назидательные наставления"[658]. "Ибо заповедь – свеча"[658] – это Мишна, как сказано: "Тору, и заповедь"[665]. "Тора" эта – это письменная Тора", Зеир Анпин, "и заповедь" эта – это Мишна", т.е. Малхут. "И она "свеча" – свеча, которая ждет, чтобы ее зажгли"». Ибо у Малхут нет собственного света, и она нуждается в Зеир Анпине, чтобы зажег ее и светил в ней.

737) Спрашивает: (Малхут называется) «"свеча", – почему она называется "свеча"? Но когда" Малхут "получает из двух "рук (зроот)" Зеир Анпина, двух линий, правой и левой, "двести сорок восемь (РАМАХ) высших органов", т.е. хасадим двухсот сорока восьми исполнительных заповедей, "она раскрывает им две своих руки", т.е. две ее линии, правую и левую, "и тогда соединяются эти две руки с двумястами сорока восемью (РАМАХ) органами"», образуя в гематрии «рейш-нун ר"נ (250)», «"и" поэтому она "называется "свеча (нер נר)". "А Тора – свет"[658], потому что Тора зажигает эту свечу, и" свеча "загорается от нее со стороны первого света, правой, ибо Тора дарована от правой стороны, и это первый свет, как сказано: "От десницы Его – пламя закона для них"[666] – она была дарована с правой стороны, хотя и включилась в нее левая. "Ибо тогда", когда включается в нее левая, – "это совершенство всего"».

---

[665] Тора, Шмот, 24:12. «И сказал Творец Моше: "Взойди ко Мне на гору и будь там. И Я дам тебе скрижали каменные и Тору, и заповедь, которые Я написал для обучения их"».

[666] Тора, Дварим, 33:2. «И сказал он: "Творец из Синая пришел и воссиял им из Сеира, явился от горы Паран и пришел из среды десятков тысяч святых. От десницы Его – пламя закона для них"».

ГЛАВА ТРУМА

Двести семь – справа, сто три – слева

738) «"Этот первый свет включен в двести семь миров, которые скрыты под этим светом, и он распространяется во всех них. Под высшим скрытым троном", т.е. Биной, "находятся эти двести семь миров с правой стороны. Их триста десять, двести семь с правой стороны и сто три с левой, вместе – триста десять. И это те, которые Творец всегда исправляет для праведников, и от них распространяется много сокровищниц наслаждения, и все они скрыты, чтобы из них наслаждать праведников в мире будущем. И о них сказано: "Чтобы дать сущее во владение любящим Меня, и сокровищницы их наполню"[667]. И о них сказано: "Глаз, который не видел иных божеств, но лишь Тебя, даст Он уповающему на Него"[668]».

Пояснение сказанного. Ты уже узнал, что три точки холам-шурук-хирик выходят в Бине,[669] и это три линии в ней. При выходе двух точек холам-шурук двух линий, правой и левой, в Бине образуется состояние ахораим. Ибо прежде, чем включились правая и левая друг в друга, в правой линии отсутствуют ГАР, и это в состоянии точки холам. А в левой линии есть ГАР, т.е. Хохма, но поскольку ей недостает хасадим, Хохма не светит в ней. И поскольку у обеих имеется недостаток, они считаются состоянием ахораим Бины. А затем, когда вышла точка хирик, свойство средней линии, она согласовала и включила две линии, правую и левую, друг в друга, и это считается состоянием паним Бины, поскольку правая линия восполняется тогда свойством ГАР вследствие включения (в нее) левой, а левая линия восполняется свойством хасадим вследствие включения правой линии, и обе они наполняются подобающим им совершенством.

Но также и после выхода состояния паним, когда у нее уже есть три линии, в ней еще остается состояние ахораим,

---

[667] Писания, Притчи, 8:21. «Чтобы дать сущее во владение любящим меня, и сокровищницы их наполню».
[668] Пророки, Йешаяу, 64:3. «И никогда не слышали, не внимали; глаз, который не видел иных божеств, но лишь Тебя, даст Он уповающему на Него».
[669] См. Зоар, главу Берешит, часть 1, п. 9. «Высшая точка, Арих Анпин, посеяла внутри чертога ИШСУТ три точки: холам, шурук, хирик...»

поскольку нет исчезновения в духовном. И, кроме того, вся Хохма, которая светит в состоянии паним, исходит от состояния ахораим.[670] И поскольку средняя линия уже вышла, три линии тоже считаются в состоянии ахораим. Две линии, правая и средняя, считаются в правой свойством точки холам, так как им недостает ГАР, а левая линия считается точкой шурук, которой недостает хасадим, то есть так же, как было в состоянии ахораим.

И знай, что в состоянии ахораим Бины считается, что есть в нем триста десять (шин-йуд ש״י) миров, двести семь (рейш-заин ר״ז) – с правой стороны, и сто три (куф-гимель ק״ג) – с левой. Ибо «шин ש (300)» указывает на три линии,[671] в каждой из которых сто сфирот, потому что сфирот Бины исчисляются в сотнях. А «йуд י (10)» указывает на величину ступени десяти сфирот, и это ГАР (три первых) и ЗАТ (семь нижних). Таким образом, две линии «шин ש», правая и средняя, находящиеся в правой, это – «рейш ר (200)», а от величины ступени она (правая) взяла «заин ז (7)» сфирот без ГАР, и вместе это двести семь (рейш-заин ר״ז). А левая линия «шин ש», свойство точки шурук, Хохма без хасадим – это сто, а от величины ступени она взяла три первые сфиры (ГАР) без семи нижних сфирот (ЗАТ), т.е. Хохму без хасадим, и вместе это сто три (куф-гимель ק״ג). Двести семь (рейш-заин ר״ז) и сто три (куф-гимель)» вместе – в гематрии «йуд-шин יש (310)». И называются они мирами (оламот עולמות) от слова «скрытие (ээлем העלם)», поскольку им недостает двух сторон, и есть в них скрытие, как уже выяснялось. Таким образом, состояние ахораим, оставшееся во время свечения в паним Бины, считается «сущим (еш יש)»[667] миров, двести семь (рейш-заин ר״ז) – в правой линии, и сто три (куф-гимель ק״ג) – в левой.

И это означает сказанное им: «Те, которые Творец всегда исправляет для праведников, и от них распространяется много сокровищниц наслаждения, и все они скрыты, чтобы из них наслаждать праведников в мире будущем», потому что свойство Хохмы нисходит только из этого состояния ахораим благодаря тому, что Творец, т.е. средняя линия, исправляет их всегда, соединяя их вместе друг в друге, и благодаря этому каждая

---

[670] См. «Предисловие книги Зоар», статью «Ростки», п. 5, со слов: «И сказано: "А если бы они не показались к этому времени, то не могли бы остаться в мире"...»

[671] См. выше, п. 308, со слов: «Объяснение. Он выясняет здесь порядок распространения трех линий».

восполняется недостающим ей. И всё блаженство и наслаждение приходит со свечением Хохмы. И о них сказано: «Чтобы дать сущее (еш ש״י) во владение любящим Меня, и сокровищницы их наполню»[667], потому что Хохма, приходящая из состояния ахораим, называется «сущее (еш ש״י)»[667], и с помощью средней линии наполняется недостающее в каждой из них, и это означает сказанное: «И сокровищницы их наполню»[667].

И с помощью этого ты поймешь сказанное в Зоаре, что один раз он говорит, что «сущее (310 ש״י)»[667] миров – это Хохма,[672] а в другой раз говорит, что «сущее (310 ש״י)»[667] миров – это будущий мир, Бина.[673] А здесь он говорит, что они находятся под высшим троном, т.е. Биной. И также далее, сразу после этого, он говорит, что они скрыты под будущим миром. И в выясненном ты обнаружишь, что всё это сходится в одно место, ибо то, что он пишет, что «сущее (310 ש״י)»[667] миров – это Хохма, означает – Бина, которая снова стала Хохмой, и поэтому говорит также, что они Бина. Однако, не в состоянии паним в Бине, а в состоянии ахораим в ней, как мы уже объяснили. И знай, что состояние ахораим каждой ступени считается (состоянием) под этой ступенью, поэтому он говорит, что они скрыты «под будущим миром», а не в самой Бине, в свойстве ее паним.

739) «"Сущее (310 ש״י)» – это триста десять (шин-йуд ש״י) миров, скрытых под будущим миром", т.е. под Биной. "И те двести семь (рейш-заин ר״ז) миров, которые с правой стороны, называются первым светом, поскольку даже свет левой называется светом", однако это темный свет, не дающий порождений, и поскольку свет правой предшествует свету левой, поэтому свет правой, т.е. Хесед, называется первым светом. "Но первому свету предстоит произвести порождения в будущем мире. Ты можешь сказать: в будущем мире", т.е. Бине, "но не больше. Однако он производит порождения также и каждый день", т.е. даже на ступенях Зеир Анпина, называемого днем, "потому что, если бы не было этого света в Зеир Анпине, "не мог бы существовать мир", т.е. Малхут. "Как сказано: "Думал я: свет милостью (хесед) устроен"[674]», – т.е. первым светом, называемым Хесед.

---

[672] См. Зоар, главу Пинхас, п. 865.
[673] См. Зоар, главу Ваеце, п. 209.
[674] Писания, Псалмы, 89:3. «Ибо думал я: свет милостью устроен, в небесах – там утвердил Ты верность Свою».

ГЛАВА ТРУМА

Свет посеян всегда

740) «"Этот свет посеял Творец в своем Эденском саду", Малхут, "и сделал его рядами-рядами, т.е. поделил его соответственно линиям, с помощью праведника, садовника сада. То есть взял этот свет и посеял его семенем истины, и сделал его рядами-рядами в саду", Малхут, "и породил и произрастил, и произвел плоды, и ими питается мир, что и означает сказанное: "Свет посеян для праведника"[675]».

741) «"И сказано: "И как сад семена свои взращивает"[676]. Что представляют собой семена его? Это семя первого света, и оно семя вечное: вот оно порождает и производит плоды, а вот оно снова семя, как и вначале, еще мир не съел этот плод, семя это порождает. И получается, что дает плоды, и не успокаивается. И поэтому весь мир питается благом того садовника, называемого праведником", т.е. Есода Зеир Анпина, "который никогда не успокаивается и не прерывается"». И это Есод гадлута Зеир Анпина, т.е. в то время, когда ЗОН облачают высших Абу ве-Иму.

Пояснение сказанного. Выход трех точек холам-шурук-хирик путем трех сокращений, следующих одно за другим, называется тремя посевами. Ибо первый свет, который был в Бине, сократился и был посеян в виде одно за другим, сначала в холаме, затем в шуруке, а затем в хирике, как объясняется в Зоаре.[677] И это означает сказанное: «Этот свет посеял Творец в своем Эденском саду, и сделал его рядами-рядами», – т.е. в последовательности трех линий, исходящих из трех точек холам-шурук-хирик. И это считается посевом, когда всё действие скрытия, которое в конце своем становится еще большим раскрытием, считается посевом и произрастанием. Подобно тому, как помещают в землю и доводят до гниения пшеницу, и скрытие превращается в раскрытие, ибо вследствие этого действия восходят более многочисленные колосья пшеницы. И здесь есть три посева.[677] А затем начинается произрастание,

---

[675] Писания, Псалмы, 97:11. «Свет посеян для праведника, и радость – для прямых сердцем».

[676] Пророки, Йешаяу, 61:11. «Ибо как земля производит растение свое и как сад семена свои взращивает, так Творец взрастит справедливость и славу перед всеми племенами».

[677] См. Зоар, главу Берешит, часть 1, п. 9. «Высшая точка, Арих Анпин, посеяла внутри чертога ИШСУТ три точки: холам, шурук, хирик...»

когда две линии, правая и левая, соединяются друг с другом с помощью средней линии, и света наполняются и восполняются.

И говорит: «Ибо нет семени, посеянного другим образом»[678], – все мохин и изобилие, выходящие в мирах, приходят с посевом трех точек холам-шурук-хирик и их произрастанием. И поскольку жизнь миров нисходит все время, как мы изучаем, что Он в доброте Своей каждый день обновляет действие начала творения всегда, то так же посев и произрастание трех точек не прекращается. И это смысл сказанного: «И оно семя вечное: теперь оно порождает и производит плоды, а теперь оно снова семя, как и вначале, еще мир не съел этот плод, семя это порождает. И получается, что дает плоды, и не успокаивается. И поэтому весь мир питается благом того садовника, называемого праведником, который никогда не успокаивается и не прерывается».

742) «"Кроме того времени, когда Исраэль находится в изгнании. Ты можешь сказать: но ведь об изгнании сказано: "Уходят воды из моря"[679] – Малхут, называемой морем, "и река иссякает и высыхает"[679] – т.е. Есод, называемый "река, вытекающая из Эдена"[680], как, в таком случае, он производит порождения?" И отвечает: "Однако сказано: "Посеян"[675] – это означает, что он посеян всегда", даже во время изгнания. "И с того дня, как эта река прекратила втекать в сад", т.е. Есод, называемый садовником, "больше не входит в него этот садовник, а тот свет, что посеян, всегда приносит плоды, так как с его стороны и от него самого он засеян, как и в начале, и никогда не успокаивается. Подобно саду, дающему побеги, и от того же первого посева снова падает на свое место", т.е. в час жатвы поля падают зерна на землю, "и дают побеги сами, как вначале. И никогда не прекращается этот посев. И если скажешь, что порождения и плоды, они такие же, как и в то время, когда садовник был там, то это не так. Однако этот посев не заканчивается никогда"».

Объяснение. В то время, когда существовал Храм, происходил зивуг больших ЗОН, которые облачали высших Абу ве-Иму постоянно. И таким образом, Есод Зеир Анпина в гадлуте

---

[678] См. Зоар, главу Берешит, часть 1, п. 38, в комментарии Сулам.
[679] Писания, Иов, 14:11. «Уходят воды из моря, и река иссякает и высыхает».
[680] Тора, Берешит, 2:10. «И река вытекает из Эдена, чтобы орошать сад, и оттуда разделяется и образует четыре главных реки».

непрерывно передавал Малхут эти три посева, как мы уже говорили. Но во время изгнания прекратился этот зивуг гадлута, и это смысл сказанного: «Как воды уходят из моря, и река иссякает и высыхает»[679]. И хотя есть подъем ЗОН в Абу ве-Иму также и во время изгнания, как например, в субботу, это не считается приходом садовника в сад, поскольку он не является постоянным. Но, несомненно, также и во время изгнания есть высший зивуг, чтобы оживлять миры, и этот зивуг называется зивугом малых ЗОН, когда оба они являются лишь свойствами правой и левой линий в самой Малхут. И это означает сказанное: «Так как с его стороны и от него самого он засеян, как и в начале», потому что малый Зеир Анпин – это только свойство правой линии в Малхут, и считается как Малхут, и от него исходит наполнение в Малхут, чтобы оживлять миры. Однако садовник, то есть Есод большого Зеир Анпина, не наполняет во время изгнания, и поэтому наполнение – оно малое во время изгнания. И это смысл сказанного: «И если скажешь, что порождения и плоды, они такие же, как и в то время, когда садовник был там, то это не так». И мера этого наполнения в сравнении с наполнением во время Храма – это как самосев в поле, происходящий естественно, по сравнению с полем, засеянным садовником. И это смысл сказанного: «Подобно саду, дающему побеги, и от того же первого посева снова падает на свое место».

743) «"Подобно этому: "А Тора – свет"[681] – Тора дарована со стороны этого первого света, и так она засевается всегда в мире, и производит порождения и плоды, и никогда не успокаивается, и этим плодом ее питается мир"».

744) «"И путь жизни – назидательные наставления"[681]. Это два пути: один – путь жизни, а другой – противоположный ему. И что является признаком пути жизни? – "Назидательные наставления"[681]. Потому что, когда Творец желает охранять этот "путь жизни"[681], Он ставит над ним того, кто, наносит удары и дает "назидательные наставления"[681] жителям мира. И кто он? Это, как сказано: "Пламя обращающегося меча, чтобы охранять путь к Древу жизни"[682]. И поэтому "путь жизни"[681] – это

---

[681] Писания, Притчи, 6:23. «Ибо заповедь – свеча, а Тора – свет, и путь жизни – назидательные наставления».

[682] Тора, Берешит, 3:24. «И изгнал Адама и поместил к востоку от сада Эденского херувимов и пламя обращающегося меча, чтобы охранять путь к Древу жизни».

"назидательные наставления"[681]. Ибо того, в ком есть наставления", т.е. страдания, "конечно же, пробуждают его идти тем путем жизни, где есть "назидательные наставления"[681]».

745) «"Это изречение"», «Ибо заповедь – свеча, а Тора – свет, и путь жизни – назидательные наставления»[681], «"начало его не похоже на конец, а конец – на начало". Ибо начинает со света Торы и заповеди, а заканчивает назидательными наставлениями. И отвечает: "Но всё в этом изречении – тайна веры", т.е. Малхут. "Ибо заповедь – свеча"[681] – это свойство "храни"[683], Малхут, "а Тора – свет"[681] – это свойство "помни"[684], Зеир Анпин, "и путь жизни – назидательные наставления "[681] – это приговоры и наказания в Торе. И всё это – тайна веры", т.е. для того, чтобы исправить Малхут, "и одно нуждается в другом, чтобы всё это было, как подобает"».

---

[683] Тора, Дварим, 5:12. «Соблюдай (досл. храни) день субботний, чтобы освящать его, как повелел тебе Творец Всесильный твой».
[684] Тора, Шмот, 20:8. «Помни день субботний, чтобы освящать его».

ГЛАВА ТРУМА

Свет, вода, небосвод

746) «"Об этом свете, воспламеняющем и зажигающем эту свечу", Малхут, "сказано о ней Аарону: "Когда возжигать будешь лампады"[685] – поскольку он исходит со стороны этого света, о котором написано: "Да будет свет!" И был свет"[686]. Спрашивает: "Если написано: "Да будет свет!"[686], зачем надо писать: "И был свет"[686], – достаточно было написать: "И было так"? И отвечает: "Однако: "Да будет свет!"[686] – это первый свет, правая линия", т.е. Хесед, свойство Аарона-коэна, "и он для "конца дней (кец ямин)". "И был свет"[686] – левая линия, выходящая из правой. Ибо из свойства правой выходит левая. И поэтому: "И был свет"[686] – это левая"».

Пояснение сказанного. Уже выяснялось ранее,[687] что «Да будет свет!»[686] – это начало распространения, свойство точки холам, т.е. правая линия, от которой начинается распространение в свойстве «йуд י», которая входит в свет (ор אור) Бины, и он становится воздухом (авир אויר). А свойство «И был свет»[686] – это свет, который уже был, т.е. «йуд י», которая уменьшила свет (ор אור) Бины до состояния «воздух (авир אויר)», т.е. Малхут, которая поднялась в место Бины, снова вышла оттуда на свое место, и снова воздух (авир אויר) Бины стал светом (ор אור). И это точка шурук, свойство левой линии. Таким образом, «Да будет свет!»[686] – это первый свет, оставшийся в Бине, в точке холам, в свойстве «воздух (авир אויר)», т.е. Хесед. А свойство «И был свет»[686] – это левая линия, т.е. точка шурук.

747) «"Отсюда" следует, "что первое "и был"[686], сказанное в Торе, – оно в левой стороне. И поэтому "и был"[686] не является признаком благословения. И в чем причина? Это из-за того, что в ней", в левой линии, "выходит та тьма, которая омрачила лица мира", и это ангел смерти. И это злое начало. И это признак – когда раскрылось свойство Эсава и деяния его, оно находилось в этом "и был"[686], как сказано: "И был Эсав человеком,

---

[685] Тора, Бемидбар, 8:1-2. «И говорил Творец Моше так: "Говори Аарону и скажи ему: "Когда возжигать будешь лампады, то к лицевой стороне светильника должны светить семь лампад"».

[686] Тора, Берешит, 1:3. «И сказал Всесильный: "Да будет свет!" И был свет».

[687] См. Зоар, главу Берешит, часть 1, пп. 31-32. «"Да будет свет". Все выходящее и создаваемое в мирах, выходит в речении "да будет свет"...»

сведущим в охоте"⁶⁸⁸. И воплотилось в "и был" "человек, сведущий в охоте"⁶⁸⁸, ибо он сведущ в охоте сердец – искушать жителей мира не идти прямым путем"».

748) «"И увидел Всесильный свет, что он хорош"⁶⁸⁹ – это столб, стоящий посередине", т.е. средняя линия, "который стоит и держится за одну сторону и за другую", согласует и соединяет правую и левую друг в друге. "Когда было совершенство трех сторон", трех линий, "сказано о нем: "Что он хорош"⁶⁸⁹ – то, чего не было в тех других"» двух линиях, правой и левой, на которые указывает речение: «"Да будет свет!" И был свет»⁶⁸⁶, ибо не сказано о них, что хорошо, «"поскольку не было совершенства до третьего света", принадлежащего средней линии, "восполнившего все стороны. И когда пришел этот третий, он отделил разногласие правой от левой, как сказано: "И отделил Всесильный свет от тьмы"⁶⁸⁹, где правая – это свет, а левая – это тьма. А средняя линия установила мир между ними, и они включились друг в друга. "И благодаря этому, восполняются обе они, как уже было сказано"».

749) «"И поскольку это пять ступеней", ХАГАТ Нецах Ход, "которые отделились и простерлись от этого первого света, поэтому" в первый день "написано пять раз "свет", и все они – от правой стороны", т.е. все пять сфирот ХАГАТ Нецах Ход находятся под властью правой стороны, т.е. Хеседа. "А когда включились в левую сторону, они включились в воды, текущие с правой стороны", ибо правая оттаивает застывание в левой, и делает ее текущими водами.⁶⁹⁰ "И поэтому" во второй день начала творения, а это левая, "пять раз написано "во́ды", соответственно ХАГАТ Нецах Ход в левой линии. "А когда довершились правая и левая", в свойстве средней линии, называемой небосводом, "написано пять раз "небосвод", в соответствии ХАГАТ Нецах Ход средней линии. "И поэтому эти три свет-вода-небосвод соответствуют трем ступеням", правой-левой-средней, "в каждую из которых включены пять

---

⁶⁸⁸ Тора, Берешит, 25:27. «И выросли отроки, и стал Эсав человеком, сведущим в охоте, человеком поля; а Яаков – человеком непорочным, живущим в шатрах».

⁶⁸⁹ Тора, Берешит, 1:4. «И увидел Всесильный свет, что он хорош; и отделил Всесильный свет от тьмы».

⁶⁹⁰ См. Зоар, главу Берешит, часть 1, п. 302. «От этого льда застывшего моря могут течь воды только в час, когда сила южной стороны, т.е. правой, приходит к нему...»

ступеней" ХАГАТ Нецах Ход, "и поэтому написаны все они", свет, вода, небосвод, "пять раз в каждый из них"».

750) «"Здесь тайна тайн – в этих трех, свет-вода-небосвод, сформировался и запечатлелся в начертаниях образ человека: и это вначале свет", от правой линии, "затем вода", от левой линии, "затем" простерлась между ними средняя линия, т.е. "небосвод, и это запечатление печати образа человека"».

751) И это «"подобно формированию очертаний образа человека, когда он зарождается. Ибо при зарождении человека вначале он семя, и это свет, ибо свет всех органов тела – это семя, как сказано: "Свет посеян"[691], – т.е. именно то самое семя". И это посев точки холам и правой линии. "А затем семя, называемое светом, распространяется и становится водой". И это точка шурук и левая линия, "и благодаря водяной влаге он формируется дальше и развивается распространением внутри этой воды, распространением формы тела во все стороны. После того, как сформировались и образовались очертания формы тела, это распространение приняло твердую форму и называется небосводом". И это точка хирик и средняя линия. "И это – "небосвод посреди вод"[692]. А после того, как становится твердым, сказано: "И назвал Всесильный свод небесами"[693], ибо уже приняла твердую форму влага тела, находившегося в воде"». И тогда завершилось свойство Адам (человек). И это Зеир Анпин, называемый небесами, и его АВАЯ – оно с наполнением «алеф א» в виде «**йуд**-вав-далет יוד», «**хэй**-алеф הא», «**вав**-алеф-вав ואו», «**хэй**-алеф הא», в гематрии «Адам (אדם человек)». Таким образом, рождение Адама подобно созданию Зеир Анпина из Бины. А выяснение того, что значит затвердевание, смотри выше.[694] Влажность означает, что одно входит в границы другого, как это свойственно влажному веществу. Твердость означает, что каждый хранит свою границу и не входит в пределы другого, как свойственно сухому веществу.[694]

---

[691] Писания, Псалмы, 97:11. «Свет посеян для праведника, и радость – для прямых сердцем».
[692] Тора, Берешит, 1:6. «И сказал Всесильный: "Да будет свод посреди вод, и будет отделять он воды от вод"».
[693] Тора, Берешит, 1:8. «И назвал Всесильный свод небесами. И был вечер и было утро: день второй».
[694] См. Зоар, главу Берешит, часть 1, п. 34, со слов: «Поэтому точка, которая была в свете и сделала его воздухом, т.е. точка холам, стала теперь полностью светом...»

752) «"После того, как образовалось тело и сделалось чистым, влага, которая исходит и остается от него, это отходы, образовавшиеся вследствие плавления, и это нечистые, мутные воды, из которых образуются отходы, и это обвинитель всего мира", ситра ахра, "и они стали свойством захар и некева; затем, когда опустились эти мутные воды, и прошли плавление внизу в левой стороне, вышли" захар и некева ситры ахра, "чтобы обвинять весь мир. Счастлив тот, кто спасся от них"».

Объяснение. До прихода средней линии, т.е. небосвода, правая и левая были влажными, и это значит, что находились в разногласии, и каждая входила в пределы другой, желая устранить другую. И когда вышла средняя линия, в силу экрана де-хирик, находящегося в ней, она уменьшила левую линию, и установила мир между ними, когда правая будет светить сверху вниз, а левая – только снизу вверх.[695] И в силу экрана средней линии, называемой небосводом, она утвердила эти границы – «закон, и нельзя преступить его»[696]. И это смысл сказанного выше, что затвердевание происходило благодаря силе небосвода, однако не закончилось это затвердевание наверху, в Бине, но лишь после того, как опустилась средняя линия на свое место, а это Зеир Анпин, как нам предстоит выяснить. И отсюда пойми, что та влага, которая осталась в теле, не приняв твердую форму, это нечистоты, так как указывает на то, что эти части не приняли согласования средней линии, и правая с левой в них находятся в разногласии, как и до прихода средней линии, и поэтому, образуются из-за него (разногласия) захар и некева клипот. И это означает сказанное: «Влага, которая исходит и остается от него, это нечистоты», – но это не произошло в месте мира Ацилут, а ниже, в БЕА, и это означает сказанное: «Затем, когда опустились эти мутные воды», когда они опустились оттуда в БЕА, «и прошли плавление внизу в левой стороне» и прилепились к левой, желая устранить правую, тогда «вышли, чтобы обвинять весь мир», ибо хотели устранить хасадим, на которых строится мир.

---

[695] См. Зоар, главу Берешит, часть 1, п. 50. «Разногласие, которое было исправлено согласно высшему подобию, – это то, которое поднимается и не опускается, и осуществляется прямым путем...»

[696] Писания, Псалмы, 148:6. «И поставил Он их навсегда, навечно, дал закон, и нельзя преступить (его)».

753) «"После того, как вышел этот обвинитель, сказано: "Да будут светила (меорот מְאֹרֹת)"[697] – без буквы "вав ו"», и это от слов «проклятие (меера מְאֵרָה)» и «поношение», «"и произошло заболевание дифтерией у детей,[698] и уменьшился свет луны. А затем" сказано: "И будут они светилами"[697] – т.е. в совершенстве оба вместе. Благодаря кому?" – они восполнились. "Благодаря этому своду небесному", т.е. средней линии, Тиферет Зеир Анпина, "ведь когда поднялась" Малхут "и соединилась с этим сводом небесным, тогда они стали светилами, т.е. оба вместе стали совершенными светами, без всякого ущерба"». Ибо Зеир Анпин, т.е. солнце и правая линия, и Малхут, луна и левая линия, соединились и восполнились друг от друга благодаря средней линии, сфире Тиферет Зеир Анпина.

754) «Засмеялся этот ребенок, радуясь. Сказал им: "То, что я сказал, что выясняется здесь образ человека с помощью света, который Он посеял, а затем образовались воды, и посреди вод простерся небосвод, являющийся образом человека, как я объяснил, – это верно, если это происходит в женской утробе. Ведь семя не формируется иначе, как в утробе Нуквы, чтобы сформировался в ней образ человека. А здесь, если эти пять ступеней", ХАГАТ Нецах Ход свойств свет-вода-небосвод, "являются образом человека, то в каком месте возник и сформировался этот образ человека посреди вод?"»

755) «"Если скажешь, что сформировался внутри некевы, т.е. будущего мира", Бины, "то это не так. Поскольку не сформировались образ и форма как подобает, пока не вышли наружу" из Бины, "а затем образовались и утвердились"». Объяснение. Поскольку твердость (достигается) с помощью уменьшения экрана де-хирик, имеющегося в Зеир Анпине, который поднялся в Бину в качестве средней линии, как мы объясняли выше, и не может сила экрана Зеир Анпина действовать в полную силу в месте Бины, являющейся свойством ГАР, но лишь после того,

---

[697] Тора, Берешит, 1:14-15. «И сказал Всесильный: "Да будут светила на своде небесном, чтобы отделять день от ночи; и будут они для знамений и времен, и для дней и лет. И будут они светилами на своде небесном, чтобы светить над землей". И было так».

[698] См. Зоар, главу Берешит, часть 1, п. 98, со слов: «Но в Нукве вследствие этого сокращения образовалась клипа, и поэтому слово "светила (меорот מארת)" пишется без буквы "вав ו", что означает – проклятие. Ведь вследствие этого сокращения образовалась клипа, называемая дифтерией, убивающая детей, еще не отведавших вкуса греха, из-за прегрешений их родителей...»

как выходит из нее на свое место. «"И еще, ведь будущий мир", Бина, – "это Мастер" всего действия начала творения, и это имя Всесильный (Элоким), упоминаемое там, "как написано: "И сказал Всесильный (Элоким): "Да будет свет!" И был свет"[686], и также: "И сказал Всесильный (Элоким): "Да будет свод"[692]. Ведь", Бина – "это Мастер?"», т.е. Создатель, создающий образ свет-вода-небосвод. Как же можно сказать, что образ и форма образовались в Бине?

756) «"Если скажешь, что" образ Адама сформировался "в Нукве, которая внизу", в Малхут, "то это не так, ведь еще не было ее", Малхут. Поскольку потом, "когда вышел образ того Адама", что в свете-воде-небосводе, т.е. Зеир Анпина, "вышла вместе с ним и Нуква. Таким образом, не в ней сформировался образ Адама. Но в таком случае, в каком месте сформировалось и запечатлелось это семя" света-воды-небосвода, "чтобы стать печатью формы Адама?"»

757) «"Однако это высшее свойство, первый Адам", т.е. Зеир Анпин мира Ацилут, и это свет-вода-небосвод, "запечатлевшийся и сформировавшийся без Нуквы. Второй Адам", т.е. Адам мира Брия, от силы и семени первого Адама запечатлелся и сформировался внутри Нуквы"», т.е. Малхут мира Ацилут.

758) Зоар поясняет его слова. «"У первого Адама", т.е. Зеир Анпина, "запечатление образа и формы тела не происходило в Нукве, и он был вообще без образа", т.е. не образовался и не утвердился во время нахождения в Бине,[699] пока не станет достойным того, чтобы называть его образом. "И он сформировался и запечатлелся ниже будущего мира"[699], т.е. ниже Бины, "без захара и без нуквы, но эти буквы", т.е. двадцать две буквы Зеир Анпина, которые разделились в нем на три линии,[700] "образовались и утвердились в пределе", т.е. экране де-хирик средней линии, называемом небосводом, так как по его причине утвердились буквы,[699] "и сформировалось и запечатлелось в них свойство Адам"».

«"И это буквы в прямой последовательности, в том порядке, в котором они вышли из первого света"», что в Бине, т.е. первые семь букв, от «алеф א» до «заин ז», и это правая линия,

---

[699] См. выше, п. 755.
[700] См. Зоар, главу Берешит, часть 1, п. 34.

протянулись к пределу, находящемуся в небосводе, «"и начали запечатлеваться и формироваться, и был посеян этот свет" внутри небосвода, т.е. в Зеир Анпине, "внутри предела", т.е. экрана и линии меры в нем. "А затем, когда вошел" свет, т.е. правая линия, "внутрь предела", протянулась в нем левая линия, "и снова" свет там "стал водой", в водах. А затем "простерся небосвод", т.е. сама средняя линия, в силу двух линий, которые светили (ему) и включились в него, "в образе Адама, в подобающем виде, т.е. образовавшемся и утвердившемся в полной мере"». И тогда образовались также две линии, правая и левая.[699]

759) «"После того, как украсилась Нуква", т.е. была отстроена парцуфом Аба ве-Има, "и вернулись они", Зеир Анпин и Нуква, в состояние "паним бе-паним, тогда этот образ Адама", т.е. Зеир Анпин, "входит в страстном желании к Нукве, и там", в Нукве, "запечатлевается и формируется" второй Адам, мира Брия, "по его образу. И о нем сказано: "И породил подобного себе, по образу своему"[701]. Ибо первый человек (Адам), что внизу, соответствует Зеир Анпину, а второй человек, сын его, Шет, соответствует второму Адаму наверху. "Этот сформировался внутри Нуквы", т.е. Нуквы Зеир Анпина, "но не так было у того первого", т.е. Зеир Анпина, "так как этот первый сформировался самостоятельно с помощью меры, которая внутри предела, как мы учили"», т.е. с помощью экрана де-хирик, который в нем самом, как мы выяснили, а не в Нукве.

---

[701] Тора, Берешит, 5:3. «И жил Адам сто тридцать лет и породил подобного себе, по образу своему, и нарек ему имя Шет».

ГЛАВА ТРУМА

Каин, Эвель, Шет, Энош, Меалалель

760) «"И подобно этому внизу. Что сказано внизу: "И Адам познал Хаву, жену свою, и она зачала и родила Каина"[702]. Буква "куф ק"», ножка которой облачилась в клипот, о чем сказано: «И ноги ее нисходят к смерти»[703],[704] «"начала порождать в утробе ее", Хавы, "пользуясь поддержкой Адама, после того, как та получила нечистоту от этой "куф ק"». Другими словами, вначале вошел змей, свойство буквы «куф ק», к Хаве, и привнес в нее нечистоту, а затем вошел Адам в нее.[705] «"И поэтому не сказано: "И породил", но "И Адам познал"[702]. "И она зачала и родила"[702], и вышла нечистота, находящаяся внутри некевы"», Хавы.

761) «"И еще родила брата его, Эвеля"[706]. И об этом тоже не сказано: "И породил", хотя он был со стороны захар", т.е. с правой стороны,[707] "потому что обвинитель ослабил и сломил силу его, из-за того, что в букве "куф ק" слова Каин (קין) "начали буквы порождать"». Ибо Каин и Эвель являлись двумя частями души: Каин со стороны ЭЛЕ, а Эвель со стороны МИ.[708] И буквы имени Каин вышли первыми.

762) «"Когда выявилась нечистота в Каине, начали буквы порождать, от свойств букв "шин-тав ש״ת", и они – "исправление захара и нуквы в согласии вместе"». Потому что «шин ש» – это три линии Зеир Анпина,[709] свойство захар, а «тав ת» – это некева, т.е. Малхут.[710] «"И тогда сказано: "И породил подобного себе, по образу своему, и нарек ему имя Шет"[701]. И то, что сказано раньше: "И нарекла"[711] – это потому, что имя

---

[702] Тора, Берешит, 4:1. «И Адам познал Хаву, жену свою, и она зачала и родила Каина, и сказала: "Обрела я человека с Творцом"».

[703] Писания, Притчи, 5:5. «И ноги ее нисходят к смерти, на преисподнюю опираются стопы ее».

[704] См. выше, п. 475 и п. 614.

[705] См. Зоар, главу Берешит, часть 1, п. 455. «После этого они породили первого сына, и он был порождением скверны этого змея...»

[706] Тора, Берешит, 4:2. «И еще родила брата его, Эвеля. И стал Эвель пастухом овец, а Каин стал земледельцем».

[707] См. Зоар, главу Берешит, часть 1, п. 458.

[708] См. Зоар, главу Берешит, часть 1, п. 458, со слов: «О душах Каина и Эвеля сказано, что Эвель – это свойство МИ, а Каин – ЭЛЕ...»

[709] См. выше, п. 738.

[710] См. выше, п. 475.

[711] Тора, Берешит, 4:25. «И познал Адам еще жену свою, и родила она сына, и нарекла ему имя Шет, сказав: "Так как доставил Всесильный мне потомка другого вместо Эвеля, когда убил его Каин"».

Шет является исправлением захара и некевы вместе, так как они были в согласии вместе"».

763) «"Еще совершили кругообращение буквы, и снова породили "алеф א" слова Адам (אדם), и те буквы, что в месте окончания его имени. И какие это? Это "нун נ"», следующая после «мем ם» слова Адам (אדם), «"и затем "вав ו"», следующая за «далет ד» слова Адам (אדם), и «"не "хэй ה" следует за «далет ד», "потому что "хэй ה" зародилась в Эвеле (הבל)"». Таким образом, вышли буквы «алеф א», «нун נ», «вав ו», «"и завершилось (имя Энош) буквой, с которой начинается имя Шет (שת)"», т.е. «шин ש», «"и был назван Энош (אנוש)"».

764) Спрашивает: «"Энош (אנוש), какая связь между этим именем и именем Адам (אדם)?" И отвечает: "Однако, Энош не обладал его силой, а являлся исправлением первых", Адама и Шета, "как написано: "Что такое человек (энош), чтобы Ты помнил о нем?"[712] И написано: "Что такое человек (энош), чтобы Ты возвеличивал его и обращал на него внимание Твое, вспоминал его по утрам, каждое мгновение испытывал его?"[713] И об этом написано: "Но Творец пожелал сокрушить его болезнями"[714] – поскольку сокрушение тела и силу души передал Шет в наследство сыну своему, Эношу. И это наследство, которое он должен был принять" для себя, "и он тоже передал это в наследство сыну своему"», т.е. Меалалéлю.

765) «"Еще совершили кругообращение буквы, чтобы исправить искривление", возникшее из-за прегрешения Адама Ришона и Каина с Эвелем. "И снова они породили, Кейнана.[715] И это – исправление Каина", потому что Кейнан (קֵינָן) – это буквы Каин (קַיִן), "и он исправился вместо него, и буквы снова "подсластили" мир из искривления, которое было. Меалалéль", сын Кейнана. Буква "мем מ" имени Меалалель (מְהַלַלְאֵל) – это конечная буква в буквах Адам (אדם). "Хэй ה" и "ламед ל" – это

---

[712] Писания, Псалмы, 8:5. «Что такое человек, чтобы Ты помнил его, и сын человеческий, чтобы Ты вспоминал о нем?»

[713] Писания, Иов, 7:17-18. «Что такое человек (энош), чтобы Ты возвеличивал его и обращал на него внимание Твое, вспоминал его по утрам, каждое мгновение испытывал его?»

[714] Пророки, Йешаяу, 53:10. «Но Творец пожелал сокрушить его болезнями. Если сделает жертвою повинности душу свою, увидит он потомство, продлит дни, и желание Творца через него осуществится».

[715] Тора, Берешит, 5:9. «И прожил Энош девяносто лет, и породил он Кейнана».

исправления букв Эвеля (הֶבֶל), и поскольку Эвель не грешил, как Каин, то не поменялись буквы его имени", с буквами имени Меалалель (מְהַלַלְאֵל), "кроме одной" лишь буквы: "вместо "бет ב" Эвеля (הֶבֶל) "появилась "алеф א" у Меалалеля (מְהַלַלְאֵל), "чтобы исправиться еще больше"».

766) «"До этих пор мир смягчился, и было исправлено искривление, которое началось с Эноша, не включая прегрешения Адама, и оно не смягчалось до стояния Исраэля у горы Синай, но искривление Каина и Эвеля было исправлено и смягчилось. Однако мир находился в горестях и печали, пока не явился Ноах, как сказано: "Этот утешит нас от труда нашего и от мучений рук наших, приносимых землей, которую проклял Творец"[716]. И прегрешение Адама не смягчилось до стояния Исраэля у горы Синай и получения ими Торы. А когда они получили Тору, то свеча и свет", т.е. Малхут и Зеир Анпин, как мы уже говорили, "установились, как одно целое"».

767) «"А теперь, уважаемые, я из Вавилона, и я сын рава Сафры, и не удостоился я знать отца своего, и был я отослан сюда, и боялся я, что жители этой страны – львы в Торе, и принял я на себя (обет) ни перед кем не говорить речений Торы до (истечения) двух месяцев. И в этот день они завершились. Счастлива доля моя, что я встретил вас здесь". Вознес рабби Йоси голос свой и заплакал. И встали все и поцеловали его в голову. Сказал рабби Йоси: "Счастлива моя доля, что удостоился я на этом пути услышать речения Атика Йомина (досл. Древнего Днями) из уст твоих, чего не удостоился слышать до этого"».

768) «Сели все. Сказал им: "Почтенные! Когда увидел я страдания моего тестя и его дочери, что сами они страдали и сожалели о том, что не знаю я благословения на пищу, пообещал я им, что до тех пор, пока не буду знать благословения на пищу, не соединюсь с женой своей, как это принято у всех живущих в мире. И хотя мог бы я сойтись с ней, не прегрешив при этом, не желал я нарушать их мнение, потому что ничего не мог сказать до завершения двух месяцев"».

---

[716] Тора, Берешит, 5:29. «И нарек ему имя Ноах, сказав: "Этот утешит нас от труда нашего и от мучений рук наших, приносимых землей, которую проклял Творец"».

ГЛАВА ТРУМА

Тайна благословения на пищу

769) «Начал этот ребенок благословение на пищу, сказав: "Одно изречение гласит: "И ешь пред Творцом Всесильным твоим"[717], а другое изречение гласит: "И радуйся пред Творцом Всесильным твоим"[718]. Эти изречения выполнялись, когда Исраэль пребывали на святой земле и представали пред Творцом в Храме. А теперь как они выполняются? Кто может есть пред Творцом и радоваться пред Творцом?"»

770) И отвечает: «"Но, безусловно, это так. Вначале, когда человек садится за стол свой, чтобы есть, он благословляет "а-моци́ (который проращивает)"[719]. В чем причина того, что говорят "а-моци (המוציא который проращивает)", а не "моци (מוציא проращивающий)"?» – без определяющей «хэй ה»[720]. «"Ведь сказано: "Сотворивший небеса"[721], но не сказано: "Который сотворил". "Создает землю"[722], но не сказано: "Который создает землю". Какова причина, что здесь говорят: "А-моци (который проращивает)"[719]?»

771) И отвечает: «"Однако во всём, относящемся к высшему скрытому миру", Бине, "исчезает буква "хэй ה" оттуда"», т.е. нет там определяющей «хэй ה», чтобы показать, что это относится к миру упрятанному и скрытому. «"А всё, относящееся к нижнему миру", Малхут, "который раскрыт больше, пишется с "хэй ה", как сказано: "Тот, Кто выводит (а-моци המוציא)

---

[717] Тора, Дварим, 14:23. «И ешь пред Творцом Всесильным твоим, на месте, которое Он изберет, чтобы водворить там имя Свое, десятину хлеба твоего, вина твоего, и оливкового масла твоего, и первенцев крупного и мелкого скота твоего, чтобы научился ты бояться Творца Всесильного твоего, во все дни».

[718] Тора, Дварим, 16:11. «И радуйся пред Творцом Всесильным твоим, ты, и сын твой, и дочь твоя, и раб твой, и рабыня твоя, и левит, который во вратах твоих, и пришелец, и сирота, и вдова, которые в среде твоей, на месте, которое изберет Творец Всесильный твой, чтобы водворить там имя Свое».

[719] Благословение на хлеб, произносимое после омовения рук перед трапезой: «Благословен Ты, Господин Всесильный наш, Царь мира, который проращивает хлеб из земли».

[720] Буква «хэй» в начале слова – показатель определенности, подобно определенному артиклю.

[721] Пророки, Йешаю, 42:5. «Так сказал Всемогущий Творец, сотворивший небеса и распростерший их, разостлавший землю с порождениями ее, дающий душу народу на ней и дух – ходящим по ней».

[722] Пророки, Йермияу, 10:12. «Создает землю силою Своею, основывает вселенную мудростью Своею, и разумом Своим Он распростер небеса».

по числу воинства их"⁷²³, "Тот, Кто призывает (а-корэ́ הקורא) воды морские"⁷²⁴ – и все они относятся к нижнему миру. И если написано имя (Творца)" тоже "с "хэй ה", как, например, "Владыка великий (а-Эль а-гадоль האל הגדול)". И здесь, когда оно в раскрытии"», с «хэй ה», это потому, что «"от свойства нижнего мира оно. Ведь когда человек благословляет Шхину, она является ему"».

772) «"И то, что сказал: "И ешь пред Творцом Всесильным твоим"⁷¹⁷ – (это имя) включено сюда для того, чтобы произносить речения Торы, и это нужно потому, что Творец стоит перед ним, ведь сказано: "Это стол, что пред Творцом"⁷²⁵, и сказано: "И ешь там пред Творцом Всесильным твоим"⁷²⁶».

773) «"И поскольку человек находится пред Господином своим, он тоже должен милостиво относиться к бедным и давать им есть так же, как Творец дает ему". И он будет "как тот, кто ест пред святым Царем. Нужно остерегаться, чтобы не чревоугодничать за своим столом, ибо чревоугодие – от ситры ахра. Это смысл сказанного: "Дай мне похлебать"⁷²⁷ – поведение, свойственное чревоугодию. Так требует ситра ахра, как сказано: "А чрево грешников ненасытно"⁷²⁸. И поэтому сказано:

---

⁷²³ Пророки, Йешаяу, 40:26. «Поднимите глаза ваши ввысь и посмотрите, Кто создал их. Тот, Кто выводит по числу воинства их, всех их по имени называет Он; от Великого могуществом и Мощного силой никто не скроется».

⁷²⁴ Пророки, Амос, 5:8. «(Он) – Создатель (созвездий) Кима и Кесил, превращающий темень смертную в утро, а день темнотой обращающий в ночь, Тот, Кто призывает воды морские и разливает их по лицу земли, Творец – имя Его!»

⁷²⁵ Пророки, Йехезкель, 41:22. «Жертвенник деревянный в три локтя высотой и длиной в два локтя; и углы его, и длина (верхняя доска) его, и стены его – деревянные. И сказал он мне: "Это стол, что пред Творцом"».

⁷²⁶ Тора, Дварим, 14:24-26. «Если же слишком длинна будет для тебя дорога, так что не сможешь ты нести это, ибо далеко будет от тебя место, которое изберет Творец Всесильный твой, чтобы водворить там имя свое, когда благословит тебя Творец Всесильный твой, то променяй это на серебро, и возьми серебро это в руки, и иди в место, которое изберет Творец Всесильный твой. И отдавай серебро это за все, чего пожелает душа твоя, за крупный и мелкий скот, и за вино, и за хмельное, и за все, что захочется тебе, и ешь там пред Творцом Всесильным твоим, и радуйся ты и семейство твое».

⁷²⁷ Тора, Берешит, 25:30. «И сказал Эсав Яакову: "Дай мне похлебать красного, красного этого, ибо устал я". Потому нарек ему имя Эдом».

⁷²⁸ Писания, Притчи, 13:25. «Праведник ест для насыщения души, а чрево грешников ненасытно».

"И ешь пред Творцом Всесильным твоим"⁷¹⁷ – а не пред ситрой ахра. Человек должен остерегаться, чтобы не заниматься вещами неугодными, а необходимым для трапезы; поэтому нужно заниматься речениями Торы, ибо, когда произносятся речения Торы за столом, человек дает силу Господину своему"».

774) «"И радуйся пред Творцом Всесильным твоим"⁷¹⁸ – посредством чаши благословения, когда человек благословляет посредством чаши благословения, он должен радоваться и показывать радость, и ни в коем случае не печаль. Когда человек берет чашу благословения, Творец стоит над ним, и он должен голову свою наполнить радостью, и благословить на чашу в собрании троих", которые ели, как один: "Благословим за то, что ели пищу Его"⁷²⁹».

775) «"И благом Его жили"⁷²⁹. При этом нужно направить желание наверх, к самому древнему из всех древних (атика де-атикин), и поэтому говорится в третьем лице"», ибо произносит: «И благом Его», а не «благом Твоим». Произносит: «"И благом Его"⁷²⁹», а не «от блага Его». Поскольку «"И благом Его"⁷²⁹ – это высшая правая (сторона)", т.е. сфира Хесед, "а "от блага Его" – это другая ступень, внизу, исходящая от правой стороны, и она со ступени ниже нее"», т.е. сфира Есод. И поэтому нужно говорить: «И благом Его»⁷²⁹, «"потому что этим благом", т.е. Хеседом, "устроен мир"». Как сказано: «Думал я: свет милостью (хесед) устроен»⁷³⁰, «"и им он питается"».

776) Спрашивает: «"Почему называется благом и почему называется милостью (хесед) – двумя названиями?" И отвечает: "Благо – это когда" сфира "включает всё внутри нее, и свет не распространяется, чтобы низойти вниз. Милость (хесед) – это когда" свет "нисходит вниз и доставляет благо всем творениям, праведникам и грешникам, не опасаясь", поскольку нет в нем судов. "И хотя оба они", благо и милость, "являются одной ступенью, как сказано: "Пусть только благо и милость сопровождают меня"⁷³¹, и следует спросить: "Если" говорит "благо, то зачем" говорит "милость, а если" говорит "милость, зачем"

---

⁷²⁹ Из благословения после трапезы (биркат а-мазон).
⁷³⁰ Писания, Псалмы, 89:3. «Ибо думал я: свет милостью устроен, в небесах – там утвердил Ты верность Свою».
⁷³¹ Писания, Псалмы, 23:6. «Пусть только благо и милость сопровождают меня все дни жизни моей, (чтобы) пребывать мне в доме Творца долгие годы».

говорит "благо, – ведь было бы достаточно одного?" из них, "однако", как уже было сказано, "благо – это когда включает всё в себя и не распространяется вниз, а милость (хесед) – нисходит и распространяется вниз, и питает всех, праведников и грешников вместе"».

Объяснение. «Благо» – это свечение Хохмы, включенное в Хесед (милость). И оно светит снизу вверх, но не вниз. Однако «милость (хесед)» светит сверху вниз.

777) «"И здесь, когда говорит: "И благом Его жили"[729], что можно было бы объяснить, что наполнение не опускается вниз, к праведникам и грешникам, "поэтому он возвращается и уточняет: "Который питает весь мир благом и милостью"[729], и это значение сказанного: "Он дает пищу всякой плоти, ибо навеки милость (хесед) Его"[732]. И поэтому" говорит: "Который питает всех"[729], т.е. праведников и грешников, – всех. Это называется благословением правой", Хеседа. "Левая", т.е. Гвура и суд, "не присутствует в благословении на пищу, поэтому левая" рука "не должна помогать правой" руке "поднимать чашу"».

778) «"После того, как произнес благословение на пищу, должны соединить землю жизни", Малхут, "с правой, чтобы питалась оттуда, и кормить и давать пищу всем. И поэтому второе" благословение – "это благословение земли, и должны вспоминать на ней союз и Тору, то есть: "За Твой союз, запечатленный Тобою на нашей плоти, и за Тору Твою, которой Ты учил нас"[729], чтобы показать, что от этого блага питаются союз и Тора. И это – исправление этого блага"».

779) «"Отсюда мы учили, что женщины освобождены от благословения на пищу, и засчитывается им, словно выполнили должное, поскольку нет у них Торы и союза. Завершается (благословение) словами "за землю и за пищу"[729], ибо их слияние вместе – в Хеседе. "За землю"[729] – это земля жизни, Малхут, "и за пищу"[729] – это милость (хесед). И они включены друг в друга в едином слиянии"».

780) «"Распространение блага – это благодарность, называемая милостью", потому что, когда распространяется это благо

---

[732] Писания, Псалмы, 136:25. «Он дает пищу всякой плоти, ибо навеки милость Его».

вниз, Его благодарят за это. "И поэтому он произносит: 'Благодарим Тебя за такие и за такие чудеса и знамения, которые были сделаны нам со стороны добра. И если скажешь: "Но ведь сказано: "Блаженство в деснице Твоей вовек (нецах)"[733]. Получается, что Нецах – правая линия", а не Ход. И отвечает: "Но каждый из них указывает на то место, откуда вышел, и победа (нецах) – это итог войн, а войны являются левой стороной. А великолепие (ход) – это следствие распространения милости (Хесед), и это правая. Однако, сами по себе, Нецах – правая, а Ход – левая. И в благословении на пищу говорится о месте, откуда Ход вышел, и поэтому это свойство правой"».

781) «"И если скажешь, что Нецах – это правая, то ведь сказано о нем: "Блаженство"[733]», то есть: «Блаженство в деснице Твоей вовек (Нецах)»[733]. «"И сказано: "Благозвучного песнопениями (змирот) Исраэля"[734], песнопения (змирот) – это левая линия". Таким образом, Нецах – это левая линия. И отвечает, "что любая левая включена в свойство правой". Ибо Нецах – это правая, а блаженство, являющееся левой, включено в него. "Но при благодарении, ведь он благодарит за то" благо, "что в правой, чтобы показать, что" Ход "исходит оттуда", поскольку он является результатом распространения блага от правой, "и это распространение блага, которое распространилось на земле жизни"», т.е. Малхут.

782) «"В чем причина того, что нет здесь", в благословении на пищу, "левой линии", а только правая? Это "потому, что нет доли у ситры ахра в пище Исраэля, но если бы пробудилась левая, ситра ахра пробудилась бы вместе с ней", поскольку она происходит от левой. "И она уже продала свое первородство и свою долю праотцу Яакову. Поэтому мы даем часть этому обвинителю в нечистоте последних вод. И если нет нечистоты" на руках, потому что они вымыты, "то тогда часть ее (ситры ахра) – в еде, к которой приближались руки"». Поскольку всё-таки есть на них остатки пищи.

---

[733] Писания, Псалмы, 16:11. «Ты укажешь мне путь жизни, полнота радостей пред Тобой, блаженство в деснице Твоей вовек».
[734] Пророки, Шмуэль 2, 23:1. «И вот последующие (пророческие) слова Давида – речение Давида, сына Ишая, речение мужа, вознесенного высоко, помазанника Всесильного Яакова и благозвучного песнопениями Исраэля».

Пояснение сказанного. Ситра ахра получает питание от левой, т.е. от левой линии, которая не включена в правую с помощью средней линии. Ибо всё их стремление – притянуть свечение Хохмы, имеющееся в левой, сверху вниз, и это ГАР Хохмы. И известно, что из-за отсутствия хасадим Хохма не может светить и приносит тяжелые суды. И это – свойство Эсава. А Яаков, представляющий собой среднюю линию, уменьшает левую линию, сокращая ГАР Хохмы, но благодаря этому он соединяет ее с правой линией, и Хохма облачается в хасадим, имеющиеся в правой, и светит в качестве ВАК Хохмы.[735] И сказано в Зоаре, что Яаков называется младшим (досл. малым) из-за отсутствия ГАР Хохмы, а Эсав называется старшим (досл. большим), из-за своих попыток питаться от ГАР Хохмы, что и называется первородством Эсава.

И это смысл сказанного: «И пришел Эсав с поля»[736] – левая линия, называемая поле, и притянул Хохму сверху вниз, чтобы получить ГАР Хохмы, и из-за этого «а он устал»[736], так как нисходила к нему Хохма без хасадим, представляющая собой одни лишь суды, и он от этого уставал до смерти. И это означает: «И сказал Эсав Яакову: "Дай мне похлебать"»[736] – то есть, чтобы притянуть к себе от хасадим его (Яакова), которые называются «хлеб и чечевичная похлебка»[736]. «Но Яаков сказал: "Продай же мне теперь свое первородство"»[736] – чтобы тот передал в его руки свое первородство, т.е. ГАР Хохмы, которая неизбежно убавляется средней линией, и тогда она соединит эту левую с правой, и даст ей хасадим, называемые пищей. И это означает сказанное: «И сказал Эсав: "Ведь я хожу на смерть"»[736] – потому что суды, исходящие от ГАР Хохмы, называемых первородством, до такой степени тяжелы, до смерти, – «на что же мне первородство?»[736] «И тот поклялся ему»[736] – в том, что не будет больше держаться за первородство, и тогда (Яаков) дал ему пищу, т.е. хасадим, с помощью этого соединения правой линии с левой.

---

[735] См. Зоар, главу Берешит, часть 1, п. 50. «Разногласие, которое было исправлено согласно высшему подобию, – это то, которое поднимается и не опускается, и осуществляется прямым путем...»

[736] Тора, Берешит, 25:29-34. «И сварил раз Яаков кушанье, и пришел Эсав с поля, а он устал. И сказал Эсав Яакову: "Дай мне похлебать красного, красного этого, ибо устал я". Потому нарек ему имя Эдом. Но Яаков сказал: "Продай же мне теперь свое первородство!" И сказал Эсав: "Ведь я хожу на смерть, на что же мне первородство?" И сказал Яаков: "Клянись же мне теперь!" И тот поклялся ему, и продал свое первородство Яакову. И дал Яаков Эсаву хлеб и чечевичную похлебку, и тот поел, и попил, и встал, и ушел. И пренебрег Эсав первородством».

Однако, если Эсав нарушит свою клятву и захочет возобновить первородство, то портится пища и становится мерзостью.

И это означает сказанное им: «В чем причина того, что нет здесь левой линии? Потому что нет доли у ситры ахра в пище Исраэля». Ибо ситра ахра, прилепляющаяся к левой, чтобы притягивать сверху вниз, лишена таким образом пищи, т.е. хасадим, как это выяснилось с Эсавом. И если есть пища, то обязательно есть единство двух линий, правой и левой, и ситра ахра удаляется оттуда, как уже выяснилось. И это означает сказанное: «И она уже продала свое первородство и свою долю праотцу Яакову», поскольку из-за нехватки пропитания в левой линии Эсав продал свое первородство праотцу Яакову, как выяснилось выше. Ведь при пробуждении левой линии, принадлежащей ситре ахра, прекращается пища. И это означает сказанное: «Поэтому мы даем часть этому обвинителю в нечистоте последних вод», потому что омовение нечистоты рук – это указание на пищу, портящуюся из-за слияния с левой линией, принадлежащей ситре ахра, называемой «нечистоты». И дается намек ситре ахра, что это ее доля, т.е. доля того, кто связан с ней. «И если нет нечистоты» – если он еще не слился окончательно с левой линией, так, что пища превращается в нечистоты, «то тогда часть ее (ситры ахра) – в еде, к которой приближались руки». «Руки» указывают на притяжение Хохмы сверху вниз, и это ГАР, что в гуф. И говорит, что хотя еще не притянул сверху вниз, но руки его приблизились, чтобы притянуть, пища тоже портится и становится долей ситры ахра.

783) «"И поэтому нет у нее", у ситры ахра, "доли вместе с нами", ведь поскольку ее доля находится в левой линии, без правой, нет у нее доли в пище, т.е. в Хеседе. "И поскольку нет у нее доли вместе с нами, так как она уже взяла свою долю" в левой линии, "мы вообще не должны пробуждать левую линию", даже соединенную с правой посредством средней линии, "чтобы не пробудился обвинитель" питаться ее пищей, т.е. хасадим, облачающими Хохму левой линии. И тогда "получит две доли, по праву первородства: одну – внизу", т.е. в левой без правой, притянутой сверху вниз, "а другую – наверху", т.е. в хасадим, облачающих ВАК Хохмы, светящей снизу вверх, "ведь он уже продал первородство Яакову, нашему праотцу", поскольку увидел в Яакове две части, Хохму и хасадим, облачающие эту Хохму, и признал, что у него (самого) есть лишь

одна часть, Хохма без хасадим, и он идет на смерть, как выяснилось в предыдущем пункте. "Доля его внизу", т.е. в левой, притягиваемой сверху вниз, "и нет у него наверху ничего", т.е. нет у него доли в хасадим, облачающих Хохму с помощью средней линии, где Хохма светит снизу вверх. "Исраэль взяли наверху, а Эсав взял внизу, и поэтому левая вообще не будет приближаться при благословении на пищу"». И вместе с этим ты поймешь, что значит «первенец получает вдвойне», – т.е. Хохму и хасадим, а остальные братья – только хасадим.

784) «"После того, как благословилась эта земля жизни с правой стороны и получает пищу", как было сказано выше, "тогда просят о милосердии ко всему", и произносят: "Обрати милосердие свое, Творец Всесильный наш, к Исраэлю, народу Твоему, и к Йерушалаиму, городу Твоему"[729] – ибо от пищи и питания, получаемых на земле жизни", Малхут, "получим и мы"», то есть: «Исраэль, народ Твой»[729], «"и будет возведен Храм внизу, благодаря этому милосердию"», то есть: «К Йерушалаиму, городу Твоему»[729].

785) «"А в субботу, когда нет суда, Нецах и Ход включены в хасадим", как объяснялось выше, что Нецах – это правая, включающая левую, и она – результат суда, то есть войн, а Ход – это результат распространения хасадим вниз. Таким образом, они не являются полностью хасадим, а лишь включением хасадим. Однако в субботу, когда нет суда, "говорят: "Благоволи (к нам) и избавь нас"[729]», где «благоволи (к нам)»[729] – это Нецах, «и избавь нас»[729] – Ход, "поскольку тогда оба они", Нецах и Ход, – "это "неизменные милости Давиду"[737], т.е. действительно хасадим, "и поэтому, "чтобы не было горя и скорби"[729], ибо тогда "благоволи"[729] и "благодарим"[729], Нецах и Ход, – это "милости Давиду"[737], без всякого включения суда, и также "установи мир"[729], произносимое в молитве, в благословении: "Созидающий мир в высотах Своих, да установит Он мир над нами"[729]» – это Есод, который вышеупомянутые «милости Давиду»[737] передает Давиду, Малхут.

786) А затем произносится: «"Добрый и творящий добро", поскольку всё приходит от правой стороны, и ничего – от левой.

---

[737] Пророки, Йешаяу, 55:3. «Преклоните ухо ваше и идите ко Мне, слушайте, и жива будет душа ваша, и Я заключу с вами союз вечный – неизменные милости Давиду».

ГЛАВА ТРУМА Тайна благословения на пищу

Произносящий благословение на пищу получает эти благословения прежде всех", прежде отвечающих после него. "И благословляется всем благословением на пищу, и поэтому обретает долголетие. Берущий чашу благословения и благословляющий над ней, написано: "Чашу спасений подниму"[738]. Что такое "спасения"? – Это правая линия, избавляющая от всех обвинителей в мире, как сказано: "Спасла его десница Его"[739]. И сказано: "Спаси десницей Твоей и ответь мне"[740]».

787) «Тем временем, занялся день, все встали и поцеловали его. Сказал рабби Йоси: "Безусловно, этот день, – это день пиршества, и мы не выйдем отсюда, пока не устроим пиршество всем людям города, это то пиршество, которого желает Творец". Взяли жену его и благословили ее многочисленными благословениями. Сделали так, что отец ее приготовил другой дом для веселья. Собрали всех людей города на это веселье и призвали" его жену, "невесту. И веселились вместе с ними весь этот день, и он радовался вместе с ними речениям Торы"».

---

[738] Писания, Псалмы, 116:13. «Чашу спасений подниму, и имя Творца призову».
[739] Писания, Псалмы, 98:1. «Псалом. Пойте новую песнь Творцу, ибо чудеса сотворил Он, спасла его десница Его и мышца Его святая».
[740] Писания, Псалмы, 60:7. «Чтобы избавлены были любимые Тобой, спаси десницей Твоей и ответь мне».

ГЛАВА ТРУМА

Семь благословений невесты

788) «Провозгласил" тот ребенок, т.е. муж, и сказал: "И сделай брусья для Скинии из дерева шитим стоячими"[741]. Здесь сказано: "Стоячими (омди́м עֹמְדִים)" и там сказано: "Серафимы (омдим עֹמְדִים) стоят"[742], также как там серафимы, также" брусья, "о которых говорится здесь", – это свойство "серафимы. Эти" серафимы, называемые "брусья", стоят в исправлении невесты", т.е. Шхины, "и окружают вокруг хупу", являющуюся покрытием, установленным над брусьями, "чтобы пребывал под хупой высший дух (руах)", т.е. Зеир Анпин. "И подобно этому, невеста внизу. Нужно установить хупу для покрытия в хорошем исправлении в честь другой невесты", Шхины, "которая является, чтобы пребывать там в радости над нижней невестой"».

789) «"И из-за величия этой высшей невесты надо сделать красивую хупу, во всех исправлениях великолепия, чтобы пригласить высшую невесту", Шхину, "в эту хупу. Так же как в каждом союзе обрезания внизу необходимо установить второе кресло в красивом виде, для ревнителя знака союза, который приходит туда", Элияу, "так и здесь, всей хупе необходимы исправления красоты для покрытия над хупой, в честь просто невесты"», т.е. Шхины.

790) «"Ибо одна", нижняя невеста, "подобна другой", высшей невесте. "Стоит одна", нижняя, "возвышается в семи благословениях, и другая", высшая, "возвышается в семи благословениях, и поэтому запрещены супружеские отношения с ней, пока она не включилась в эти семь благословений, подобно высшей"».

791) «"Эти семь благословений наследует невеста", Шхина, "от высшего духа (руах)", Зеир Анпина, "места, откуда нисходят все благословения". Спрашивает: "(Ведь) это шесть благословений", ХАГАТ НЕХИ Зеир Анпина, "которыми благословляется невеста, а ты говоришь, что их семь?" И отвечает: "Однако седьмое, оно осуществляет всё"», так как седьмое благословение соответствует Бине.

---
[741] Тора, Шмот, 26:15. «И сделай брусья для Скинии из дерева шитим стоячими».
[742] Пророки, Йешаяу, 6:2. «Серафимы стоят над Ним; шесть крыльев, шесть крыльев у каждого: двумя прикрывает он лицо свое и двумя прикрывает он ноги свои, и двумя летает».

792) Спрашивает: «"Бо́льшая часть благословений – это благословения на вино. Почему? Но это" вино – "свойство, радующее всех, (благославение) на вино, всегда сохраняемое в своем винограде"». Объяснение. Левая линия в Бине называется вином, по имени свечения Хохмы в ней. И поскольку светит только снизу вверх,[743] считается, что она словно светит внутри винограда, и этот виноград не давится, и ничего от него не выходит вниз, и вино сохраняется в своем винограде. Поскольку выдавливание винограда означает, что Хохму притягивают сверху вниз. И это тайна греха Древа познания для тех, кто говорит, что Древо познания было виноградом. «"И поэтому первое благословение из этих семи благословений – это тайна вина"», то есть: «Создающий плод виноградной лозы»[744]. Ибо «"вино приносит плоды как наверху"», в Бине, "так и внизу", в Малхут. "Виноградная лоза", Малхут, "получает всё и приносит плоды миру"», так как в отношении вина, которое получает, Малхут называется нижней Хохмой, но прежде, чем получает Хохму, она не способна порождать. "И пробуждение радости", т.е. начало зивуга Зеир Анпина и Малхут, – "это левая, как сказано: "Его левая рука под моей головой"[745], и затем: "а правая обнимает меня"[745]. И это Древо жизни", Зеир Анпин, "приносит плоды и порождения вследствие этого пробуждения" левой, ибо прежде, чем получает Хохму от левой линии Бины, не способно порождать. "И потому это первое благословение для всех"».

793) «"Второе благословение: "Сотворивший всё (а-коль) во славу Его"[746] – это святой союз"», Есод Зеир Анпина, называемый «коль», «"и это радость соединения, получающего все благословения от правой стороны", Хеседа, "чтобы произвести плоды в этой виноградной лозе"», в Малхут, называемой славой Его. "Ибо вначале опускается этот плод сверху", из Бины, "через органы", сфирот Зеир Анпина, "и нисходит к святому союзу", Есоду, "чтобы низойти к этой виноградной лозе", Малхут. "И это – со стороны правой", Хеседа, "поскольку

---

[743] См. Зоар, главу Берешит, часть 1, п. 50. «Разногласие, которое было исправлено согласно высшему подобию, – это то, которое поднимается и не опускается, и осуществляется прямым путем...»

[744] Первое благословение: Благословен Ты, Творец Всесильный наш. Царь вселенной, создающий плод виноградной лозы.

[745] Писания, Песнь песней, 2:6. «Его левая рука под моей головой, а правая обнимает меня».

[746] Второе благословение: Благословен Ты, Творец Всесильный наш, Царь вселенной, сотворивший всё во славу Его.

плоды находятся только в правой стороне. Левая вызывает порождение плодов, а правая приносит"» плоды. Плоды – это души праведников.

794) «"После этого включается левая в правую, а правая – в левую, чтобы стать свойством Адам", и это средняя линия, Тиферет. "И поэтому третье" благословение – "это "Создающий человека"[747]. Поэтому у Яакова, называемого "средний столп", был облик Адама"». Ибо облик Адама указывает на среднюю линию, в которую включены правая и левая линии.

795) «"Четвертое" благословение, то есть: "Который создал"[748] – это один из столпов правого нижнего окончания (ерех)", т.е. сфира Нецах. "Пятое благословение – это: "Пусть возвеселится и возликует бездетная (акара)"[749], т.е. "хозяйка дома (акерет байт)", Малхут, "в радости от того, что приходят к ней и собираются сыновья ее с четырех сторон света. И это – другое окончание (ерех)", Нецах, "которое соединилось с левым окончанием", Ход, "чтобы идти во всех направлениях и собрать сыновей вместе, и ввести их меж "биркаим (досл. коленями)"», и это Нецах и Ход.

796) «"И относительно этих двоих", Нецах и Ход, "между которыми находятся пророки", и получают от них свое пророчество, "они радость хозяйки дома", т.е. Малхут. "В чем причина? Это потому, что две ивовые ветви (аравот)", т.е. Нецах и Ход, "не приносят порождений и плодов, и собрание сыновей к ним – это их плоды и порождения, которые они приносят хозяйке дома", Малхут. "И собрание сыновей пробуждается лишь с помощью пророков"», и это Нецах и Ход. И потому это благословение: «Пусть возвеселится и возликует бездетная, когда соберутся сыновья ее к ней»[749] – оно в Ход.

---

[747] Третье благословение: Благословен Ты, Творец Всесильный наш, Царь вселенной, создающий человека.

[748] Четвертое благословение: Благословен Ты, Творец Всесильный наш, Царь вселенной, Который создал человека по образу Своему; по образу и подобию Своему устроил Ты его, и построил для него из его же плоти здание вечное. Благословен Ты, Творец, создающий человека.

[749] Пятое благословение: Пусть возвеселится и возликует бездетная (Йерушалаим), когда соберутся ее сыновья к ней в радости. Благословен Ты, Творец, радующий Цион сыновьями ее.

797) «"Шестое благословение: "Наполни радостью любимых друзей"[750] – это место, в котором пребывают желание, радость и братская любовь", – то есть "столп всего мира, называемый праведник", Есод. "Праведник и праведность", Есод и Малхут, "они "друзья" и "любимые", так как не расстаются друг с другом"». Потому что это благословение включает также и Малхут, и поэтому сказано: «Любимых друзей»[744]. До сих пор – это шесть благословений, которыми благословляется невеста.

798) «"Седьмое благословление, оно осуществляет всё, и от этого седьмого благословляются все", и это Бина, являющаяся источником всех мохин. "И оно, безусловно, – совокупность десяти речений", т.е. десяти сфирот, "поскольку это (благословление) включает (находящееся) наверху и внизу", ГАР и ЗАТ. "И поэтому содержится в ней десять видов радости: "веселье (сасон), радость (симха), жених (хатан), невеста (кэла), ликование (гила), торжество (дица), любовь (аава), братство (ахва), мир (шалом) и дружба (реут)"[751] – для того, чтобы невеста была совершенством всего"».

799) «"Счастливы Исраэль, которые удостаиваются внизу подобия высшему. О них сказано: "И кто подобен народу Твоему, Исраэлю, народу единому на земле?!"[752] Радовались все они весь этот день речениям Торы. И все жители города поставили его», этого ребенка, «главой над собой. На другой день встали рабби Йоси и рабби Хия и благословили их, и отправились в путь свой».

---

[750] Шестое благословение: Наполни радостью любимых друзей, как радовал Ты в древности в Эденском саду созданного Тобою. Благословен Ты, Творец, радующий жениха и невесту.

[751] Седьмое благословление: Благословен Ты, Творец Всесильный наш, Царь вселенной, Который сотворил веселье и радость, жениха и невесту, ликование, пение, торжество и блаженство; любовь, и братство, и мир, и дружбу! Творец Всесильный наш, да зазвучат вскоре в городах Иудеи и на улицах Йерушалаима голос радости и голос веселья, голос жениха и голос невесты, ликующий голос из-под свадебного балдахина и песни пирующих юношей. Благословен Ты, Творец, радующий жениха с невестой!

[752] Пророки, Шмуэль 2, 7:23. «И кто подобен народу Твоему, Исраэлю, народу единому на земле, ради которого ходил Всесильный искупить его Себе в народ и сделать Себе имя, и совершить вам (деяния) великие и страшные в стране Твоей, (изгоняя) пред народом Твоим, который Ты избавил от Египта, народов и божеств его?!»

800) «Когда пришли они (и предстали) пред рабби Шимоном, поднял он глаза и, увидев их, сказал им: "Наблюдал я за вами в этот день и видел, что вы два дня и одну ночь были в Скинии отрока Матата, и этот отрок обучал вас высшим тайнам в радости Торы. Счастлива ваша доля, сыновья мои"». Объяснение. Этот ребенок владел ступенью Матата, и поэтому дом его был Скинией Матата.

801) «Выстроили всё по порядку и рассказали о произошедшем. Сказал им: "Счастливы вы, и счастлив мой удел, потому что я помню, что однажды шел со мной по пути рав Сафра, отец его, и когда он расстался со мной, я благословил его, чтобы был у него сын, и чтобы был он львом в Торе, но я не благословил его, чтобы он увидел его таким. И поэтому он скончался, и тот не знал его.[753] Счастлива ваша доля, сыновья мои. О вас сказано: "И все сыновья твои – ученики Творца"[754]».

802) «"Другое объяснение сказанного: "И все сыновья твои – ученики Творца"[754]. Следует спросить: "Разве всех сыновей Исраэля обучает Творец Торе?" И говорит: "Да. В час, когда эти дети учат Тору, является Шхина и дает им силу и упорство заниматься Торой. И если бы не помощь Творца, дети не смогли бы это выдержать"».

803) «Однажды рабби Шимон был при входе в Луд, и рабби Хия вместе с ним. Сказал рабби Шимон: "Несомненно, Творец пробудит в мире в этом году большие преобразования за короткое время", большие войны "царей земли, одних на других. И, разумеется, пока они враждуют между собой, Исраэль испытают облегчение"».

804) «Сказал этот ребенок: "Ведь в этот день началось это пробуждение, ибо в этот день пролилось много крови в мире". Сказал ему рабби Хия: "Откуда этот ребенок знает об этом?" Сказал рабби Шимон: "Иногда дух пророчества исходит из уст детей, и они могут предсказать больше пророка"».

805) «"Сказал этот ребенок: "Что удивительного в том, что пророчество будет исходить от детей?" – ведь является

---

[753] См. выше, п. 767.
[754] Пророки, Йешаяу, 54:13. «И все сыновья твои – ученики Творца, и велико благополучие сынов твоих».

совершенным изречение, в котором сказано: "И все сыновья твои – ученики Творца"⁷⁵⁴. Безусловно, они – ученики Творца", т.е. свойства Нецах и Ход, "называющиеся учениками Творца, так как пророчество исходит от них. Но относится это не ко всему миру, а только к Исраэлю, потому что о них сказано: "И все сыновья твои – ученики Творца"⁷⁵⁴. И поэтому от них исходит пророчество". Подошел рабби Шимон и поцеловал его. Сказал: "Отроду я не слышал этого, только сейчас"».

ГЛАВА ТРУМА

И сделай брусья

806) «"Это то, что наказал Творец Моше: "И сделай брусья для Скинии из дерева шитим стоячими (омди́м עֹמְדִים)" [741]. И сказано: "Серафимы стоят (омди́м עֹמְדִים) над Ним"[755]. Ибо возведение Скинии на этих брусьях было подобно этим серафимам – эти стояли, и те стояли"».

807) «"И если скажешь: ведь стоят абсолютно все воинства небесные, как сказано: "И Я дам тебе ходить между стоящими этими"[756], и сказано: "И всё воинство небесное стоит"[757] над Ним, потому что ни у кого во всех высших станах не было голеней", чтобы вставать или садиться, "и все они стояли". И отвечает: "Все они стояли, и они называются иногда серафимами, а иногда другим именем. Но эти"», о которых сказано: «Серафимы стоят»[755], «"всегда называются одним именем, "серафимы"». А те серафимы, с которыми сравниваются брусья Скинии, могут быть любыми высшими ангелами, ибо все они иногда называются серафимами. И это не совсем те серафимы, которые в сказанном: «Серафимы стоят»[755].

---

[755] Пророки, Йешаяу, 6:2. «Серафимы стоят над Ним; шесть крыльев, шесть крыльев у каждого: двумя прикрывает он лицо свое и двумя прикрывает он ноги свои, и двумя летает».

[756] Пророки, Зехария, 3:7. «Так сказал Властелин воинств: "Если путями Моими ходить будешь и если исполнять будешь службу Мою, а также судить будешь ты дом Мой, а также стеречь дворы Мои, то и Я дам тебе ходить между стоящими этими"».

[757] Писания, Диврей а-ямим 2, 18:18. «И сказал (Миха): "Итак, внимайте слову Творца. Видел я Творца восседающего на престоле своем, и все воинство небесное стоит справа и слева от Него"».

Творец – пастырь мой, не будет у меня нужды

808) «"И это изречение объясняли, как сказано: "Псалом Давида. Творец – пастырь мой, не будет у меня нужды"[753]. Мы ведь учили, в чем разница между "Псалом Давида" и "Давида псалом"?» «Псалом Давида» указывает, что воцарялась над ним Шхина, а затем он произносил воспевание. «Давида псалом» указывает, что вначале он произносил воспевание, а затем воцарялась над ним Шхина.[759] «"И здесь, при произнесении: "Творец – пастырь мой"[758], первой являлась Шхина и воцарялась над ним вначале"», поскольку сказано: «Псалом Давида»[758]. И спрашивает: «"Почему здесь первой явилась Шхина"», в (изречении) «Творец – пастырь мой»[758], – «"ведь Давид должен быть первым, поскольку просил у Творца о пропитании?"».

809) И отвечает: «"Но, конечно, Шхина явилась первой и воцарилась над ним, и побудила его вознести Царю это прославление и просить о пище пред Царем. Ибо так должно быть (в просьбе) о пище, так как этого желает она", Шхина, "и желание ее заключается в том, чтобы все жители мира молились о пропитании, и поскольку Творец желает передать пищу в мир, Шхина берет ее первой, и благодаря ей нисходит пища во все миры". Поскольку нижние не могут получить что-либо, если высшие не получат вначале.[760] "И поэтому", Шхина, "была первой в этой просьбе о пропитании и воцарилась над Давидом"».

---

[758] Писания, Псалмы, 23:1. «Псалом Давида. Творец – пастырь мой, не будет у меня нужды».
[759] См. Зоар, главу Берешит, часть 2, п. 31.
[760] См. «Введение в науку Каббала», п. 161.

ГЛАВА ТРУМА

Тяжело пропитание человека, как рассечение Конечного моря

810) «"Творец – пастырь мой"⁷⁵⁸ означает: Творец – Он мой пастырь, подобно пастуху, управляющему стадом своим в месте, где есть трава и зелень, чтобы не было там недостатка ни в чем. Также и здесь, Творец – мой пастырь, чтобы питать меня всем, в чем я нуждаюсь. Другое объяснение изречения: "Творец – пастырь мой"⁷⁵⁸, – поэтому тяжко пропитание человека, как рассечение Конечного моря. И здесь, их два вида", два объяснения, "и оба они – путем истины"».

811) «"Одно" объяснение: "потому что Творец – все деяния Его в суде и истине, и на суде и истине держится весь мир, и каждый день Он вершит суд в мире над праведниками и над грешниками, и над всеми жителями мира, как сказано: "Ибо праведен Творец, праведность любит Он"⁷⁶¹. И когда Он судит людей и видит, насколько они преступны и грешат пред Ним, Ему трудно давать им пищу в любое время, поскольку должен Он питать преступных и тех, кто грешит"».

812) «"Он поступает с ними милосердно, питает и кормит их, ибо таково высшее милосердие, нисходящее и изливающееся на всех жителей мира, и им Он питает и кормит всех: и праведников, и преданных, и грешников, и всех жителей мира, и всех животных, и всех зверей полевых, и птиц небесных, "от рога буйвола до личинки вши"⁷⁶², и не остается никого в мире, кто бы не получил пропитание от питающего и кормящего всех, хотя и трудно Ему это из-за деяний жителей мира, как рассечение Конечного моря"».

813) Спрашивает: «"Разве рассечение Конечного моря было трудным для Него? Ведь сказано: "Пригрозил Он морю и сделал

---

⁷⁶¹ Писания, Псалмы, 11:7. «Ибо праведен Творец, праведность любит Он, к честным обращен лик Его».

⁷⁶² Вавилонский Талмуд, трактат Авода зара, лист 3:2. «Сказал рав Йегуда, сказал Рав: "Из двенадцати часов состоит день. Три первых часа Творец сидит и занимается Торой, вторые (три часа) – сидит и судит весь мир, когда видит, что мир приговорен к смерти, встает с престола суда и переходит на престол милосердия, третьи – сидит и дает пропитание всему миру, от рога буйвола до личинки вши, четвертые – сидит и играет с левиатаном, как сказано (Псалмы, 104:26): "Левиатан, которого Ты создал, чтобы забавляться им!"»

его сушей"⁷⁶³. "Тот, Кто призывает воды морские и разливает их по лицу земли"⁷⁶⁴. Ведь, когда Он возжелает, – всё как ничто пред Ним. А ты говоришь, что рассечение Конечного моря тяжко пред Ним"».

814) И отвечает: «"Но в то время, когда Исраэль приблизились к морю, и Творец пожелал рассечь для них Конечное море, явился Рахав, управляющий Египтом, и потребовал справедливости от Творца. Обратился к Нему: "Владыка мира! Почему пожелал Ты совершить суд над Египтом и рассечь море для Исраэля, ведь все грешны пред Тобой, и все пути Твои – в суде и истине?! Одни занимаются идолопоклонством, и другие занимаются идолопоклонством, одни совершают грех кровосмешения, и другие совершают грех кровосмешения, одни проливают кровь и другие проливают кровь"».

815) «"В этот час было трудно Творцу нарушить законы справедливости. И вот, Исраэль двинулись по морю, как сказано: "И сказал Творец... "Скажи сынам Исраэля, чтобы двинулись вперед"⁷⁶⁵. И было трудно Ему, нарушив справедливость, рассечь для них Конечное море. И если бы не посмотрел Творец на заслуги Авраама, который спешил утром выполнить заповеди Господина своего и волю Его, как сказано: "И встал Авраам рано утром"⁷⁶⁶, то все погибли бы в море, поскольку всю эту ночь Творец пребывал в суде над Исраэлем"».

816) «"Ведь мы изучали сказанное: "И не приближался один к другому всю ночь"⁷⁶⁷. Это учит тому, что пришли высшие ангелы восславлять пред Творцом в эту ночь, сказал Он им: "Ведь деяния рук Моих тонут в море, а вы восславляете предо Мной",

---

⁷⁶³ Пророки, Нахум, 1:4. «Пригрозил Он морю и сделал его сушей, и все реки иссушил. Увял Башан и Кармель, и цветок Леванона увял».

⁷⁶⁴ Пророки, Амос, 5:8. «(Он) – Создатель (созвездий) Кима и Кесил, превращающий темень смертную в утро, а день темнотой обращающий в ночь, Тот, Кто призывает воды морские и разливает их по лицу земли, Творец – имя Его!»

⁷⁶⁵ Тора, Шмот, 14:15. «И сказал Творец Моше: "Что ты вопиешь ко Мне? Скажи сынам Исраэля, чтобы двинулись вперед"».

⁷⁶⁶ Тора, Берешит, 22:3. «И встал Авраам рано утром, и оседлал осла своего, и взял с собой двух отроков своих и сына своего Ицхака, и наколол дров для жертвы всесожжения, и встал, и пошел на место, о котором сказал ему Всесильный».

⁷⁶⁷ Тора, Шмот, 14:20. «И вошел между станом египтян и станом Исраэля, и было облако и мрак (для египтян), и озарял ночь (для Исраэля), и не приближался один к другому всю ночь».

сразу же: "И не приближался один к другому всю ночь"[767]». Ибо «один к другому»[767] говорится о высших ангелах, восславляющих Творца, как сказано: «И взывал один к другому, и сказал: "Свят"»[768]. «"Что сказано? – "И было перед наступлением утра"[769], т.е. посмотрел Творец на заслуги Авраама, который вставал рано утром, чтобы выполнить волю Господина своего, как сказано: "И встал Авраам рано утром"[766], и тогда снова возвратилось море, но воды расступились перед Исраэлем"».[770]

817) «"Ведь сказано: "И возвратилось море под утро к силе своей"[770]. И мы учили, что "к силе своей (ле-эйтано́ לְאֵיתָנוֹ)"[770] означает "к первоначальному условию его (ли-тнао́ לִתְנָאוֹ)", – к тому условию, которое поставил ему Творец при создании мира"», где было оговорено с ним, что оно расступится для Исраэля.[771] Ибо «сила его (эйтано́ אֵיתָנוֹ)» – те же буквы, что и в «условии (тнай תְּנַאי)». Но нужно отметить: «"Здесь сказано: "К силе своей (ле-эйтано́ לְאֵיתָנוֹ)", и сказано: "Учение Эйтана Эзрахи"[772]» – имеется в виду Авраам. И здесь тоже: «К силе своей (ле-эйтано)»[770] – указывает на Авраама. «"И поэтому" говорит Писание: "Под утро"[770], – в то время, когда Авраам вставал рано утром, чтобы выполнить волю Господина своего, тогда расступилось море. Поэтому было трудным для Него рассечение Конечного моря"».

---

[768] Пророки, Йешаяу, 6:3. «И взывал один к другому, и сказал: "Свят, свят, свят Повелитель воинств, вся земля полна славы Его!"»

[769] Тора, Шмот, 14:24. «И было перед наступлением утра: взглянул Творец на войско египтян в столпе огненном и облачном и посеял панику в войске Египта».

[770] Тора, Шмот, 14:27-29. «И простер Моше руку свою на море, и возвратилось море под утро к силе своей. А египтяне бежали ему навстречу, и опрокинул Творец египтян среди моря. И возвратились воды, и покрыли колесницы и всадников всего войска Фараона, вошедших в море за Исраэлем, – не осталось ни одного из них. А сыны Исраэля шли посуху среди моря, и воды были им стеною справа и слева от них».

[771] См. Зоар, главу Бешалах, п. 112. «Сказал рабби Ицхак: "В час, когда приблизились Исраэль к морю, призвал Творец правителя, назначенного над морем..."»

[772] Писания, Псалмы, 89:1-2. «Учение Эйтана Эзрахи. Милости Творца вечно воспевать буду, из рода в род возвещать буду верность Твою устами своими».

ГЛАВА ТРУМА

Тяжелы сочетания пред Творцом, как рассечение Конечного моря

818) «"Подобно этому, тяжки сочетания (зивугим) пред Творцом, как рассечение Конечного моря. Так же как рассечение Конечного моря умерщвляет одних, с одной стороны, и поддерживает других, с другой стороны, так же и здесь, о сочетаниях (зивугим), сказано: "Выводит узников в радости (ба-кошарот בַּכּוֹשָׁרוֹת)"[773], и мы учили", что это буквы слов "плач (бэхи בְּכִי)" и "песнопения (широт שִׁירוֹת)". Ибо один умирает", и раздается плач, "и (Творец) отдает его жену другому", и раздаются песнопения. "А иногда грешнику выпадает хорошая жена", и поэтому тяжки сочетания (зивугим) пред Творцом, как рассечение Конечного моря. "Однако во всем этом есть скрытые тайны, и всё вершится по справедливости. И то, что пояснили товарищи", выясняя, почему одно откладывается из-за другого, "безусловно, так оно и есть"».

819) «"И то, что пояснили, что тяжелы сочетания (зивугим) пред Творцом, но не перед Творцом, ибо пред означает, что стоит пред Творцом, и служит пред Ним", – т.е. Малхут, получающая от Творца. "И поэтому не сказали, что тяжелы сочетания Творцу, и также не сказали, что тяжело пропитание человека Творцу, но пред Творцом", и это Малхут, "ибо для нее", Малхут, "тяжелы все они, так как не находятся в ее власти. И хотя она делает, во власти другого она делает"». Поскольку она всё получает от Творца, и потому можно сказать, что тяжелы для нее все эти вещи.

820) «"Сказано: "Будет отторгнута эта душа от Меня (досл. передо Мной)"[774]. Спрашивает: "Что значит "передо Мной"[774]?" И отвечает: "Это будущий мир", Бина, – "тот, где находится вся жизнь. Другое объяснение. "Это высший поток – река, воды которой не прекращаются никогда", Есод Зеир Анпина, "и все это – одно целое, так как он", Есод Зеир Анпина, "получает все блаженства будущего мира"», Бины. И сказанное: «Будет

---

[773] Писания, Псалмы, 68:7. «Всесильный поселяет одиноких в доме, выводит узников в радости, а мятежные остаются в пустыне».

[774] Тора, Ваикра, 22:3. «Скажи им: "Во все поколения ваши, всякий из потомства вашего, если приблизится к святыням, которые посвящают сыны Исраэля Творцу, когда нечистота его на нем, то будет отторгнута эта душа от Меня. Я Творец"».

отторгнута эта душа передо Мной» означает, что эта душа «"будет отторгнута от всех этих высших блаженств, находящихся в месте, где пребывает благо Творца", то есть Бина. "И это означает "передо Мной"⁷⁷⁴». То есть – перед Творцом, так как Творец получает от нее, и это Бина, наполняющая Зеир Анпина, называемого Творцом.

821) «"И если скажешь, что ведь сказано: "И встал Йона, чтобы убежать в Таршиш от Творца (досл. перед Творцом)"⁷⁷⁵, "ибо знали люди, что от Творца (досл. перед Творцом) он бежит"⁷⁷⁶. И мы изучали, в чем причина того, что Йона собрался бежать, ведь кто может убежать от Творца? Но он собрался бежать, чтобы уйти со святой земли, так как Шхина не пребывает за пределами земли Исраэля, и для того, чтобы не пребывала над ним Шхина, он бежал из земли святости, где пребывает Шхина, как сказано: "Жена твоя, как виноградная лоза плодоносная, во внутренних покоях дома твоего"⁷⁷⁷. "Виноградная лоза плодоносная"⁷⁷⁷ – это Шхина. Так же, как Шхина была скрыта внутри Храма, в святая святых, так же и скромная жена не выходит наружу за порог дома своего". И поэтому Писание уподобляет такую жену Шхине. "И поэтому Йона бежал за пределы святой земли". И спрашивает: "Но ведь здесь сказано "перед", а не сказано "пред"?», а вместе с тем это значит – Шхина, а не Бина.

822) И отвечает: «"Но здесь, безусловно, "перед", т.е. до Шхины, "поскольку дух пророчества не исходит от Шхины, а "перед", т.е. до Шхины. "И это две ступени пророчества", Нецах и Ход, "пребывающие над Шхиной, и из-за этого места", т.е. Нецаха и Хода, "он боялся находиться там, в земле святости", чтобы не сбылось с ним пророчество, "и поэтому сказано "перед", ибо "перед Творцом" он убегал, а не "пред Творцом", что означало бы – от Шхины, "поскольку знал он, что пророчество исходит только "перед"», т.е. от Нецаха и Хода.

---

⁷⁷⁵ Пророки, Йона, 1:3. «И встал Йона, чтобы убежать в Таршиш от Творца, и сошел в Яфо, и нашел корабль, идущий в Таршиш, и отдал плату его, и спустился в него, чтобы уйти с ними в Таршиш от Творца».

⁷⁷⁶ Пророки, Йона, 1:10. «И устрашились люди страхом великим и сказали ему: "Что же ты сделал?" Ибо знали люди, что от Творца он бежит, потому что он рассказал им».

⁷⁷⁷ Писания, Псалмы, 128:3. «Жена твоя, как виноградная лоза плодоносная, во внутренних покоях дома твоего; сыновья твои, как молодые деревца масличные, вокруг стола твоего».

823) «"Поэтому тяжелы сочетания (зивугим) и тяжело пропитание человека пред Творцом", т.е. Шхиной. "И поэтому царь Давид пропитание свое связывал с (более) высшим"», чем Шхина, сказав: «Творец (АВАЯ) – пастырь мой»[758], и это Зеир Анпин, "потому что наверху наполнение не прекращается никогда, однако здесь", в Шхине "прекращается, так как пропитание не зависит от нее, поскольку находится наверху", в Зеир Анпине, "и поэтому сказано: "Творец – пастырь мой, не будет у меня нужды"[758] – то есть "от Меня никогда не прекратится пропитание, потому что наполнение реки, берущей начало и вытекающей из Эдена"[778], т.е. Зеир Анпина, получающего от Абы ве-Имы, "изобилие ее не прекращается никогда. И поэтому Шхина появлялась первой над этим"» и воцарялась над ним, а затем он поизносил воспевания.[779]

824) «"Смотри, в час, когда это место", Шхина, "получает наверху", от Зеир Анпина, "пропитание" для миров, "все" ангелы, "освящающие Господина своего, все они наслаждаются и пробуждаются, и поднимают крылья", чтобы прикрыть лица свои, "когда Шхина является с этим пропитанием" к ним, "чтобы не смотреть"» на Шхину.

825) «"И это три стана" ангелов, "в одном восхождении взывают и произносят: "Свят!" И эти призывают второй стан, и поднимают крылья первые со вторыми, а вторые произносят: "Свят!" Эти призывают третий стан, и три стана вместе поднимают крылья, и все они произносят: "Свят Повелитель воинств, вся земля полна славы Его!"[780] И поэтому все они", все три стана, "соединены друг с другом, эти входят в этих, а эти – в этих. Соединены друг с другом, как ты говоришь" о брусьях: "Соединенные друг с другом, такими сделай все брусья Скинии"[781]».

826) «"Брусья всегда стоят на своем основании и не сгибаются, как и эти стоячие", т.е. серафимы, "которые не сгибаются, ибо

---

[778] Тора, Берешит, 2:10. «И река вытекает из Эдена, чтобы орошать сад, и оттуда разделяется и образует четыре главных реки».
[779] См. выше, п. 808.
[780] Пророки, Йешаяу, 6:3. «И взывал один к другому, и сказал: "Свят, свят, свят Повелитель воинств, вся земля полна славы Его!"»
[781] Тора, Шмот, 26:17. «Два выступа у каждого бруса, соединенные друг с другом, такими сделай все брусья Скинии».

отсутствуют у них голени для сгибания ног, и они всегда стоят, никогда не садясь. И поэтому сказано о брусьях: "Стоячими"[782]».

827) «"Что написано? – "Два выступа у каждого бруса, соединенные друг с другом"[781]. Точно также", как у серафимов, "что из двух свойств состоит каждый из них"», и это – «два выступа»[781], «"потому что у каждого есть собственное свойство и свойство другого. И также у другого есть то же самое, и поэтому они соединены друг с другом"».

828) «"Подобное этому написано в Торе: "Потому что обретение ее (мудрости) лучше, чем обретение серебра, и плоды ее (лучше) чистого золота"[783]. Когда один обучает другого, а этот – еще одного, они становятся соединенными друг с другом, и у каждого есть как свое, так и принадлежащее другому, и другой тоже получает как свое, так и принадлежащее другому", то есть как свое вознаграждение, так и вознаграждение товарища, с которым он занимается, "и они соединены друг с другом"». И поэтому «обретение ее (мудрости) лучше, чем обретение серебра»[783], поскольку там один берет товар, а другой получает плату за товар, а здесь каждый соединен с другим, и есть у каждого как товар, так и плата, получаемая от товарища, который учится с ним.

829) «"Написано: "На пастбищах травянистых Он укладывает меня, к тихим водам приводит меня"[784]. "Пастбища травянистые"[784] – это высшие источники", т.е. сфирот Зеир Анпина, "от которых исходят вся пища и питание". И называются "пастбища (нэот)", потому что" эти сфирот Зеир Анпина "называются "обиталища (нэот) Яакова"[785]. Они называются "пастбища травянистые"[784] – поскольку есть пастбища во внешнем, называемые "пастбища в пустыне"[786], и поэтому называет те,

---

[782] Тора, Шмот, 26:15. «И сделай брусья для Скинии из дерева шитим стоячими».

[783] Писания, Притчи, 3:13-14. «Блажен человек, нашедший мудрость, и человек, приобретший разум! Потому что обретение ее лучше, чем обретение серебра, и плоды ее (лучше) чистого золота».

[784] Писания, Псалмы, 23:2. «На пастбищах травянистых Он укладывает меня, к тихим водам приводит меня».

[785] Писания, Мегилат Эйха, 2:2. «Беспощадно разрушил Творец все обиталища Яакова, сокрушил Он в ярости своей крепости дочери Йегудиной, поверг на землю; осквернил царство и сановников его».

[786] Пророки, Йоэль, 1:19. «К Тебе, Творец, взываю! Ибо огонь пожрал пастбища в пустыне, и пламя сожгло все деревья в поле».

что относятся к святости, "пастбища травянистые"[784]. И если скажешь: но ведь написано: "Произрастит земля зелень"[787] – в таком случае", трава, "она внизу", т.е. на земле, в Малхут. И отвечает: "Однако трава исходит от этих пастбищ, т.е. рождается и произрастает от них", и они входят в Малхут. "Поэтому" говорит: "На пастбищах травянистых Он укладывает меня"[784]».

830) «"К тихим водам приводит меня"[784] – это воды покоя, нисходящие от того места, которое берет начало и выходит из Эдена", и это Бина, и эти воды называются тихими водами. "Душу (нефеш) мою успокоит"[788] – это душа (нефеш) Давида", Малхут. "Но Давид желал не этого, а желал исправить свою ступень, как подобает. При этих "тихих водах" будут праведники отдыхать в будущем мире, как сказано: "И Творец будет успокоением твоим всегда"[789]».

---

[787] Тора, Берешит, 1:11. «Да произрастит земля зелень, траву семяносную, плодовое дерево, производящее плод по виду его, семя которого в нем, на земле».

[788] Писания, Псалмы, 23:3. «Душу мою успокоит, ведет меня путями справедливости ради имени Своего».

[789] Пророки, Йешаяу, 58:11. «И Творец будет вести тебя всегда, и насыщать в чистоте душу твою, и кости твои укрепит, и будешь ты, как сад орошенный и как источник, воды которого не иссякают».

ГЛАВА ТРУМА

Звезды

831) «"И сделай пятьдесят медных крючков"[790]. Рабби Эльазар и рабби Аба сидели в одну из ночей, и когда ночь стемнела, они вошли в сад, расположенный возле Тивериадского моря. Тем временем увидели две звезды, которые приближались с разных сторон, и они встретились друг с другом и исчезли"».

832) «Сказал рабби Аба: "Сколь велики деяния Творца "в небесах вверху и на земле внизу"[791]. Кто может знать об этих двух звездах, которые пришли с разных сторон, встретились и исчезли?" Ответил ему рабби Эльазар: "Разве мы не видели их? Ведь мы же наблюдали их и наблюдали остальные многочисленные деяния Творца, которые Он вершит всегда"».

833) «Провозгласил и сказал: "Велик Господин наш и всемогущ"[792]. Спрашивает: "Писание говорит, что велик и могуч, и возвышен Творец, – разве я сам не знаю, что Творец велик и всемогущ? В чем заключается здесь воспевание Давида?"»

834) И отвечает: «"Но везде Давид говорит: "Велик Творец (АВАЯ)"[793], а здесь сказал: "Велик Господин наш"[792]. И в чем причина? Однако там, где он говорит: "Велик Творец и чрезвычайно прославлен"[793], он говорит о высшей ступени", Зеир Анпине, "а здесь, когда сказано: "Велик Господин наш"[792], говорит о нижней ступени", Малхут, "и это – Господин всей земли. Что написано выше этого изречения? – "Ведет счет звездам, всех их именами называет"[794]. Если бы все жители мира со времени сотворения человека собрались вместе, чтобы сосчитать эти звезды, то не смогли бы. Как сказано: "Сосчитай звезды.

---

[790] Тора, Шмот, 26:11. «И сделай пятьдесят медных крючков, и вложи крючки в петли, и скрепи шатер, и он будет единым».

[791] Тора, Дварим, 4:39. «Познай же сегодня и утверди в сердце своем, что Творец – Он Всесильный, в небесах вверху и на земле внизу, нет другого».

[792] Писания, Псалмы, 147:5. «Велик Господин наш и всемогущ, мудрость Его неисчислима».

[793] Писания, Псалмы, 145:3. «Велик Творец и чрезвычайно прославлен, и величие Его непостижимо».

[794] Писания, Псалмы, 147:4. «Ведет счет звездам, всех их именами называет».

Сумеешь счесть их?"⁷⁹⁵ А о Творце что сказано? – "Ведет счет звездам, всех их именами называет"⁷⁹⁴. В чем причина? Потому что сказано: "Велик Господин наш и всемогущ"⁷⁹². Так же, как никто, кроме Творца, не может счесть звезд небесных, так же сказано о Нем: "Мудрость Его неисчислима"⁷⁹²».

Пояснение сказанного. Звезды исходят от левой линии и поэтому светят только ночью. А материя звезд – темная и плотная, но они получают свет от Малхут мира Ацилут. Плотность (авиют) звезд происходит от трех видов суда: от судов захара, исходящих от левой линии; и от судов нуквы, смягченных Биной; и от судов нуквы первого сокращения. Суды нуквы исходят от южной стороны, т.е. от правой линии, которая в свойстве точки холам. А суды захара исходят с северной стороны, т.е. от левой линии, которая в свойстве точки шурук.

И это смысл сказанного им: «Увидели две звезды, которые приближались с разных сторон»⁷⁹⁶. Одна звезда двигалась с южной стороны, в которой находятся суды нуквы, а другая – с северной стороны, в которой находятся суды захара. «И они встретились друг с другом и исчезли», – потому что суды нуквы и суды захара противоположны друг другу, и когда они встречаются в одном месте, они отменяют друг друга. Как сказали мудрецы о сказанном: «И поток в руслах»⁷⁹⁷, приведено у Раши, что «были две горы. На одной были впадины» – т.е. судь нуквы, «а на другой – выступы, противостоящие впадинам» – суды захара, «и вошли выступы одной во впадины другой», как уже подробно объяснялось.⁷⁹⁸

И он спрашивает о сказанном: «Велик Господин наш и всемогущ»⁷⁹² – «разве я сам не знаю, что Творец велик и всемогущ?» И отвечает: «"Велик Господин наш"⁷⁹², говорит о нижней ступени, и это – Господин всей земли», и дает нам этим понять, что эта ступень, т.е. Малхут, «ведет счет звездам»⁷⁹⁴,

---

⁷⁹⁵ Тора, Берешит, 15:5. «И вывел Он его наружу, и сказал: "Посмотри-ка на небо и сосчитай звезды. Сумеешь счесть их?" И сказал Он ему: 'Таково будет потомство твое"».

⁷⁹⁶ См. выше, п. 831.

⁷⁹⁷ Тора, Бемидбар, 21:14-15. «О том сказано будет в книге битв Всевышнего: "Ваев в Суфе и русла Арнона. И поток в руслах, когда отклонился к селению Ар и примкнул к рубежу Моава"».

⁷⁹⁸ См. Зоар, главу Ваера, п. 51, со слов: «Объяснение. "Праведник" и "праведность" – это Есод и Малхут, но эти два понятия указывают на большой зивуг ЗОН для раскрытия мохин де-хая...»

ибо «счет» – это свечение Хохмы. И об этом говорит (Давид): «Велик Господин наш и всемогущ»[792], потому что свечение Хохмы не раскрывается ни на какой другой ступени, кроме Малхут. И это означает сказанное: «А о Творце», т.е. Малхут, «что сказано? – "Ведет счет звездам, всех их именами называет"[794]. В чем причина? Потому что сказано: "Велик Господин наш и всемогущ"[792]», ибо это величие находится в Господине нашем, т.е. в Малхут. И если скажешь: ведь этот отрывок заканчивается словами «мудрость Его неисчислима»[792], отсюда следует, что и в Малхут она неисчислима. И по этому вопросу он говорит, что объяснение: «Так же, как никто, кроме Творца, не может счесть звезд небесных, так же сказано о Нем: "Мудрость Его неисчислима"[792]», то есть у остальных, кроме Него, «мудрость Его неисчислима»[792], однако в самой Малхут – исчислима.

835) «"Смотри, сказано: "Тот, Кто выводит по числу воинства их, всех их по имени называет Он"[799] – т.е. все воинства, станы и звезды, Творец выводит каждого по имени его, "никто (из них) не скроется"[799]. Во всех звездах и созвездиях всех небосводов исчислены правители и подчиненные, чтобы служить миру, каждый, как подобает ему. И нет у тебя маленькой травинки во всем мире, чтобы не властвовали над ней звезда и созвездие на небосводе, а над этой звездой есть один управляющий, служащий пред Творцом, – каждый, как подобает ему"».

836) «"Все звезды на небосводах выполняют служение над этим миром, и все они предназначены во всём служить тем, кто находится в этом мире. И не произрастают и не растут побеги, деревья, зелень и трава полевая иначе, как при виде звезд, которые находятся над ними и проявляются над ними "паним бе-паним (досл. лицом к лицу)" – каждому, как надлежит ему"».

Объяснение. Произрастание и рост трав и плодов происходят вследствие свечения Хохмы, имеющегося в левой линии, и хотя плоды, по сути своей, – они от хасадим, которые в правой, вместе с тем, если левая не светит над ними, они не произрастают и не растут, как уже объяснялось.[800] И поэтому каждой

---

[799] Пророки, Йешаяу, 40:26. «Поднимите глаза ваши ввысь и посмотрите, Кто создал их. Тот, Кто выводит по числу воинства их, всех их по имени называет Он; от Великого могуществом и Мощного силой никто не скроется».

[800] См. выше, п. 792.

травинке нужна своя звезда, чтобы светила в ней свечением левой, подходящим ее свойству, и тогда она произрастает и растет. И свечение Хохмы в левой линии называется видом или видением, как известно. И источник его – в Малхут.[801] Так же, как вид, находящийся в Малхут мира Ацилут, его источник исходит из Бины, а затем приходит в Зеир Анпин, а затем – в Малхут, и так же – со звездами, которые производят взращивание от вида своего в мире Асия, и каждая из них получает от ангела в мире Ецира и от серафима в мире Брия, который пребывает и служит пред Малхут мира Ацилут.

И это означает сказанное им: «И нет у тебя маленькой травинки во всем мире, чтобы не властвовали над ней звезда и созвездие на небосводе, а над этой звездой есть один управляющий, служащий пред Творцом», – т.е. серафим, что в мире Брия, он тот, кто служит пред Творцом, и это Малхут, и он получает (наполнение) от нее и передает его ангелу мира Брия, а от него (оно передается) звезде, находящейся на небосводе мира Асия, а она этой своей силой проращивает травинку, что в мире Асия. И это означает сказанное им: «И не произрастают и не растут иначе, как при виде звезд, которые находятся над ними и являются им "паним бе-паним (досл. лицом к лицу)"», потому что произрастание происходит только в свойстве вида, который проявляется над ним, т.е. свечения Хохмы, называемого видом и видением.

837) «"Большинство станов звезд и созвездий выходят все в начале ночи, до трех часов без четверти. С этого момента и далее выходят лишь малые звезды. Все эти звезды служат не напрасно и показываются не напрасно. И есть звезды, которые служат всю ночь, чтобы произрастить и взрастить то, что назначено им. И есть звезды, которые служат до полуночи, и вызывают произрастание и рост с начала ночи до этого часа во всем том, что назначено им. А есть звезды, которые служат непродолжительное время ночи, и после того, как они появляются с этой травинкой или с этой порослью, сразу же завершается ее служение, и она не должна больше служить в эту ночь, ведь они не стоят напрасно. И когда завершают свою службу, больше не появляются в этом мире, и входят в свое место"».

---

[801] См Зоар, главу Берешит, часть 1, п. 69.

Объяснение. Двенадцать ночных часов делятся двумя способами:

1. На три стражи, соответствующие трем линиям, и каждая стража – четыре часа, соответствующие ХУГ ТУМ, итого двенадцать.

2. Они делятся на четыре стражи, соответствующие ХУГ ТУМ, и в каждой страже три часа, соответствующие трем линиям, итого двенадцать часов. И в каждой линии, т.е. в каждом часу, содержатся четыре стражи ХУГ ТУМ, представляющие собой четыре четверти в каждом часу, и получается двенадцать четвертей часа в каждой страже из четырех. То есть три линии, и в каждой из которых есть ХУБ ТУМ.

И известно, что когда мы различаем три линии сами по себе, будут всегда две верхние линии в свойстве ГАР, а средняя линия – в свойстве ВАК. В трех линиях ХАБАД: Хохма и Бина – ГАР, Даат – ВАК. В трех линиях ХАГАТ: Хесед и Гвура – ГАР, Тиферет – ВАК. В трех линиях НЕХИ: Нецах и Ход – ГАР, Есод – ВАК.[802] И дело в том, что так вышли три линии в своем корне в Бине, где две линии, правая и левая, холам и шурук, – это сама Бина, и это ГАР, однако средняя линия, она от Зеир Анпина, который поднялся в Бину, и это ВАК. И поэтому здесь, в первых трех часах, что в начале ночи, т.е. в первой страже, Хеседе, в котором три линии, и это три часа, где каждый час состоит из четырех четвертей ХУБ ТУМ, как мы уже сказали, считается, что третьему часу первой стражи, т.е. средней линии, недостает Малхут. Ибо так считается на каждой ступени, что Малхут этой ступени, свойство манула, скрыта в ГАР этой ступени, т.е. в двух верхних линиях, а свойству ВАК этой ступени, средней линии, недостает Малхут, ибо оканчивается свойством мифтеха, и это венец (атара) Есода, и недостает Малхут.[803]

И это означает сказанное им: «Большинство станов звезд и созвездий выходят все в начале ночи, до трех часов без четверти», – т.е. они относятся к первой из четырех страж ХУБ ТУМ, Хеседу. И есть в нем три часа без четверти, т.е. одиннадцать

---

[802] См. Зоар, главу Берешит, часть 2, Обозрение Сулам, «Введение в семь чертогов», пп. 11-12. «Семь чертогов делятся в общем виде на паним и ахораим. От хазе и выше – это четыре чертога, Бина и ХАГАТ, считающиеся свойством ГАР и паним чертогов, а от хазе их и ниже – это три чертога НЕХИ, считающиеся свойством ВАК и ахораим чертогов...»

[803] См. «Предисловие книги Зоар», статью «Манула и мифтеха», п. 41, со слов: «И мы уже знаем, что Атик установился во втором сокращении, т.е. поднял нижнюю "хэй ה" в свои никвей эйнаим, чтобы создать парцуф Арих Анпин...»

четвертей, и недостает четвертой четверти от средней линии, как уже объяснялось. И поскольку они относятся к свойству Хесед, это большие звезды. И «с этого момента и далее выходят только малые звезды», – т.е. все те, что относятся к трем остальным стражам, Гвура-Тиферет-Малхут, они малые по сравнению с первыми, относящимися к свойству Хесед, т.е. к первой страже, как мы уже сказали. И есть звезды, которые служат всю ночь, т.е. происходят от всех четырех страж, и они такие же большие, как и первые, от первой стражи, но их мало, и большинство из них тоже исходит только от первой стражи, как сказано выше. И это смысл сказанного: «И есть звезды, которые служат всю ночь», – потому что есть в них все четыре стражи ХУБ ТУМ. «И есть звезды, которые служат до полуночи», – потому что есть в них только две первые стражи, т.е. Хесед и Гвура, и недостает двух других страж, Тиферет и Малхут, что от полуночи и далее. И они тоже большие, но они малочисленны.

И известно, что хотя ГАР Хохмы и не светят в мирах, а только ВАК Хохмы, всё же вначале выходят также и ГАР Хохмы, ибо невозможно, чтобы вышли ВАК Хохмы в отсутствии ГАР, но только после того, как ГАР прекращают выводить ВАК Хохмы, они сразу же исчезают.[804] И это означает сказанное: «А есть звезды, которые служат непродолжительное время ночи, и после того, как они появляются с этой травинкой или с этой порослью, сразу же завершается ее служение», ибо, поскольку они прекратили раскрывать ВАК Хохмы, они уже завершили свое служение и сразу же исчезают.

838) «"В книге высшей мудрости сынов Востока говорится обо всех звездах-метеорах, которые оставляют за собой шлейф на небосводе", т.е. длинный хвост света слит и исходит от этих звезд. "Говорят, что есть травы на этой земле из тех, что называются эликсиром жизни, и драгоценные камни есть на этой земле, и самородное золото, которое появилось в высоких горах, где было мало воды", т.е. хасадим средней линии, "укрывающей его и не укрывающей", укрывающей их от свойства ГАР де-ГАР и не укрывающей от ВАК де-ГАР, "но она притягивается к нему. И звезды-метеоры властвуют над всеми ними, а те растут благодаря им"».

---

[804] См. Зоар, главу Берешит, часть 1, п. 76, со слов: «Но не имеется в виду, что мохин выходят в зивуге ВАК без ГАР, потому что в мохин парцуфа АБ не может выйти ВАК без ГАР...»

839) «"И все исправление и рост их происходит лишь при виде и сиянии этого шлейфа, оставляемого звездой на небосводе, и тогда исправляются все эти вещи"».

840) «"Есть болезни у людей", т.е. разные болезни и выглядит, что они заболели меланхолией, когда лица их становятся зелеными. "И их излечение зависит только лишь от одного зеркала из блестящего железа, сверкающего для глаз", – т.е. зеркала, изготовленного из полированного железа. "И заболевший этой болезнью должен смотреться в него, и он не излечивается до тех пор, пока, при перемещении зеркала из одной стороны в другую, зеркало не испустит яркую искру, похожую на шлейф, на лицо его, и при попадании этой яркой искры в глаза приходит к нему излечение. И так же все те, над которыми властвуют эти звезды, не получают свое исправление и рост при появлении их, но только лишь при распространении этого шлейфа. Благодаря этому они поправляются, приобретая вид, цвет, силу, какие должны быть"».

Объяснение. Звезда-метеор относится к звездам, происходящим от свойства манулы Малхут первого сокращения, и они называются также кометами, и Шмуэль сказал о ней: «Ясны мне пути небесные, как пути Нагардеи, за исключением комет»[805]. И это потому, что нет постижения манулы, как известно, и вместе с тем, они несут в себе исправление манулы, т.е. многочисленные света, нисходящие благодаря силе манулы в них, и это тот самый исходящий от них длинный хвост искрящегося света. И эти травы, называемые эликсиром жизни, и драгоценные камни, и самородное золото, – в них тоже примешана сила манулы, и потому их исправление происходит только с помощью звезд-метеоров.

И это означает сказанное: «Не получают свое исправление и рост при появлении их», – т.е. они не исправляются при виде звезд, т.е. от Хохмы, называемой видом, потому что есть в них сила манулы, которая не воспринимает вид, и не исправляется от него, «но только при распространении этого шлейфа», благодаря многочисленным светам, испускаемым на них звездой-метеором. «Благодаря этому они поправляются, приобретая вид, цвет, силу», – поскольку в отношении того, что манула становится причиной этих многочисленных светов в

---

[805] Вавилонский Талмуд, трактат Брахот, лист 58:2.

высших, она тоже исправляется с помощью этих светов, называемых «вид» и «цвет», и «сила», и звезда-метеор воздействует на травы и драгоценные камни внизу.

841) «"И это прекрасно. Подобное этому указывается в книге царя Шломо", где он говорит "о мудрости, относящейся к драгоценным камням, – если бы недоставало им сияния искрения и горения известных звезд, они никогда бы не выросли и не исправились", т.е. из-за того, что есть в них сила манулы.[806] "И всё это установил Творец для исправления мира. Как сказано: "Чтобы светить над землей"[807], что означает – во всем, что необходимо в этом мире для исправления его, они светят и исправляют"».

842) «"Сказано: "И сделай пятьдесят медных крючков"[790]. И также сказано: "И сделай пятьдесят золотых крючков"[808]. И мы учили, что тот, кто не видел этих крючков Скинии, не видел света звезд, что на небосводе, ибо в этом виде и образе" звезд "представлялись" крючки Скинии "каждому, кто смотрел на них"».

843) «"Есть звезды на небосводе, которые выходят из небосвода, на котором держатся все звезды", и это второй небосвод, на котором солнце и луна, и звезды, и созвездия постоянны, а этот небосвод – это третий небосвод, исходящий от него. "На этом небосводе есть сто сквозных окон, часть из них – в восточной стороне, часть – в южной, и в каждом окне – одна звезда"».

844) «"И когда солнце проходит по этим расположенным на небосводе окнам и проемам, издавая сверкание, выходят звезды, чтобы сверкать от этого сверкания солнца, и они окрашиваются, одни из них – красные, подобно меди, другие – зеленые, подобно золоту, и поэтому одни – красные, а другие – зеленые. Пятьдесят" звезд – "в одних пятидесяти окнах, и пятьдесят – в

---

[806] См. выше, п. 840.
[807] Тора, Берешит, 1:14-15. «И сказал Всесильный: "Да будут светила на своде небесном, чтобы отделять день от ночи; и будут они для знамений и времен, и для дней и лет. И будут они светилами на своде небесном, чтобы светить над землей". И было так».
[808] Тора, Шмот, 26:6. «И сделай пятьдесят золотых крючков, и соедини полотнища друг с другом крючками, и будет Скиния единым целым».

других окнах. В восточной стороне они зеленые, а в южной – красные. Ими скрепляется окончание Скинии"».

Объяснение. Эти «звезды» и «окна» являются свойствами «крючки» и «петли» Скинии. Ибо в окне есть проем, так же, как и в петле, а звезды – это крючки, вставленные в них. Каждому окну соответствуют две петли. И есть сто крючков, т.е. пятьдесят золотых, используемых в десяти полотнищах из виссона, и пятьдесят медных крючков, в одиннадцати полотнищах из козьего волоса, и это – сто звезд, о которых говорится выше. И это смысл сказанного: «Одни из них – красные, подобно меди», и это пятьдесят медных крючков, «другие – зеленые, подобно золоту», и это пятьдесят золотых крючков. «В восточной стороне они зеленые», и это свойство золотых крючков. Восток включает в себя также и запад, ибо есть два соединения по пять полотнищ, одно соединение – с восточной стороны, другое – с западной, но поскольку восток преобладает, он упоминает только восточную сторону. «А в южной – красные», – поскольку здесь используются медные крючки, и она включает также северную сторону, так как здесь тоже есть два соединения, одно – из пяти полотнищ, а другое – из шести. Поэтому одно соединение – в южной стороне, а другое – в северной, и поскольку юг преобладает, то упоминается только южная сторона.

И причина, что десять виссоновых полотнищ – с золотыми крючками, в том, что они являются основой Скинии, и они расположены в восточной и западной сторонах небосвода. А одиннадцать полотнищ из козьего волоса – с медными крючками, они используются только для шатра над Скинией, т.е. для ее защиты,[809] и они расположены на юге и севере небосвода. Дело в том, что говорится здесь о третьем небосводе, т.е. Тиферет, в котором скрыта манула, поскольку это средняя линия. И известно, что в каждой ступени содержится три линии, и когда делят эту ступень на ГАР и ВАК, считается, что манула скрыта в ГАР, а в ВАК используется мифтеха, и поэтому свечение Хохмы есть только в ВАК, а не в ГАР.[810] И ты также узнал, что две

---

[809] См. выше, п. 614.
[810] См. «Предисловие книги Зоар», статью «Манула и мифтеха", п. 41, со слов: «И мы уже знаем, что Атик установился во втором сокращении, т.е. поднял нижнюю "хэй ה" в свои никвей эйнаим, чтобы создать парцуф Арих Анпин...»

линии, правая и левая, считаются ГАР по отношению к средней линии, считающейся ВАК по отношению к ним.[811]

Поэтому в южной и северной сторонах третьего небосвода, являющегося средней линией, скрыта в них манула, находящаяся под ними, и свечение Хохмы не может светить в них. И поэтому есть одиннадцать полотнищ из козьего волоса, поскольку козий волос (изи́м עִזִּים) указывает на сильный (аз עַז) суд в них от Малхут первого сокращения, свойства манулы, и поэтому они установлены только для защиты Скинии.[809] И потому это медные крючки, имеющие красный цвет, подобно меди, указывающей на суд, и хотя эти суды не причиняют вреда снизу вверх, вместе с тем считаются судом, поскольку нет в них свечения Хохмы. Однако в восточной и западной сторонах третьего небосвода, и это средняя линия, имеющаяся в Тиферет, и свойство ВАК в нем, нет там манулы, а только мифтеха, и поэтому они достойны получить свечение Хохмы, называемое золотом, и они – зеленые со стороны средней линии, востока, и цвет его – зеленый, как известно. И потому это золотые крючки. И это значение сказанного: «Ими скрепляется окончание Скинии», то есть красными звездами, которые соответствуют медным крючкам, (скрепляются) одиннадцать полстнищ из козьего волоса, и окончание Скинии, т.е. Малхут первого сокращения, называемая манула, крепится ими и скрыта в них, как уже было выяснено.

845) «"Ко всем этим звездам, выходящим из небосвода, примешиваются ночные звезды, и сверкают и горят, и властвуют в этом мире. Одни из них" властвуют "над медью, другие – над зеленым золотом, и они исправляются и умножаются благодаря их силе"».

846) «"Эти звезды властвуют в двадцати пяти с половиной точках ночи, и это – мгновения часа, и они взращивают медь, и они – красные, горящие и сверкающие. И когда они три раза распространяют сверкание в восточной стороне, или пять" раз, "или семь, правители народов придут на эту сторону, и всё богатство и золото этой стороны исчезнут. А если сверкание – один раз, два раза, четыре раза, шесть раз, одно вслед за

---

[811] См. выше, п. 837, со слов: «И известно, что когда мы различаем три линии сами по себе, будут всегда две верхние линии в свойстве ГАР, а средняя линия – в свойстве ВАК...»

другим, то страх и ужас опустится на эту сторону и воцарится над этой стороной. А если это сверкание вспыхивает и затихает, вспыхивает и затихает, пробудятся войны, но не состоятся, ибо в это время есть пробуждение пред Творцом среди повелителей мира, властвующих над остальными народами. И так же, подобно этому, в другой стороне"», западной.

Пояснение сказанного. Ведь выяснилось, что те, кто в южной стороне, включают в себя также и тех, кто в северной, поскольку обе соединяющие. Одно – из пяти полотнищ на южной стороне, а другое – из шести на северной. И когда мы распределяем между ними пятьдесят крючков, то двадцать пять крючков располагаются на южной стороне, а двадцать пять – на северной. Однако скрыта в них точка манулы, как мы уже говорили, и это Малхут свойства суда, скрытая между ними двумя. И поэтому считается, что эта точка разделилась на две половины: половина ее – на юге, двадцать пять с половиной точек, и половина – на севере, и на севере тоже есть двадцать пять с половиной точек.

И это смысл сказанного: «Эти звезды властвуют в двадцати пяти с половиной точках ночи», т.е. если ты поделишь власть ста этих звезд на двенадцать ночных часов, то пятьдесят будут с юга и севера, до полуночи, поскольку это две линии, правая и левая этой ночи, и пятьдесят – с востока и запада, т.е. средняя линия, светят от полуночи и далее.[812] И эти пятьдесят звезд юга-севера делятся по своей власти на две части, и в каждой – двадцать пять с половиной точек. «И это – мгновения часа», т.е. они светят в мгновения этого часа, в различных видах, одна за другой, как нам предстоит выяснить. «И они взращивают медь», – с южной стороны, «и они – красные, горящие и сверкающие», – т.е. они красные из-за силы суда и т.д., как мы уже объясняли. «И когда они три раза распространяют сверкание», – когда звезды юга, властвующие в двадцати пяти с половиной точках, т.е. со свечением манулы, распространяют три раза сверкание, т.е. из трех сфирот ХАГАТ в них, и в их Тиферет находится место манулы, так как они являются свойством ГАР этого небосвода, как уже объяснялось, и это

---

[812] См. Зоар, главу Ваехи, п.442, со слов: «Три стражи – это три линии, исходящие от трех точек холам-шурук-хирик. Первые две стражи – это две линии, правая и левая, исходящие от холам и шурук. А в середине второй стражи, и это точка полночи, привлекается экран точки хирик, и на него выходит средняя линия...»

сверкание достигает восточной стороны, т.е. средней линии, свойства ВАК небосвода, как объяснялось, где находится место свечения Хохмы, называемого «богатство» и «золото», тогда «и всё богатство и золото этой стороны исчезнут», потому что в любом месте, куда приходит сверкание манулы, сразу же уходят оттуда все света.[813] «Или пять, или семь (раз)». Пять – это Ход, в котором собрание всех судов. Семь – это Малхут, в которой находится место самих судов.

И это смысл сказанного им: «Если сверкание – один раз, два раза, четыре раза, шесть раз, одно вслед за другим», одно сверкание – это Хесед, два – это Гвура, четыре – это Нецах, шесть – это Есод. И поскольку отсутствуют там Тиферет и Ход, и Малхут, являющиеся местами суда, поэтому «страх и ужас опустится на эту сторону и воцарится над этой стороной», – ведь несмотря на то, что сами места суда не сверкали, вместе с тем есть в них включение этих судов, и поэтому нападет на них страх и ужас, однако эти света не уйдут. «А если это сверкание вспыхивает и затихает, вспыхивает и затихает» – это указывает на то, что суд манулы не воспринимается там, ибо поэтому сверкает и угасает, и это даже не наводит ужас и страх, но это указывает на то, что «пробудятся войны, но не состоятся», – что есть только пробуждение вершить суд над правителями народов, но не сейчас. «И так же, подобно этому, в другой стороне», – т.е. в западной стороне, если сверкание двадцати пяти с половиной точек дойдет туда, то будет там то же, что и в восточной стороне. Отсюда следует, что хотя манула скрыта в южной северной сторонах, все же она не затрагивает их, поскольку находится там ниже их, а суд не наносит ущерб снизу вверх. И главный ущерб он наносит оттуда и ниже, т.е. в восточной и западной сторонах, пока он еще не скрыт, как следует.

847) «Провозгласил и сказал: "Да будет благословенно имя Творца во веки веков, ибо мудрость и сила – у Него! И Он меняет времена и сроки"[814]. И всё находится в Его власти, и Он

---

[813] См. Зоар, главу Ваеце, п. 23. «"От силы света Ицхака" – святости, "и осадков вина" – клипот, из них обоих "выходит одна сложная форма", состоящая из добра и зла...»

[814] Писания, Даниэль, 2:20-22. «И заговорил Даниэль, и сказал: "Да будет благословенно имя Творца во веки веков, ибо мудрость и сила – у Него! И Он меняет времена и сроки, свергает царей и возносит их, дает мудрость разумным и знание – способным понимать. Он открывает глубоко (скрытое) и сокровенное, знает то, что во мраке, и свет обитает с Ним"».

освободил народ Его святой от силы и власти звезд и созвездий, так как это чужие божества, и не в них удел Яакова, но лишь в "Создающем всё"[815]» удел его. Объяснение. Народы, поклоняющиеся звездам и созвездиям, приносят жертвы звездам, чтобы устранить от себя суды, как будто это не властвует над ними, и они могут влиять на всё так, как им заблагорассудится. Однако Исраэль не верят в силы звезд и обращаются не к ним, а к Создающему всё. Ибо Он меняет системы и приводит их в действие по воле Своей.

848) «"Есть небосвод наверху, над всеми этими небосводами", т.е. небосвод Бины, который выше семи небосводов, ХАГАТ НЕХИМ, о которых сказано: "Из чрева кого вышел лед?"[816] "И он скрыт и упрятан, и печать перстня Скинии", т.е. высшей Скинии, Бины,[817] а печать перстня, скрытая Малхут свойства суда, "властвует на этом небосводе", и она является причиной того, что он скрыт и упрятан, и неизвестен. "И этот небосвод называется помещением Скинии", т.е. помещением высшей Скинии, "и на этом небосводе имеются все окна", сто окон, о которых говорилось выше, "и с одной и с другой стороны", и от него они нисходят к третьему небосводу, находящемуся внизу, "и он поддерживает все порядки нижней Скинии", Малхут. "Шесть окон, которые больше всех остальных", ХАГАТ НЕХИ, "и одно – закрытое", соответствующее печати перстня, и это – Малхут манулы, "властвующее над ними"». Иначе говоря, она скрывает и прикрывает их от постижения нижними.

849) «"Одно окно" из семи больших окон "называется сияющим окном", и соответствует Хеседу. "И в нем выходит одна звезда, называемая у мудрецов "яд (рука)", и это – сила плавления, которая расплавляет внизу", чтобы высвободить суды, которые в нем, "под властью Йегуды, без того, чтобы была у него доля в ней. Ибо нет у колен Исраэля части и наследия в звездах", чтобы служить им, "но колено Йегуды властвует над ними", над этими судами, "а не они над ним"».

---

[815] Пророки, Йермияу, 10:16. «Не таков, как они, Тот, кто есть удел Яакова, ибо Он создает всё, а Исраэль – колено наследия Его; Властелин воинств имя Его».

[816] Писания, Иов, 38:29. «Из чрева кого вышел лёд? И кто родил иней небесный?»

[817] См. выше, п. 598.

850) «"Когда сыновья Йегуды извратили пути свои пред Творцом и последовали знаниям этого окна и этой звезды, и сказали, что это – рука, побеждающая остальные народы, о которой сказано: "Рука твоя – на хребте врагов твоих"[818], и они пошли за ней, и поклонялись ей в служении и работе, сказано об этом: "И делали иудеи злое в очах Творца"[819]».

851) «"Когда выходит эта звезда, она простирает одну руку", т.е. Хесед, называемый правой рукой, "с пятью пальцами", ХАГАТ Нецах Ход в ней, "и светит и сверкает в этом окне. Владеющие чародейством и колдовством боятся этого места, ибо в час, когда она властвует, все чародеи и колдуны приходят в замешательство, и их колдовство не достигает успеха"». Объяснение. Потому что правая рука, т.е. Хесед, это правая линия, исходящая от точки холам, в которой произошел подъем Малхут в Бину,[820] и поэтому суд этой Малхут, которая поднялась туда, вводит в заблуждение колдунов, которые исходят от левой линии, и все их деяния – от свечения левой линии.

852) «"И если скажешь: раз этот небосвод скрыт", как мы говорили раньше, так как он в Бине, "то как знают о нем" колдуны, пока не станут путаться из-за него? И отвечает: "Но есть у них признак вовне" святости, "по которому они знают, что эта звезда властвует, и они всегда боятся ее, и их чародейства и колдовства безуспешны. Поэтому есть времена, когда люди добиваются успеха в этом, а есть времена – когда нет. Из-за этого уменьшается количество владеющих чародейством и колдовством в мире, поскольку не знают корня (происходящего), когда видят, что колдовство не достигло успеха. И поэтому первые" колдуны "знали корень при виде того признака" вне святости, "который они знали"».

853) «"Второе окно", и это Гвура, "называется "окно-ноготь", поскольку оно подобно ногтю"», т.е. левая линия, называемая

---

[818] Тора, Берешит, 49:8. «Йегуда, тебя восхвалят братья твои; рука твоя на хребте врагов твоих; поклонятся тебе сыны отца твоего».

[819] Пророки, Мелахим 1, 14:22. «И делали иудеи злое в очах Творца, и гневили Его грехами своими, какими они грешили, более отцов своих».

[820] См. Зоар, главу Берешит, часть 1, п. 9. «Высшая точка, Арих Анпин, посеяла внутри чертога ИШСУТ три точки: холам, шурук, хирик...»

«ноготь».⁸²¹ «"И в нем выходит одна звезда, называемая мудрецами Гадюкой, поскольку она властвует властью сильного суда, в голове и хвосте ее. И подобно гадюке, она подстерегает, чтобы убить"», т.е. это тяжелые суды левой линии Бины, распространяющиеся вниз всё то время, пока она не соединяется с правой линией, свойством точки шурук.

854) «"Из этого окна выходят вниз шестьсот тысяч рибо (десятков тысяч) духов, властвующих над людскими ногтями в час, когда их выбрасывают открыто, и вследствие этого совершаются колдовства и чародейства всеми теми, кто владеет ими, в то время, когда эта звезда властвует, все те, кто выбрасывают свои ногти или совершают с их помощью колдовства, несут смерть всему миру. И колдовства, совершаемые ими, достигают успеха"».

855) «"Третье окно", Тиферет, "называется "окно-хошен (наперсник)", потому что Тиферет называется хошеном, "и в нем выходит одна звезда, называемая сиянием свечи. Это – сверкание, исходящее и стоящее над любым духом, и покой и успех в нем", поскольку это средняя линия, соединяющая правую и левую вместе, устраняя тем самым все суды в них, "нет в нем никаких обвинений. Когда она властвует, всё воодушевление и весь свет воцаряются в мире, спокойствие и наслаждение и всё благо воцаряются в мире"».

856) «"Четвертое окно", Есод, "это окно, называемое кубком", потому что в нем принимается вино, и оно наполняет вином, и это свечение в Малхут левой линии, подслащенной в правой, "и в нем выходит одна звезда, называемая мудрецами "гроздь кипера"⁸²², поскольку таким образом она выходит" и светит, "как гроздь, сверкающая искрами, подобно винограду, в "грозди кипера". Благодаря этому в мире начинается пробуждение милосердия, оно отдаляет" суды, "и приближает" милосердие, "и многочисленные порождения умножаются в мире, и жители мира не вспоминают тот час, когда они нуждаются друг в друге. Мир и радость пробуждаются в мире"».

---

⁸²¹ См. Зоар, главу Берешит, часть 1, п. 129, со слов: «Свойства ахораим (обратной стороны) пальцев – это их внешняя сторона, и они указывают на ногти пальцев...»

⁸²² Писания, Песнь песней, 1:14. «Гроздь кипера – мой возлюбленный для меня, в садах Эйн-Геди».

857) «"Пятое окно", Нецах, "это окно, называемое колодцем, из-за выходящей из него звезды, которая входит и выходит, и черпает наполнение, словно ведро" из колодца, "и никогда не успокаивается. И по этой звезде мудрые сердцем не смогут установить что-то истинное, поскольку она не находится в постоянном состоянии и не успокаивается никогда. И поэтому мудрые сердцем были вынуждены исследовать это место и судить о нем"».

Объяснение. Ибо НЕХИ – это три линии, правая, левая и средняя, относящиеся к свойству от хазе и ниже. И тогда Нецах – это правая линия, так же, как и Хесед, и они исходят от точки холам, как мы говорили раньше об окне Хесед. Поэтому есть в нем сила суда Малхут, которая скрывает постижение от него, как уже объяснялось. Однако, вследствие этого он слит со светом хасадим, который он всё время черпает, подобно ведру из колодца, и тот не прекращается в нем никогда.

858) «"Шестое окно", Ход, "это окно, называемое "сияние", и в нем выходит одна звезда, называемая Гизрон (приговор), поскольку в час, когда она властвует, в мире стоит суд, с многочисленными приговорами и наказаниями", потому что это левая линия от хазе и ниже, как и Гвура, и они исходят от точки шурук, и от нее исходят сильные суды, как и в окне Гвуры. "И каждый день обновляются приговоры миру, и пока еще не успевают закончиться эти суды, как появляются новые суды, и эта звезда не очень властвует в мире"».

859) «"Однако, при наступлении дней Машиаха будет властвовать это окно вместе с этой звездой над миром. И поэтому будут властвовать над миром дикие звери, и снова возобновятся все виды зла, один за другим, и Исраэль будут в беде. И когда они будут угнетены мраком изгнания, тогда Творец начнет светить им светом дня", т.е. избавления, "и высшие святости примут Малхут, и освободится Малхут от руки народов, поклоняющихся звездам, и будут властвовать над ними Исраэль, и сбудется сказанное: "И будет свет луны, как свет солнца"[823]».

---

[823] Пророки, Йешаяу, 30:26. «И будет свет луны как свет солнца, и свет солнца станет семикратным, как свет семи дней, в день, когда Творец исцелит народ Свой от бедствия и рану его от удара излечит».

860) «"И тогда седьмое окно", и это исчезающая Малхут, называемая манула, "раскроется во всем мире", т.е. исчезнут в ней суды экрана первого сокращения. "И звезда его – это звезда Яакова, и это то, что сказал Билам: "Взошла звезда от Яакова"[824], и эта звезда будет светить сорок дней. И когда явится царь Машиах, соберутся к царю Машиаху все народы мира, тогда сбудется сказанное: "К корню Ишая, который станет знамением для народов, к нему обратятся народы, и мир будет славою его"[825]».

---

[824] Тора, Бемидбар, 24:17. «Вижу его, но не сейчас, всматриваюсь в него, но не близко: взошла звезда от Яакова и вознесся скипетр от Исраэля, и сокрушит он пределы Моава, и разгромит всех сынов Шета».

[825] Пророки, Йешаяу, 11:10. «И будет в тот день: к корню Ишая, который станет знамением для народов, к нему обратятся народы, и мир будет славою его».

ГЛАВА ТРУМА

Три ночные стражи

861) «Провозгласил рабби Шимон и сказал: "Где Творец (Элоа אלוה), создающий меня, дающий воспевания в ночи?!"[826] Мы это изречение объясняли и учили. Однако" говорит: "Создающие (осáй עֹשָׂי)"» – «син שׂ» с огласовкой камац, т.е. во множественном числе, «"но следовало написать: "Создающий (осú עֹשִׂי)"» – «син שׂ» с огласовкой хирик, в единственном числе. «"Кто это "создающие"?", во множественном числе. И отвечает: "Однако, имя (Творца) Элоа (אלוה) является составным, указывающим, что это "Он", Зеир Анпин, "и "дом суда Его"", Малхут, – "это полное имя, включающее захара и нукву", буквы "Эль (אל)" "вав-хэй וה". "И поэтому" написано: "Создающие (осáй עֹשָׂי)"» – «син שׂ» с огласовкой камац, множественное число, потому что это имя содержит две ступени.

862) «"Дающий воспевания в ночи"[826]». Почему «в ночи»? «"Потому что"» Малхут, называемая «ночь», – «"она всегда благословляет Царя, которому принадлежит мир (шалом)", Зеир Анпина. "Подобно свече, которая никогда не успокаивается", но (пламя ее) раскачивается из стороны в сторону, так же и Малхут восславляет всегда для того, "чтобы получить свет высшей радости" Зеир Анпина, "от огромной радости его", пробуждающейся благодаря возносимым ею прославлениям. "И поэтому" говорит: "Дающий воспевания в ночи"[826]».

863) «"Все эти звезды, светящие на небосводе, все они благодарят и восславляют Творца всё то время, когда они видны на небосводе, поскольку высшие ангелы", поставленные над звездами, – "все они благодарят и восславляют, стража за стражей, в трех частях, на которые ночь делится между ними"».

864) «"Ночью разделяются несколько сторон. В начале ночи, когда смеркается ночь и наступает тьма, все злые духи и злая нечисть, все они рассеиваются и бродят по всему миру, и отделяется другая сторона, и требует пути Царя от всех этих сторон святости"».

---

[826] Писания, Иов, 35:9-10. «От многих насилий стонут (люди), вопиют от руки сильных, но не скажут: "Где Творец, создающий меня, дающий воспевания в ночи».

Объяснение. «День» – это власть Зеир Анпина, т.е. правая линия и свет хасадим. И тогда ситра ахра, относящаяся к свойству судов нуквы, – в нукве великой бездны, и питается жизненными силами от святости. «Ночь» – это власть Малхут, т.е. левая линия и свечение Хохмы. И тогда ситра ахра, относящаяся к этим судам нуквы, отделяется от святости, – ибо благодаря свечению Хохмы устраняются суды нуквы, в которых ситра ахра удерживается из-за отсутствия святости, – и питается от него. И это означает сказанное: «Когда смеркается ночь и наступает тьма», – т.е. когда выходит левая линия во власти нуквы, и свет ее меркнет, поскольку из-за недостатка хасадим не может светить также и Хохма, и наступает тьма. Тогда «все злые духи и злая нечисть, все они рассеиваются и бродят по всему миру», т.е. выходят из нуквы великой бездны, поскольку уже установились суды нуквы вследствие власти левой линии, т.е. свечения Хохмы, властвующего во тьме. И нет у них там больше, чем питаться, поэтому они выходят оттуда и рассеиваются по всему миру, «и отделяется другая сторона», и больше не питается, как мы уже сказали, «и требует пути Царя от всех этих сторон святости», т.е. чтобы им притягивать от свечения левой, которая властвует, и эта власть называется путями Царя, «от всех сторон святости», – т.е. от всех ангелов.

865) «"Когда пробудилась ситра ахра, все жители мира ощущают вкус смерти", т.е. нападает на них спячка, и это "одну шестидесятую смерти, и" ситра ахра, "властвует над ними. Тогда, после того, как нечистота отделилась от высшего и опустилась, и властвует внизу, тогда отделяются три стана ангелов, чтобы восславлять Творца в трех сторонах этой ночи, как объясняли это товарищи"».

866) «"В то время, когда они восславляют Творца, уходит ситра ахра и бродит внизу во всех сторонах мира, и пока ситра ахра не уйдет оттуда, ангелы не могут соединиться со своим Господином"».

867) «"Это тайна для мудрых. Высшие ангелы наверху, а также Исраэль внизу, все они теснят эту ситру ахра. Высшие ангелы, когда стремятся соединиться со своим Господином, они не могут этого сделать, пока не вытеснят ее", ситру ахра, "наружу. Что они делают? Опускаются шестьдесят рибо (десятков тысяч) святых ангелов, и нагоняют сон на всех жителей мира.

Когда опустилась" ситра ахра, "после того, как вытеснили ее наружу, и отдают ей весь этот охваченный сном мир, тогда" ситра ахра "властвует над ними", над людьми, "и они получают нечистоту от нее. Кроме одной земли Исраэля, где ситра ахра не властвует. После того, как ситра ахра отделилась от них, предстают эти ангелы пред Господином своим, и возносят прославления и благодарения пред Ним"».

Пояснение сказанного. Уже выяснилось, что в начале ночи, когда левая линия начинает властвовать, отделяется ситра ахра от судов нуквы святости, и удерживается среди ангелов, чтобы они притягивали к себе свечение левой линии, и есть у ситры ахра сила требовать это от ангелов, поскольку это – пути Царя, ведь Творец дал силу власти левой линии. И вот, вследствие этого удержания (ситры ахра), ангелы не могут произнести воспевание и слиться с Господином своим, ибо воспевание ангелов может происходить лишь в левой линии, которая включена в правую, в свойстве трех линий. И это означает сказанное: «И пока ситра ахра не уйдет оттуда, ангелы не могут соединиться со своим Господином», ибо из-за удержания ситры ахра, которая утверждает, что власть левой линии – это пути Царя, не могут ангелы отделиться от власти левой линии, и слиться с тремя линиями, и произнести воспевание, и соединиться с Господином своим. И смысл сказанного: «Что они делают? Опускаются шестьдесят рибо (десятков тысяч) святых ангелов, и нагоняют сон на всех жителей мира» – т.е. притягивают суды ГАР Хохмы, и поскольку ей недостает хасадим, они приводят жителей мира к исчезновению всех мохин, называемому сном. «И тогда ощущают вкус одной шестидесятой доли смерти»,[827] «тогда она властвует над ними, и они получают нечистоту от нее», – тогда властвует ситра ахра над этими спящими, и она вновь прилепляется к судам нуквы, называемым смерть, которые раскрываются вместе со сном. И это означает сказанное: «После того, как нечистота отделилась от высшего и опустилась, и властвует внизу, тогда отделяются три стана ангелов, чтобы восславлять Творца в трех сторонах этой ночи», – т.е. ангелы прилепляются к трем линиям, в которых Хохма и хасадим соединены вместе, и тогда они произносят воспевание во время всех трех ночных страж, представляющих собой три линии.[827]

---

[827] См. Зоар, главу Ваигаш, статью «Шестьдесят дыханий», пп. 34-39.

868) «"Подобно этому, Исраэль внизу не могут соединиться с Господином своим, пока не отталкивают от себя ситру ахра, и не отдают ей ее долю, чтобы занималась ею", называемую козлом для Азазеля,[828] "а затем они приближаются к Господину своему, и нет обвинителя ни вверху, ни внизу"».[829]

869) «"И если скажешь, что такое может быть внизу", у людей, "однако наверху", у ангелов, "какое там может быть обвинение?" – вследствие которого они будут вынуждены вытеснить ситру ахра вниз, как мы уже объясняли. И отвечает: "Однако наверху это происходит потому, что эта ситра ахра является духом нечистоты, а они", ангелы, "являются духом святости, и поэтому, пока они не прогонят от себя ситру ахра, они не могут приблизиться к Господину своему, ибо святость никогда не смешивается с нечистотой. И подобно этому, также Исраэль внизу не смешиваются с народами мира, поклоняющимися звездам и созвездиям. И обе стороны: высшие" – ангелы, "и нижние" – Исраэль, "когда желают приблизиться к Царю, вытесняют ситру ахра наружу"».

870) «"И поэтому, когда наступает ночь, и когда высшие святые ангелы выстраиваются ряд за рядом, чтобы приблизиться к Господину своему, они сначала вытесняют ситру ахра наружу, а затем приходят к святости"».

871) Как «"у царя, который хранил драгоценные камни в одном закрытом ларце, в своей крепостной башне. Этот царь был мудрым. И чтобы каждый, кто желал, не мог приблизиться к этому ларцу с драгоценными камнями и жемчужинами, положенными в него, взял он в мудрости своей одного могучего змея и привязал его рядом с ларцом. И на каждого, кто протягивал свою руку к ларцу, этот змей накидывался и убивал его"».

872) «"У царя был один любимец, сказал ему царь: "В любой момент, когда ты пожелаешь войти и воспользоваться ларцом, сделай то-то и то-то этому змею, и открой ларец и пользуйся моими сокровищами". Также и Творец привязал змея рядом со святостью", т.е. ситру ахра, приближающуюся к ангелам во

---

[828] Тора, Ваикра, 16:10. «А козла, на которого выпал жребий для Азазеля, пусть оставит живым пред Творцом, чтобы совершить через него искупление, отправив его к Азазелю, в пустыню».

[829] См. Зоар, главу Ноах, п. 105. «Так же и в День искупления, когда этот змей зла занят козлом отпущения...»

время власти свечения левой в начале ночи, "и являются высшие ангелы, чтобы приблизиться к святости, но видят там змея, и боятся быть оскверненными им"». И поэтому они нагоняют сон на людей, и тогда опускается ситра ахра вниз, отделившись от них, и ангелы могут подойти к святости и вознести песнь.

873) «"Смотри, сказано: "Делает Он ветры посланниками Своими, служителями Своими – огонь пылающий"[830]. "Делает Он ветры посланниками Своими"[830] – это ангелы, стоящие вовне. "Служителями Своими – огонь пылающий"[830] – это ангелы, стоящие внутри". Таким образом, ситра ахра – это дух (руах) нечистоты, и ангелы, произносящие благословения ночью, являющиеся внешними ангелами,[831] – "это дух (руах), и один дух не входит в другой. Дух нечистоты и дух святости не смешиваются между собой. И поэтому те, которые называются "дух (руах)", являющиеся внешними ангелами, "не могут войти внутрь из-за этого духа (руах) нечистоты". И они вытесняют ее вниз, как мы объясняли. "А те ангелы, которые находятся внутри, и они – огонь, этот огонь отгоняет ту нечистоту, чтобы она не вошла внутрь. И поэтому все выталкивают эту нечистоту наружу, чтобы она не смешалась с ним. И поэтому высшие ангелы благословляют Творца только после того, как выталкивают эту нечистоту наружу"».

874) «"Три стражи есть ночью, соответствующие трем станам" ангелов, "которые делятся, чтобы возносить прославление Творцу. И поэтому Господин всех их – это "свеча Давида", т.е. Малхут, "которая никогда не успокаивается, а всегда благодарит и восславляет высшего Царя", Зеир Анпина, "и поэтому сказано: "Дающий воспевания в ночи"[826]».

875) «"Другое объяснение" на сказанное: "Но не скажут: "Где Творец, создающий меня (осáй עֹשָׂי)"[826]» – «син שׂ» с огласовкой камац, т.е. во множественном числе, «"как мы учили, потому что человек (адам) включает в себя высшее и низшее и создан из них. Так же, как тело состоит из двух сторон, из захара и нуквы, также и дух (руах) – дух человека состоит из захара и нуквы", т.е. из Зеир Анпина и Малхут, "и по этой причине сам человек устроен в начертаниях своих в теле (гуф) и

---

[830] Писания, Псалмы, 104:4. «Делает Он ветры посланниками Своими, служителями Своими – огонь пылающий».

[831] См. Зоар, главу Ваехи, п. 443. «И все эти воспевающие стоят вне дворца и возглашают песнь во время трех ночных страж...»

духе (руах), и поэтому он состоит из этого свойства и из этого действия", из захара и нуквы, как мы учили. Поэтому написано: "И сказал Всесильный: "Сделаем Адама в образе Нашем, по подобию Нашему"[832] – т.е. множественное число, указывающее на Зеир Анпин и Малхут. "И мы это уже учили"». И поэтому сказано: «Где Творец, создающий меня (осáй עשׂי)»[826], с «син שׂ», огласованной камац, что указывает на множественное число. То есть – это две ступени, Зеир Анпин и Малхут, которые действовали в Адаме.

876) «"Ночью", ты говоришь, что в начале ночи вся эта нечисть и злые духи пробуждаются в мире, – как такое может быть? Если так, мы же учили, что с северной стороны", т.е. левой, "выходят все эти виды нечисти, и мы учили, что когда пробуждается северный ветер в полночь, тогда ведь все эти духи зла и стороны зла собираются со всего мира и входят в проем великой бездны. В таком случае, почему в южной стороне, являющейся правой", и свойством Хесед, "бродит эта злая нечисть в начале ночи, когда властвует южный ветер?"» Должно было быть наоборот: в начале ночи, когда властвует южный ветер, нечистые силы (ситра ахра) должны были уйти из мира, а в полночь, когда властвует северный ветер, должны были вернуться и властвовать в мире.

877) И отвечает: «"Однако, несомненно, что если бы не южная сторона, которая препятствует ситре ахра и отталкивает ее", ситра ахра "осквернила бы весь мир, и мир не мог бы этого выдержать. Но когда пробуждается ситра ахра", чтобы властвовать в мире, "она пробуждается только в стороне западного ветра", т.е. Малхут, "которая властвует в начале ночи, и она собирает весь мир, и поэтому Творец предваряет исцеление мира" с помощью сна, "как мы изучали. Счастливы Исраэль в этом мире и в будущем мире, ибо Творец избрал их из всех остальных народов мира"».

Объяснение. Каждая ночь, от начала и до конца ее, находится под властью западной стороны, Малхут, и потому это – тьма. Однако сам западный ветер (руах) делится на три линии: юг-север, правая и левая линии, до полуночи, и восток, т.е.

---

[832] Тора, Берешит, 1:26. «И сказал Всесильный: "Сделаем Адама в образе Нашем, по подобию Нашему! И властвовать будут они над рыбой морской и над птицей небесной, и над скотом, и над всею землей, и над всем ползучим, что ползает по земле"».

средняя линия, от полуночи и далее. И поэтому даже южная сторона в нем – это тьма без хасадим, и властвует в нем ситра ахра, поскольку это – южная сторона в западной. А что касается северного ветра, пробуждающегося в полночь, это потому, что тогда пробуждаются хасадим в средней линии, и свечение Хохмы, имеющееся в северном ветре, облачается в него и пробуждается, чтобы светить, и считается это, что северный ветер пробудился. Однако до наступления полуночи северный ветер – это тьма без всякого света.[833]

878) «Вошли рабби Эльазар и рабби Аба в дом. Когда разделилась ночь, встали они, чтобы заниматься Торой. Сказал рабби Аба: "Теперь, безусловно, время благоволения Творца. Ведь мы много раз объясняли, что в час, когда разделяется ночь, входит Творец вместе с праведниками в Эденский сад и радуется с ними. Счастлив тот, кто занимается Торой в эту пору"».

879) «Сказал рабби Эльазар: "То, что Творец радуется с праведниками, – как Он радуется?" И отвечает: "Но в тот момент, когда ночь разделяется, пробуждается Творец из-за любви левой (стороны) к Кнессет Исраэль", Малхут, "потому что любовь приходит только от левой стороны". То есть Он облачает Хохму левой линии в хасадим средней линии, и довершается Хохма.[833] А у Кнессет Исраэль нет приношения, чтобы принести его в жертву Царю, и нет ничего значительного и прекрасного, и только этот дух (руах) праведников, когда видит их Творец облаченными в многочисленные добрые деяния и многочисленные заслуги, приобретенные ими в этот день, и они – желанны Творцу более всех жертвоприношений и всесожжений, ибо Творец обоняет в них приятное благоухание, приносимое Исраэлем"».

880) «"Тогда засветил свет", т.е. засветил свет Хохмы, после того, как облачился в хасадим средней линии,[833] "и тогда все деревья в Эденском саду возносят песнь, и праведники украшаются там блаженством будущего мира", т.е. свечением Хохмы, называемым блаженством (эден). "И когда человек пробуждается" ото сна "в этот час, чтобы заниматься Торой, он обретает свою долю вместе с праведниками, пребывающими в Эденском саду. Единое имя, начертанное тридцатью двумя буквами", и

---

[833] См. Зоар, главу Ваехи, п. 442, со слов: «Три стражи – это три линии, исходящие от трех точек холам-шурук-хирик...»

это тридцать два пути Хохмы, "украшается там праведниками. И это – в тайне праведников"».

Объяснение. Тридцать два пути Хохмы – это двадцать две буквы Зеир Анпина и десять сфирот Бины. Они указывают на источник Хохмы, нисходящей в Малхут, что он – от Зеир Анпина, поднявшегося в МАН в две линии Бины, и согласовавшего их вместе. И тогда три выходят благодаря одному и благодаря этому три пребывают в одном, в Зеир Анпине,[834] а Зеир Анпин передает Малхут.

---

[834] См. Зоар, главу Берешит, часть 1, п. 363. «Трое выходят благодаря одному, один находится в трех, входит между двумя, двое питают одного, и один питает многие стороны ...»

ГЛАВА ТРУМА

Возблагодарю Творца всем сердцем

881) «Провозгласил рабби Эльазар и сказал: "Восславляйте Творца (алелуйа הַלְלוּיָהּ), возблагодарю Творца всем сердцем"[835]. "Восславляйте Творца (алелу йа יה הללו)"[835] – это прославление превосходит все песнопения и прославления, произнесенные Давидом, в десяти видах благословений, которые он произнес, поскольку включает и имя Творца "йуд-хэй (йа יה)" и прославление "алелу (הללו) вместе. И оно является общностью высшего святого имени"» АВАЯ (הויה), ибо имя «йуд-хэй יה» – это общность имени АВАЯ (הויה).

882) «"Возблагодарю Творца всем сердцем"[835] – в любом месте, где царь Давид произносит псалмы в алфавитном порядке", т.е. поставил начальные буквы отрывков в алфавитном порядке, "это начертанные буквы, выходящие при начертании тридцати двух тропинок", т.е. тридцати двух путей Хохмы. "И есть высшие буквы, относящиеся к высшему миру", Бине, "а есть другие буквы, малые", относящиеся к Малхут. "И здесь – алфавитный порядок букв нижнего мира"», Малхут.

883) «"Возблагодарю Творца всем сердцем (досл. всеми сердцами)"[835] – т.е. в добром начале и в злом начале, которые пребывают в нем. Ибо за всё надо благодарить Творца в добром начале и в злом начале, потому что со стороны доброго начала к человеку приходит благо, и надо вознести Творцу благословение: "Добрый и творящий добро"[836]. А со стороны злого начала приходят обвинения на человека, и надо благодарить Творца за всё, приходящее к человеку и с той и с другой стороны"».

884) «"В совете (досл. в тайне) праведных и общины"[835]. "В тайне праведных"[835] – т.е. среди тех, которые знают тайну Творца. Ибо они знают все тайны Творца, что они – тайна Его" в общем виде. "Об этом говорит: "В тайне праведных"[835]. "И общины"[835] – это Исраэль, когда составляют собрание десяти, чтобы возблагодарить Творца. И поэтому надо благодарить Творца за хорошее и за плохое, и возвещать это перед всеми. И если скажешь, что Творец знает (об этом), – зачем нужно

---

[835] Писания, Псалмы, 111:1. «Алелуйа. Возблагодарю Творца всем сердцем в совете праведных и общины».
[836] «Благословен Ты, Творец Всесильный наш, Царь мира, добрый и творящий добро».

возвещать? Но этим", что возвещает, "Творец возвеличивается в мире, и" поэтому нужно "возвестить о чуде. И поэтому сказано о Творце: "И Я возвеличусь и освящусь"[837]».

---

[837] Пророки, Йехезкель, 38:23. «И Я возвеличусь и освящусь, и появлюсь пред глазами народов многих, и узнают, что Я – Творец».

ГЛАВА ТРУМА

Всякая душа восхвалит Творца

885) «Рабби Йегуда провозгласил и сказал: "Всякая душа восхвалит Творца"[838]. Мы учили, что все души исходят от этого тела (гуф) святости", от Малхут, являющейся телом (гуф) Зеир Анпина, "и пребывают в людях". Спрашивает: "Из какого места (они исходят)?" – т.е. из какого свойства? И отвечает: "Из того места, которое называется "рука (яд)", т.е. Малхут. И спрашивает: "Каково свойство этого места?" Сказал рабби Йегуда: "То, что написано: "Как многочисленны дела Твои, Творец! Все их мудростью сотворил Ты"[839]. Мы учили, что от этой мудрости, истоки которой выходят, распределяясь по тридцати двум путям,[840] довершилось всё, и всё, что есть наверху и внизу", – т.е. Малхут, и в ней единственной раскрывается эта Хохма, а не на какой иной ступени.[841] "И она называется духом святости, потому что любой дух довершается в ней"».

886) «Сказал рабби Ицхак: "В день, когда рабби Шимон истолковывал это речение, глаза его наполнялись слезами (досл. источали воду). И он говорил: "Все сокровища высшего Царя отданы под один ключ", – т.е. Есод. "И открываются они владельцем сокровищницы форм", т.е. Есодом, мужем Малхут, зовущейся сокровищницей форм, – "высших начертаний"». И это высшие таинства, раскрывающиеся Есодом в Малхут, в которой (находится) место раскрытия.

887) «"Но мы так учили. Кто может включиться и постичь скрытое в этом источнике?" – Есоде. "Ведь Моше не постиг его в дни свои, когда он раскрыл глубочайшие тайны Исраэлю", т.е. пятидесятые врата, "хотя им было раскрыто всё. Но (постиг) лишь в тот час, когда Творец захотел вознести его в высшее святое собрание, и скрыть его от людей. Как сказано: "Сто двадцать лет мне сегодня"[842]. Именно "сегодня"[842] – в день кончины его, "ибо в этот день восполнились дни его, для того

---

[838] Писания, Псалмы, 150:6. «Всякая душа восхвалит Творца. Алелуйа!»
[839] Писания, Псалмы, 104:24. «Как многочисленны дела Твои, Творец! Все их мудростью сотворил Ты, полна земля созданиями Твоими».
[840] См. выше, п. 880.
[841] См. Зоар, главу Берешит, часть 1, п. 340, со слов: «И, кроме того, так же как высшая Хохма...»
[842] Тора, Дварим, 31:1-2. «И пошел Моше, и говорил эти речи всему Исраэлю. И сказал он им: "Сто двадцать лет мне сегодня, не могу более выходить и входить, ибо Творец сказал мне: "Не перейдешь через этот Ярден"».

чтобы приблизиться к этому месту", пятидесятым вратам. "Как сказано: "Вот приблизились дни твои"[843], – именно приблизились"», т.е. приблизились к пятидесятым вратам.

---

[843] Тора, Дварим, 31:14. «И сказал Творец Моше: "Вот приблизились дни твои к смерти. Призови Йеошуа, и станьте в Шатре собрания, и Я дам ему наказ". И пошел Моше с Йеошуа, и стали они в Шатре собрания».

ГЛАВА ТРУМА

Моше не умер

888) «"Мы учили: "Сказал рабби Шимон: "Моше не умер". И если скажешь: ведь написано: "И умер там Моше"[844]. И также в любом месте в отношении праведников называется смертью, что означает смерть? С нашей стороны это называется так", однако со стороны высших, наоборот, добавляется ему жизнь. "Мы учили, сказал рабби Шимон и также учил, что тот, кто пребывает в совершенстве, и святая вера связана с ним, – смерть не связана с ним, и он не умирает. Как было с Яаковом, который достиг полной веры"», и поэтому Яаков не умер.

889) «"И сказал рабби Шимон: "Впредь же не будешь ты зваться Яаков, но Исраэль будет имя твое. И нарек ему имя Исраэль"[845]. Что такое Исраэль? – Это совершенство всего", т.е. отсутствие смерти. "Как сказано: "А ты не бойся, раб мой Яаков, и не страшись, Исраэль. Ибо вот, спасу Я тебя издалека, и потомство твое – из страны пленения их"[846]».

890) «Сказал рабби Йегуда: "Отсюда" следует, что Яаков не умер, "как сказано: "Ибо с тобою Я"[847]. "Я"[847] именно так", что указывает на Малхут, называемую Я. "Счастлив удел того, кому сказал такое Господин его. Не сказано: "Ибо со Мной ты", что означало бы, что он слит с Творцом наверху, но не на его месте, внизу, "а сказано: "Ибо с тобою Я"[847], и это что указывает, "что Господин его является, чтобы соединиться с ним и поселиться с ним"».

891) «Сказал рабби Шимон: "Хорошо сказал рабби Аба" на то, что написано: "И возвратится Яаков, и будет спокоен и безмятежен, и не будет страшиться"[846]. "И возвратится Яаков"[846]

---

[844] Тора, Дварим, 34:5. «И умер там Моше, раб Творца, на земле Моава, по слову Творца».

[845] Тора, Берешит, 35:10. «И сказал ему Всесильный: "Имя твое Яаков, впредь не будешь ты зваться Яаков, но Исраэль будет имя твое". И нарек ему имя Исраэль».

[846] Пророки, Йермияу, 30:10. «И ты не бойся, раб Мой Яаков, – сказал Творец, – и не страшись, Исраэль. Ибо вот, спасу Я тебя издалека и потомство твое – из страны пленения их. И возвратится Яаков, и будет спокоен и безмятежен, и не будет страшиться».

[847] Пророки, Йермияу, 30:11 «Ибо Я с тобою, – сказал Творец, – чтобы спасать тебя; ибо Я совершенно истреблю все народы, среди которых рассеял тебя, а тебя Я не уничтожу, накажу Я тебя по справедливости, но окончательно не уничтожу Я тебя».

означает – "возвратится к тому, чтобы называться иным именем, как сказано: "Впредь не будешь ты зваться Яаков, но Исраэль"[845]».

892) «Другое объяснение. "И возвратится Яаков"[846] означает: "И возвратится Яаков в то место, откуда он был взят". "И будет спокоен"[846] – в этом мире, "и безмятежен"[846] – в будущем мире, "и не будет страшиться"[846] – ангела смерти. Это означает, что всё было в нем". Значит, Яаков не умер. "Сказал рабби Ицхак: "Товарищи объясняли сказанное: "И потомство твое – из страны пленения их"[846], – так же, как живо потомство его, так же и он жив"». Значит, Яаков не умер.

893) «"А средний засов, внутри брусьев, проходит от края до края"[848]. Рабби Йегуда провозгласил: "Благо тебе, земля, чей царь свободен и чьи сановники едят вовремя"[849]. Также сказано: "Горе тебе, земля, чей царь – отрок, и где сановники трапезничают спозаранку"[850] – горе миру, в котором люди невнимательны к работе Господина их, ибо Господин их следит за тем, чтобы доставить им благо, предоставив им речения Торы, а они невнимательны к ним"».

---

[848] Тора, Шмот, 26:28. «А средний засов, внутри брусьев, проходит от края до края».
[849] Писания, Коэлет, 10:17. «Благо тебе, земля, чей царь свободен и чьи сановники едят вовремя для укрепления сил, а не для опьянения».
[850] Писания, Коэлет, 10:16. «Горе тебе, земля, чей царь – отрок, и где сановники трапезничают спозаранку».

ГЛАВА ТРУМА

Обрезание, выкуп и женитьба

894) «"Как мы учили, что три вещи человек должен сделать сыну своему: обрезание, выкуп и женить его. И всё это сделал Творец Исраэлю. Обрезание, как сказано: "И опять обрежь сынов Исраэля, во второй раз"[851], и сказано также: "На восьмой день будет обрезан у вас каждый мальчик"[852]. Выкуп, как сказано: "И освободил тебя из дома рабства – из-под власти Фараона, царя египетского"[853]. Женить его, как сказано: "Мужчиной и женщиной сотворил Он их"[854], и сказано: "И благословил их Всесильный, и сказал им Всесильный: "Плодитесь и размножайтесь"[855]. И еще, что носил Он их, как орел, носящий на крыльях своих птенцов. Как сказано: "И носил Я вас на крыльях орлиных"[856]».

895) «Сказал рабби Йоси: "Все это правильно, однако Тора, которую Он вручил Исраэлю и обучал их, важнее всего. Смотри, нет большего прославления для человека в этом мире и мире будущем, чем прославление Торы, о которой сказано: "Мною цари царствуют"[857]».

896) «"Мы ведь учили, что когда поднялся рав Хона туда", в святую землю, "он увидел мудрецов, которые занимались этим

---

[851] Пророки, Йеошуа, 5:2. «В то время сказал Творец Йеошуа: "Сделай себе ножи кремневые и опять обрежь сынов Исраэля, во второй раз"».

[852] Тора, Берешит, 17:12. «На восьмой день будет обрезан у вас каждый мальчик во всех ваших поколениях – как рожденный в доме, так и купленный за деньги из иноплеменников, который не из твоего потомства».

[853] Тора, Дварим, 7:8. «Но из любви Творца к вам и ради соблюдения Им клятвы, которую Он дал вашим отцам, вывел Творец вас рукою мощною и освободил тебя из дома рабства – из-под власти Фараона, царя египетского».

[854] Тора, Берешит, 1:27. «И сотворил Всесильный человека в образе Его, в образе Всесильного сотворил Он его; мужчиной и женщиной сотворил Он их».

[855] Тора, Берешит, 1:28. «И благословил их Всесильный, и сказал им Всесильный: "Плодитесь и размножайтесь, и наполняйте землю, и овладейте ею, и владычествуйте над рыбами морскими и над птицами небесными, и над всяким животным, пресмыкающимся на земле"».

[856] Тора, Шмот, 19:4. «Вы видели, что Я сделал Египту, и носил Я вас на крыльях орлиных и принес вас к Себе».

[857] Писания, Притчи, 8:14-17. «У меня совет и мудрость; я разум, у меня сила. Мною цари царствуют, и повелители узаконивают правду. Мною начальствуют правители и вельможи – все судьи земли. Я люблю любящих меня, и ищущие меня найдут меня».

изречением, как написано: "И накажу Я за (поклонение) Бэлу в Вавилоне, и исторгну проглоченное им из пасти его, и не будут больше стекаться к нему народы"[858]. А рав Хона" стоял и "не смотрел на него, потому что не узнал его в начале, поскольку был мал. Пошел в дом учения (бейт-мидраш) и застал мудрецов, которые говорили об этом изречении", приведенном выше: "Нужно внимательно изучить его, если божеством и трепетом Невухаднэцара было имя Бэла"», и поэтому сказал: «И накажу Я за (поклонение) Бэлу»[858], «"то ведь написано о нем: "Пока последним не предстал предо мною Даниэль, названный Бельтшацаром по имени бога моего"[859], таким образом, его божество называется Бельтшацаром, а не Бэлом. "И еще, что значит: "И исторгну проглоченное им из пасти его"[858]?"»

897) «Встал рав Хона меж главными столпами и сказал: "Если бы я был на своем месте, я бы истолковал этот отрывок". Не взглянули на него. Встал во второй раз и сказал это. Подошел рабби Йодай бар Рав, и посадил его перед собой. Сказал ему: "Скажи, сын мой, скажи, потому что сказано о речениях Торы: "На главных шумных (местах) взывает она"[860]».

---

[858] Пророки, Йермияу, 51:44. «И накажу Я за (поклонение) Бэлу в Вавилоне, и исторгну проглоченное им из пасти его, и не будут больше стекаться к нему народы, и рухнет стена вавилонская».

[859] Писания, Даниэль, 4:5. «Пока последним не предстал предо мною Даниэль, названный Бельтшацаром по имени бога моего, и дух богов святых был в нем».

[860] Писания, Притчи, 1:21. «На главных шумных (местах) взывает она, при входах во врата, в городе говорит она речи свои».

ГЛАВА ТРУМА

До Яакова человек умирал без болезней

898) «Заговорил и сказал: "Мы так учили, что в прежние дни, прежде, чем явился Яаков, человек пребывал в спокойствии в своем доме", без всяких болезней. И когда приходило время" умереть, "он умирал без болезней. Когда явился Яаков, он обратился с просьбой к Творцу, сказав ему: "Владыка мира, может, было бы хорошо пред Тобой, если бы человек впадал в болезнь на два или три дня, а затем уже приобщался к народу своему", и смог бы "оставить завещание домашним своим, и совершить возвращение от грехов своих?" Ответил ему Творец: "Хорошо. А ты будешь символом миру", иначе говоря, что с тебя это начнется. "Смотри, что написано о нем: "И было, после этих событий, сказали Йосефу: "Вот, отец твой болен"[861]. "Болен (холе́ חלה)" написано"» без «вав ו», и это указывает на новизну, на то, «"чего не было у человека до этого"».

---

[861] Тора, Берешит, 48:1. «И было, после этих событий сказали Йосефу: "Вот, отец твой болен". И взял он с собой двух сыновей своих, Менаше и Эфраима».

ГЛАВА ТРУМА

До Хизкияу не было больного, который бы вылечился

899) «"После того, как (Яаков) умер, не было" в мире "человека, который не умер бы, заболев. Пока не явился Хизкияу, о котором что написано: "В те дни Хизкияу был смертельно болен"[862], и сказано: "И обратил Хизкияу лицо свое к стене, и молился Творцу"[863]. Обратился он к Творцу: "Разве не лучше было бы пред Тобой, если бы люди излечивались от своей болезни и возносили благодарность имени Твоему, чтобы осознали и совершили затем полное возвращение, и жители мира смогли бы стать достойными пред Тобой". Сказал ему Творец: "Замечательно. Ты будешь символом миру". Как сказано: "Писание Хизкияу, царя Иудеи, когда он был болен и выздоровел от болезни своей"[864]. И в этот день вернулось солнце на десять ступеней"» назад.

900) «"И мы учили, что Меродах Баладан[865] ел каждый день по четыре часа" в день, "и спал до девяти часов" в день. "И в тот день он тоже спал до девяти часов, и когда проснулся, увидел, что солнце находится в положении четыре часа" дня. "Удивился он: "Что это?! Чтобы уморить меня голодом, связали вы меня?" Спросили у него: "Почему?" Сказал: "Потому что спал я день с третью". Так как думал он, что уже четыре часа следующего дня, и получается, что он спал целый день, от четырех часов и далее, и третью часть второго дня, ибо было уже четыре часа второго дня. "Сказали ему: "Это не так, Творец (царя) Хизкияу сотворил в этот день два чуда: первое – Он излечил Хизкияу от болезни его, второе – вернул солнце к этому часу". Сказал: "Разве есть в мире великий бог, кроме моего бога?" Ответили ему: "Творец Хизкияу"».

---

[862] Пророки, Йешаяу, 38:1. «В те дни Хизкияу был смертельно болен, и пришел к нему Йешаяу, сын Амоца, пророк, и сказал ему: "Так сказал Творец: сделай завещание для дома твоего, ибо умираешь ты и жить не будешь"».

[863] Пророки, Йешаяу, 38:2. «И обратил Хизкияу лицо свое к стене, и молился Творцу».

[864] Пророки, Йешаяу, 38:9. «Писание Хизкияу, царя Иудеи, когда он был болен и выздоровел от болезни своей».

[865] Пророки, Йешаяу, 39:1. «В то время послал Меродах Баладан, сын Баладана, царь Вавилона, письма и подарок Хизкияу, ибо слышал он, что тот болен был и выздоровел».

901) «"Встал он тогда и написал письмо: "Мир Хизкияу, царю Иудеи, и мир Творцу его, и мир Йерушалаиму, городу святому!" Затем обдумал снова, встал со своего трона, сделал три шага и написал другое письмо: "Мир великому Творцу, пребывающему в Йерушалаиме, и мир Хизкияу, царю Иудеи, и мир Йерушалаиму, святому городу!" Сказал ему Творец: "Ты сделал три шага ради величия Моего. Обещаю тебе, что выйдут от тебя три царя-властителя и вельможи и правители, властвующие во всем мире, и первый из них — Невухаднэцар"».

902) «"Смотри, что сказал Даниэль Невухаднэцару: "Ты сам — голова из золота. А после тебя поднимется царство другое, ниже твоего, а иное, третье царство, — медное, — будет властвовать надо всей землей"[866]. Что написано: "Царь Невухаднэцар сделал золотого идола высотою в шестьдесят локтей, шириною в шесть локтей"[867]. Сказал Невухаднэцар: "У идола, которого я видел во сне, была золотая голова и чрево из серебра, я же сделаю его полностью золотым, и украшу его голову золотой короной"».

903) «"И мы учили, что собрал он в этот день все народы, народности и языки, чтобы служили они этому идолу, и, взяв сосуд из принадлежностей Храма, на котором было начертано святое имя, он вставил его в рот этому идолу. И тогда, в тот же час, этот идол начал вещать. Пока не пришел Даниэль и не приблизился к этому идолу, и не сказал: "Я посланник высшего Господина, я приказываю тебе уйти отсюда!" Назвал он святое имя, и этот сосуд вышел из уст идола, и тогда рухнул идол и разбился. То есть, как сказано: "И исторгну проглоченное им из пасти его, и не будут больше стекаться к нему народы"[858]. Встал рабби Йегуда и поцеловал его в голову", рава Хону. "Сказал: "Если бы я не приблизил тебя к товарищам здесь, не знали бы мы о тебе"».

---

[866] Писания, Даниэль, 2:37-39. «Ты, царь, — царь царей, тот, кому Творец небесный дал царство, мощь, силу и славу. И всюду, где живут люди, животные и птицы небесные, отдал Он их в твои руки, и поставил тебя властелином над ними. Ты сам — голова из золота. А после тебя поднимется царство другое, ниже твоего, а иное, третье царство, — медное, — будет властвовать надо всей землей».

[867] Писания, Даниэль, 3:1. «Царь Невухаднэцар сделал золотого идола высотою в шестьдесят локтей, шириною в шесть локтей; поставил его в долине Дура на земле вавилонской».

ГЛАВА ТРУМА

Благо тебе, земля, чей царь свободен

904) «"Мы учили: "Благо тебе, земля, чей царь свободен и чьи сановники едят вовремя"[868]. Рабби Йоси объяснил, что это изречение о Моше, в тот час, когда он вывел Исраэль из Египта и сделал их свободными. "И чьи сановники едят вовремя"[868] – как сказано: "И ешьте его поспешно – это жертва пасхальная Творцу"[869]».

905) «Сказал рабби Шимон бар Йохай: "Разве я не говорил, что речения царя Шломо, все они – внутри чертога Царя. И то, что вы сказали, это правильно, и призвано объяснить (это изречение). Однако это изречение – оно наверху, в высшем чертоге"», Малхут.

906) «"Мы учили: "Благо тебе, земля, чей царь свободен"[868]. Что такое земля? Это просто земля (без уточнения)", т.е. Малхут. "Как мы учили сказанное: "Бросил с небес на землю красу Исраэля"[870]. Эта земля находится внутри Кетеров святого Царя, т.е. сфирот, о котором сказано: "В день созидания Творцом Всесильным земли и неба"[871]», где «Всесильный (Элоким)» – это Бина, «небо» – Зеир Анпин, «земля» – Малхут. «И всё, чем эта земля питается и кормится, поступает из того места, которое называется "небо", потому что земля эта питается только святым совершенством, называемым "небо"».

907) «"И в час, когда Творец пожелал разрушить дом Свой внизу", т.е. Храм, "и нижнюю святую землю, Он перевел сначала (ее) к верхней святой земле", т.е. к Малхут, "и опустил ее со ступени, от которой она питалась, с небес святости", т.е. со ступени Зеир Анпина, "а затем разрушил ту, что внизу". Это означает: "Бросил с небес на землю"[870]. А затем: "И не вспомнил

---

[868] Писания, Коэлет, 10:17. «Благо тебе, земля, чей царь свободен и чьи сановники едят вовремя для укрепления сил, а не для опьянения».

[869] Тора, Шмот, 12:11. «Так ешьте его: чресла ваши препоясаны, обувь ваша на ногах ваших и посох ваш в руке вашей, и ешьте его поспешно – это жертва пасхальная Творцу».

[870] Писания, Мегилат Эйха, 2:1. «Как омрачил в своем гневе Творец дочь Циона, бросил с небес на землю красу Исраэля; и не вспомнил о подножии Своем в день гнева Своего».

[871] Тора, Берешит, 2:4. «Вот порождения неба и земли при сотворении их, в день созидания Творцом Всесильным земли и неба».

о подножии Своем"⁸⁷⁰, – т.е. о Храме и о святой земле внизу, что называется подножием Его. "И мы учили, что таковы пути Творца, когда Он желает судить мир. Вначале Он вершит суд наверху, а затем этот суд воплощается внизу. Как сказано: "Накажет Творец воинство небесное в вышине"⁸⁷² вначале, а затем: "И царей земных на земле"⁸⁷²».

908) «Сказал рабби Шимон: "Благо тебе, земля, чей царь свободен"⁸⁶⁸, т.е. Зеир Анпин, "питающий тебя всем изобилием, без боязни пред другим. И от этого высшего Царя питаются все. "И чьи сановники едят вовремя"⁸⁶⁸, – это как сказано: "В свое время рассказано будет Яакову и Исраэлю о том, что совершал Всесильный"⁸⁷³, т.е. предводителям. "Горе тебе, земля, чей царь – отрок"⁸⁷⁴, – это как сказано: "И поставлю юнцов (досл. отроков) предводителями их"⁸⁷⁵. Ибо горе стране, если она питается от левой (линии)", называемой отроком. "И где сановники трапезничают спозаранку"⁸⁷⁴, т.е. в этой тьме" левой (линии), "пока еще не светит и не властвует то, что властвует"», т.е. средняя линия, объединяющая правую и левую.

909) «"Мы учили, – сказал рабби Шимон, – "А средний засов, внутри брусьев, проходит от края до края"⁸⁷⁶, – это Яаков, достигший святости и совершенства, как написано: "А Яаков (стал) человеком непорочным, живущим в шатрах"⁸⁷⁷. "Живущим в шатре" не сказано, а "живущим в шатрах"⁸⁷⁷, что означает – в двух (шатрах), "так как он связан и с той, и с другой", т.е. с Малхут, которая выше хазе Зеир Анпина, называемой Лея, и с Малхут, которая ниже хазе Зеир Анпина, называемой Рахель. "Также и здесь написано: "А средний засов, внутри брусьев, проходит от края до края"⁸⁷⁶, так как он связан и с той,

---

⁸⁷² Пророки, Йешаяу, 24:21. «И будет в тот день: накажет Творец воинство небесное в вышине и царей земных на земле».

⁸⁷³ Тора, Бемидбар, 23:23. «Ибо нет гадания у Яакова и ворожбы у Исраэля; в свое время рассказано будет Яакову и Исраэлю о том, что совершал Всесильный».

⁸⁷⁴ Писания, Коэлет, 10:16. «Горе тебе, земля, чей царь – отрок, и где сановники трапезничают спозаранку».

⁸⁷⁵ Пророки, Йешаю, 3:4. «И поставлю юнцов предводителями их, и глумящиеся будут властвовать над ними».

⁸⁷⁶ Тора, Шмот, 26:28. «А средний засов, внутри брусьев, проходит от края до края».

⁸⁷⁷ Тора, Берешит, 25:27. «И выросли отроки, и стал Эсав человеком, сведущим в охоте, человеком поля; а Яаков – человеком непорочным, живущим в шатрах».

и с другой"», – с Леей и Рахелью, т.е. на всю величину ступени Зеир Анпина, от края до края.

910) «"Ведь мы учили, что такое "человек непорочный"[877]. Это, согласно таргуму, совершенный, так как он совершенен во всём, совершенен с двух сторон – святого Атика (Атика Кадиша) и Зеир Анпина", поскольку является средней линией, согласующей и завершающей две линии, правую и левую, в Бине, которая иногда называется Атика Кадиша, и две линии в Зеир Анпине. "Поскольку совершенен для высшего Хеседа и для высшей Гвуры", т.е. двух линий Бины, правой и левой, "и он довершает и одно и другое"», – и Бину и Зеир Анпин.

ГЛАВА ТРУМА

Соединился с мудростью на путях своих

911) «Сказал раби Шимон: "Вижу я, что Хохма – это общность всего. Высший Хесед" в Зеир Анпине, правая линия, "исходит от Хохмы. Гвура", сильный суд, "исходит от Бины. Яаков восполняет две стороны", так как он согласовывает между собой Хесед и Гвуру, объединяет их и восполняет. "И праотцы" Авраам и Ицхак, т.е. Хесед и Гвура Зеир Анпина, "это совокупность всего. А Яаков – общность праотцев"», ибо он включает в себя их обоих.

912) «"Мы учили: соединил Хохму на путях своих, и в руахе своем" – в своих ЗАТ, называемых руах, "собрал воды, и собрались воды в одно место" – т.е. он вернул свои нижние воды, Бину и ТУМ, которые упали от него в Бину, и собрал их на своей ступени. И с ними поднялась также Бина в Хохму, ибо Бина и ТУМ высшего поднимают с собой также и нижнего во время их возвращения к высшему.[878] "И открылись пятьдесят врат Бины", – т.е. вышли в ней сфирот КАХАБ ТУМ, каждая из которых включает десять, всего пятьдесят. "Из этих путей", т.е. тридцати двух путей, "вышли десять Кетеров", т.е. десять сфирот ГАР Хохмы, "со сверкающими Кетерами, и остались двадцать два пути", и это ЗАТ Хохмы, т.е. двадцать две буквы.

И поэтому, "когда ударил руах по этим путям", чтобы собрать воды в одно место, как мы уже сказали выше, "раскрылись пятьдесят врат Бины", т.е. ГАР Бины, "и раскрылись двадцать два", т.е. семь нижних сфирот, "в пятидесяти вратах йовель", в этих пятидесяти вратах Бины. Ибо так же, как тридцать два пути Хохмы поделились на десять в ГАР и двадцать два в ЗАТ, так же и Бина разделилась на пятьдесят врат Бины в ГАР и двадцать два в ЗАТ. И эти двадцать два, относящиеся к Бине, "украсились "аин-бет ע"ב (72)" буквами святого имени", светящего свечением Хохмы, "и они открылись для его свойства"». Однако в пятидесяти вратах Бины, т.е. в ГАР, светит имя «мем-бет מ"ב (42)», как выяснится в следующем пункте. И это

---
[878] См. «Предисловие книги Зоар», статью «Мать одалживает свои одежды дочери», п. 17, со слов: «И это означает: "Мать (има) одалживает свои одежды дочери и венчает ее своими украшениями" – т.е. во время выхода мохин гадлута...»

по причине, которая выяснилась выше, что имя «мем-бет מ״ב (42)» светит в ГАР, а имя «аин-бет ע״ב (72)» – в ЗАТ.[879]

913) «"И украсились двадцать два Кетера милосердия", т.е. ЗАТ, "включенные в Атик Йомин, светящий им, – каждому в его свойстве". И они светят укрытыми хасадим. И от них "украсились пятьдесят начертаний", т.е. пятьдесят врат Бины, "сорока двумя святыми буквами святого имени, которыми были созданы небо и земля"». И имя «мем-бет מ״ב (42)» светит в ГАР, а «аин-бет ע״ב (72)» – в ЗАТ, как было сказано в предыдущем пункте. «"И запечатлелись в их начертаниях восемь ворот, и это восемь букв свойства милосердия, как сказано: "Творец – Творец Сильный, Милосердный и Милостивый, Долготерпеливый, Великий в благодеянии и истине"[880] – т.е. восемь имен, "выходящих из Атика Кадиша", т.е. восемь исправлений дикны, выходящих из тринадцати исправлений дикны Арих Анпина, и представляющих собой ВАК дикны, "выходящие к Зеир Анпину и соединяющиеся этими святыми Кетерами, высшими Хохмой и Биной, когда они поднимаются", т.е. когда светят снизу вверх. И из этих восьми исправлений дикны и ХУБ (Хохмы и Бины) образовались ГАР Зеир Анпина. "И выходит высший Хесед с одной стороны", т.е. из Хохмы, "а суд Гвуры – с другой", из Бины, "и приходит заслуга Яакова", т.е. средняя линия, Тиферет, "и объединяет их" друг с другом, "ибо он – высшее совершенство"».

914) «"Мы учили, – сказал рабби Шимон, – что поэтому он называется Исраэль. И мы учили, что Яаков – это нижний", т.е. свойство от хазе Зеир Анпина и ниже, "Исраэль – высший", т.е. он от хазе Зеир Анпина и выше. "Яаков не является совершенством, Исраэль – совершенство всего. И также мы учили: "Речения Давида, сына Ишая"[881]. Давид не является совершенством, ибо он – последний", т.е. последняя сфира, Малхут, у

---

[879] См. выше, п. 111.
[880] Тора, Шмот, 34:6-7. «И прошел Творец пред лицом его, и возгласил: "Творец – Творец Сильный, Милосердный и Милостивый, Долготерпеливый и великий милостью и истиной, Он хранит милость для тысяч, снимает вину и преступление и прегрешение, но без кары не оставляет; Он поминает вину отцов сыновьям и сынам сыновей до третьего и четвертого поколения"».
[881] Пророки, Шмуэль 2, 23:1. «И вот последующие (пророческие) слова Давида – речение Давида, сына Ишая, речение мужа, вознесенного высоко, помазанника Всесильного Яакова и благозвучного песнопениями Исраэля».

которой совершенство есть только в Есоде. "Ишай – это Есод, и это высший, т.е. совершенство. И это, как мы учили, что Исраэль не были изгнаны из земли своей, пока не отступились от Творца, и от Малхут дома Давидова", то есть от Есода и Малхут, "как сказано: "Нет нам доли у Давида"[882] – т.е. Малхут, "и нет удела нам у сына Ишая"[882] – т.е. Есода, "(отправляйтесь) каждый в шатры свои, Исраэль!"[882] Что значит "каждый в шатры свои (ле-охала́в לְאֹהָלָיו)"? То есть – каждый к божеству своему (ле-элока́в לְאֱלֹהָיו) – в то место, где идолопоклонство пребывает в них"».

915) «Сказал рабби Йегуда: "Когда Хохма начала образовывать начертания во всех Кетерах, с какого Кетера она начала?" И отвечает: "(С Кетера), который называется Бина, ибо в Бину включено всё", так как в ней началось раскрытие Хохмы, "и поэтому раскрылись в ней пятьдесят врат, и получается, что всё начертано Хохмой. Как сказано: "Все их мудростью (бе-хохма) сотворил Ты"[883]».

---

[882] Пророки, Шмуэль 2, 20:1. «И оказался там негодяй по имени Шева, сын Бихри, Биньяминянин, и затрубил он в шофар, и сказал: "Нет нам доли у Давида, и нет удела нам у сына Ишая, (отправляйтесь) каждый в шатры свои, Исраэль!"»

[883] Писания, Псалмы, 104:24. «Как многочисленны дела Твои, Творец! Все их мудростью сотворил Ты, полна земля созданиями Твоими».

ГЛАВА ТРУМА

Кто отмерил воды стопой своей

916) «"Мы изучали сказанное: "Кто отмерил воды стопой своей"[884]. Что такое "воды"? – Это Бина. Рабби Эльазар учил так: это Хесед. Сказал ему рабби Шимон: "Все они восходят к одному значению", ибо Хесед исходит от Бины. "И небеса пядью измерил"[884]. Что такое "небеса"? – Это Тиферет, как сказано: "Великолепие (тиферет) Исраэля". Поэтому сказано о нем: "Измерил"[884] – это значит, что установлено в определенном порядке для великолепия и красоты. "И вместил в меру прах земли"[884] – это Гвура", левая линия, которая прежде, чем включается в правую, не светит, и она – словно прах земной. "И взвесил весами горы"[884] – это остальные Кетеры, сфирот НЕХИ. "И холмы – на чашах весов"[884] – это остальные строения (меркавот), ниже них"», т.е. (строения) в Малхут и в БЕА.

917) «"Смотри, сказано: "Стопой своей"[884]. Что значит "стопой своей"?" И отвечает: "Это дух мудрости (хохма), ибо мы так учили – тропинка (из) запутанности в исправленном Апирионе"».

Объяснение. «Запутанность» – это все клипот. «Тропинка» – это Хохма, и в любом месте, где она светит, устраняется оттуда вся запутанность, т.е. клипот. «Апирион» – Малхут, называемая Апирион.[885] И говорит, что тропинка (из) запутанности, т.е. Хохма, установлена в Малхут, а не в другом месте. «Тропинка» означает – тропинка Хохмы, и так же здесь: «Кто измерил стопой своей»[884] означает – Хохма.

918) «"И небеса пядью измерил"[884]. Что такое "пядь"?" И отвечает: "Это пятьдесят врат" Бины, "которые раскрылись и распространились во все стороны", потому что пядь (зе́рет זֶרֶת) означает распространение (пизу́р פִּזּוּר). "И вместил в меру"[884]. Что значит мера (шали́ш שָׁלִישׁ)? – Это милосердие" т.е. средняя линия, Тиферет, включающая в себя три (шлоша́ שְׁלֹשָׁה) линии, "являющееся совершенством всего. "И взвесил весами горы"[884]. Что такое "весы"?" Сказал рабби Шимон: "Как сказано: "Весы

---

[884] Пророки, Йешаяу, 40:12. «Кто отмерил воды стопой своей, и небеса пядью измерил, и вместил в меру прах земли, и взвесил весами горы, и холмы – на чаше весов?!»
[885] См. выше, п. 20.

верные, гири верные"[886], и это – Нецах и Ход. "Добавил рабби Шимон: "Эти речения объяснил я в мере Создающего все"».

919) «Сказал рабби Эльазар: "Отсюда следует, что Яаков", свойство Тиферет, "произошел от сурового суда", т.е. от свойства Гвуры, противоположного ему, "потому что Ицхак", Гзура, "свойство сурового суда, был связан с уделом его". Сказал ему рабби Шимон: "И только это? Ведь Ицхак", Гвура, "произошел от Хеседа. И так во всем", на всех ступенях, "суд происходит от милосердия, а милосердие – от суда. Авраам обрел наследие Хесед, и произошел Ицхак в свойстве суд от этого Хеседа. Яаков вышел в свойстве милосердия из сурового суда", т.е. свойства Ицхака. "И так же – наверху", на ступенях Ацилута, выходит одно из другого и питается одно от другого", т.е. Гвура – от Хеседа, а Хесед – от Гвуры, "пока не познаётся, что всё это – едино, и от Единого зависят все они, и всё пребывает в единстве. Благословенно имя Его всегда, и во веки веков!"»

920) «Сказал рабби Эльазар: "Познаётся, что совершенство есть только лишь когда одно (свойство) содержит в себе от другого", милость (хесед) – от суда, а суд – от милости, "и одно", средняя линия, милосердие (рахамим), "содержит в себе два", т.е. соединяет вместе две линии – милость (хесед) и суд (дин), "чтобы довершить всё так же, как Яаков", средняя линия. "То есть, как сказано: "Проходит от края до края"[887]», – т.е. средний засов, означающий среднюю линию, проходит от края Хеседа до края сурового суда, и хотя они противоположны друг другу от края и до края, он проходит между ними и соединяет их друг с другом.

921) «"Мы учили, что это называется таким большим расстоянием", между милостью (хесед) и судом (дин), "лишь с нашей стороны. И с нашей стороны познается всё", как мы сказали выше. "Ибо в отношении того, что наверху, всё возлагается на те же весы, не меняется и не изменится, как сказано: "Я,

---

[886] Тора, Ваикра, 19:35-36. «Не совершайте несправедливости на суде, в измерении, в весе и в мере. Весы верные, гири верные, эйфа верная и ин верный пусть будут у вас. Я – Творец Всесильный ваш, который вывел вас из страны египетской».

[887] Тора, Шмот, 26:28. «А средний засов, внутри брусьев, проходит от края до края».

Творец (АВАЯ), не менялся"[888]. Сказал рабби Йегуда: "Все свечи светят от Единого", от Бесконечного, "и от Единого они зависят. И все свечи – это одно целое, и не надо разделять" между ними, "и тот, кто разделяет между ними, словно отделяется от Жизни мира"».

---

[888] Пророки, Малахи, 3:6. «Ибо Я, Творец, не менялся, и вы, сыновья Яакова, не исчезли».

ГЛАВА ТРУМА

Воссел на херувима и полетел

922) «Сказал рабби Ицхак: Написано: "И поставлю юнцов (досл. отроков) предводителями их, и глумящиеся будут властвовать над ними"[889]. То есть, как написано: "И сделай двух херувимов из золота"[890], и это Матат и Сандал, называемые отроками. "Написано: "Обитающий над херувимами"[891], и написано: "И воссел на херувима, и полетел"[892] – т.е. только на одном херувиме. И отвечает: "Обитающий над херувимами"[891] – когда Творец воцаряется, чтобы обитать среди них в совершенстве, и тогда написано: "Обитающий над херувимами"[891], – когда обитает над обоими "вместе. И когда Царь не царит и не восседает на престоле", т.е. когда нет слияния (зивуга) наверху, между ЗОН (Зеир Анпином и Нуквой), "написано: "И воссел на херувима"[892] – на одного, потому что Царь", Зеир Анпин, "не восседает на своем троне", Малхут, но "обитает над херувимами", то есть "двумя"».

---

[889] Пророки, Йешаяу, 3:4. «И поставлю юнцов предводителями их, и глумящиеся будут властвовать над ними».

[890] Тора, Шмот, 25:18. «И сделай двух херувимов из золота, чеканной работы сделай их с двух концов крышки».

[891] Пророки, Шмуэль 1, 4:4. «И народ послал в Шило, и принесли оттуда ковчег союза Творца воинств, обитающего (над) херувимами; а там при ковчеге союза Всесильного два сына Эйли: Хофни и Пинхас».

[892] Пророки, Шмуэль 2, 22:11. «И воссел на херувима, и полетел, и появился на крыльях ветра».

ГЛАВА ТРУМА

Крюки для столпов

923) «Сказал рабби Йоси: "Горе миру, когда один херувим отворачивает свой лик от другого". Это указывает на то, что нет слияния (зивуга) наверху, между правой и левой линиями. "Ведь написано: "А лики их обращены друг к другу"[893], – в час, когда есть мир в мире", это означает, что когда их лики не обращены друг к другу, нет мира в мире. "Сказал рабби Ицхак: "Мы учили: "Наготы отца твоего и наготы матери твоей не открывай"[894], – т.е. чтобы не грешил и чтобы не разделял слияния (зивуга) между ЗОН, ибо они – твои Аба ве-Има (досл. отец и мать). "Горе тому, кто откроет наготу их, другими словами, если привносит изъян в них"». И тогда нет необходимости изучать это из (сказанного): «А лики их обращены друг к другу»[893]. «"Подобно этому сказано о Яакове: "Проходит от края до края"[887], т.е. объединяет правую и левую линии вместе.[895] "Счастлив удел Исраэля, поскольку Творец прославляется в восхвалении их, подобно тому, как и наверху", в Тиферет (תִּפְאֶרֶת), "как написано: "Исраэль, в котором Я прославлюсь (этпаа́р אֶתְפָּאָר)"[896]».

924) «"Мы учили, – сказал рабби Ицхак, – что в прежние дни один человек говорил другому: "Поведай мне хотя бы одно речение Торы, и получишь сто динаров (досл. манэ́[897] денег)". Теперь же, когда один человек говорит другому: "Вот тебе сто динаров и занимайся Торой", то нет никого, кто бы обратил внимание, и нет никого, кто бы прислушался, кроме тех малочисленных праведников, которыми восславляем Творец, как сказано: "А народ Твой – все праведники, навсегда

---

[893] Тора, Шмот, 25:20. «И будут херувимы с простертыми вперед, приподнятыми крыльями. крылья их должны прикрывать крышку, а лики их будут обращены друг к другу и слегка склонены вниз, к крышке».

[894] Тора, Ваикра, 18:7. «Наготы отца твоего и наготы матери твоей не открывай; она мать твоя, не открывай наготы ее».

[895] См. выше, п. 908

[896] Пророки, Йешаяу, 49:3. «И сказал мне: "Ты раб Мой, Исраэль, в котором Я прославлюсь"».

[897] Манэ – древняя монета, которая приравнивалась по своей стоимости четырем золотым динарам, или двадцати пяти сэла, или ста зузам, или ста динарам. И также: «Есть у него манэ (100 динаров), желает двести».

унаследуют землю, ветвь насаждения Моего, дело рук Моих, чтобы прославиться"[898]».

925) «"Крюки для столпов и обручи их – из серебра"[899]. Сказал рабби Ицхак: "Крюки для столпов"[899]. Все те, кто объединяются от форм высших столпов", т.е. Нецах и Ход, "называются "крюки для столпов"[899], и все те, которые внизу, зависят от этих крюков. Что такое "крюки"? – Шесть внутри шести", потому что два крюка (вав וו) – это дважды шесть, когда шесть окончаний (ВАК) включены друг в друга, и есть в каждом из них шесть, и поэтому Нецах – это шесть, и Ход – это шесть. "И они соединяются и питаются (нишким) от центральной части", Тиферет, "стоящей над ними", потому что Тиферет стоит над Нецахом и Ходом. "Мы учили в Сифра де-цниута: крюки наверху" – в ХАГАТ, "крюки внизу" – в НЕХИ, "и все они равноценны"», т.е. нет здесь разделения.

---

[898] Пророки, Йешаяу, 60:21. «А народ Твой – все праведники, навсегда унаследуют землю, ветвь насаждения Моего, дело рук Моих, чтобы прославиться».

[899] Тора, Шмот, 38:10. «И столпов к нему двадцать, и их подножий двадцать из меди; крюки для столпов и обручи их – из серебра».

Сифра де-цниута
(книга сокровения)

Предисловие Сифра де-цниута

1) Спрашивает: «"Что представляет собой сокровение этой книги?" Сказал рабби Шимон: "Пять частей включены в большой чертог и наполняют всю землю". Сказал рабби Йегуда: "Если они включают" всю мудрость, то "они лучше всех", и не нужно учить более этого. "Сказал рабби Шимон: "Это так для того, кто входит" в эту мудрость "и выходит" из нее с миром, он видит здесь включение всей мудрости. "Однако для того, кто входит" в эту мудрость "и не выходит" из нее с миром, "это не так"».

И объяснение следующее. Входящий в чертог мудрости и выходящий из-за недостатка не считается вошедшим и вышедшим, так как не вышел по своей воле, а прогнали его оттуда из-за недостатка. Однако тот, у кого нет никакого недостатка, и он вышел оттуда по своему желанию и воле, как человек, входящий в свой дом и выходящий из него, считается домочадцем там, и Шхина открывает ему все свои блаженства и тайны, ничего не скрывая от него, – он считается входящим и выходящим.

2) «"Притча о человеке, обитавшем среди гор и не знавшем о жителях города. Он сеял пшеницу и питался зернами ее в их естественном виде. Однажды он пришел в город. Угостили его хорошим хлебом. Воскликнул этот человек: "Для чего это?" Отвечают ему: "Это хлеб для еды". Попробовал и ощутил вкус, очень приятный нёбу его. Воскликнул: "Из чего же это сделано?" Говорят ему: "Из пшеницы". Затем поднесли ему пирожки на заварном тесте. Отведал их, воскликнул: "А эти из чего сделаны?" "Из пшеницы" – отвечают ему. Затем поднесли ему яства царские из теста, замешанного на масле и меде. Спросил он: "А эти из чего сделаны?!" "Из пшеницы", – говорят ему. Сказал себе: "Конечно же, я обладаю всем этим, ведь я ем основу всего этого – пшеницу". Из-за этого мнения не научился он, как изготовлять все эти яства, и не узнал обо всех лакомствах мира, и стали они потеряны для него. Так же – и тот, кто связан с мудростью в общем виде и не знает всех изысканных наслаждений, выходящих из всего этого"».

Первая часть

3) «"Мы учили, что "Книга сокровения" – это книга, взвешивающая на весах"». Иначе говоря, книга, говорящая о весе светов на весах. И называется она книгой сокровения потому, что мудрость, содержащаяся в этих весах, светит таким образом снизу вверх, и это – путь сокровения, как сказано: «У смиренных же – мудрость»[1]. «"Потому что прежде, чем были весы, не были" правая и левая линии, т.е. захар и некева, "они обращены друг к другу лицом к лицу (паним бе-паним), и погибли первые цари, и не стало их оружия, и земля", Малхут, "бездействовала"».

Пояснение сказанного. Известно, что мир не мог существовать, пока не совместил Он меру милосердия с судом, и это значит, что Он поднял Малхут, меру суда, в Бину, меру милосердия, и обе были совмещены вместе, и тогда смог существовать мир. И благодаря этому подъему Малхут в Бину каждая ступень разбилась на две части: на Кетер и Хохму, которые остались на ступени, так как они находятся над Малхут, и на Бину и ТУМ, которые потерпели ущерб из-за поднявшейся Малхут и вышли со ступени. И так произошло на всех ступенях.[2] И в результате этого установился катнут на всех этих ступенях.

А во время гадлута происходит зивуг АБ-САГ де-АК, снова опускающий Малхут из Бины на ее место внизу, и очищаются три сфиры, Бина и ТУМ, от ущерба (из-за) суда в Малхут, и они снова поднимаются на свою ступень и становятся там свойством левой (линии) ступени, а Кетер и Хохма – свойством правой (линии). И тогда образовались две чаши весов, где Кетер и Хохма, являющиеся правой линией ступени, стали чашей заслуг, а Бина и ТУМ, ставшие левой линией ступени, стали чашей вины. И называются они чашей вины потому, что притяжение света левой линии сверху вниз является корнем всех видов вины.

Итак, выяснилось, что две чаши весов – это правая линия, называемая чашей заслуг, и левая линия, называемая чашей вины. А вес на весах устанавливается с помощью экрана де-хирик средней линии, уменьшающего левую линию до

---

[1] Писания, Притчи, 11:2. «Явится высокомерие – явится и посрамление; у смиренных же – мудрость».

[2] См. Зоар, главу Берешит, часть 1, п. 2, со слов: «Пояснение сказанного...»

состояния ВАК Хохмы, то есть, чтобы она светила только снизу вверх.[3] И поэтому экран точки хирик называется язычком весов, так как с его помощью уравниваются две чаши. Ведь прежде чем он уменьшил свечение Хохмы в левой линии до ВАК, свечение левой линии превышало свечение правой, и поэтому находилось в состоянии разногласия с ней, поскольку желало отменить ее. Но с помощью экрана точки хирик, который уменьшил ее до ВАК Хохмы, стал вес их обеих равным друг другу, и тогда обе они соединились и включились друг в друга.

И это означает сказанное: «Это – те, кто взвешивает на весах, захарим и некевот, которые возносят друг друга, и они называются "весы"»[4], так как захар – это правая линия, а нуква – левая линия, «Об этом сказано: "Если поднять их на весы"[5]»[4], – так как благодаря экрану де-хирик левая линия светит лишь в свойстве ВАК Хохмы, светящем только снизу вверх. «Все те, которые уравновешены друг с другом, и один не весит больше другого, поднимаются и соединяются вместе»[4], – то есть, как сказано выше, что экран де-хирик уравнивает две эти чаши так, чтобы их вес был равным, и вес левой не превышал вес правой, и тогда обе они соединяются.

И это то, что написано в Книге Ецира (создания). «Три праматери "алеф-мем-шин אמש"», и это три линии вода-огонь-ветер, «основа их – чаша заслуг и чаша прегрешений, и язычок весов – закон, согласующий их между собой"». То есть, как говорилось выше, что вода, являющаяся Кетером и Хохмой правой линии, – это чаша заслуг, а огонь, являющийся Биной и ТУМ левой линии, – это чаша прегрешений. И экран де-хирик средней линии – это язычок весов, сравнивающий вес их обоих, чтобы одна не была больше другой, и тогда они соединяются друг с другом, и обращены друг к другу паним бе-паним (лицом к лицу). Паним означает – отдача, когда они отдают друг другу, т.е. правая дает свойство хасадим левой, а левая дает свойство Хохмы правой.

---

[3] См. Зоар, главу Лех леха, п. 22, со слов: «Экран де-хирик, на который выходит средняя линия, происходит от свойства суда, имеющегося в Малхут...», а также со слов: «И поэтому не может здесь средняя линия согласовать и объединить две линии прежде, чем экран де-хирик сможет уменьшить левую линию до ВАК Хохмы...»

[4] См. Зоар, глава Пкудей, п. 683.

[5] Писания, Псалмы, 62:10. «Только суета – сыны человеческие, ложь – сыны людские, если поднять их на весы – ничто все они вместе».

И это означает сказанное им: «Потому что прежде, чем были весы», т.е. прежде, чем был экран де-хирик средней линии, взвешивающий правую и левую на весах так, чтобы одна не была больше другой, «не были они обращены друг к другу паним бе-паним (лицом к лицу)», т.е. не давали одна другой, потому что левая была больше правой, так как распространялась сверху вниз, и поэтому они находились в состоянии ахор бе-ахор (досл. спина к спине) друг к другу, и были в разногласии, и каждая поворачивалась обратной стороной к другой.

Поэтому «и погибли первые цари» – т.е. семь нижних сфирот (ЗАТ) мира Некудим, так как во время гадлута, когда произошел зивуг АБ-САГ де-АК и опустил в них снова Малхут из Бины на ее место внизу, и поднялись Бина и ТУМ снова на свою ступень и стали левой линией, и вышел в них свет Хохмы, и тогда Хохма стала светить сверху вниз, из мира Ацилут в миры БЕА, и тогда разбились келим и умерли.[6]

И это случилось потому, что «не стало их оружия, и земля бездействовала», потому что нет их оружия, поскольку Малхут, называемая землей, которая поднялась в Бину, и от нее их оружие, полностью отменилась вследствие свечения АБ-САГ, так как опустилась на свое место внизу. И полностью очистились келим Бины и ТУМ, и смогли передавать Хохму сверху вниз – т.е. не было уже того, кто бы вооружил их, чтобы они передавали Хохму только снизу вверх, и поэтому семь царей разбились и погибли.[6]

4) «"Пока рош, желание всех желаний", т.е. рош Нуквы Атика, называемый непознаваемым рош (РАДЛА), "не установил облачения величия и не передал"» их всем парцуфам Ацилута.

Объяснение. Для того, чтобы средняя линия смогла пробудить экран де-хирик в ней, и сравнять свечение двух линий, правой и левой, друг с другом, и они начали светить одна в другой, необходима помощь сверху. Ибо после того, как Малхут уже опустилась из Бины, и очистились три кли Бина и ТУМ, представляющие собой левую линию, от всех изъянов, – как в таком случае средняя линия может снова уменьшить левую

---

[6] См. «Введение в науку каббала», п. 90, и «Талмуд десяти сфирот», часть 7, п. 2, Ор пними. «Эти сигим (примеси) и эти мелахим (цари), их корень – имя БОН...»

линию с помощью своего экрана де-хирик, ведь это является состоянием возвращения Малхут в Бину?[7]

Поэтому непознаваемый рош (РАДЛА) установился так, чтобы Малхут никогда не опускалась из его Бины, и нет в нем никакой необходимости очищения левой линии. И поэтому он называется непознаваемым рош (РАДЛА), так как в нем не познается свечение Хохмы, и весь он является правой линией, свойством хасадим. И благодаря этому ослабляется также сила левой линии внизу, и средняя линия может уменьшить ее. И эти хасадим в непознаваемом рош (РАДЛА), которые притягиваются в среднюю линию и выходят с помощью экрана де-хирик в ней, называются облачениями величия. И с помощью средней линии, притягивающей их, облачается в них свечение Хохмы левой линии, и тогда она может светить.[8]

И это означает сказанное: «Пока рош, желание всех желаний, не установил», то есть, пока не установился так, чтобы Малхут никогда не опускалась из его Бины, и благодаря этому средняя линия притягивает от него облачения величия для Хохмы левой линии. «И не передал», т.е. пока он не передал эту силу парцуфам, находящимся под ним, – чтобы Малхут не выходила из Бины в свойстве ГАР каждой ступени.[9] И после того, как средняя линия получает помощь от РАДЛА, она может уменьшить левую линию посредством своего экрана де-хирик, чтобы та светила только снизу вверх, т.е. в свойстве ВАК Хохмы, и тогда вес правой линии равен левой, и обе они соединяются и обращены друг к другу паним бе-паним, как мы уже говорили.

5) «"Эти весы подвешены в месте, в котором не были", – т.е. в рош Атика, который устанавливается таким образом, чтобы Малхут никогда не опускалась из его Бины, и это является

---

[7] См. Зоар, главу Лех леха, п. 22, со слов: «Экран де-хирик, на который выходит средняя линия, происходит от свойства суда, имеющегося в Малхут, которое не подслащается милосердием Бины и называется "манула"...»

[8] См. «Предисловие книги Зоар», статью «"Кто создал их", по Элияу», п. 14, со слов: «И сказано, что пожелал раскрыться и назваться именем Элоким, – поскольку имя это уже восполнилось, так как ЭЛЕ уже поднялись в рош, но вместе с тем не светят вовсе...»

[9] См. «Предисловие книги Зоар», статью «Манула и мифтеха», п. 41, со слов: «И мы уже знаем, что Атик установился во втором сокращении, т.е. поднял нижнюю "хэй ה" в свои никвей эйнаим, чтобы создать парцуф Арих Анпин...»

исходной точкой (досл. корнем) этих весов. И так устанавливается в рош каждой ступени, как выяснилось в предыдущем пункте. И считается, что они подвешены там. "На них были взвешены те, у которых" оружия "не было", – т.е. семь царей, которые умерли из-за того, что не стало их оружия, исправились благодаря тому, что исходная точка этих весов связана с рош каждой ступени. Но сами "весы находятся в гуф", т.е. в средней линии, Тиферет, в которой действует суд экрана де-хирик. И этот суд "не соединяется" с этими весами "и не проявляется" в них, ведь если бы он проявлялся, то отменились бы даже ВАК Хохмы. Но он действует так, что уменьшает левую линию, несмотря на то, что она не проявляется в нем. "На них", этих весах "поднимаются" света левой линии снизу вверх, "и на них поднимаются те, которые не были, и были, и будут"».

Объяснение. Весы эти, подвешенные в рош каждой ступени, считаются подвешенными в месте, «в котором не были», потому что там нет места Малхут и суду ее, но она установилась там для того, чтобы исправить нижних, т.е. дать силу средней линии в гуф, как мы уже сказали. И весы, находящиеся в гуф каждой ступени, считаются, что были, так как в хазе Тиферет действует экран де-хирик. Весы, находящиеся в окончании ступени, т.е. в атаре (досл. венце) Есода, являющемся средней линией НЕХИ, считаются, что будут, так как суд экрана де-хирик раскрывается в атаре Есода лишь только после обрезания крайней плоти, и поэтому говорится о нем в будущем времени, т.е. они раскрываются в нем посредством исправления.

6) «"Скрытие внутри скрытия установилось и встречается в одной гульголет (досл. черепной коробке)", т.е. Кетере Арих Анпина, "наполненной хрустальной росой", т.е. скрытой Хохмой Арих Анпина. Таким образом, Хохма Арих Анпина, являющаяся первым скрытием, вышла и установилась в Кетере Арих Анпина, и это – второе скрытие. И таким образом дается возможность свечению первого рош, который называется РАДЛА, светить нижним.

"Воздушная перегородка", что между Гальгальтой и скрытой Хохмой, "очищается и перекрывает. Эти" сеарот рош (досл. волосы головы), которые называются "чистая шерсть", связаны с весами. Желание желаний раскрывается" в мецахе (досл. во лбу) Арих Анпина "благодаря молитвам нижних. Надзор открытого" глаза, "который никогда не дремлет и всегда настороже", установлен в эйнаим (глазах) Арих Анпина. "И надзор" парцуфов, находящихся "внизу", зависит "от этого высшего надзора" Арих Анпина. "И два отверстия выполняющего обязанности управляющего", т.е. хотема, "который пробуждает во всем дух жизни"».

Объяснение. После выяснения того, что весы подвешены в рош Атика, называемом РАДЛА, где находится корень, а основа, на которой стоят весы, находится в гуф Атика, как сказано: «Весы находятся в гуф»[10], он продолжает выяснять здесь, как эти весы находятся в гуф Атика, т.е. в его ХАГАТ НЕХИМ. Однако ХАГАТ НЕХИМ Атика в отношении собственных свойств тоже скрыты, но они раскрываются благодаря облачению их в Арих Анпин, и совершают в нем семь исправлений, называемых семью исправлениями Гальгальты. И ты должен знать также, что хотя мы и сказали, что эти весы стоят в Тиферет де-гуф, и там облачается Хохма в хасадим в равной мере, и Хохма светит в подобающем совершенстве, но это только в отношении выхода самой Хохмы, однако эта Хохма еще не раскрывается, чтобы светить там, но только в НЕХИ де-гуф, таким образом, что место выхода Хохмы находится в ХАГАТ, и там она еще укрыта, а место раскрытия свечения Хохмы – в НЕХИ, то есть, главным образом, в Малхут, которая включает НЕХИ.

Поэтому каждая ступень делится на три части, на которые указывают три буквы «мэм-ламэд-цади מלצ» слова «целем (צלם)». И место подвешивания весов называется «мэм מ» слова «целем (צלם)», и это рош. А местом выхода Хохмы называется «ламэд ל» слова «целем (צלם)», и это ХАГАТ. А местом раскрытия свечения Хохмы называется «цади צ» слова «целем (צלם)», и это НЕХИМ. И они включены друг в друга, и есть «мэм-ламэд-цади מלצ» в «мэм מ», есть «мэм-ламэд-цади מלצ» в «ламэд ל», и есть «мэм-ламэд-цади מלצ» в «цади צ». Таким образом, есть «мэм-ламэд-цади מלצ» в ХАГАТ Атика, и «мэм-ламэд-цади מלצ» в его НЕХИ.

И в этом заключается смысл семи исправлений Гальгальты, произведенных посредством ХАГАТ НЕХИ Атика. ХАГАТ Атика светят внутреннему свойству рош Арих Анпина, и это три исправления – Гальгальта, скрытая Хохма и воздушная перегородка. А

---

[10] См. выше, п. 5.

от НЕХИ Атика светят четыре исправления во внешнем свойстве рош Арих Анпина, называемые чистой шерстью, мецахом, надзором глаз, и двумя отверстиями выполняющего обязанности управляющего (пардашки), т.е. хотема (носа).

И это означает сказанное: «В одной гульголет (досл. черепной коробке)» – т.е. Кетере Арих Анпина, где светит Хесед Атика. Это первое исправление и свойство «мэм ם» слова «целем (צלם)», совершаемое в ХАГАТ Атика.

«Наполненной хрустальной росой» – т.е. Хохмой Арих Анпина, где светит Гвура Атика. Это второе исправление и свойство «цади צ» слова «целем (צלם)» в ХАГАТ Атика.

«Воздушная перегородка очищается и перекрывает» – т.е. перегородка, перекрывающая Хохму Арих Анпина, чтобы она не раскрывалась вне его, и там светит Тиферет Атика, т.е. средняя линия. И это третье исправление и «ламэд ל» слова «целем (צלם)» в ХАГАТ Атика, в котором стоят эти весы, как мы уже сказали. И это означает: «Очищается и перекрывает», – ведь будучи средней линией и свойством «ламэд ל» слова «целем (צלם)», она объединяет две линии друг с другом, и Хохма устанавливается в облачении величия хасадим и может светить в совершенстве.

Поэтому сказано: «Очищается», – так как «йуд י» выходит из ее свойства «воздух (авир אויר)», и она снова становится свойством «свет (ор אור)»,[11] потому что благодаря весам в ней она восполнилась светом Хохмы.

Но вместе с тем: «И перекрывает», – т.е. не раскрывается ее скрытие, перекрывающее Хохму Арих Анпина. И это по вышеуказанной причине, ведь несмотря на то, что эти весы и стоят в ХАГАТ, всё же там находится лишь место выхода Хохмы, но не место раскрытия Хохмы, а само раскрытие Хохмы происходит только в НЕХИ. Поэтому Хохма там остается скрытой благодаря этой перегородке, несмотря на то, что (перегородка) очистилась и восполнила свет Хохмы.

---

[11] См. Зоар, главу Берешит, часть 1, п. 33. «Когда от Арих Анпина есть первая точка, "йуд י", его "свет (ор אור)" раскрывается над ней...»

И по этой причине было необходимым, чтобы НЕХИМ Атика, где находится место раскрытия Хохмы, дали свет еще четырем исправлениям в Арих Анпине, и тогда Хохма раскрывается в последнем исправлении, называемом «хотем», т.е. в Малхут. И также в НЕХИМ есть «мэм-ламэд-цади מלצ», и поэтому есть два вида Нецах и Ход:

1. Нецах и Ход, называемые скрытыми, поскольку они являются свойством «мэм מ» де-целем (צלם), содержащимся в «цади צ». И это два исправления – «чистая шерсть», и это два ознаим (уха), и «желание желаний», т.е. мецах (лоб). И этот мецах является средней линией между двумя ознаим (ушами).

2. Открытые Нецах и Ход, являющиеся свойством «ламэд ל» де-целем (צלם), содержащимся в «цади צ», где начинается раскрытие, называемое «надзор открытого глаза, который не дремлет».

И четвертое исправление – это два отверстия выполняющего обязанности управляющего (пардашки), где светят Есод и Малхут Атика, и это свойство «цади צ» де-целем (צלם), содержащееся в «цади צ», и поэтому там находится место раскрытия Хохмы. И знай, что деление «мэм-ламэд-цади מלצ» обязательно из-за воздействия весов, место подвешивания которых в «мэм מ», а место стояния – в «ламэд ל», и там они еще скрыты, и место их раскрытия – в «цади צ».

И это смысл сказанного: «Эти (свойства) "чистая шерсть" связаны с весами», и это сеарот Арих Анпина, которые поднимаются и растут из двух ознаим Арих Анпина, в которых светят скрытые Нецах и Ход Атика, поскольку они свойство «мэм מ» де-целем (צלם), содержащееся в «цади צ», и в них нет «йуд י», выходящей из свойства «воздух (авир אויר)». И воздух (авир אויר) в них называется чистым воздухом (авира дахья). И поэтому эти сеарот (волосы) называются чистой шерстью.

И поскольку Хохма не раскрывается там, то Нецах и Ход, правая и левая линии, взаимно уравновешены. Ведь в месте, где раскрывается Хохма, она удлиняется и растет над правой линией настолько, что средняя линия должна взвесить их с помощью экрана де-хирик, чтобы они стали равными. Тогда как здесь, в скрытых Нецах и Ход, также и в свойстве левой линии светят лишь хасадим, и поэтому они уравновешены. И это означает «связаны с весами», – что свойство Ход в них не протяженней свойства Нецах. Как сказано: «Ибо не выйдет волос из волоса»[12]. И это – четвертое исправление.

«Желание желаний раскрывается благодаря молитвам нижних», и это мецах Арих Анпина, и там светит Есод Атика, средняя линия его скрытых Нецах и Ход. И по причине свечения Есода Атика там освобождается мецах (лоб) от сеарот (волос), т.е. от сил суда, и раскрывается в нем «желание желаний». И это – пятое исправление.

«Надзор открытого глаза, который никогда не дремлет и всегда настороже» – это свойство эйнаим (глаза) Арих Анпина, в которых светят открытые Нецах и Ход Атика, свойство «ламэд ל» де-целем (צלם), содержащееся в «цади צ», и там место стояния весов и выхода Хохмы. Однако это еще не место раскрытия. «И надзор внизу (зависит) от этого высшего надзора» Арих Анпина. «Надзор» указывает на свет Хохмы, называемый видением. И Хохма, раскрывающаяся внизу, в хотеме Арих Анпина, принимается от свойства эйнаим (глаза) Арих Анпина, в которых находится место выхода Хохмы, представляющей собой свойство «ламэд ל» де-целем (צלם), содержащееся в «цади צ», как уже объяснялось. И это – шестое исправление Арих Анпина.

«Два отверстия выполняющего обязанности управляющего, который пробуждает во всем дух жизни» – это свойство хотем Арих Анпина, где светят Есод и Малхут Атика, свойство «цади צ» де-целем (צלם), содержащееся в «цади צ». И поэтому в свойстве хотем (нос) есть два отверстия, соответствующие свечению Есода и Малхут Атика. И там происходит раскрытие Хохмы. И поэтому называется хотем пардашкой, что означает – выполняющий обязанности управляющего, потому что основное управление выхода Хохмы производится в свойстве эйнаим (глаза) Арих Анпина, обозначаемом буквой «ламэд ל» де-целем (צלם), но поскольку там нет места для раскрытия, так как это свойство ГАР, а Хохма раскрывается только в келим де-ВАК, она раскрывается в хотеме, т.е. в свойстве ВАК, и в «цади צ» де-целем (צלם), содержащемся в «цади צ». Таким образом, хотем является выполняющим обязанности управляющего и замещающим свойство эйнаим (глаза). И это – седьмое исправление.

---

[12] См. Зоар, главу Насо, раздел Идра раба, п. 24.

Итак, ты видишь, что поскольку Атик хотел раскрыть Хохму с помощью Арих Анпина, должны были семь нижних сфирот ХАГАТ НЕХИМ произвести семь этих исправлений Гальгальты в Арих Анпине. И это света трех свойств «мэм-ламэд-цади מלצ» в ХАГАТ Атика, во внутреннем свойстве рош Арих Анпина – Гальгальта, скрытая Хохма и авира (воздух). А три свойства «мэм-ламэд-цади מלצ» в НЕХИ Атика и его Малхут производят четыре исправления во внешнем свойстве этого рош – чистая шерсть, желание желаний, надзор открытого глаза и два отверстия выполняющего обязанности управляющего, т.е. хотема. И Хохма может раскрыться лишь с помощью этого последнего исправления, что и означает «который пробуждает во всем дух жизни», потому что от него исходит руах Хохмы (дух мудрости) ко всем нижним парцуфам.[13]

7) «"Вначале сотворил Всесильный (эт) небо и (ве-эт) землю"[14] – это шесть слов", соответствующие ХАГАТ НЕХИ, "и слово "вначале (берешит)" – над ними", и это Бина. "Все они находятся внизу", в Бине и Зеир Анпине, "и они зависят" и исходят "от семи исправлений Гальгальты", и распространяются "до самого величественного из всех величественных"», т.е. тринадцати исправлений дикны Арих Анпина, от которых исходит второе изречение: «Была пуста и хаотична, и тьма над бездной...»[15], в котором тринадцать слов, как мы еще выясним.

«"Второе слово "земля"», т.е. «земля же»[15], с которого начинается второе изречение, «"не входит в счет" этих тринадцати слов, "как мы учили, потому что она происходит от той земли, которая испортилась" вследствие прегрешения Древа познания, поскольку к ней примешалась Малхут меры сурового суда, "как сказано: "От земли, которую проклял Творец"[16]». И поэтому она не входит в счет тринадцати, и они начинаются со слова «была». То есть: «"Была пуста и-хаотична и-тьма над поверхностью бездны и-дух Всесильного витал над поверхностью

---

[13] См. «Талмуд десяти сфирот», часть 13, пп. 50-92, где подробно выясняются эти семь исправлений Гальгальты.
[14] Тора, Берешит, 1:1. «Вначале сотворил Всесильный небо и землю».
[15] Тора, Берешит, 1:2. «Земля же была пуста и хаотична, и тьма над бездною (досл. над поверхностью бездны), и дух Всесильного витал над водою (досл. над поверхностью воды)».
[16] Тора, Берешит, 5:29. «И нарек ему имя Ноах, сказав: "Этот утешит нас от деяния нашего и от мучения рук наших от земли, которую проклял Творец"».

воды"¹⁵ – это тринадцать слов, и эти "тринадцать слов зависят от исправления самого величественного из всех величественных"», дикны Арих Анпина. И они выясняются далее.¹⁷

8) «"Шесть тысяч лет", которые стоит мир, "зависят" и исходят "от шести первых слов: "Сотворил Всесильный (эт) небо и (ве-эт) землю"¹⁴, а седьмое", и это Бина, "находится над ними и усиливается само"», – т.е. слово «вначале (берешит)», предшествующее им. «"И всё разрушится в двенадцать часов", как сказано: "Была пуста и хаотична"¹⁵. Тринадцатый восстановит их", двенадцать часов, "в милосердии, и они обновляются, как вначале, и встают" снова "все эти шесть, поскольку написано: "Сотворил"¹⁴, а затем написано: "Была"¹⁵, и это значит, что теперь уже нет. "И это потому, что она была, конечно", в течение шести тысяч лет, "а по окончании", в седьмом тысячелетии, она "пуста и хаотична, и тьма"¹⁵, так как разрушена. "И это означает сказанное: "И возвеличен будет один только Творец в тот день"¹⁸» – т.е. в седьмом тысячелетии.

Объяснение. Известно, что для исправления мира Творец совместил меру суда с мерой милосердия, т.е. поднял Малхут в Бину, и благодаря этому ЗОН достигли мохин и келим от Бины, и мир смог существовать, а без этого мир не мог бы существовать.¹⁹ И это означает сказанное: «Шесть тысяч лет зависят от шести первых слов» – т.е. от ХАГАТ НЕХИ Зеир Анпина, которые получили подслащение в келим Бины, и поэтому в них недостает Малхут. И атара Есода, называемая мифтеха, т.е. Малхут в свойстве Бины, стоит вместо подлинной Малхут меры суда. И поэтому сказано, что «седьмое находится над ними и усиливается само», так как свойство Малхут, являющееся седьмой сфирой, относится к свойству Бины, которая расположена над ХАГАТ НЕХИ, потому что только Бина усиливается в Малхут, чтобы поддерживать мир в течение шести тысяч лет с помощью ее келим и светов. И на нее указывает слово «вначале (берешит)»¹⁴.

---

¹⁷ См. ниже, пп. 14-18.
¹⁸ Пророки, Йешаяу, 2:11. «Гордость очей человеческих унижена будет, и поникнет надменность людей; и возвеличен будет один только Творец в тот день».
¹⁹ См. Зоар, главу Берешит, часть 1, п. 3, со слов: «В свойстве суда, т.е. в свойстве Малхут мира АК, прежде чем она подсластилась в Бине, в свойстве милосердия, мир не мог существовать...»

И известно, что корень этого исправления подъема Малхут в Бину, катнут и гадлут, и все виды мохин, исходят от двенадцати исправлений в дикне Арих Анпина, вплоть до исправления «и очищает». И это свойство Малхут, когда ее собственное свойство скрыто, но она получает от двенадцати исправлений дикны. И поэтому сказано о ней: «А очистить не очистит». Ибо все света этих двенадцати исправлений исходят от келим и светов Бины, и в этом свойстве она называется «и очищает», а не от ее собственных келим, относящихся к свойству «не очистит».

А в седьмом тысячелетии будут разрушены все эти мохин, исходящие от двенадцати исправлений дикны. И это разрушение мира, которое произойдет в седьмом тысячелетии. «И всё разрушится в двенадцать часов» означает – всё, что имеется в этих двенадцати часах, т.е. в двенадцати исправлениях дикны, включающих все света и келим миров БЕА, разрушится.[20] «Тринадцатый восстановит их в милосердии», т.е. «мазаль (удача)» является тринадцатым, о котором в течение шести тысяч лет говорится «не очистит», получит тогда полное исправление,[21] так как БОН снова станет САГом, тогда «и встанут все эти шесть», т.е. все мохин шести тысяч лет вновь восстанут.[21]

9) «"Печати печатей, как образ змея, длинного и распространяющегося туда и сюда. Хвост – в голове, голова сливается с плечами, перемещается и гневается, охраняет и скрывает. В одном из тысячи малых морей раскрывается управление вследствие его исправления. Плавник", на котором держится мир, "находится в его пределе. Голова его разбивается в водах великого моря, как сказано: "Проломил головы чудовищ на воде"[22]. Было двое, а вернулся один, так как написано: "Чудовища (танинáм תַּנִּינִם)"» без «йуд י», указывающей на множественное число. И хотя написано «"головы (рошéй רָאשֵׁי)"», всё

---

[20] См. «Предисловие книги Зоар», п. 91, со слов: «И поэтому сказано: "Бен Иш Хай, Рав Пэалим, Микавцеэль". И как было уже выяснено, этот зивуг является зивугом конца исправления, который включает все зивуги и ступени, вышедшие друг за другом в течение шести тысяч лет...», а также п. 94, со слов: «Дело в том, что все исправления основываются только на четвертой стадии, называемой Малхут...»

[21] См. «Предисловие книги Зоар», п. 94, со слов: «Дело в том, что все исправления основываются только на четвертой стадии, называемой Малхут...»

[22] Писания, Псалмы, 74:13. «Ты могуществом Своим разделил море на части, проломил головы чудовищ на воде».

же это единственное число, "как сказано: "А над головами этого создания – подобие небосвода"[23]».

Объяснение. Здесь говорится о левой линии в ее собственном свойстве, от которого исходят все суды. И оно уподобляется образу морского чудовища, и также образу длинного змея, так как он протягивается от левой линии Бины до Малхут, называемой морем. И поэтому он «длинный». И, кроме того, поскольку Хохма раскрывается в левой линии, и Хохма называется «длинной», поэтому он называет его «длинным змеем».

«Печать печатей» – это левая линия, от которой исходят все печати, т.е. суды. «Как образ змея, длинного и распространяющегося туда и сюда», т.е. он распространяется и в Бину, и в Малхут, и поэтому он длинный – от Бины до Малхут. «Хвост его – в голове», потому что в левой линии переворачиваются ступени, так как порядок здесь: ГАР – в рош, затем ВАК – в гуф, и приговор суда – в окончании, называемом хвостом. И чтобы уничтожить грешников, притягивавших от ГАР Хохмы сверху вниз, произошло исправление в левой линии по переворачиванию ступеней, при котором приговор суда поднялся наверх так, что окончание и хвост стали свойством рош (головы), а затем следует ВАК, а за ним, в конце, ГАР.[24] Таким образом, «хвост его – в голове».

«Голова сливается с плечами» – т.е. голова его является свойством «плечи». Иными словами, удалились от него ГАР, т.е. рош (голова), и осталось от него только свойство ВАК Хохмы, называемое плечами.

«Перемещается и гневается» – в час, когда перемещается, чтобы передать Хохму, он гневается из-за судов, так как это

---

[23] Пророки, Йехезкель, 1:22. «А над головами этого создания – подобие небосвода, словно ужасающий лед, простертый над головами их сверху».

[24] См. Зоар, главу Ваера, п. 286, со слов: «Внутренний смысл сказанного. Содомские города притягивали ГАР свечения левой линии, что было их собственным свойством. А свойство Йерушалаима – только ВАК свечения левой линии...»

раскрывается только с приговором суда,²⁵ как сказано: «Вечером она приходит»²⁶.

«Охраняет и скрывает» – т.е. благодаря своему гневу он охраняет так, что грешники не могут приблизиться и притянуть от него, и он скрывает ГАР Хохмы.

И известно, что Хохма называется тысячей морей, а свойство ВАК Хохмы называется тысячей малых морей, и Малхут является одним из этой тысячи морей. И Хохма не раскрывается ни на одной ступени, кроме нее. И об этом сказано: «В одном из тысячи малых морей раскрывается управление вследствие его исправления», т.е. в Малхут, являющейся одним из тысячи малых морей, раскрывается управление, т.е. Хохма, благодаря исправлению его, и это дает нам понять, что вне ее Хохма вообще не раскрывается.²⁷ И эта Малхут в час, когда она раскрывает Хохму, называется плавником, на котором держится мир. Ибо мир может существовать только благодаря той Хохме, которую она раскрывает. И это означает «Плавник находится в его пределе», – т.е. плавник, на котором держится мир, находится в пределе этой Малхут, являющейся одним из тысячи малых морей, как мы уже выясняли.²⁸

И известно, что когда средняя линия приходит, чтобы согласовать и соединить две линии друг с другом, она производит два действия. Вначале она производит действие с помощью экрана Малхут меры суда, а затем – с Малхут, подслащенной в мере милосердия.²⁹ С помощью экрана меры суда первого сокращения она умерщвляет нукву, а с помощью экрана, подслащенного в мере милосердия второго сокращения, разбивает

---

²⁵ См. Зоар, главу Ваера, п. 217.
²⁶ Писания, Эстер, 2:14. «Вечером она приходит, а утром возвращается в другой женский дом под надзор Шаашгаза, евнуха царского, стража наложниц; и больше уже не войдет к царю, разве только если пожелает ее царь и позовет по имени».
²⁷ См. Зоар, главу Берешит, часть 1, п. 340, со слов: «И, кроме того, так же как высшая Хохма является началом (решит ראשית), так же и нижняя Хохма считается началом (решит ראשית). Потому что от высшей Хохмы до Малхут, являющейся нижней Хохмой, нет во всех сфирот того, кто бы взял себе свечение Хохмы...»
²⁸ См. Зоар, главу Берешит, часть 1, п. 7, со слов: «Объяснение...»
²⁹ См. Зоар, главу Лех леха, п. 22, со слов: «Экран де-хирик, на который выходит средняя линия, происходит от свойства суда, имеющегося в Малхут, которое не подслащается милосердием Бины и называется "манула"...»

рош (голову) захару, т.е. уменьшает его от ГАР де-ГАР и устанавливает его с ВАК де-ГАР, как мы выяснили ранее.[30]

И это смысл сказанного: «Было двое, а вернулся один» – т.е. от свойства левой линии исходили два чудовища: левиатан и его пара. Однако вследствие экрана де-хирик, который притянул среднюю линию, исходящую от Малхут меры суда, была умерщвлена нуква, и осталось одно чудовище, захар. «Голова его разбивается в водах великого моря», т.е. уменьшается до ВАК де-ГАР под воздействием экрана де-хирик, имеющегося в средней линии второго сокращения, т.е. в подслащенной Малхут, и об этом сказано, что «голова его разбивается», т.е. ГАР его, и образуется в ней отверстие.[31] И это означает сказанное: «Проломил головы чудовищ на воде»[22] – имеется в виду чудовище-захар, как мы уже сказали, ведь слово «чудовища (танина́м תַּנִּינָם)» написано без «йуд י», что указывает на одно чудовище. И также «головы (роше́й רָאשֵׁי)», это как сказано: «А над головами этого создания»[23], что тоже указывает на единственное число.

10) «"И сказал Всесильный: "Да будет свет!" И был свет"[32]. Это как сказано: "Ибо Он сказал – и было"[33], то есть "и было" сказано, чтобы показать, что "и было" – "это само по себе"». И сказанное: «Да будет свет»[32] – само по себе, потому что «да будет свет»[32] – это Аба и правая линия, «и был свет» – Има и левая линия. «"А затем" правая и левая линии "снова стали одним целым"» благодаря средней линии, т.е. Зеир Анпину, согласовавшему их между собой с помощью экрана де-хирик, как уже объяснялось. И соединились «да будет (йуд-хэй-йуд יהי)» и «и был (ויהי)», и образовалось из них сочетание «"йуд-хэй-вав-йуд יהוי"», потому что одинаковые буквы не повторяются. «"Йуд-хэй-вав יהו"» – это Аба ве-Има и Зеир Анпин, согласовывающий и объединяющий их. «"Последняя "йуд י"» в сочетании «йуд-хэй-вав-йуд יהוי» – «"это Шхина внизу, так же как и "хэй ה" – это Шхина. И они взвешиваются на одних весах"», так как «йуд י» – это «йуд י», которая

---

[30] См. Зоар, главу Бо, п. 52, со слов: «Пояснение сказанного...»
[31] См. Зоар, главу Бо, п. 46, со слов: «Объяснение. Из-за того, что они получают от средней линии...»
[32] Тора, Берешит, 1:3. «И сказал Всесильный: "Да будет свет!" И был свет».
[33] Писания, Псалмы, 33:9. «Ибо Он сказал – и было, Он повелел – и стало (так)».

вошла в свойство «свет (ор אור)» букв «йуд-хэй יה», и оно стало свойством «воздух (авир אויר)», т.е. Малхут, которая поднялась в Бину, и поэтому она – Шхина, так же, как и «хэй ה», а «йуд-хэй-вав-йуд יהוי» – это то же самое, что и «йуд-хэй יה» «вав-хэй וה», то есть Аба ве-Има, Зеир Анпин и Малхут.

11) «"И живые существа эти двигались вперед и назад"[34], как сказано: "И увидел Всесильный свет, что он хорош"[35]». Объяснение. Когда эти существа, т.е. свечения Хохмы в левой линии, «двигались вперед», чтобы притягиваться сверху вниз, они сталкиваются с судами средней линии, и тогда они «двигаются назад», т.е. возвращают свое свечение снизу вверх для того, чтобы соединиться с хасадим. «"И об этом сказано: "И увидел Всесильный свет, что он хорош"[35], – т.е. с помощью средней линии свет становится хорошим, так как он возвращается и соединяется с правой линией. И это означает: "Хвалите праведника, ибо он хорош"[36], потому что праведник – это средняя линия в свойствах Нецах и Ход, т.е. в правой и левой линиях, и она делает его хорошим. "Это речение"», «И увидел Всесильный свет, что он хорош», «"поднимается на весы", т.е. в среднюю линию, взвешивающую и сравнивающую два свечения правой и левой линий, чтобы они стали равными и соединились друг с другом.[37] Однако в первом речении: «"Да будет свет", и был свет»[32], правая и левая линии были сами по себе, т.е. еще не соединились на весах. «"И все они вернулись к одному", затем, с помощью средней линии, "когда сестра", т.е. Хохма, "и родной"», т.е. Бина, на которых указывает изречение: «"Да будет свет", и был свет», благодаря ей «"соединились друг с другом, в тайне "йуд-хэй יה", т.е. Хохма и Бина, "и они Кетеры любимые и заключающие друг друга в объятия"». Хохма и Бина называются сестрой и родным, как сказано: «Скажи мудрости (хохма): "Ты сестра моя!", и назови разум (бина) родным»[38]. Хохма называется сестрой, потому что она запрещена для него как сестра, как сказали мудрецы, и вся Хохма раскрывается в

---

[34] Пророки, Йехезкель, 1:14. «И живые существа эти двигались вперед и назад, как вспышки молний».
[35] Тора, Берешит, 1:4. «И увидел Всесильный свет, что он хорош; и отделил Всесильный свет от тьмы».
[36] Пророки, Йешаяу, 3:10. «Хвалите праведника, ибо он хорош, – ведь плоды деяний своих они вкушают».
[37] См. выше, п. 3.
[38] Писания, Притчи, 7:4. «Скажи мудрости: "Ты сестра моя!", и назови разум родным».

Ацилуте с помощью свойства Даат в Бине, которая снова стала Хохмой. И поэтому называется Бина родным (мода́ מודע), благодаря этому Даат (דעת)[39].

12) «"Шесть" сфирот ХАГАТ НЕХИ "выходят из отростка корня гуф, и это язык, говорящий о великом"», потому что язык – это отросток, выходящий из внутренней части гуф (тела) снизу вверх по направлению к пэ де-рош (досл. устам головы). И это сфира Даат, т.е. средняя линия, согласующая и соединяющая Хохму и Бину, как мы уже выясняли.[40] И он говорит там, что это распространение сфиры Тиферет.[41] "Этот язык скрыт между "йуд יו"ד" и "хэй הי"א", т.е. Хохмой и Биной. И сказано: "Этот скажет: "Творцу (АВАЯ הויה) принадлежу я", и тот назовется именем Яакова, а иной напишет рукой своей: "Творцу (АВАЯ הויה) принадлежу" и прозовется именем Исраэля"[42]. Именно "прозовется". "Этот скажет: "Творцу (АВАЯ הויה) принадлежу я"[42] – это "сестра"[38], т.е. Хохма, запрещенная подобно сестре, и нет постижения ее. "И тот назовется именем Яакова"[42]», – то есть «родной»[38], и это Бина, в которой начинается свечение Хохмы. Поэтому сказано: «Именем Яакова»[42]. «Именем» – означает постижение, «а иной напишет: "Творцу"»[42] – это Даат. «И прозовется именем Исраэля» – это распространение Даат в Зеир Анпин, вследствие чего Зеир Анпин называется Исраэлем.

«"И всё это сказано о "йуд-хэй-вав יה"ו", т.е. о Хохме-Бине-Даат (ХАБАД). "Всё", все эти три, Хохма-Бина-Даат, "включено в скрытый язык в Име", т.е. Даат, согласующий между двумя линиями, Хохма и Бина в Име, включает в себя ХАБАД, "потому что она раскрылась из-за него, и он выходит из нее. Аба располагается в рош, Има – посередине, и она укрыта с этой и с этой стороны. Горе тому, кто обнаружит их наготу"».

Объяснение. Поскольку две линии Имы находились в разногласии, и она была закрытой «мэм ם» и раскрывалась из этого скрытия только с помощью языка, т.е. средней линии, благодаря которой светили в ней три линии ХАБАД. И известно, что

---

[39] Слова «мода́ (родной)» и «даат (знание)» являются однокоренными.
[40] См. Зоар, главу Мишпатим, п. 529.
[41] См. Зоар, главу Мишпатим, п. 534. «"Гуф (тело) Царя – это распространение" сфиры "Тиферет..."»
[42] Пророки, Йешаяу, 44:5. «Этот скажет: "Творцу принадлежу я", и тот назовется именем Яакова, а иной напишет рукой своей: "Творцу принадлежу" и прозовется именем Исраэля».

всех светов, которые нижний вызвал в высшем, удостаивается и нижний. Как объяснялось выше, что поскольку три (линии) Имы выходят из одного, т.е. выходят из Даат – из Зеир Анпина, поднявшегося в свойстве средней линии в Иму, в свойство (ее) средней линии, поэтому один устанавливается в трех, Даат удостаивается трех этих мохин ХАБАД, и они выходят и распространяются в Зеир Анпине внизу.[43]

И это означает: «Потому что она раскрылась из-за него», т.е. Има раскрылась из-за Даат, называемого языком, и поэтому «всё включено в скрытый язык в Име», т.е. в Даат, «и он выходит из нее», т.е. он выходит с этими ХАБАД на свое место в самом Зеир Анпине. И (Зоар) называет его скрытым языком, потому что он скрывает ГАР левой линии Бины, т.е. сокращает в ней ГАР де-ГАР, как известно. И этот Даат называется отростком корня тела, так как Даат – это на самом деле Зеир Анпин, называемый гуф, который поднялся в МАН к Име, а Зеир Анпин называется телом, и поэтому он считается отростком, выходящим в рош из корня гуф, т.е. Зеир Анпина.

И это означает сказанное им: «Аба располагается в рош», который называется высшие Аба ве-Има, и это «йуд י» де-АВАЯ (הויה). «Има – посередине», и она называется ИШСУТ, «хэй ה» де-АВАЯ (הויה), а Зеир Анпин, «вав ו» де-АВАЯ (הויה), находится внизу. «И она укрыта с одной и с другой стороны», – т.е. Хохма в Име укрывается с верхней стороны, со стороны высших Абы ве-Имы, представляющих собой хасадим, полностью укрытые от свечения Хохмы, и с нижней стороны, со стороны Зеир Анпина, который тоже является свойством укрытых хасадим. И поэтому «горе тому, кто обнаружит их наготу», – т.е. тот, кто желает раскрыть и притянуть Хохму, имеющуюся в левой линии Имы, сверху вниз, приводя тем самым к отделению высших Абы ве-Имы от ИШСУТ, т.е. к разделению между «йуд י» и «хэй ה» и разделению между «йуд-хэй יה» и «вав ו», наказание его очень велико.

---

[43] См. Зоар, главу Берешит, часть 1, п. 363. «Трое выходят благодаря одному, один находится в трех, входит между двумя, двое питают одного, и один питает многие стороны ...»

13) «"И сказал Всесильный: "Да будут светила на своде небесном"⁴⁴ – это указывает, что "захар", Зеир Анпин, "будет властвовать над некевой", Малхут, и поэтому называется захар большим светилом, а нуква – малым светилом. "Как сказано: "А праведник – основа (есод) мира"⁴⁵», т.е. праведник, Есод Зеир Анпина, является Есодом Малхут, называемой «мир», и это значит, что без праведника не было бы существования мира, и потому он властвует над ней.

И он поясняет, почему это так. И говорит: «"Йуд י", т.е. Хохма и высшие Аба ве-Има, "светила двум"» «хэй ה», «"и светила и привела к ибуру Нуквы в" первой "хэй ה", а затем "йуд י" соединилась сама"», т.е. отделилась от «хэй ה», «"и поднялась по своим ступеням высоко-высоко, и померкла нуква. И Има светила и раскрывалась во вратах своих, и появился ключ, включающий шесть" сфирот, Зеир Анпин, "и закрывающий вход" Имы. "И соединяется внизу, и с той и с другой", т.е. и с Нуквой и с Имой. Горе тому, кто раскрывает этот вход"».

Объяснение. Известно, что вследствие подъема Малхут в Бину на каждой ступени, разделились все ступени на две части, при этом Кетер и Хохма остались на ступени, а Бина и ТУМ упали с каждой ступени на ступень под ней.⁴⁶ А затем, во время гадлута, опускается Малхут из Бины на каждой ступени, и три сфиры, Бина и ТУМ, упавшие на нижнюю ступень, снова поднимаются на свою ступень,⁴⁷ и берут вместе с собой также и нижнюю, в которую они были облачены во время этого падения. И благодаря этому поднимается каждый нижний к своему высшему, и получает свет высшего, и это называется «ибур».⁴⁸

И ты уже узнал, что «йуд י» – это Хохма, а она также – высшие Аба ве-Има. А «хэй ה» – это Бина, а также ИШСУТ. И таким

---

⁴⁴ Тора, Берешит, 1:14. «И сказал Всесильный: "Да будут светила на своде небесном, чтобы отделять день от ночи; и будут они для знамений, и для времен (назначенных), и для дней и лет"».

⁴⁵ Писания, Притчи, 10:25. «Пронесется буря – и нет нечестивого, а праведник – основа мира».

⁴⁶ См. Зоар, главу Берешит, часть 1, п. 2, со слов: «Пояснение сказанного...»

⁴⁷ См. Зоар, главу Берешит, часть 1, п. 366, со слов: «Поскольку все воды, т.е. все эти ступени, включены в этот высший небосвод...»

⁴⁸ См. Зоар, главу Берешит, часть 1, п. 30, со слов: «Объяснение. В результате того, что буквы ЭЛЕ находились в падении на ступени ЗОН на протяжении времени выхода Бины из рош, они стали одной ступенью с ЗОН...»

образом, во время опускания парсаот, т.е. Малхут, из каждой ступени, Бина и ТУМ каждой ступени возвращаются на свое место, и поднимают вместе с собой также и нижнюю ступень к этой высшей. Таким образом, Бина и ТУМ (ступени) «йуд י» вернулись к ней, и подняли с собой также ступень «хэй ה» на ступень «йуд י», и стали одним целым. И таким же образом вернулись Бина и ТУМ (ступени) «хэй ה», и подняли вместе с собой также ступень «вав-хэй וה», т.е. ЗОН, к «хэй ה», и стали одним целым с «хэй ה», с которой «йуд י» уже соединена.

Получается вследствие этого, что «йуд י» светит двум «хэй ה» вместе, так как нижняя «хэй ה», Малхут, уже слилась с Имой, первой «хэй ה», и это свечение называется ибуром. И это смысл сказанного: «"Йуд י" светила двум, и светила и привела к ибуру Нуквы». Однако также и «вав ו», т.е. Зеир Анпин, слита с Имой, и считается, что «вав ו» слита с правой линией Имы, а «хэй ה» слита с левой линией Имы.

И известно, что с подъемом Бины и ТУМ каждой ступени, ставшими левой линией ступени, возникает разногласие между правой и левой линиями, и образуется разделение между ними.[49] И тогда образуется разделение между «йуд י» и «хэй ה». «Йуд י», являющаяся полностью правой линией, отделяется сама по себе и поднимается наверх, и это означает сказанное: «"Йуд י" соединилась сама и поднялась по своим ступеням высоко-высоко». А Нуква, слитая с левой линией Имы, полностью померкла, потому что Хохма левой линии не может светить без облачения в хасадим правой.[50] И это означает сказанное: «Померкла нуква», – ибо, будучи свойством левой линии без правой, она установилась в постоянном состоянии тьмы. Ведь поэтому она и называется ночью.

А затем Зеир Анпин, находящийся в Име, согласовал две линии в Име, правую и левую, и стал в ней свойством Даат. И тогда она снова начала светить. И это означает сказанное: «И Има светила и раскрывалась во вратах своих, и появился ключ, включающий шесть», т.е. Зеир Анпин «и закрывающий вход Имы», т.е. после того, как Зеир Анпин, называющийся ключом,

---

[49] См. Зоар, главу Берешит, часть 1, статью «Да будет свод», п. 44, со слов: «А правая линия является совершенством всего, потому что все сфирот получают от нее жизненные силы...»

[50] См. Зоар, главу Берешит, часть 1, п. 301. «Воды "застывшего моря", т.е. Малхут, вбирают все воды мира...»

включающим шесть сфирот, согласовал две ее линии, и тогда «йуд י» снова начала светить в «хэй ה», и пять ее сфирот КАХАБ ТУМ, каждая из которых включает десять, стали пятьюдесятью вратами Бины. И известно, что последние врата от свойства келим Имы упрятаны в Малхут Имы, и они называются манула, и это пятидесятые врата, которые непостижимы. И поэтому необходимо укрывание и скрытие.[51] И потому свойство НЕХИ Имы облачается в Зеир Анпин, и Зеир Анпин укрывает их.

«И (он) соединяется внизу», в Малхут, «и с той и с другой», с Биной и с Малхут. Соединяется с Биной, так как он согласовывает две ее линии, и облачает ее НЕХИ, и соединяется с Малхут, т.е. производит с ней зивуг и светит ей из своих трех линий. «Горе тому, кто раскрывает этот вход», – потому что когда раскрывается манула, т.е. Малхут меры суда, в последних вратах Имы, он теряет все свои свечения,[52] и наказание его очень велико. Итак, выяснилось, что Малхут померкла и нуждается в том, чтобы Зеир Анпин светил ей. И поэтому захар властвует над нуквой. И это то, что он дает нам понять.

---

[51] См. «Предисловие книги Зоар», статью «Две точки», п. 122. «Буква "бет ב" слова "берешит (בראשית вначале)" указывает, что обе они соединяются вместе, в Малхут. И это две точки. Одна – упрятана и скрыта, а другая – открыта...»

[52] См. Зоар, главу Ваеце, п. 23. «"От силы света Ицхака" – святости, "и осадков вина" – клипот, из них обоих "выходит одна сложная форма", состоящая из добра и зла...»

Вторая часть

14) «"Во второй части выясняется закан (борода) веры". Иначе говоря, Малхут, называемая верой, получает от него все свои исправления до конца исправления. "Закан (борода) не упоминается"» в ТАНАХе[53], там написано «глаза Творца», «уши Творца», и также «щеки Его – гряды благовоний»[54], однако борода (закан) не упоминается. «"Потому что он величественней всего. И он выходит от ушей", т.е. там этот закан (борода) начинается, "и охватывает всю форму лица, поднимаясь и опускаясь белой каймой вокруг лица". Иными словами, борода (закан) в общем выглядит, как белая кайма из седых волос, охватывающих лицо, часть из них поднимается, т.е. светит снизу вверх, а часть опускается – светит сверху вниз. "И выясняется это в тринадцати"» исправлениях, которые нам предстоит выяснить.

15) «"О самом величественном из всего величественного", о бороде (закан), сказано: "По которой не проходил муж (иш), и где не обитал человек (адам)"[55]. Зеир Анпин называется адам (человек), Есод Зеир Анпина называется иш (муж). "Это адам снаружи" Арих Анпина, т.е. Зеир Анпин, называемый адам (человек), облачает Арих Анпин снаружи, от табура и ниже. "И тем более иш (муж)", Есод Зеир Анпина, который даже снаружи Зеир Анпина, – так как НЕХИ находятся вне тела (гуф), – он тем более находится снаружи Арих Анпина. И поэтому они не включены в эту дикну (бороду) Арих Анпина. "В тринадцати источниках выясняется этот закан, и только четыре" исправления из них "сохраняются" так, чтобы не передаваться вниз, Зеир Анпину, "а девять" исправлений из них "питают тело (гуф)"», т.е. Зеир Анпин.

16) Первое исправление, когда «"до ушного входа начал величественный", и это закан, "исправляться", т.е. напротив никвей ознаим (ушные отверстия), "и нисходит в великолепии" вниз, до начала сфатаим (губы).

---

[53] Аббревиатура слов Тора, Пророки, Писания (Тора, Невиим, Ктувим).

[54] Писания, Песнь песней, 5:13. «Щеки его – гряды благовоний, цветник благовонных растений, губы его – словно лилии, с которых каплет мирра текучая».

[55] Пророки, Йермияу, 2:6. «И не сказали: "Где Творец, который вывел нас из земли египетской и вел нас по пустыне, по земле степей и пропастей, по земле иссохшей и (по земле) могильной тьмы, по которой не проходил муж, и где не обитал человек?"»

Второе исправление. Сеарот (волосы) в верхней части (рош) сфатаим, "от одной верхней части", правой губы, "до другой верхней части", левой.

Третье исправление. "Пролегает дорожка", свободная от сеарот (волос), "выходящая под двумя никвей а-хотем (отверстиями носа), чтобы прощать провинности, как сказано: "И слава его – прощать провинности"[56].

Четвертое исправление. Сеарот (волосы), расположенные "под сфатаим (губами), где сеарот (волосы) снова становятся другим рош".

Пятое исправление. "Другая дорожка", свободная от сеарот (волос), "выходит под ней", т.е. посередине волос нижней губы.

Шестое исправление. "Приношение благовоний", т.е. сеарот (волосы), покрывает" нижнюю часть лица "до верхней части (рош)" верхней губы.

Седьмое исправление. "Две скулы", т.е. щёки, свободные от сеарот (волос), "приоткрываются, чтобы светить свечам".

Восьмое исправление. "Мазаль (благополучие) всего" – ниспадающие волосы, "опускается до сердца. От него зависят высшие и нижние"». И это – верхняя поверхность дикны (бороды), называемая «верхний мазаль».

Пояснение сказанного. Вначале необходимо знать, что означают сеарот (волосы). И дело в том, что известно, что хотя парцуфы Ацилута и являются свойством ВАК Хохмы, вместе с тем невозможно, чтобы ВАК Хохмы вышел без ГАР. Но вначале выходит в них также и ГАР Хохмы, а затем ГАР Хохмы уходят из них, и они остаются с ВАК Хохмы.[57] А вот отраженный свет, который облачал эти ГАР, не удалился вместе с ними, а остался в рош, и из-за его авиюта, поскольку он опустошается от своего света, он не мог оставаться во внутреннем свойстве

---

[56] Писания, Притчи, 19:11. «Разум человека делает его терпеливым, и слава его – прощать провинности».

[57] См. Зоар, главу Берешит, часть 1, п. 76, со слов: «Но не имеется в виду, что мохин выходят в зивуге ВАК без ГАР, потому что в мохин парцуфа АБ не может выйти ВАК без ГАР...»

келим и выходит наружу, в качестве избытков моха, и делится в соответствии второму сокращению, когда Кетер и Хохма их поднимаются и включаются в Гальгальту, т.е. в свойство «мэм ס» де-целем (צלם), и поэтому Сифра де-цниута называет их выше чистой шерстью,[58] так как экран находится под ними, в окончании Гальгальты, и нет силы в экране поднять суды выше того места, где он находится. А три его свойства Бина и ТУМ получают исправление от скрытой Хохмы Арих Анпина и находятся за окончанием Гальгальты в нижней части щеки, свойстве ЗОН де-рош. Однако вследствие того, что два рош Арих Анпина, Гальгальта и скрытая Хохма, включены друг в друга, есть в каждом из них два свойства, таким образом, и скрытая Хохма содержит Гальгальту, и поэтому в дикне тоже светит Гальгальта скрытой Хохмы. И восемь первых исправлений – от свечений скрытой Хохмы, а пять последних – от Гальгальты.

И поскольку скрытая Хохма Арих Анпина исчезла и перекрылась, то дикна Арих Анпина, получающая от нее, передает все ступени мохин парцуфам Ацилута, и они получают от нее всё в той последовательности, которая имеется в тринадцати исправлениях дикны.

Мы вначале выясним восемь исправлений дикны, исходящих от скрытой Хохмы, представляющих собой порядок трех ступеней НАРАНХАЙ трех свойств нефеш-руах-нешама и их совокупность.

И место, в котором начинается дикна, это нижняя часть щеки, после окончания сеарот рош (волос головы) в височной части головы, в окончании черепной кости, и это место находится напротив никвей ознаим (ушных отверстий). И это первое исправление дикны. И это означает сказанное: «До ушного входа начал величественный исправляться», поскольку там корень дикны, которая установилась, чтобы быть в нижней части щеки, как мы уже говорили.

Второе исправление – это подняться в Бину в состояние ибур (зарождения). И это означает сказанное: «Нисходит в великолепии от одной верхней части до другой верхней части», потому что волосы проходят по нижней части щеки, и «до ушного входа», и это ЗОН, и поднимаются над верхней губой, являющейся

---

[58] См. выше, п. 6.

местом верхней части щеки и свойством Гальгальты, и это Бина. И это определяется как состояние ибур (зарождения) сеарот дикна (волос бороды), относящихся к свойству ЗОН, в свойстве верхней губы, т.е. Бины. И они получают там вследствие этого состояние ВАК де-ибур, называемое нефеш-руах де-нефеш.

После этого нисходит руах Хохмы из двух никвей а-хотем (ноздрей), где находится место раскрытия Хохмы для сеарот верхней губы,[59] и образует посреди волос этой губы дорожку, которая свободна от волос, так как Хохма устраняет все суды. И поэтому сказано: «Пролегает дорожка, выходящая под двумя никвей а-хотем (отверстиями носа)», так как руах де-хотем, относящийся к свойству Хохмы, очищает этот путь от сеарот. «Чтобы прощать провинности» – так как прощение прегрешений исходит от свечения Хохмы.[60] И это свечение Хохмы является состоянием ГАР де-ибур, т.е. нешама-хая-йехида де-нефеш. И это третье исправление.

Затем наступает время рождения в сеарот свойства ЗОН, которые зарождаются в Бине, т.е. в сеарот верхней губы, и они выходят и опускаются на свое место, в нижнюю часть щеки, т.е. под нижнюю губу. И это смысл сказанного: «Под сфатаим (губами), где сеарот (волосы) снова становятся другим рош», т.е. волосы, которые были на верхней губе, опустились и пришли на свое место в нижней части щеки, и стали там волосами другой губы, т.е. свойством сеарот самих ЗОН. И вследствие этого распространения под нижнюю губу они приобретают свойство ВАК де-руах, т.е. нефеш-руах де-руах. И это четвертое исправление.

А после этого нисходит руах Хохма от двух никвей а-хотем через дорожку (урха) в верхней губе, и переходит на волосы, расположенные под нижней губой, и образует там другую дорожку, свободную от волос, как и на верхней губе, и поэтому сказано: «Другая дорожка выходит под ней». И свечение Хохмы, выходящее таким путем, это ГАР де-руах, т.е. йехида-хая-нешама де-руах. И это пятое исправление.

---

[59] См. выше, п. 6.
[60] См. Зоар, главу Ноах, п. 119. «Коэны, левиты и исраэлиты, т.е. три линии правая-левая-средняя, называются человек в соединении этих желаний святости...»

После этого снова происходит ибур, свойства нешама, и снова поднимаются сеарот (волосы), расположенные на нижней части щеки, к рош (верхней части) верхней губы – к месту окончания Гальгальты и свойству Бины. И она сначала получает там ВАК де-нешама, т.е. нефеш-руах де-нешама. И это означает сказанное: «Приношение благовоний покрывает», – т.е. так называется дикна из-за написанного: «Щеки его – гряды благовоний»[54], – «до верхней части (рош)», т.е. до верхней губы, и получает там свойство ВАК де-нешама. И это шестое исправление.

Затем раскрывается руах Хохмы в состоянии паним, в свойстве двух скул лица (паним). И это ГАР де-нешама – йехида-хая-нешама де-нешама. И это означает сказанное: «Две скулы приоткрываются, чтобы светить свечам», т.е. чтобы светить сфирот, называемым свечами, свойством ГАР. И это тайна изречения: «Мудрость (хохма) человека просветляет лик его»[61]. И это седьмое исправление.

А после этого нисходят эти ВАК де-нешама и свечения ГАР де-нешама вниз, на свое место в нижней части щеки. Поэтому сказано: «"Мазаль (благополучие)" всего опускается до сердца», и это совокупность всех предыдущих исправлений. «От него зависят высшие и нижние» – потому что все мохин мира Ацилут нисходят от него. И это восьмое исправление.

Таким образом, выяснились восемь исправлений дикны, светящих из скрытой Хохмы (Хохма стимаа).

17) Девятое исправление – это «"те" короткие волосы, "что свисают" между волосами верхней поверхности дикны (бороды), "не выходят друг из друга", потому что все они равны.

Десятое исправление. "Короткие" волосы, "покрывающие гарон (горло)", близко к "величественной" дикне.

Одиннадцатое исправление. "Длинные" волосы, "проросшие в полной мере", расположенные на горле.

---

[61] Писания, Коэлет, 8:1. «Кто подобен мудрецу, и кто разумеет значение вещей? Мудрость человека просветляет лик его и смягчает суровость лица его».

Двенадцатое исправление. "Губы освобождаются" от сеарот (волос) "со всех сторон. Счастлив тот, кто получает эти поцелуи".

Тринадцатое исправление. "В мазаль (благополучие) всего нисходят тринадцать" рек "елея чистого Афарсемона. Всё находится в этом мазаль, и он перекрыт"». И это нижняя поверхность дикны, называемая нижним мазаль.

Объяснение. После того, как выяснил восемь исправлений дикны, исходящих от свечений скрытой Хохмы, выясняются пять исправлений дикны, исходящих от Гальгальты. И разница между ними велика, ведь скрытая Хохма, хотя и перекрылась, она перекрылась только относительно Хохмы в ней, однако Бина и ТУМ в ней светят пяти исправлениям дикны. И поэтому в них есть ГАР, так как эта Бина снова стала Хохмой. Тогда как в Гальгальте, которая установилась в свойстве «мэм ס» де-целем (צלם), нет Хохмы, а только укрытые хасадим, являющиеся свойством «чистый воздух (авира дахья)», т.е. ступень руах, которой недостает ГАР. Таким образом, и в пяти исправлениях дикны, исходящих от нее, тоже недостает ГАР.

И по этой причине восемь этих исправлений дикны стали связаны со свойством «нижняя часть щеки», т.е. хотя они и прекратили (исходить) от рош (головы), это только в свойстве «кости (ацамот)», Хохма, но в свойствах «сухожилия, плоть и кожа», указывающих на Бину и ТУМ, она связана с рош. Тогда как пять нижних исправлений, которые нисходят от Гальгальты, зависят от свойства гарон (горло), и даже в свойствах «сухожилия, плоть и кожа» оно отделилось (и относится) к свойству гуф, нефеш-руах, и ему недостает ГАР.

И когда вырастают волосы от силы Гальгальты, первое исправление в них это ибур в свойстве Бины. И это смысл сказанного: «Те, что свисают, не выходят друг из друга», т.е. короткие волосы, которые свисают между длинными волосами на передней части бороды, не выходят друг из друга, т.е. не выходят и не исходят от длинных волос дикны, так как они исходят от скрытой Хохмы, а короткие волосы исходят от Гальгальты, как мы уже говорили. И они там только исправление ибура (зарождения) в свойстве Бины, и они получают там свойство нефеш. И это девятое исправление.

А затем опускаются оттуда на свое место, т.е. к горлу (гарон), и выходят сначала в свойстве нефеш де-руах, и это означает сказанное: «Короткие, покрывающие гарон (горло) величественной», – т.е. маленькие волосы растут и прикрывают горло. И это десятое исправление.

После этого они выходят в свойстве руах-де-руах. И это означает сказанное: «Длинные, проросшие в полной мере», – те длинные волосы, которые тоже опускаются на горле. И это одиннадцатое исправление.

А затем нисходит от Гальгальты свойство «авира дахья (чистый воздух)», и несмотря на то, что это хасадим, они важнее Хохмы, так как находятся выше Хохмы, и поэтому они устраняют волосы с губ, в месте, которым совершают поцелуи. Это смысл сказанного: «Губы освобождаются со всех сторон», и это двенадцатое исправление.

После этого выходит совокупность всех двенадцати исправлений дикны, иначе говоря, это свойство Малхут, которая получает от всех. И это означает сказанное: «В благополучие (мазаль) всего нисходят тринадцать елеев чистого Афарсемона» – т.е. часть бороды, которая соединена с горлом (гарон). И все, кто ниже него, получают все мохин от этого мазаль (благополучия). И это смысл сказанного: «Всё находится в этом мазаль, и он перекрыт», т.е. нижний мазаль включает две точки, и это мифтеха и манула. Со стороны мифтехи он проявляется, а со стороны манулы он скрыт. И это тайный смысл того, почему он называется – «очищает и не очистит».[62]

18) «"В то время, когда приходит тишрей, седьмой месяц, пребывают эти тринадцать" исправлений "в высшем мире", Бине, "и раскрываются там тринадцать врат милосердия. В это время", сказано: "Ищите Творца, пока Он пребывает"[63]».

19) «"И сказал Всесильный: "Да произрастит земля поросль, траву семяносную, дерево плодовое, производящее плод по

---

[62] См. «Учение десяти сфирот», часть 13, пп. 204-220, где подробно выясняются тринадцать исправлений дикны Арих Анпина, а также в таблице ответов по темам, п. 152 и п. 157.

[63] Пророки, Йешаяу, 55:6. «Ищите Творца, пока Он пребывает (среди вас). Призывайте Его, когда Он близок».

виду его"⁶⁴. То есть, как сказано: "И смиряйте души ваши в девятый день месяца вечером"⁶⁵. Сказано: "Господин мой, Творец (Адни АВАЯ)! Ты начал являть рабу своему Твое величие"⁶⁶. Здесь "имя АВАЯ совершенно со всех сторон"», т.е. светит одновременно как в правой, так и в левой стороне, и поэтому сказано: «Господин мой, Творец (Адни АВАЯ)»⁶⁶, и также: «Твое величие»⁶⁶. «"А здесь, в этом пробуждении земли, оно несовершенное"», т.е. светит только левая сторона, без правой.

Объяснение. Когда Нуква находится в свойстве от хазе и выше Зеир Анпина и облачает только левую линию Имы, тогда она находится в свойстве «далет ד» слова «эхад (אחד Единый)», и она суша, которая не дает плодов. Но после того, как она опустилась к свойству от хазе и ниже Зеир Анпина, и получает от Зеир Анпина, являющегося средней линией, «тогда то, что было сушей»⁶⁷, когда была в свойстве выше хазе Зеир Анпина, «стало землей, чтобы производить плоды и порождения»⁶⁷, потому что средняя линия исправляет ее, чтобы светить с двух сторон. Но пока она получала от Имы, только от левой линии, она была сушей и находилась в разрушении, потому что Хохма левой линии не светит без хасадим правой, и исходят от нее тогда суды и наказания. И в то время, когда Нуква была от хазе и выше в судах левой линии, сказал Творец: «Да произрастит земля поросль»⁶⁴ – то есть, чтобы спустилась от хазе и ниже, и стала землей, производящей плоды.

И это означает сказанное им: «И сказал Всесильный: "Да произрастит земля поросль, траву семяносную, дерево плодовое, производящее плод по виду его"⁶⁴. То есть, как сказано: "И смиряйте души ваши в девятый день месяца вечером"⁶⁵», т.е. «да произрастит земля поросль»⁶⁴ – это то же действие, что и «смиряйте души ваши в девятый день месяца вечером»⁶⁵. Потому что в день Искупления поднимается Нуква в левую

---

⁶⁴ Тора, Берешит, 1:11. «И сказал Всесильный: "Да произрастит земля поросль, траву семяносную, плодовое дерево, производящее плод по виду его, семя которого в нем, на земле". И было так».

⁶⁵ Тора, Ваикра, 23:32. «Это суббота покоя для вас, и смиряйте души ваши в девятый день месяца вечером: от вечера до вечера соблюдайте покой ваш».

⁶⁶ Тора, Дварим, 3:24. «Господин мой, Творец! Ты начал являть рабу своему Твое величие и крепкую руку Твою; ибо кто есть сильный на небесах и на земле, который сделал бы подобное Твоим делам и могучим деяниям Твоим!»

⁶⁷ См. «Предисловие книги Зоар», статью «Заповедь третья», п. 206.

линию Имы и получает там Хохму без хасадим, что вызывает страдания души у Нуквы, так как Хохма без хасадим не светит и вызывает суды. Но затем, когда она опускается ниже хазе и исправляется от него, тогда облачается та Хохма, которую она прежде получила от Имы, в хасадим Зеир Анпина, и светит во всем совершенстве. И если бы она не получала Хохму от Имы, только от левой линии, приводящей к страданиям души, то не было бы у нее ГАР никогда. Потому что когда она находится ниже хазе, она не способна получить Хохму.

И это смысл сказанного: «Смиряйте души ваши»[65], ведь вследствие того, что мы принимаем на себя эти страдания души, которые есть у Нуквы из-за ее подъема в левую линию Имы, у нас есть доля в ГАР, которые Нуква получает затем от Зеир Анпина, после того как опускается ниже хазе. И Хохма, которую она получила раньше от Имы, облачается теперь в хасадим Зеир Анпина, и они становятся ГАР. И это смысл сказанного: «Ибо всякая душа, которая не смирит себя в этот день, искоренится из народа своего»[68] – потому что нет у нее доли в мохин де-ГАР, которые Нуква затем привлекает. Таким образом, пробуждение действия «да произрастит земля поросль»[64] и действия «смиряйте души ваши»[65] является тем же самым, т.е. оба они происходят в то время, когда Нуква получает от левой линии Имы.

И это означает сказанное им: «"Господин мой, Творец (Адни АВАЯ)! Ты начал являть рабу своему Твое величие"[69], здесь имя АВАЯ совершенно со всех сторон», т.е. совершенно с двух сторон, правой и левой, что и является совершенством. «А здесь, в этом пробуждении земли, оно несовершенное», потому что пробуждение с целью извлечь плоды было в то время, когда она получила только от левой стороны Имы, и тогда она была иссушенной и безводной и не находилась в совершенстве.

20) «"Да будет (йии יהי)" поросль и трава, – "не сказано" здесь, где мы находим верхнюю "йуд י" и нижнюю "йуд י" так же, как в случае "и создал (ва-йицер וַיִּיצֶר)"», пишущийся с

---

[68] Тора, Ваикра, 23:29. «Ибо всякая душа, которая не смирит себя в этот день, искоренится из народа своего».

[69] Тора, Дварим, 3:24. «Господин мой, Творец! Ты начал являть рабу своему Твое величие и крепкую руку Твою; ибо кто есть сильный на небесах и на земле, который сделал бы подобное Твоим делам и могучим деяниям Твоим!»

двумя буквами «йуд י», «"где высшая "йуд י" – это высшая Хохма, "и нижняя "йуд י"» – это нижняя Хохма, т.е. Нуква.⁷⁰ И две буквы «йуд י» в начале и конце сочетания АВАЯАдни (יְאֲהדֹוָנהִי), так же как в "да будет (ийи יהי)", есть в нем "верхняя "йуд י", нижняя "йуд י", а посередине – "хэй ה"», где «хэй ה» – это Бина, от которой нижняя «йуд י» получает Хохму. «"И это правило совершенства", потому что тогда она получает Хохму, которая "совершенна, но не в каждой стороне", а только от одной левой. Поэтому "было взято это имя", т.е. Нуква, называемая имя, "и посажено в другом". Иначе говоря, она была взята от выше хазе Зеир Анпина, там, где она получает только от левой линии Имы, в (место) ниже хазе Зеир Анпина, чтобы получать от него хасадим. "Как написано: "И посадил Творец Всесильный сад в Эдене с востока"⁷¹», – т.е. посадил его в месте ниже хазе Зеир Анпина.

21) Другое направление. «"Хэй ה", написанная "между одной и другой "йуд י" в "да будет (ийи יהי)", указывает на "движение" руаха Хохмы "от хотема Арих Анпина к Зеир Анпину". И хотя Зеир Анпин всегда находится в свойстве хасадим, укрытых от Хохмы, все же без руаха (досл. духа) Хохмы он не может существовать, так как до тех пор, пока в нем нет Хохмы, он ВАК без рош. "Благодаря этой "хэй ה", указывающей на хотем Арих Анпина, "довершились верхняя "хэй ה" имени АВАЯ (הויה) и нижняя "хэй ה"» имени АВАЯ (הויה), т.е. верхняя «хэй ה», Бина, получает Хохму в свою левую линию от свойства хотем Арих Анпина и передает нижней «хэй ה», Нукве. «"И тогда две "хэй ה" находятся вместе, как написано: "Увы (аха́ אֲהָה), Владыка Всесильный"⁷²». И это указывает, что в любом месте, где две «хэй ה» находятся вместе, т.е. нижняя «хэй ה» получает Хохму от левой линии верхней «хэй ה», говорится о ней «увы (аха́ אֲהָה)», что указывает на невзгоды, так как Нуква находится тогда в беде, и она иссушена и безводна, как мы уже объясняли.

22) «"В грозди гроздей, в руахе весов"», т.е. в Зеир Анпине, в котором находятся весы, как мы уже говорили, и он называется гроздью, как сказано: «Гроздь кипера – мой возлюбленный для

---

⁷⁰ См. Зоар, главу Берешит, часть 1, п. 240, со слов: «В словах "и создал (ва-ицер וייצר)" идет вначале буква "вав ו", а затем две буквы "йуд י"...»
⁷¹ Тора, Берешит, 2:8. «И посадил Творец Всесильный сад в Эдене с востока, и поместил Он там Адама, которого создал».
⁷² Пророки, Йермияу, 1:6. «И сказал я: "Увы, Владыка Всесильный, ведь я не умею говорить, ибо я (еще) отрок"».

меня»⁷³, есть «"йуд-хэй-вав יהו"». И объясняет: "Верхняя "йуд י", т.е. Аба ве-Има, называемые Аба, "увенчалась связью Атика, т.е. высшей перегородкой, которая очищается и перекрывает", т.е. третье исправление из семи исправлений Гальгальты Арих Анпина. "Верхняя "хэй ה", т.е. ИШСУТ, называемые Има, "увенчалась свойством руах двух никвей а-хотем (ноздрей), и вышла, чтобы наполнять жизнью", – т.е. наполнять свойством Хохмы, называемым жизнью. И это седьмое исправление из семи исправлений Гальгальты Арих Анпина.

"Верхняя "вав ו", средняя линия и Даат, в котором содержится "тяжелая искра", т.е. экран де-хирик,⁷⁴ "которая украсилась венцом в своих сторонах", – т.е. она согласует две стороны между собой, правую и левую, в Име, и получает оттуда ГАР, называемый венцом (атара). "Затем распространяются буквы"» «йуд-хэй-вав יהו» «"и включаются в Зеир Анпин"» в виде «три выходят из одного, один находится в трех»⁷⁵ – "так же как"» «йуд-хэй-вав יהו» «"находятся в Гальгальте" Арих Анпина, как мы уже сказали, "они распространяются во весь гуф" Арих Анпина, т.е. ЗАТ, его ХАГАТ НЕХИМ, чтобы "довершить всё", – так как на них облачаются Аба ве-Има и ИШСУТ, и ЗОН. "Когда эти буквы"» «йуд-хэй-вав יהו» «"висят", т.е. когда они перекрыты, они "в свойстве "чистая шерсть". И это пятое исправление из семи исправлений Гальгальты. "И когда они раскрываются Зеир Анпину, то входят в него эти буквы"» «йуд-хэй-вав יהו», «"и он называется ими"».

23) «"Йуд י"» де-АВАЯ (הויה) "в Атике перекрыта в венцах его", так как Малхут не выходит из его Бины и перекрывает ее, "потому что присутствует левая (линия)"», исправление которой может быть произведено только с помощью весов, и весы должны быть подвешены в рош Атика,⁷⁶ и это Малхут, которая перекрывает его. И так происходит во всех рош, а «йуд י» всегда является свойством рош.

---

⁷³ Писания, Песнь песней, 1:14. «Гроздь кипера – мой возлюбленный для меня, в садах Эйн-Геди».

⁷⁴ См. Зоар, главу Лех леха, п. 22, со слов: «Экран де-хирик, на который выходит средняя линия, происходит от свойства суда, имеющегося в Малхут...»

⁷⁵ См. Зоар, главу Берешит, часть 1, п. 363. «Трое выходят благодаря одному, один находится в трех, входит между двумя, двое питают одного, и один питает многие стороны ...»

⁷⁶ См. выше, п. 5.

«"Хэй ה״ה" развилась в другой "хэй ה"», – в «хэй ה» Зеир Анпина, в котором находится место раскрытия, как мы объяснили в предыдущем пункте. И поэтому буква наполнения «хэй ה» тоже «хэй ה», т.е. «хэй-хэй ה״ה». «"И в ней содержатся две Нуквы"», так как и нижняя «хэй ה», Малхут, включилась в нее, «"и пребывает в исправлениях"», поскольку во время гадлута опускается из нее Малхут, и тогда она раскрывается в свойстве Хохма, но не в ней самой, а в Зеир Анпине.

«"Вав ו״ו" развилась в другой "вав ו"», находящейся в Зеир Анпине. "Как сказано: "Как доброе вино – направлено прямо к возлюбленному моему"⁷⁷», – т.е. высшие исправления направлены «к возлюбленному моему»⁷⁷, к Зеир Анпину, в котором находится «"тяжелая искра", экран де-хирик, как мы уже сказали, "чтобы закрывать вход Имы"⁷⁸», и поэтому буквой наполнения «вав ו» является другая «вав ו», и это «вав-вав ו״ו».

24) Таким образом, есть «"вав ו" наверху", в рош, и есть "вав ו" внизу", в Зеир Анпине, есть "хэй ה" наверху", в рош, и есть "хэй ה" внизу", в Зеир Анпине. И поэтому они удваиваются в наполнении, как мы указывали в предыдущем пункте, поскольку наверху они скрыты, а внизу открыты. "Йуд י" наверху, и с ней не соединена другая "йуд י"», как в буквах «хэй-хэй ה״ה» и «вав-вав ו״ו». «"И она не поднимается с ней" явно, "но только в виде намека"», так как наполнение «вав-далет וד» в «йуд יו״ד» в гематрии «йуд י», и это намек на то, что содержится в ней также и вторая «йуд י», внизу. «"Иначе говоря, когда раскрылись в "йуд י" два", т.е. высшие Аба ве-Има, "и они соединяются на одной ступени"», в свойстве «тропинка Абы», где находится исчезающий Даат,⁷⁹ «"в одном волнении, – чтобы отделиться от левой (линии)", как мы говорили в предыдущем пункте. "И это "вав-далет וד", включенные в "йуд יו״ד"». «Йуд י» – это высший Аба, «вав-далет וד» – высшая Има. «"Горе, когда удаляется"» Аба, т.е. «йуд י», «"и раскрывается"» «вав-далет וד».

25) «"Эти благовония"», – т.е. свечения Хохмы, называемые благовониями и ароматом, "красных печатей", – всех свойств левой линии, относящихся к красному цвету, "которые

---

⁷⁷ Писания, Песнь песней, 7:10. «А нёбо твое, как доброе вино – направлено прямо к возлюбленному моему, заставляет говорить уста спящих».
⁷⁸ См. выше, п. 13.
⁷⁹ См. Зоар, главу Мишпатим, п. 528. «Отчего засветила Има? От одной исчезнувшей и скрытой тропинки (швиль), к которой прилепился Аба...»

проходят" – чтобы светить, "не задерживаются в этом месте", а сразу возвращаются на свое место. Как сказано: "И создания эти двигались вперед и назад"[80] – т.е. они сразу же возвращаются на свое место. И также: "Поспеши удалиться на место твое"[81] – т.е. чтобы поскорее возвращался на свое место. И это тайный смысл сказанного: "Если поднимешься, как орел, и если меж звезд устроишь гнездо свое"[82], – т.е. захочешь привлечь Хохму и удержать ее, говорит Писание: "Оттуда низрину Я тебя"[82]». Но притяжение Хохмы должно быть, как сказано: «И создания эти двигались вперед и назад»[80] – чтобы сразу же и немедленно возвращал ее на свое место, снизу вверх. И изучи в Идре,[83] что о дорожке, расположенной под хотемом, откуда светит Хохма, говорит, что это дорожка, чтобы пройти по ней, – т.е. тоже, чтобы не задерживать это свечение, а сразу же возвратить его на свое место.

26) «"И извлекла земля поросль"[84]. Когда?" – это произошло. "Когда имя", т.е. Нуква, "было посеяно"», т.е. после того, как Нуква была выстроена в своем свойстве от хазе и ниже, и тогда «то, что было сушей, стало землей, чтобы производить плоды и порождения»[85]. «"И тогда вышел" от Абы ве-Имы "воздух (авир אויר)", от Абы, т.е. свет хасадим, и искра, свет гвурот, от Имы, и когда воздух и искра соединились вместе, "распространилась от них одна Гальгальта", Кетер Зеир Анпина, "в его сторонах"» – в четырех сторонах ХУБ (Хохма и Бина) и ХУГ (Хесед и Гвура) де-Даат, т.е. те высшие Аба ве-Има, что в рош Зеир Анпина, и они – «мэм ם» де-целем (צלם). «"Над ней", над Гальгальтой, она "наполняется росой от двух цветов"», белого и красного, как сказано: «Роса рассветная – роса Твоя»[86], т.е. света Хесед

---

[80] Пророки, Йехезкель, 1:14. «И создания эти двигались вперед и назад, как вспышки молний».
[81] Тора, Бемидбар, 24:11. «И ныне поспеши удалиться на место твое! Я думал почтить тебя щедро, но вот не допустил тебя Творец до почести».
[82] Пророки, Овадия, 1:4. «Если поднимешься, как орел, и если меж звезд сделаешь гнездо свое, – оттуда низрину Я тебя, – слово Творца».
[83] См. Зоар, главу Насо, раздел Идра раба, п. 126/2.
[84] Тора, Берешит, 1:12. «И извлекла земля поросль, траву семяносную по виду ее, и дерево, дающее плод, в котором семя его, по виду его. И увидел Всесильный, и вот – хорошо».
[85] См. выше, п. 19.
[86] Пророки, Йешаяу, 26:19. «Оживут Твои умершие, восстанут мертвецы! Пробудитесь и ликуйте, покоящиеся во прахе, ибо роса рассветная – роса Твоя, и земля изрыгнет мертвых».

и света Гвуры. И это первое исправление из семи исправлений Гальгальты Зеир Анпина.

27) Второе исправление. «"Три пространства записанных букв"», т.е. «йуд-хэй-вав יה״ו», т.е. Хохма-Бина-Даат, «"раскрылись в нем"», и это «ламэд ל» де-целем (צלם) в рош Зеир Анпина.

Третье исправление. Волосы, «"черные как ворон, свисают с глубоких никвей ознаим, и он не может слушать правую и левую", потому что волосы, т.е. суды, перекрывают их. А в состоянии гадлут эти волосы устраняются от ознаим (ушей), как говорилось в седьмом исправлении. "Здесь", в сеарот над Гальгальтой Зеир Анпина, есть "сверху одна тонкая дорожка"», т.е. дорожка посреди головы, где волосы делятся на правую и левую стороны.

Объяснение. Семь исправлений Гальгальты Зеир Анпина делятся на три свойства мелец (מלץ) де-целем (צלם) так же, как и семь исправлений Гальгальты Арих Анпина, которые выяснялись выше,[87] однако иным путем, так как здесь недостает исправления воздушной перегородки, и добавляется здесь исправление в ознаим, при котором в катнуте сеарот закрывают ознаим, и это третье исправление. А в гадлуте волосы устраняются от свойства ознаим, и это седьмое исправление. И тогда принимаются молитвы от нижних. И так установилась Гальгальта в четырех мохин – ХУБ ХУГ (Хохма, Бина, и Хесед и Гвура) де-Даат. И поэтому четыре эти мохин называются «мэм ם» де-целем (צלם), потому что каждый моах состоит из десяти сфирот, и их сорок (мэм) свойств. И указывается, что в средней линии, Даат, он не соединяет правую и левую линии, чтобы облачить Хохму левой линии в хасадим правой. И это совершается с помощью суда средней линии, поэтому суд превращается в милосердие (хесед), и оба они являются одним свойством. И поэтому их тридцать: три свойства по десять сфирот, и это ХАБАД (Хохма-Бина-Даат). Однако в «мэм ם» де-целем (צלם), т.е. в высших Абе ве-Име, они никогда не получают Хохму, и нет необходимости в согласовании средней линии, и поэтому Хесед (милосердие) и суд в средней линии отделяются друг от друга, потому что суд средней линии не становится здесь Хеседом, так как не приводит к единству правой и левой линий. И

---

[87] См. выше, п. 6.

считаются Хесед (милосердие) и суд в Даат двумя отдельными свойствами по десять сфирот. И поэтому есть четыре мохин, составляющие «мэм מ (40)». И это первое исправление.

А второе исправление – это мохин ИШСУТ в Зеир Анпине, и это «ламэд ל» де-целем (צלם) в рош Зеир Анпина, и в них Даат согласует между собой правую и левую линии, т.е. Хохму и Бину, благодаря силе суда в нем, т.е. экрану де-хирик, и поэтому суд становится милосердием (хесед), и есть здесь только три свойства десяти сфирот, составляющие «ламэд ל(30)». И это – второе исправление.

Третье исправление – это волосы, черные как ворон, исходящие от судов в трех мохин ХАБАД (Хохма-Бина-Даат) второго исправления, и поэтому они перекрывают ознаим (уши), чтобы не отличали добра от зла, и не принимаются молитвы нижних. И это – во время катнута. Однако в гадлуте эти волосы исправляются с помощью «мэм מ» де-целем (צלם) де-НЕХИ, и тогда они устраняются от ознаим (ушей), и те открываются, как уже упоминалось, в седьмом исправлении.[88] И есть сверху Гальгальты Зеир Анпина гладкая линия, в том месте, где волосы делятся на правую и левую стороны, называемая дорожкой разделения волос, где вообще нет волос (сеарот) и судов, а наоборот, чудесное милосердие (хесед), и поэтому она белая.

И это смысл сказанного: «Путь праведных – как светило лучезарное, которое светит всё ярче, пока не наступит день»[89] – т.е. написано о дорожке разделения сеарот в Гальгальте Арих Анпина. А от дорожки Арих Анпина нисходит дорожка разделения сеарот Зеир Анпина, о которой сказано: «Все пути Творца – милость (хесед) и истина»[90]. Потому что с помощью сеарот правой линии открываются хасадим (милосердие) работникам Творца, а с помощью сеарот левой линии раскрываются наказания грешникам, которые не служат Творцу. И когда это приходит к нижним, они постигают эту разницу, т.е. дорожку разделения сеарот, между работниками Творца и не работниками. И с помощью этого постижения они удостаиваются полного слияния с Творцом. И тогда: «Все пути Творца – милость (хесед) и истина»[90].

---

[88] См. выше, п. 29.
[89] Писания, Притчи, 4:18. «Путь праведных – как светило лучезарное, которое светит всё ярче, пока не наступит день».
[90] Писания, Псалмы, 25:10. «Все пути Творца – милость и истина для хранящих завет Его и свидетельства Его».

28) Четвертое исправление – это «"мецах, который не светит", и от него исходят суд и "раздор в мире. Кроме того" времени гадлута, "когда желание" мецаха Арих Анпина "управляет" мецахом Зеир Анпина.

Пятое исправление. "Глаза трех цветов", – черного, красного, зеленого, "чтобы бояться их", потому что все эти цвета указывают на суды, ибо красный цвет – это левая линия, зеленый – средняя линия, а черный – это Малхут. А в (состоянии) гадлут "они омываются в молоке, которое светит", – и это Хесед, исходящий "от Атика. Как сказано: "Глаза твои увидят Йерушалаим, жилище мирное"⁹¹ – т.е. без всякого суда.

"И сказано: "Праведность обитала в нем"⁹². В таком случае, есть в нем суд, называемый праведностью? И отвечает "Жилище мирное"⁹¹ – говорится в час, когда светит "закрытый" глаз "Атика"», как сказано: «Омываются в молоке», ведь «"глаза твои (эйнэха עֵינֶךָ)"⁹¹ написано"», – без «йуд י», указывающей на множественное число. Потому что в Атике нет левой линии, и оба глаза считаются правым глазом.

29) Шестое исправление – «"хотем парцуфа, который является коротким, для опознания"», так как по хотему узнается парцуф, как сказали мудрецы «засвидетельствовать можно только тогда, когда видно лицо вместе с носом»⁹³. «"Три пламени горят в его отверстиях", представляющие собой три вида суда: суд, исходящий от Бины, и от Малхут, и от левой линии.

Седьмое исправление – "извилистая ступень, чтобы слышать добро и зло"», т.е. ознаим (уши) во время гадлута, когда устранены от них сеарот (волосы), закрывавшие их, как мы уже говорили.⁹⁴ И тогда они открываются, чтобы слышать добро и зло, делать добро хорошим, наказывать плохих и принимать молитвы нижних.⁹⁵

---

⁹¹ Пророки, Йешаяу, 33:20. «Посмотри на Цион, город собраний наших! Глаза твои увидят Йерушалаим, жилище мирное, шатер неколебимый; колья его не пошатнутся вовек, и ни одна из веревок его не оборвется».
⁹² Пророки, Йешаяу, 1:21. «Как город верный, исполненный правосудия, стал блудницей! Праведность обитала в нем, а ныне – убийцы».
⁹³ Вавилонский Талмуд, трактат Йевамот, лист 120:1.
⁹⁴ См. выше, п. 27.
⁹⁵ См. Зоар, главу Веякель, п. 138. «Когда эта молитва поднимается к небосводу Есода, раскрываются двенадцать ворот небосвода...»

И выяснились семь исправлений Гальгальты Зеир Анпина, где Гальгальта и четыре стороны в ней – это «мэм ם» де-целем (צלם). Три пространства Гальгальты – это «ламэд ל» де-целем (צלם). А сеарот (волосы) и два ознаим (уха) – это скрытые Нецах и Ход, и мецах – это Есод в них. Два эйнаим (глаза) – это открывающиеся Нецах и Ход, а хотем – это Есод и Малхут в них. И Сифра де-цниута объясняет здесь в основном свойство суда в них во время катнута. О свойствах же мэлец (מלצ) де-целем (צלם) говорится в основном во время гадлута, как это объяснялось выше, в семи исправлениях Гальгальты Арих Анпина.

30) «"Написано: "Я – Творец, Он – имя Мое"[96]». «Я» указывает на открытие, «Он» – на скрытие, в едином влечении, и следовало Ему сказать: «Я – Творец имя Мое». И говорит, что «Я» и «Он» – это два имени. «"Как написано: "Я умерщвляю и оживляю"[97]. И написано: "Я и носить буду, Я и терпеть буду"[98]». Таким образом, «Я» – это имя, т.е. имя Малхут. И также «Он» – имя. «"Как сказано: "Он сотворил нас, и мы – Его"[99]. И также: "Но Он неизменен, и кто Его повернет?"[100]» Таким образом, Он называется также именем «Он», потому что именем «"Он называется тот, кто скрыт и не присутствует". И это – скрытая Хохма Арих Анпина, который закрыт и не раскрывается до конца исправления. "Он называется тот, кто не открывается глазу"», т.е. не открывается для получения Хохмы, называемой «глаз». И это высшие Аба ве-Има, являющиеся укрытыми хасадим и не получающие Хохму никогда. И о них сказано: «Ибо склонен к милости (хафец хесед) Он»[101]. Именем «"Он называется тот, кто не называется по имени"», т.е. Бина, ИШСУТ, в которой вышла левая линия. И прежде, чем средняя линия согласовала правую и левую между собой, чтобы облачить Хохму левой

---

[96] Пророки, Йешаяу, 42:8. «Я – Творец, это (досл. Он) имя Мое, и славы Моей другому не отдам, и хвалы Моей – идолам».

[97] Тора, Дварим, 32:39. «Смотрите же ныне, что Я – это Я, и нет Всесильного, кроме Меня. Я умерщвляю и оживляю, Я поражаю и исцеляю, и нет спасителя от руки Моей».

[98] Пророки, Йешаяу, 46:4. «И до старости (вашей) Я – Он, и до седин (ваших) терпеть буду Я; Я создал, Я и носить буду, Я и терпеть буду, и спасу».

[99] Писания, Псалмы, 100:3. «Узнайте, что Творец – Он Всесильный, Он сотворил нас, и мы – Его, народ Его и паства Его».

[100] Писания, Иов, 23:13. «Но Он неизменен, и кто Его повернет? Что душа Его пожелает, то и сделает».

[101] Пророки, Миха, 7:18. «Кто Творец, как Ты, который прощает грех и проявляет снисходительность к вине остатка наследия Своего, не держит вечно гнева Своего, ибо склонен к милости Он».

в хасадим правой, она не называется по имени, так как она закрыта и не светит.[102]

31) Значение трех букв «הוא (Он)" заключается в следующем. Скрытая Хохма, Аба ве-Има и ИШСУТ – называется каждый из них Он (הוא). "Хэй ה" от Он (הוא) включает "вав ו", а "вав ו" включает "алеф א" от Он (הוא), "но не включает "хэй ה" от Он (הוא). "Алеф א" переходит к "йуд י", "йуд י" переходит к самой скрытой из всех скрытых "йуд י", с которым не соединяются "вав-далет וד" наполнения «йуд יוד». «"Горе, если "йуд י" не светит "вав-далет וד"».

Объяснение. «Хэй ה» от «הוא (Он)» – это Бина, когда она находится в левой линии, до соединения средней линии, как мы уже говорили. «Вав ו» от «הוא (Он)» – это Зеир Анпин, т.е. в тот момент, когда Бина возвращает свои Бину и ТУМ в свойство левой линии, поднимается вместе с ними также и Зеир Анпин в Бину, и принимает там форму буквы «алеф א» от «הוא (Он)», и это образ букв «йуд-вав-далет יוד», где «вав ו» – это Зеир Анпин, средняя линия, верхняя «йуд י», расположенная над ним, – правая линия Бины, включенная в Зеир Анпин, а «далет ד», расположенная под ним, – левая линия Бины, включенная в Зеир Анпин.

И это смысл сказанного им: «"Хэй ה" включает "вав ו"», – т.е. во время выхода левой линии Бины Бина уже содержит в себе «вав ו», т.е. Зеир Анпин, который поднялся вместе с Биной и ТУМ Бины. «"Вав ו" включает "алеф א"», – так как это «вав ו», проходящая посередине «алеф א», которая включает две линии Бины, «йуд י» и «далет ד», «но не включает "хэй ה"», – так как «вав ו» еще не согласовала между собой правую и левую линии «хэй ה», и поэтому она не включает ее. И поэтому «"алеф א" переходит к "йуд י"», – т.е. свечение Зеир Анпина, обозначаемого буквой «алеф א», светит только в его верхней «йуд י», являющейся правой линией, так как левая линия в ней, т.е. «далет ד», еще не светит до согласования её средней линией, как мы уже объясняли.

---

[102] См. «Предисловие книги Зоар», статью «"Кто создал их", по Элияу», п. 14, со слов: «Сказано, что "оно стоит и не стоит". С одной стороны, строение уже стоит во всем совершенстве...»

И поэтому ИШСУТ называется «Он (הוא)», так как эти света скрыты от нижних. И считается вследствие этого, что «"алеф א" переходит к "йуд י"», т.е. к высшим Абе ве-Име, и приводит в них к тому, что и «йуд י», т.е. Аба, отделяется от «вав-далет וד», Имы, и тогда света их тоже скрываются и называются «Он (הוא)». «"Йуд י" Абы ве-Имы "переходит к самой скрытой из всех скрытых "йуд י"», – а «йуд י», т.е. Аба ве-Има, переходит к свойству скрытой Хохмы Арих Анпина, самого скрытого из всех скрытых, «с которым не соединяются "вав-далет וד"», т.е. приводит к тому, что он не дает наполнения Нукве, называемой «вав-далет וד» наполнения «йуд יוד», т.е. Бине, вернувшейся в его рош, и поэтому он тоже называется именем «Он (הוא)». И поэтому Аба, «йуд י», не светит Име, т.е. «вав-далет וד» наполнения «йуд יוד». И поскольку Има, «вав-далет וד», не светит, не светят также и ИШСУТ, «хэй ה» де-АВАЯ (הויה), так как они получают от высшей Имы, от «вав-далет וד». И это смысл сказанного: «Горе, если "йуд י" не светит "вав-далет וד"», ибо тогда происходит разделение также между «йуд י» и «хэй ה», как выяснено.

32) «"Когда "йуд י" удалилась от "вав-далет וד" из-за прегрешений мира, раскрывается нагота их всех"», так как «вав-далет וד» – это высшая Има, от которой получают все парцуфы миров Ацилут и БЕА, и она померкла. «"Об этом сказано: "Наготы отца (аба) твоего не открывай"[103]» – т.е. высших Абы ве-Имы, «йуд-вав-далет יוד», называемых вместе именем Аба. «"И когда удалилась "йуд י" от "хэй ה"», после того как «вав-далет וד» померкли, «йуд י» больше не может давать наполнение «хэй ה», т.е. парцуфу ИШСУТ. «"Об этом сказано: "И наготы матери (има) своей не открывай, она мать твоя, не открывай наготы ее"[103], – потому что ИШСУТ вместе называются Има. "Она мать твоя", разумеется, как написано: "Ведь если (им אם) разум (бина) призовешь"[104]» – поскольку ИШСУТ, являющийся Биной, называется «эм (אם мать)».

---

[103] Тора, Ваикра, 18:7. «Наготы отца твоего и наготы матери твоей не открывай; она мать твоя, не открывай наготы ее».

[104] Писания, Притчи, 2:3-5. «Ведь если разум призовешь и к разумению обратишь глас твой, если будешь искать его, как серебра, и разыскивать его, как клад, то постигнешь трепет пред Творцом и знание Всесильного обретешь».

Часть третья

33) «"Девять величественных исправлений были переданы закану. Всё, что скрыто и не раскрывается, является высшим и величественным. И дикну (закан) ведь скрыло Писание"», т.е. нет в нем ни одного отрывка, в котором говорилось бы о дикне. Сказано: «Глаза Творца», «в ушах Творца», и также «щеки его – гряды благовоний»[105], однако нет никакого упоминания о свойстве дикна (борода), потому что она является свойством «высший и величественный».

34) «"Первое исправление свойства закан – волосы над волосами", выходящие "напротив ушных отверстий до верхней части (рош) рта, т.е. до верхней губы".

Второе исправление "происходит от этой верхней части (рош)" губы "до другой верхней части (рош)" губы.

Третье исправление – "дорожка", находящаяся "под двумя отверстиями" носа (никвей а-хотем), "и она настолько заполнена волосами, что не видна".

Четвертое исправление – "щеки покрываются" волосами "с одной и с другой стороны".

Пятое исправление – "на них открываются две скулы" лица, "красные, словно роза".

Шестое исправление – "единой каймой свисают жесткие черные" волосы, "до груди (хазе)".

Седьмое исправление – "губы освобождаются" от волос, "и они алые, словно роза"».

35) Восьмое исправление – «"короткие волосы опускаются на горло и покрывают также затылок".

---

[105] Писания, Песнь песней, 5:13. «Щеки его – гряды благовоний, цветник благовонных растений, губы его – словно лилии, с которых каплет мирра текучая».

Девятое исправление – волосы "длинные и короткие", твердые "как жилы, опускаются одинаково", т.е. они перемешиваются друг с другом, и они одинаковы.

"В этих девяти исправлениях пребывает воинственный и сильный, тот, кто пребывает"», т.е. Зеир Анпин.

Объяснение. Девять исправлений дикны Зеир Анпина исходят от тринадцати исправлений дикны Арих Анпина, где восемь исправлений исходят от скрытой Хохмы, а пять исправлений – от Гальгальты. Исходящие от скрытой Хохмы – это трижды НАРАНХАЙ – де-нефеш и де-руах, и де-нешама. И различие в том, что тринадцать исправлений являются истинным свойством ГАР, а девять исправлений являются свойством ВАК де-ГАР.

И вместе с этим поймешь, что первое исправление – это корень дикны, так же как первое исправление тринадцати исправлений дикны Арих Анпина.

И также второе исправление – это состояние ибур верхней части щеки, ВАК де-нефеш.

Третье исправление – это ГАР де-нефеш.

В четвертом исправлении появляется изменение, потому что четвертое исправление тринадцати исправлений дикны Арих Анпина – это сеарот (волосы) нижней губы, ВАК де-руах, а пятое исправление – это дорожка в сеарот нижней губы, ГАР де-руах. Однако здесь, нет дорожки в нижней губе (сафа) Зеир Анпина, потому что и дорожка верхней губы (сафа) настолько не светит, так как она полна волос. И поэтому они установились здесь, на своем месте, как ВАК де-руах, так, что «щеки покрываются» волосами «с одной и с другой стороны».

А пятое исправление – это ГАР де-руах, в которых «открываются две скулы» лица, «красные, словно роза», и поскольку ГАР де-руах являются свойством ахораим, они красного цвета.

Шестое исправление – это совокупность дикны, когда ВАК де-руах, имеющиеся в паним, нисходят на свое место внизу по нижней части щеки.

Седьмое исправление – «губы освобождаются от волос, и они алые, словно роза», и это ГАР де-руах, нисходящие от двух скул вниз.

Восьмое исправление – «короткие волосы опускаются на горло (гарон)» – исходит от девятого и десятого исправления тринадцати исправлений дикны Арих Анпина.

Девятое исправление исходит от одиннадцатого исправления в тринадцати исправлениях дикны Арих Анпина.

36) «"Написано: "Из теснины воззвал я к Творцу"[106]. Девять изречений сказал Давид, от изречения: "Из теснины воззвал я к Творцу", до изречения: "Все народы окружили меня", для того чтобы окружить" себя ими "и защитить себя"». И они соответствуют девяти исправлениям дикны Зеир Анпина:
1. «Из теснины воззвал я к Творцу».
2. «Простором ответил мне Творец».
3. «Творец со мной, не устрашусь».
4. «Творец мне в помощь».
5. «Лучше уповать на Творца».
6. «Лучше уповать на Творца» второй раз.

И с трижды «человек (адам)», указывающих на три исправления, их девять.

И эти девять исправлений – они в тайне сказанного: «"И извлекла земля поросль/ траву/ несущую/ семя/ по виду ее/ и дерево/ дающее плод/ в котором семя его/ по виду его"[107]. Эти девять исправлений дикны были взяты от полного имени", т.е. тринадцати исправлений дикны Арих Анпина, и пришли Зеир Анпину, как мы уже говорили. "А затем они" снова "были посажены полным именем, как сказано: "И посадил Творец

---

[106] Писания, Псалмы, 118:5-10. «Из теснины воззвал я к Творцу – простором ответил мне Творец. Творец со мной, не устрашусь. Что сделает мне человек? Творец мне в помощь, и увижу я (гибель) ненавидящих меня. Лучше уповать на Творца, чем надеяться на человека. Лучше уповать на Творца, чем надеяться на знатных. Все народы окружили меня, но именем Творца я уничтожу их».

[107] Тора, Берешит, 1:12. «И извлекла земля поросль, траву семяносную (досл. несущую семя) по виду ее, и дерево, дающее плод, в котором семя его, по виду его. И увидел Всесильный, и вот – хорошо».

Всесильный (АВАЯ Элоким)"[108] – это полное имя Атика и Зеир Анпина.[109] "В высшем", Арих Анпине, "имеются тринадцать исправлений дикны, а в нижнем", Зеир Анпине, "они проявляются в девяти исправлениях дикны". И тринадцать и девять вместе составляют двадцать два, "и это двадцать две буквы, которые образовались благодаря им"».

37) «"Поэтому, если во сне" человек видел, что "держится рукой за бороду важного человека, он находится в мире с Господином его, враги его покорятся ему. И тем более закан (борода) высшего", Арих Анпина, "светящий закану нижнего", Зеир Анпина. "Потому что закан высшего называется "великий милостью (хесед)"[110], а в Зеир Анпине" называется "просто милостью (хесед). И когда он нуждается в свете, светит ему закан высшего, и тогда" он тоже называется "великий милостью (хесед)""».

38) «"И сказал Всесильный: "Да воскишат воды кишением существа живого (хая חַיָּה)"[111]. Другими словами, "живой (хай חַי)" Творец "йуд-хэй יה"». Потому что в слове «живого (хая חַיָּה)» есть буквы «живой (хай חַי)» «йуд-хэй יה». «Живой (хай חַי)» – это Есод Зеир Анпина, «йуд-хэй יה» – Аба ве-Има. И «воскишат воды» означает – «"свет одного распространится в другом"», т.е. свет «йуд-хэй יה» распространится в «живом (хай חַי)», т.е. Есоде Зеир Анпина, и выйдет «существо живое (нефеш хая)», т.е. Нуква, а также нефеш Адама Ришона. «"Всё это воскишело одновременно, хорошие воды" святости "и плохие воды" ситры ахра. "И когда Он сказал: "Да воскишат"[111], они включились друг в друга, и вышло высшее существо", Нуква, "нижнее существо", нефеш Адама Ришона. "Доброе существо",

---

[108] Тора, Берешит, 2:8. «И посадил Творец Всесильный сад в Эдене с востока, и поместил Он там Адама, которого создал».
[109] См. Зоар, главу Насо, раздел Идра раба, п. 246.
[110] Тора, Шмот, 34:6-7. «И прошел Творец пред лицом его, и возгласил: "Творец – Творец Сильный, Милосердный и Милостивый, Долготерпеливый и великий милостью и истиной; Он хранит милость для тысяч, снимает вину и преступление, и прегрешение, но без кары не оставляет; Он поминает вину отцов сыновьям и сынам сыновей до третьего и четвертого поколения"».
[111] Тора, Берешит, 1:20. «И сказал Всесильный: "Да воскишат воды кишением существа живого, и птица будет летать над землею под сводом небесным"».

т.е. нуква, "злое существо"», т.е. Лилит, потому что «существо живое пресмыкающееся»[111] – это Лилит.[112]

39) «"Другое объяснение. "Да воскишат воды"[111] истолковывается – "будут шептать", иначе говоря, как шепчут губы", т.е. когда губы произносят "слова молитвы в чистоте и непорочности разума. И в водах", очищающих и омывающих, "кишит существо живое (нефеш хая), – ведь, когда человек хочет обратиться с молитвой к Господину его, губы его движутся таким образом, снизу вверх, чтобы поднять величие Господина его в место наполнения глубокого колодца", т.е. Бины. "А затем изольет, чтобы притянуть сверху вниз от этого наполнения реки", т.е. Бины, "ко всем ступеням, до самой последней ступени", Малхут, "чтобы притянуть в виде дара всему сверху вниз. А затем он должен установить связь всего", т.е. соединить все ступени с Бесконечностью, – "связь в намерении веры. И выполнят все его просьбы, как просьбы общества, так и личные просьбы"».

40) «"Молитва, с которой человек обращается к Господину своему, выстроена в девяти видах:
1. В алфавитном порядке.
2. В порядке упоминания свойств Творца – милосердный, милостивый и т.д.
3. В порядке величественных имен Творца – Эке, «йуд-хэй», «йуд-хэй-вав», Эль, Элоким, Повелитель (АВАЯ) воинств, Шадай, Адни.
4. В порядке десяти сфирот, и это – Малхут, Есод, Ход, Нецах, Тиферет, Гвура, Хесед, Бина, Хохма, Кетер.
5. В порядке упоминания праведников – праотцы, пророки и цари.
6. В порядке воспеваний и прославлений, в которых есть настоящее получение.
7. На более высоком уровне – для тех, кто умеет производить исправления для Господина своего, как подобает.
8. В знании, как подниматься снизу вверх.
9. А есть те, которые знают, как притягивать наполнение сверху вниз"».

41) «"И во всех этих девяти видах молитвы требуется сильное намерение. А если нет его, то о нем говорится в изречении:

---
[112] См. Зоар, главу Берешит, часть 1, п. 408.

"А бесславящие Меня посрамлены будут"[113]. А при произнесении "амен" требуется намерение, включающее два имени – АВАЯ-Адни"», составляющих в гематрии «цади-алеф צ״א (91)», и также «амен (אמן)» в гематрии «цади-алеф צ״א (91)». «"И одно" имя АВАЯ, Зеир Анпин, "скрывает свое добро и благословения в сокровищнице, называемой храмом", и это Адни, Малхут. На это указывает отрывок: "А Творец (АВАЯ) – в храме святом Своем, смолкни пред Ним, вся земля"[114]. И на это намекали мудрецы, что всё благо человека (адам) – в доме его"», потому что адам (אדם) в гематрии МА (45), т.е. имя АВАЯ (הויה) с наполнением «алеф א». И всё благо его – в доме его, т.е. в Адни, Малхут. «"Как сказано: "Во всем Моем доме доверенный он"[115]. И истолковывается это – "во всем, что со Мной"», т.е. в Малхут.

42) «"И если в каждом из всех девяти видов молитвы его намерение направлено должным образом, – это человек, который возвеличивает имя Господина своего, Его святое имя. И об этом написано: "Ибо возносящих Меня превознесу, а бесславящие Меня посрамлены будут"[113] – Я возвеличу его в этом мире, чтобы воплощать и выполнять всё необходимое для него. И увидят все народы земли, что имя Творца наречено на нем, и убоятся его. А в будущем мире он удостоится находиться на половине приверженцев", т.е. в уделе приверженцев, "хотя и не постиг Тору в полной мере, поскольку удостоился изучать знания Господина своего, и направлял в этом свое намерение как подобает"».

43) «"Что значит: "А бесславящие Меня посрамлены будут"[113]? Это тот, кто не умеет соединять святое имя и создавать связь веры, и притягивать в надлежащее место, и возвеличивать имя Господина своего, – лучше бы ему не рождаться. И тем более тот, кто не находится в правильном намерении при произнесении "амен". И поэтому о всяком, кто шепчет губами

---

[113] Пророки, Шмуэль 1, 2:30. «Поэтому так говорит Творец Всесильный Исраэля: "Думал Я, что дом твой и дом отца твоего ходить будут предо Мною вовек. Но теперь, – слово Творца, – не будет этого у Меня, ибо возносящих Меня превознесу, а бесславящие Меня посрамлены будут"».

[114] Пророки, Хавакук, 2:20. «А Творец – в храме святом Своем. Смолкни пред Ним, вся земля».

[115] Тора, Бемидбар, 12:6-7. «И сказал Он: "Слушайте слова Мои: если и есть у вас пророк, то Я, Творец, в видении открываюсь ему, во сне говорю Я с ним. Не так с рабом Моим Моше – во всем Моем доме доверенный он"».

в чистоте своего сердца, в очищающих водах, что написано о нем? "И сказал Всесильный: "Создадим человека в образе Нашем, по подобию Нашему!"[116] Иными словами, говорится о человеке, умеющем соединять образ и подобие как должно", т.е. Зеир Анпин, называемый образом, и Нукву, называемую подобием, "и властвовать будут они над рыбой морской"[116]».

44) «"И сказал Всесильный: "Создадим человека (адам אדם)"[116]. Не написано: "А-адам (האדם)", что указывало бы только на Адама Ришона, а просто "адам", то есть, чтобы вывести и довершить также высшего Адама", т.е. ЗОН, называемые Адам, "который создается теперь полным именем" АВАЯ-Элоким. "Ибо когда довершается тот, довершается и этот", т.е. когда довершается нижний Адам, довершается и высший Адам, – "т.е. довершается в свойствах захар и нуква, чтобы довершить всё. АВАЯ" называется "свойство захар", Зеир Анпин, "Элоким" называется "свойство некевы", Малхут. Таким образом, АВАЯ-Элоким – это полное имя. "Захар", Зеир Анпин, "распространяется и становится в своих исправлениях как Има, в окончании плоти", т.е. в атаре (венце) Есода, где раскрываются хасадим Имы, так как он является средней линией сфирот Нецах и Ход. "И цари, которые отменились", т.е. семь царей (мелахим) де-Некудим,[117] "восстановились здесь"» с помощью Есода Зеир Анпина, т.е. средней линии.[118]

45) «"Суды захара сильны в начале", – основой захара, правой линии, являются хасадим, поэтому суды захара сильны в начале, в ГАР, из-за того что Хохма не раскрывается там, и "смягчаются в конце", в его НЕХИ, и там место раскрытия хасадим в Хохме. "А (суды) нуквы наоборот", – ведь поскольку она является левой линией, Хохмой без хасадим, тьмой, которая не светит, в начале (рош) ее, где нет раскрытия Хохмы, суды левой линии не настолько суровы, однако в ее НЕХИ, в месте раскрытия Хохмы, свойства левой линии, это сильные суды.

"Пятнадцать суровых судов дыма (ашан) погружены в лоно ее", в НЕХИ нуквы, в которых есть трижды пять гвурот, пять

---

[116] Тора, Берешит, 1:26. «И сказал Всесильный: "Создадим человека в образе Нашем, по подобию Нашему! И властвовать будут они над рыбой морской и над птицей небесной, и над скотом, и над всею землей, и над всем ползучим, что ползает по земле"».

[117] См. выше, п. 3.

[118] См. выше, п. 11.

гвурот в Нецах и пять гвурот в Ход, и пять гвурот в Есод, – и это пятнадцать (йуд-хэй) гвурот. "Малая "йуд י" находится внутри нее"» – т.е. свойство нижняя Хохма, называемая «йуд י», и поскольку она в Малхут, она малая.

46) «"Атик захотел проверить, смягчились ли суды нуквы", прилепились ли Адам и жена его друг к другу. "И вошел змей к Хаве", с помощью соблазна Древа познания,[119] "и гнездо нечистоты установилось в ней", в нукве, "и стала уделом зла, как написано: "И она зачала и родила Каина"[120], что означает – "гнездо и удел злых духов, вихрей и вредителей"».

47) «"Он установил в этом Адаме Кетеры, в общем и частном виде. И они включились в частное и общее", т.е. "в нижние и верхние конечности, правую и левую линии"». То есть – общее и частное в верхних конечностях, частное и общее в нижних конечностях.

Объяснение. Средняя линия относится к свойству общего, так как включает в себя две стороны, правую и левую, Хохму и хасадим, и это тело Адама, т.е. Тиферет, включающая Хесед и Гвуру. И две эти конечности являются частным. И также в нижних конечностях Есод является общим, а сами конечности – частным. Потому что в правой линии – только хасадим, а в левой – только свечение Хохмы.

Общее и частное означает, что общее преобладает над частным. Частное и общее означает, что частное преобладает над общим. И в верхних конечностях преобладает общее, средняя линия, над частным, поэтому Хохма укрыта там. А в нижних конечностях преобладает частное над общим, и поэтому Хохма там раскрывается.

48) «"Когда" средняя линия "делится в сторонах своих", т.е. на правую и левую стороны, "захар и нуква устанавливаются в свойстве "йуд-хэй-вав יהו", где "йуд י", правая сторона, – "это захар, а "хэй ה", левая сторона, – "это нуква. О "вав ו" написано: "Мужчиной и женщиной сотворил Он их, и благословил

---

[119] См. Зоар, главу Берешит, часть 1, п. 455.
[120] Тора, Берешит, 4:1. «И Адам познал Хаву, жену свою, и она зачала и родила Каина, и сказала: "Обрела я человека с Творцом"».

Он их, и нарек им имя Адам"[121]. Образ и парцуф (облик) Адама, – он сидит на престоле", т.е. нукве. Как сказано: "И над образом престола – образ, подобный человеку (адам), на нем сверху"[122]». Таким образом, «вав ו» включает свойства захар и некеву вместе, в виде человека, сидящего на престоле.

---

[121] Тора, Берешит, 5:2. «Мужчиной и женщиной сотворил Он их, и благословил их, и нарек им имя Адам в день сотворения их».
[122] Пророки, Йехезкель, 1:26. «Над сводом же, который над головами их, словно образ сапфирового камня, в виде престола, и над образом престола – образ, подобный человеку, на нем сверху».

Четвертая часть

49) «"Атик", Кетер, "скрыт и недоступен. Зеир Анпин раскрыт и не раскрыт", – т.е. в нем начинается раскрытие, а само раскрытие происходит в Малхут. "Раскрыт", т.е. Зеир Анпин, – "записан в буквах"», т.е. истолкован в буквах имени, называемом АВАЯ (הויה), которое означает «было (хайá היה)», «есть (ховé הווה)», и «будет (ихиé יהיה)», т.е. всё раскрывается в нем. «"Скрыт", т.е. Атик, – "скрыт в буквах" (имени), называемом Эке (אהיה досл. буду), и это будущее время, и это значит, "что оно устанавливается не на своем месте", а в другом. "Потому что не установились в нем высшие и нижние"», так как даже высшие не постигают его.

50) «"И сказал Всесильный (Элоким): "Да произведет земля существо живое по виду его, скот и пресмыкающееся"[123], – т.е. как сказано: "Человека и скотину спасаешь Ты, Творец"[124], одно входит в совокупность другого"», т.е. «скот» входит в общее понятие «человек». «"Как сказано: "Когда какой-либо человек из вас пожелает принести жертву Творцу, – из скота"[125]. И это приносит ему пользу, "потому что этот "скот" включился в свойство "человек"».[126]

51) «"Когда спустился человек, что внизу, в высшей форме", т.е. в образе и подобии, "два духа были с двух сторон" его. "Ибо человек (адам) включает правую и левую стороны. К правой относится святая душа (нешама), к левой – живое существо (нефеш хая)"».

Объяснение. Человек (адам) – это средняя линия, соединяющая правую и левую. И тогда свечение правой распространяется

---

[123] Тора, Берешит, 1:24. «И сказал Всесильный: "Да произведет земля существо живое по виду его: скот, и пресмыкающееся, и животное земное по виду его". И было так».

[124] Писания, Псалмы, 36:7. «Справедливость Твоя, как высочайшие горы; правосудие Твое – бездна великая! Человека и скотину спасаешь Ты, Творец!»

[125] Тора, Ваикра, 1:2. «Говори сынам Исраэля и скажи им: "Когда какой-либо человек из вас пожелает принести жертву Творцу, – из скота, из крупного и из мелкого, приносите вашу жертву"».

[126] См. Зоар, главу Берешит, часть 1, п. 121, со слов: «Объяснение сказанного. Человек называется малым миром, потому что все элементы мира включены в него. Таким образом, взаимосвязь души человека со всеми видами животных такая же, как и взаимосвязь общего со всеми его элементами...»

сверху вниз, а свечение левой – только снизу вверх.[127] Сверху вниз считается свойством ГАР, и это душа (нешама), а снизу вверх – свойством ВАК, и это существо живое (нефеш хая). И называется живым (хая), поскольку в нем содержится свечение Хохмы, называемое светом хая.

«"Когда прегрешил Адам, распространилась левая" сверху вниз, и это было грехом Древа познания, когда он притянул свечение левой, Хохмы, сверху вниз.[128] "И тогда распространились те, у кого нет тела"», т.е. проявилась сила Малхут меры суда, о которой сказано: «Если не удостоился – то зло». И от нее исходят бестелесные духи.[129]

52) «"Когда соединились друг с другом". Он заканчивает здесь объяснять приведенную выше статью, где говорит, что Зеир Анпин раскрывается и не раскрывается. "Когда соединились" правая и левая линии Бины "друг с другом, родились, подобно тому существу, которое порождает много сразу, двадцать две закрытые буквы" – т.е. совокупность светов Зеир Анпина, и это правая линия. "И двадцать две раскрывающиеся буквы"», которые являются совокупностью светов Нуквы Зеир Анпина, т.е. двух букв «йуд י», в начале и в конце имени АВАЯ-Адни (איהנוהי), являющемся сочетанием имен АВАЯ Адни, т.е. ЗОН, где «йуд י» в начале (рош), йуд де-АВАЯ, т.е. Зеир Анпин, "скрыта", так как свечение Хохмы не раскрывается в ней. А "йуд י" в конце, относящаяся к Адни, "раскрывается", так как свечение Хохмы раскрывается в ней. "Скрытое и раскрытое", т.е. правая и левая линии, "было взвешено на восходящих весах"», т.е. чаши этих весов восходят и поднимаются, восходят и опускаются. И это – свойство средней линии, уравнивающее два света, правый и левый, чтобы они весили одинаково и соединились друг с другом. Объяснение. Поэтому можно сказать, что Хохма раскрывается посредством Зеир Анпина, средней линии, а можно сказать, что не раскрывается в нем, так как он является двадцатью двумя скрытыми буквами.

---

[127] См. Зоар, главу Берешит, часть 1, п. 50. «Разногласие, которое было исправлено согласно высшему подобию, – это то, которое поднимается и не опускается, и осуществляется прямым путем...»

[128] См. Зоар, главу Берешит, часть 2, п. 331. «Адам Ришон прилепился к духу нечистоты, т.е. к змею. И его жена Хава прилепилась к нему вначале...»

[129] См. «Предисловие книги Зоар», п. 248, со слов: «И спрашивается: "Разве не мог Творец подождать с освящением этого дня, пока не будут созданы тела для этих духов?"...»

Однако в нем начинается раскрытие в средней линии, а само раскрытие происходит в Малхут, в двадцати двух раскрывающихся буквах. И поэтому говорит о нем: «Раскрывается и не раскрывается».

53) «"От "йуд י"וד" выходят захар и нуква, т.е. "вав-далет ו"ד" наполнения йуд (יוד). "В этом месте "вав ו" – захар, а "далет ד" – нуква"», но не «вав-хэй ו"ה», как в остальных местах. «"Поэтому "далет-вав ד"ו (ду)" означает "два", так как "далет-вав (ד"ו)" – это захар и нуква. "Далет-вав (ד"ו)" – это два Кетера"», равных, т.е. в час, когда ступени захара и нуквы равны друг другу, и Зеир Анпин облачает правую линию Бины, являющуюся свойством хасадим, а нуква – левую линию Бины, свойство Хохмы без хасадим, и Хохма в ней не может светить без хасадим. И тогда она – бедная и нищая (дала и ания). И поэтому она тогда в форме «далет ד».

«"Йуд י" сама по себе – это захар, "хэй ה" – нуква. "Хэй ה" вначале была "далет ד"» – т.е. «далет ד» в наполнении «йуд יוד». «"И когда зародилась в ней "вав ו"», она стала «хэй ה», т.е. «вав ו» внутри «далет ד». «"А затем произвела" и породила "вав ו", и это – «йуд-хэй-вав יהו» в имени. «"И проявляется "йуд יו" в образе своем, и она – совокупность "йуд-хэй-вав יהו"». То есть раньше «йуд י» состояла из «вав-далет ו"ד», а затем в «далет ד» зародилась «вав ו», и она стала «хэй ה», а затем породила «вав ו» вовне. «"И когда выводит "йуд יו"», являющаяся захаром и нуквой"», «хэй-вав ה"ו», т.е. Иму и Зеир Анпин, «"установилась затем"» «вав ו», т.е. получила мохин, «"и скрывает Иму"», т.е. «хэй ה».[130]

54) «"И увидели ангелы Всесильного дочерей человеческих"[131], т.е. как написано: "Двух мужей-соглядатаев тайно, сказав"[132]. Что означает "дочерей человеческих"[131]? Как написано: "Тогда пришли две женщины-блудницы к царю"[133]. В связи

---

[130] См. выше, п. 13.
[131] Тора, Берешит, 6:2. «И увидели ангелы Всесильного дочерей человеческих, что красивы они, и брали себе жен из всех, которых выбирали».
[132] Пророки, Йеошуа, 2:1. «И послал Йеошуа бен Нун из Шиттима двух мужей-соглядатаев тайно, сказав: "Идите, осмотрите землю и Йерихо". И пошли они, и пришли в дом женщины-блудницы, чье имя Рахав, и остались ночевать там».
[133] Пророки, Мелахим 1, 3:16. «Тогда пришли две женщины блудницы к царю, и стали пред ним».

с ними сказано: "Ибо увидели, что мудрость Всесильного в нем, чтобы вершить суд"[134]. "Тогда пришли"[133], но не прежде. "Под властью формы незрелого плода", т.е. вкушения от плодов до их полного созревания, "пребывали двое в объятиях наверху. Когда они опустились вниз, то унаследовали прах – потеряли добрую долю, которая была в них от атары (венца) милосердия, и увенчались свойством "виноград"».

Объяснение. «Ангелы Всесильного»[131], – он объясняет, что это Аза и Азаэль,[135] упавшие с их ступени святости, корень которых в свойстве ахораим внутренних Абы ве-Имы, которые светили в рош Зеир Анпина мира Некудим. И вследствие этих ахораим распространились ЗАТ мира Некудим сверху вниз и умерли. А затем получили исправление и снова упали, вследствие прегрешения Адама Ришона, и стали двумя клипот. Они исправились в некоторой мере благодаря Йеошуа, и о них сказано: «(Послал) двух мужей-соглядатаев тайно»[132]. И называются они соглядатаями (мераглим), потому что их корень – в ахораим Абы ве-Имы, т.е. в НЕХИ, называемых «раглаим (ноги)». «Тайно»[132] – это исправление, которого они достигли благодаря Йеошуа, означающее притяжение Хохмы снизу вверх так, чтобы не было слышно внизу. И это – исправление средней линии, которое они получили тогда. И тогда исправилась также блудница Рахав.

Однако до потопа написано о них: «И увидели ангелы Всесильного дочерей человеческих, что красивы они, и брали себе жен из всех, которых выбирали»[131], – т.е. без всяких ограничений, и притягивали Хохму сверху вниз, как свойственно клипот. И также «дочери человеческие (досл. дочери Адама)» являются свойством ахораим Нуквы, и они упали вниз вследствие прегрешения Древа познания, и поэтому называются именем Адама из-за его прегрешения. И одна из них, т.е. та, что относится к правой стороне, получила исправление в дни Йеошуа, как мы уже сказали, но не окончательное, и это – блудница Рахав.

Обе они получили исправление в дни Шломо, и это две женщины-блудницы, так как обе они относятся к свойству

---

[134] Пророки, Мелахим 1, 3:28. «И услышал весь Исраэль о суде, который судил царь, и стали бояться царя, ибо увидели, что мудрость Всесильного в нем, чтобы вершить суд».

[135] См. «Предисловие книги Зоар», п. 157, а также Зоар, Берешит, часть 1, п. 179.

левой линии, одна – к правой стороне левой линии, которая уже получила исправления в дни Йеошуа, вторая – к левой стороне левой линии. И поэтому между ними возникает раздор. Ибо после того, как умер сын левой блудницы из-за того, что Хохма была без хасадим, она захотела похитить сына правой блудницы, у которого были также и хасадим благодаря ее исправлению в дни Йеошуа. Но та сказала ей: «Нет, твой сын мертв, а мой сын живой»[136], – т.е. она утверждала, что ее Хохма, привлекаемая сверху вниз, как свойственно клипот, это свет жизни, ведь Хохма – это свет жизни, и отрицала, что отсутствие хасадим может причинить ему вред и привести к смерти.

Поэтому сказал Шломо: «Рассеките живого младенца надвое»[137], поскольку знал, что невозможно, чтобы левая блудница захотела получить со стороны хасадим этого младенца, происходящего от средней линии, уменьшающей ГАР Хохмы. И поэтому надо рассечь младенца надвое, чтобы сторону хасадим взяла правая, а сторону Хохмы – левая. И поэтому тотчас была опознана левая блудница, так как нет у нее желания к хасадим, т.е. она не желает сокращать себя до ВАК Хохмы, и сказала: «Пусть же ни мне, ни тебе не будет – рубите»[138]. И хотя правая блудница сказала: «Отдайте ей этого живого ребенка»[138], не захотела брать. И тогда всем стало ясно, что правая, исправленная, мать его, а левая не способна произвести плоды до тех пор, пока не покорится средней линии святости, как и правая. И благодаря этому она получила исправление от него. Поэтому сказано: «Ибо увидели, что мудрость Всесильного в нем, чтобы вершить суд»[134], – так как он исправил клипот и извлек из них свечение Хохмы, и соединил его со святостью.

«"И увидели ангелы Всесильного дочерей человеческих"[131] – это Аза и Азаэль», которые прелюбодействовали с дочерьми человеческими (досл. дочерьми Адама), чтобы привлекать Хохму сверху вниз, и поэтому дочери человеческие (досл. дочери

---

[136] Пророки, Мелахим 1, 3:22. «И сказала та другая женщина: "Нет, твой сын мертв, а мой сын живой". А эта говорила (ей): "Нет, твой сын мертвый, а мой живой". Так говорили они пред царем».

[137] Пророки, Мелахим 1, 3:25. «И сказал царь: "Рассеките живого младенца надвое и отдайте половину одной и половину другой"».

[138] Пророки, Мелахим 1, 3:26. «И сказала та женщина, которой (принадлежал) живой сын, царю, потому что поднялась в ней жалость к сыну своему, и сказала: "Прошу, господин мой, отдайте ей этого живого ребенка и не умерщвляйте его". А другая сказала: "Пусть же ни мне, ни тебе не будет – рубите"».

Адама) назывались по имени Адама, из-за греха его. Сказано: «Двух мужей-соглядатаев тайно, сказав»[132] – т.е. они получили свое исправление с помощью Йеошуа в свойстве «тайно», что означает – привлекать Хохму только снизу вверх так, чтобы не было слышно внизу.

И спрашивает: «Что означает "дочерей человеческих"[131]?» – что стало с ними? И отвечает: «Как написано: "Тогда пришли две женщины-блудницы к царю"[133]», и их исправление выяснилось в сказанном: «Рассеките живого младенца надвое»[137]. Сказано о них: «Ибо увидели, что мудрость Всесильного в нем»[134], – т.е. благодаря этому выяснению, он извлек Хохму из клипы и присоединил ее к святости. «Тогда пришли»[133], но не прежде, – так как до этого не подлежали исправлению, ни в дни Йеошуа, ни перед потопом.

И у него возникает вопрос, – если Аза и Азаэль были святыми ангелами, почему они ушли с правильного пути, чтобы соединиться с дочерьми человеческими? – то есть, чтобы привлекать Хохму сверху вниз, как это свойственно клипот. И об этом он говорит, что они были под властью формы незрелого плода", т.е. была тогда власть (желания) вкусить от плодов до их полного созревания. И это прегрешение Адама Ришона, и сказали мудрецы, что отведали незрелый плод, т.е. он должен был подождать до конца исправления, и тогда не ошибся бы, притянув Хохму сверху вниз. И змей ввел его в заблуждение этим, и показалось ему, что можно привлечь конец исправления сразу же, и так же заблуждались Аза и Азаэль, пребывая во власти силы незрелого плода.

И об этом сказано: «Пребывали двое в объятиях наверху» – т.е. Аза и Азаэль были объединены друг с другом наверху, так как были святыми ангелами, и поэтому Писание называет их «ангелы Всесильного»[131]. А «когда они опустились вниз, то унаследовали прах», – когда опустились вниз, в мир Асия, и привлекли верхнюю Хохму вниз, «то унаследовали прах», как и змей, которому сказано: «И прах будешь есть все дни жизни твоей»[139]. «Потеряли добрую долю, которая была в них от атары (венца) милосердия» – от средней линии, включающей

---

[139] Тора, Берешит, 3:14. «И сказал Творец Всесильный змею: "За то, что ты сделал это, проклят ты более всякого скота и всякого зверя полевого! На чреве твоем ходить будешь и прах будешь есть все дни жизни твоей"».

вместе Хохму и хасадим, «и увенчались свойством "виноград"» – (свойством) левой линии без правой, являющейся свойством Древа познания, о котором сказали мудрецы, что оно было виноградом.

55) «"И сказал Творец Моше: "Что ты вопиешь ко Мне?"[140] "Ко Мне"[140] – именно так. "Скажи сынам Исраэля, чтобы двинулись вперед"[140], "чтобы двинулись вперед"[140] – именно так. И это зависело от благополучия (мазаль), так как он желал возвеличить дикну, как сказано: "И то, что прямо в Его глазах, делать будешь, и внимать будешь заповедям Его и соблюдать все законы Его"[141], – до сих пор. "Ибо Я, Творец, – целитель твой"[141], – именно для этого"».

Объяснение. Для того чтобы рассечь море, спасти Исраэль и потопить египтян, они должны были раскрыть свет Хохмы семидесяти двух имен, и это три линии, содержащиеся в трех отрывках: «И двинулся»[142], «И вошел»[143], «И простер»[144]. Поэтому сказано: «"Что ты вопиешь ко Мне?"[140] "Ко Мне"[140] – именно так», т.е. к свойству Зеир Анпин, так как они должны были привлечь большое свечение Хохмы, содержащейся в семидесяти двух именах, исходящее от тринадцати исправлений дикны. И это смысл сказанного: «Скажи сынам Исраэля, чтобы они двинулись вперед»[140], – потому что Хохма в этих трех линиях раскрывается только путем передвижения в этих трех местах.[145]

---

[140] Тора, Шмот, 14:15. «И сказал Творец Моше: "Что ты вопиешь ко Мне? Скажи сынам Исраэля, чтобы двинулись вперед!"»

[141] Тора, Шмот, 15:26. «И сказал: "Если будешь слушаться голоса Творца Всесильного твоего, и то, что прямо в Его глазах, делать будешь, и внимать будешь заповедям Его и соблюдать все законы Его, то все болезни, которые Я навел на Египет, не наведу на тебя, ибо Я, Творец, – целитель твой"».

[142] Тора, Шмот, 14:19. «И двинулся ангел Всесильного, шедший перед станом Исраэля, и пошел позади них. И двинулся облачный столп, (шедший) перед ними, и встал позади них».

[143] Тора, Шмот, 14:20. «И вошел между станом египтян и станом Исраэля, и было облако и мрак (для египтян), и озарял ночь (для Исраэля), и не приближался один к другому всю ночь».

[144] Тора, Шмот, 14:21. «И простер Моше руку свою на море, и гнал Творец море сильным восточным ветром всю ночь, и сделал море сушей, и расступились воды».

[145] См. Зоар, главу Бешалах, п. 137, со слов: «И три эти линии не раскрывают Хохму иначе, как с помощью своих движений, т.е. когда свечение каждой из них раскрывается специально одно вслед за другим в месте трех точек: холам, затем шурук, а затем хирик...»

56) «"И это зависело от благополучия (мазаль), так как он желал возвеличить дикну"» – ибо тогда нисходило свечение Хохмы от высшего мазаля (благополучия), от восьмого исправления из тринадцати исправлений дикны, называемого «мазаль». «"И это означает сказанное: "И то, что прямо в Его глазах, делать будешь"[141]» – это левая линия, с помощью которой притягивается Хохма, называемая «Его глаза». «"И внимать будешь заповедям Его"[141]», т.е. правая линия, с помощью которой притягиваются хасадим из Бины, называемой «ознаим (уши)». «"И соблюдать все законы Его"[141], т.е. средняя линия, соблюдающая законы, чтобы правая линия притягивалась сверху вниз, а левая – только снизу вверх. "До сих пор", – т.е. до сих пор необходимо притягивать и соединять три линии друг с другом. "Ибо Я, Творец, — целитель твой"[141]», т.е. исцеление Мое нисходит именно в этом единстве трех линий.

Пятая часть

57) «"Сказано: "О, племя грешное, народ, обремененный беззаконием, семя злодеев, сыны испорченные!"[146] Семь ступеней", вышедшие одна из другой: "йуд י"י", "хэй ה", "вав ו", "хэй ה", "хэй ה". И объясняет: "Йуд י" произвела "вав-далет ו"ד"», в наполнении «йуд-вав-далет י"ו"ד». В «далет ד» зародилась «вав ו», и она стала «хэй ה», и тогда стала «йуд י» «хэй-вав-йуд הו"י»,[147] и это четыре ступени – «йуд י», «вав ו», «далет ד», «хэй ה».

А затем «"хэй ה" породила "вав ו", пятую ступень, и "вав ו", т.е. Зеир Анпин, "произвела "хэй ה" изнутри в Ацилуте, т.е. Нукву, шестую ступень, "а "далет-вав (ד"ו)", т.е. души Адама и Хавы, произвела "вовне" Ацилута, седьмую ступень. "И Он скрыл захара и нукву Адама, "далет ד" "вав ו", вне Ацилута, иначе говоря, скрыл от них свое лицо, "как сказано" о них: "Сыны испорченные"[146]», так как согрешили в отношении Древа познания.

58) «"Вначале сотворил Всесильный (эт) небо и (ве-эт) землю"[148]. "Вначале (берешит)" – речение", т.е. полная ступень. "Сотворил (бара)" – половина речения"», т.е. половина ступени, потому что «вначале (берешит)» – это скрытая Хохма Ариха Анпина, а «сотворил (бара)» – половина ступени, Бина и ТУМ, которая вышла за пределы скрытой Хохмы, на ступень, находящуюся под ней, и произвела в ней три посева, холам-шурук-хирик.[149] И это «"отец и сын"» – т.е. вследствие этого выхода скрытая Хохма и Бина стали двумя ступенями, выходящими друг из друга, в свойстве «отец и сын». Скрытая Хохма – «отец», Бина – «сын». «"Скрытое и раскрытое" – Хохма стимаа скрыта, а Бина раскрыта. Хохма стимаа (скрытая Хохма) – это "высший Эден, который упрятан и скрыт", а Бина – "нижний Эден, выходящий для своих перемещений" в три места, холам-хирик-шурук. "И раскрывается АВАЯ (הוי"ה), "йуд-хэй י"ה", т.е. речение и половина речения, раскрываются вследствие этого перемещения. "Всесильный (эт)"», написанное

---

[146] Пророки, Йешаяу, 1:4. «О, племя грешное, народ, обремененный беззаконием, семя злодеев, сыны испорченные! Оставили Творца, презрели Святого исраэлева, отступили назад».

[147] См. выше, п. 53.

[148] Тора, Берешит, 1:1. «Вначале сотворил Всесильный небо и землю».

[149] См. Зоар, главу Берешит, часть 1, п. 10, со слов: «Слово "Вначале (берешит)" указывает на исходное свойство, и это Хохма, называемая "начало (решит)"...»

после «вначале сотворил»[148], что означает «"Адни Эке". Эт – это Малхут, называемая Адни. А Всесильный (Элоким) – это Бина, вернувшаяся в рош и ставшая полной ступенью НАРАНХАЙ, обозначаемой пятью буквами имени Элоким (אלקים), которая называется тогда Эке (אקיה). "Правая и левая (линии) распространились вместе. И это – "небо"[148], т.е. Тиферет, включающая Хесед и Гвуру, правую и левую линии. "И (ве-эт)"[148] – это НЕХИ, "как сказано: "Великолепие (тиферет), и вечность (нецах), и красота (ход), ибо всё, на небе и на земле"[150] – т.е. они соединились вместе"». И «небо» – это Тиферет, и «ве-эт» – Нецах и Ход. «Ибо всё (коль), на небе и на земле» – это Есод, и эти НЕХИ называются малым Зеир Анпином, расположенным от хазе и ниже. «"Земля" – это последняя Малхут, как сказано: "Как величественно имя Твое на всей земле"[151]. И также: "Вся земля полна славы Его"[152]». И «земля» означает – Малхут.

И смысл этого изречения следующий. «Вначале (берешит)»[148] – это скрытая Хохма. «Сотворил (бара)»[148] – Бина, вышедшая за пределы скрытой Хохмы, и посеянная с помощью трех посевов холам-шурук-хирик. «Всесильный (Элоким)»[148] – Бина после того, как она вернулась в Хохму и восполнилась пятью светами НАРАНХАЙ. «Эт»[148] – большая Нуква, расположенная от хазе Зеир Анпина и выше. «Небо»[148] – Зеир Анпин. «И (ве-эт)»[148] – НЕХИ Зеир Анпина, называемые малым Зеир Анпином. «Землю»[148] – Малхут. И подобно этому Зоар объясняет изречение «Вначале (берешит) сотворил»[148] выше,[153] и это отличается от того, что объясняет Сифра де-цниута выше.[154]

59) «"Да будет небосвод посреди вод, и будет он отделять воды от вод"[155], – т.е. отделять святость" – Зеир Анпин, "от святая святых" – Арих Анпина и Абы ве-Имы. Потому что небосвод

---

[150] Писания, Диврей а-ямим 1, 29:11. «Тебе, Творец, величие и могущество, и великолепие, и вечность, и красота, ибо всё, на небе и на земле, – Тебе! Тебе царство, и превознесен Ты над всеми!»

[151] Писания, Псалмы, 8:2. «Творец, Владыка наш! Как величественно имя Твое на всей земле, поместившего на небесах великолепие Свое!»

[152] Пророки, Йешаяу, 6:3. «И взывал один к другому, и сказал: "Свят, свят, свят Повелитель воинств, вся земля полна славы Его!"»

[153] См. Зоар, главу Берешит, часть 1, пп. 10-12.

[154] См. выше, п. 7.

[155] Тора, Берешит, 1:6-7. «И сказал Всесильный: "Да будет небосвод посреди вод, и будет он отделять воды от вод". И создал Всесильный небосвод, и отделил воды под небосводом от вод, которые над ним. И было так».

– это экран второго сокращения, стоящий в хазе Арих Анпина, ниже которого начинается Зеир Анпин. Таким образом, этот небосвод отделяет "Атик", т.е. Арих Анпин, "от Зеир Анпина. Он отделяется" от Арих Анпина посредством этого небосвода "и прилепляется", поскольку "он не отделяется окончательно от уст, говорящих великое"», и это пэ (уста) Арих Анпина, где есть Даат, называемый языком (лашон), т.е. Зеир Анпин, поднявшийся в рош и согласующий между Хохмой и Биной, и соединяющий их вместе.[156] Таким образом, хотя Зеир Анпин и отделился от Арих Анпина экраном его хазе, который называется небосводом, все же он снова поднялся и соединился с рош в свойстве Даат.

60) «"Отсоединяется" Зеир Анпин от ГАР "и украшается в малых Кетерах", т.е. в ВАК де-ГАР, "пятью видами" живой "воды", сфирот Хесед-Гвура-Тиферет-Нецах-Ход Имы, и это пятьсот лет, называемые живой водой или жизнью, "как написано: "И нальют на него живой воды"[157] – Хесед. "Он – Создатель жизни и Царь вечный"[158] – Гвура. "Буду ходить я пред Творцом в землях жизни"[159] – Нецах. "Да будет душа господина моего увязана в узел жизни"[160] – Ход. "И Древо жизни посреди сада"[161] – Тиферет. "Йуд-хэй (י״ה)" – Хохма и Бина, "йуд י״י" "хэй ה״א" – это Хохма и Бина самого Зеир Анпина, АВАЯ с наполнением алеф. "Эке", Кетер,[162] – они отличие "между одними водами и другими"». Когда высшие воды, расположенные над небосводом, и это имена «йуд-хэй י״ה» и «йуд י״י»,

---

[156] См. Зоар, главу Мишпатим, п. 529.
[157] Тора, Бемидбар, 19:17. «И возьмут для нечистого от пепла сожженной очистительной жертвы, и нальет на него живой воды в сосуд».
[158] Пророки, Йермияу, 10:10. «А Творец Всесильный есть истина, Он – Создатель жизни и Царь вечный; от гнева Его содрогается земля, и не могут вынести народы ярости Его».
[159] Писания, Псалмы, 116:9. «Буду ходить я пред Творцом в землях жизни».
[160] Пророки, Шмуэль 1, 25:29. «И если поднимется человек преследовать тебя и искать души твоей, да будет душа господина моего увязана в узел жизни Творца Всесильного твоего, а души врагов твоих выбросит Он, как из пращи».
[161] Тора, Берешит, 2:9. «И произрастит Творец Всесильный из земли всякое дерево, прелестное на вид и приятное на вкус, и Древо жизни посреди сада, и Древо познания добра и зла».
[162] См. Зоар, глава Ваикра, п. 162. «Девятое имя – это Адни, Малхут святости, и оттуда исходят суды в мир. И это – последний Кетер, последняя сфира всех имен. А имя Эке – это совокупность, и оно – скрытие, имеющееся в первой сфире, то есть в высшем Кетере, рош всех рош. Имя его скрыто и не раскрывается, ибо Эке означает: Я раскроюсь в будущем, но сейчас еще не раскрыт».

«хэй א ה"א» и Эке (אהיה), это «"воды совершенные", а нижние, находящиеся под небосводом, это "воды несовершенные". Над небосводом – "совершенное милосердие", под небосводом – "несовершенное милосердие"».

61) «"И сказал Творец: "Не будет дух Мой судить человека вечно, ведь к тому же он – плоть"[163]. "И сказал Творец"[163] – когда вошел" и облачился "в Зеир Анпин, отсюда уже упоминают имя, ибо скрытый Атик", т.е. Арих Анпин, "сказал: "Не будет дух Мой судить человека"[163] высшего", т.е. Зеир Анпин, "потому что благодаря духу, веющему от двух нуков в хотеме" Арих Анпина, "он притягивает" жизнь, "нижним"», т.е. свет Хохмы, называемый жизнью. И поэтому Зеир Анпин тоже не притягивает жизнь к нижнему человеку никогда. Однако произносящий это речение, Арих Анпин, обращается к высшему Адаму, Зеир Анпину. А после того, как Арих Анпин облачается в Зеир Анпин в такой малой мере, он обращается с этим к нижнему человеку.

62) «"И поэтому написано: "Пусть будут дни его сто двадцать лет"[163]», так как «йуд י"ד» – это Хохма и жизнь. И также в двух «никвей а-хотем (досл. отверстия носа)» содержатся буквы «йуд י"ד», поскольку перегородка между двумя этими отверстиями – это «вав ו», правое отверстие – это «йуд י», а левое отверстие – это «далет ד». «"Йуд י"ד" – совершенна и не совершенна"», – т.е. со своей стороны, без наполнения «вав-далет ו"ד», она находится в совершенстве, в десяти сфирот. А со стороны наполнения «вав-далет ו"ד», которые являются свойством нуквы «йуд י», она несовершенна. Поэтому «"йуд י" сама по себе – это сто"», т.е. десять сфирот, каждая из которых состоит из десяти, всего сто. "А две буквы "вав-далет ו"ד", которые не совершенны, "это дважды" десять. И вместе это – "сто двадцать лет. "Йуд (יוד)" сама по себе, когда раскрывается в Зеир Анпине, она распространяется в десять тысяч лет", потому что каждая сфира Хохмы распространяется в тысячу. "Отсюда сказано: "И возложил на меня руку Свою"[164]» – т.е. уменьшилась его ступень до ста локтей, из-за того, что он получил свет жизни от «йуд י"ד», которая совершенна и несовершенна, потому что «вав-далет ו"ד», не являющиеся совершенными, соединены с «йуд י"ד».

---

[163] Тора, Берешит, 6:3. «И сказал Творец: "Не будет дух Мой судить человека вечно, ведь к тому же он – плоть; пусть будут дни его сто двадцать лет"».

[164] Писания, Псалмы, 139:5. «Сзади и спереди Ты объемлешь меня и возложил на меня руку Свою».

63) «"Исполины (нефилим) были на земле в те дни"[165], т.е. как сказано: "И оттуда разделяется и образует четыре начала"[166]. Потому что место, от которого отделился сад", т.е. Малхут мира Ацилут, "называется "нефилим", т.е. во всех трех мирах БЕА все те, кто упали (нафлу) туда со ступеней Ацилута, "называются падшими (нефилим), как сказано: "И оттуда разделяется"[166], т.е. оттуда и ниже отделится от Ацилута. И поэтому Аза и Азаэль и дочери человеческие, которые были на ступенях Ацилута и упали вниз из Малхут Ацилута, называются падшими (нефилим). "Были на земле в те дни"[165], но не затем, – пока не явился Йеошуа, и тогда ангелы Всесильного спрятались"», и это два тайных соглядатая, о которых сказано: «И спрятала их»[167].

64) «"Пока не пришел Шломо, и тогда дочери человеческие соединились со святостью. Как сказано: "И услады сынов человеческих"[168]. "Услады (таанугот)" провозгласил"», в женском роде, а не услады (таанугим) в мужском роде, потому что они – дочери человеческие, о которых было сказано выше, две женщины-блудницы. Сыны человеческие, – потому что сказано: «И услады сынов человеческих»[168], т.е. «"те сыны человеческие, которые были отосланы от других духов" Ацилута, "и не были включены в высшую Хохму, как сказано: "И Творец дал мудрость Шломо"[169]. И сказано: "И был он мудрее всех людей"[170] – потому что" исправил всех сынов человеческих (досл. сынов Адама), о которых уже говорись, так как "они не включились в Адама"» святости.

---

[165] Тора, Берешит, 6:4. «Исполины были на земле в те дни, и даже после того, когда сыны божественных стали входить к дочерям человеческим, и они рожали им. Это богатыри, люди именитые в мире».

[166] Тора, Берешит, 2:10. «Река вытекает из Эдена, чтобы орошать сад, и оттуда разделяется и образует четыре главных реки (досл. начала)».

[167] Пророки, Йеошуа, 2:4. «Но женщина эта взяла тех двух людей и спрятала их, и сказала: "Действительно, приходили ко мне люди, но я не знала, откуда они"».

[168] Писания, Коэлет, 2:8. «Собрал я себе и серебра, и золота, и сокровищ царей и государств; завел я себе певцов и певиц, и услады сынов человеческих, роскошные колесницы».

[169] Пророки, Мелахим 1, 5:26. «И Творец дал мудрость Шломо, как говорил ему. И был мир между Хирамом и Шломо, и они заключили союз между собой».

[170] Пророки, Мелахим 1, 5:11. «И был он мудрее всех людей: Эйтана Эзрахитянина и Эймана, и Калкола, и Дарды – сыновей Махола; и (славно) было имя его среди всех окрестных народов».

65) «"И Творец дал мудрость Шломо"[169], – т.е. дал ему "верхнюю "хэй ה", Бину, которая снова стала Хохмой, но не самой Хохмой, потому что Хохма стимаа скрыта и не светит. И вся Хохма, которая светит, исходит только от Бины, которая вернулась в Хохму. "И был он мудрее (всех людей)"[170] – так как от нее", от Бины, "получил он мудрость внизу. "Это богатыри, люди именитые в мире"[165] – т.е. в высшем мире", в Ацилуте, откуда они упали. "Люди именитые"[165], – которые ведут себя в соответствии имени. Что это за имя? Это святое имя", т.е. Малхут, называемая именем. "А вели себя с ним так, словно они не святы"», – т.е. «исполины (досл. падшие)» пользовались им для того, чтобы притягивать оттуда Хохму сверху вниз, что не является святостью, поскольку запрещено это делать. «"Но и вели они себя так только с именем", т.е. с Малхут. Сказано "просто "люди именитые (досл. люди имени)"[165], а не люди Творца (АВАЯ)", Зеир Анпина, "и не потому, что Писание скрывает скрытое", т.е. не потому, что не хочет называть какое-то имя, "но это уменьшение и не уменьшение". Иначе говоря, уменьшение – потому что уменьшает имя АВАЯ, и не уменьшение – потому что это Малхут, называемая так, именем. И нельзя написать по-другому. "Просто "люди именитые (досл. люди имени)"[165] вышли из общности Адам, как сказано: "Человек в великолепии не пребудет"[171]. "Человек в великолепии" означает – "в великолепии царя", т.е. Малхут, называемой именем, и она является великолепием Зеир Анпина. Ведь когда человек (адам) пользовался именем Малхут, "не пребудет", – т.е. в то время, когда находился в состоянии "без духа (руах)"».

66) Здесь он возвращается к большинству основ, о которых говорил во всех пяти частях, и делает немного добавлений в очень кратком виде. И говорит: «"Тринадцать воинствующих царей", т.е. тринадцать исправлений дикны Арих Анпина,[172] "в семи". То есть эти тринадцать получают от семи исправлений Гальгальты Арих Анпина.[173] "Семь царей", т.е. семь исправлений Гальгальты Зеир Анпина,[174] "когда их свечение" распространяется "на земле", т.е. Малхут, "они казались победителями в войне". То есть свечение Хохмы, имеющееся в семи исправлениях Гальгальты, которое побеждает врагов, клипот,

---

[171] Писания, Псалмы, 49:13. «Но человек в великолепии не (долго) пребудет, подобен он животным погибающим».
[172] См. выше, п. 15.
[173] См. выше, п. 6.
[174] См. выше, п. 26.

не раскрывается в их месте, а только в Малхут,[173] и в ней проявляется победа над врагами святости. "Девять, которые поднимаются по ступеням и бегут по своей воле", т.е. девять исправлений дикны Зеир Анпина, которые поднимаются и бегут по ступеням – вначале ВАК де-нефеш, затем ГАР де-нефеш, затем ВАК де-руах, затем ГАР де-руах, и так далее, как уже выяснялось.[175] "И нет того, кто бы мог воспрепятствовать им. Пять царей находятся в смятении, и не могут устоять перед четырьмя"».

Объяснение. Пять царей – это пять букв имени Элоким (אלהים), четыре царя – это четыре буквы имени АВАЯ (הויה). И известно, что во время выхода точки шурук в Име, поднимаются буквы ЭЛЕ (אלה) и соединяются с буквами МИ (מי), которые остались на ступени. И снова соединяются пять букв имени Элоким (אלהים) в Име.[176] И вот тогда происходит скрытие, поскольку из-за отсутствия хасадим Хохма тоже не светит.[176] И это смысл сказанного: «Пять царей находятся в смятении», потому что не могут светить. Тогда Зеир Анпин поднимается в виде точки хирик и уменьшает левую линию, соединяя тем самым правую с левой, и тогда выходят три линии в Име, Хохма-Бина-Даат, представляющие собой четыре буквы имени АВАЯ (הויה), потому что две линии, правая и левая, это «йуд-хэй יה», а Зеир Анпин, средняя линия, которая объединила их, это «вав-хэй וה», т.е. хасадим и гвурот в Даат, хасадим – «вав ו», гвурот – «хэй ה». И это означает сказанное: «И не могут устоять перед четырьмя» – т.е. пять букв имени Элоким (אלהים) в левой линии Бины не могут устоять перед согласованием в средней линии, перед четырьмя буквами имени АВАЯ (הויה), так как (средняя линия) уменьшила левую линию на ГАР де-ГАР и соединила их с помощью четырех букв АВАЯ (הויה), что является исправлением ХАБАД, как было выяснено.

67) После выяснения того, как четыре буквы АВАЯ (הויה) победили пять букв Элоким (אלהים), так как произошло исправление линий в Бине, в свойствах ХАБАД, представляющих собой четыре буквы АВАЯ (הויה), сказано: «"Четыре царя выходят" и рождаются "навстречу этим четырем царям" – т.е. четыре царя в Зеир Анпине, Хесед-Гвура-Тиферет-Малхут (ХАГТАМ),

---

[175] См. выше, п. 35.
[176] См. Зоар, главу Берешит, часть 1, п. 9. «Высшая точка, Арих Анпин, посеяла внутри чертога ИШСУТ три точки: холам, шурук, хирик...»

выходят, образовавшись от четырех царей в ХАБАД Бины. Ибо вследствие того, что "трое выходят благодаря одному, один находится в трех"[177], они висят в них, словно виноград в грозди"», так как ХАГТАМ в Зеир Анпине удерживаются в ХАБАД Бины подобно винограду в грозди, поскольку от них они вышли, и от них существуют.

«"Приставлены к ним семь скороходов"», – семь сфирот ХАГАТ НЕХИМ в общей Малхут, потому что в час, когда раскрывается в ней Хохма, они бегут и спешат, как сказано: «И живые существа эти двигались вперед и назад»[178],[179] т.е. они включены в четырех царей Хесед-Гвура-Тиферет-Малхут.

«"Они приводят свидетельство, когда сами не находятся на своем месте"», – так как в то время, когда они раскрывают свечение Хохмы, называемое свидетельство, они обязаны опуститься из своего места. Потому что Малхут получает Хохму только в то время, когда она включена в Малхут выше хазе, являющуюся четвертой по отношению к свойствам ХАГАТ и включенную в них. Однако там Хохма не раскрывается в ней, так как ей недостает хасадим. И только после того, как она опускается оттуда ниже хазе Зеир Анпина и становится седьмой, она приводит свидетельство, т.е. раскрывается в ней свечение Хохмы. Таким образом, она приводит свидетельство только когда не находится на своем месте, а на своем месте она не может свидетельствовать.

«"Дерево, издающее аромат", – Есод Зеир Анпина, который передает хасадим Малхут, и тогда Хохма приобретает аромат хасадим. Оно "пребывает в них", – в семи сфирот Малхут. "На ветвях", простирающихся от него, и это хасадим, "обитают и гнездятся птицы", – вышеуказанные ступени Хохмы, которые облачаются в его хасадим. "Под ним укрывается в тени его существо, обладающее этим деревом, у которого есть два пути". "Под ним" – под Есодом Зеир Анпина, "укрывается в тени его существо" – Малхут, "обладающее этим деревом, у которого

---

[177] См. Зоар, главу Берешит, часть 1, п. 363. «Трое выходят благодаря одному, один находится в трех, входит между двумя, двое питают одного, и один питает многие стороны ...»
[178] Пророки, Йехезкель, 1:14. «И живые существа эти двигались вперед и назад, как вспышки молний».
[179] См. выше, п. 11.

есть два пути"», – поскольку это Древо познания добра и зла, если удостоился – стало добром, а если не удостоился – злом.[180]

«"Продвигается с помощью семи опор, которые окружают, четыре существа совершают кругообращения в четырех сторонах"». Если удостоился, то властвует добро, и тогда он «продвигается с помощью семи опор» – ХАГАТ НЕХИМ Нуквы, т.е. с помощью свечения хасадим, «которые окружают» Древо познания и властвуют над ним. И удостаивается свойств «четырех существ» лев-бык-орел-человек, т.е. НЕХИМ, являющихся нижним строением (мерkava), «которые совершают кругообращения в четырех сторонах», раскрывая свечение Хохмы. Нецах и Ход – это южная и северная стороны, Есод и Малхут – это восточная и западная.[181] И свечение Хохмы раскрывается лишь путем их кругообращения.[182]

68) «"Змей, стремительно передвигающийся посредством трехсот семидесяти скачков, "перескакивает через горы, прыгает по холмам"[183]. Хвост его находится в пасти, в зубах его, дырявый с двух сторон. Когда он перемещается, то останавливается, и тело его делится на три стороны"».

Объяснение. После того, как он выяснил порядок свечения Хохмы во всех последовательностях, выясняет теперь и завершает эту тему свойством левой стороны самой по себе, т.е.

---

[180] См. «Предисловие книги Зоар», статью «Две точки», п. 123. «"Начало мудрости – страх Творца. Разум добрый у всех, кто исполняет их (заповеди)". Почему Малхут называется страхом Творца? Так как Малхут – это Древо познания добра и зла, если удостоился человек – стало добром, а если не удостоился – то злом...»

[181] См. Зоар, главу Берешит, часть 1, п. 81, со слов: «В лике человека содержатся все формы – лев, бык, орел, поскольку он является большим ликом...»

[182] См. Зоар, главу Ваехи, Тосефта, п. 507, со слов: «Объяснение. Так же как в начале выхода мохин, они выходят в трех следующих друг за другом местах, называемых тремя точками холам-шурук-хирик, от которых протягиваются три линии, правая-левая-средняя, так же и в час, когда мохин светят, они светят только благодаря кругообращению в трех этих местах, которые все время сменяются в них, одно за другим. И поэтому называется путь их свечения кругообращением...», а также главу Бешалах, п. 137, со слов: «И три эти линии не раскрывают Хохму иначе, как с помощью своих движений, т.е. когда свечение каждой из них раскрывается специально одно вслед за другим в месте трех точек...»

[183] Писания, Песнь Песней, 2:8. «Голос возлюбленного моего! Вот он идет! Перескакивает через горы, прыгает по холмам».

только свет Хохмы сам по себе, называемый змеем.[184] И свет Хохмы называется отрадой, так как Творец наслаждается с праведниками в Эденском саду.[185] И это смысл сказанного: «Змей, стремительно передвигающийся посредством трехсот семидесяти скачков», – это левая линия, называемая змеем, которая раскрывает Хохму, называемую «триста семьдесят» и отрадой. «Стремительно передвигающийся», как сказано: «И живые существа эти двигались вперед и назад»[178], и прыгающий, как сказано: «Перескакивает через горы, прыгает по холмам»[183]. Горы – это ХАГАТ, в которых есть укрытые хасадим, и нет там места для раскрытия Хохмы, и поэтому Хохма пропускает их, чтобы не светить в них, и она прыгает и светит на холмах, т.е. НЕХИ, в которых раскрывается Хохма.

«Хвост его находится в пасти, в зубах его», потому что его суды, которые вначале находились в его окончании, исправились, чтобы находиться в свойстве рош, «в пасти, в зубах его».[184] «Дырявый с двух сторон», он дырявый в двух отношениях. Во-первых – со стороны судов де-манулы, исправленных в ГАР ступени, где находится начало весов. Во-вторых – со стороны судов экрана де-хирик, средней линии, где стоят эти весы.[186] И если бы не эти две силы, уменьшающие его, он не мог бы покориться, чтобы соединиться с правой линией.[186]

И известно, что свечение Хохмы не раскрывается только в левой линии из-за отсутствия хасадим, а лишь в сочетании трех линий вместе. И если бы недоставало даже одной линии из них, то Хохма не светила бы: ведь если бы не хватало правой линии, левая не светила бы из-за отсутствия хасадим; а если бы не хватало средней линии, то левая не соединялась бы с правой, чтобы получить от нее хасадим, как мы уже объясняли.

И это смысл сказанного: «И тело его делится на три стороны», – змей, левая линия, останавливается и делится на три стороны, т.е. на три линии, потому что Хохма в нем не светит от его собственного гуф, от одной только левой линии, но лишь благодаря соединению трех линий вместе, как уже было сказано. И считается, что тело (гуф) его делится на три линии, и

---

[184] См. выше, п. 9.
[185] См. Зоар, главу Бо, п. 98 и п. 100.
[186] См. выше, п. 5.

каждая линия несет в себе одну часть от раскрытия его тела (гуф), и когда они соединяются вместе, то оно раскрывается.

69) «"Написано: "И ходил Ханох пред Всесильным; и не стало его, ибо взял его Всесильный"[187]. И написано: "Наставь (ханох) юношу на путь его"[188]. Известного юношу" – ангела Матата, и это означает: "Ханох"[188] стал "юношей"[188], Мататом. "Пред Всесильным (эт Элоким)"[187] – т.е. Малхут, а не пред Творцом (АВАЯ), Зеир Анпином, так как он стал служителем Малхут. "И не стало его"[187] означает, что не стало "под этим именем", Ханох, "ибо взял его Всесильный"[187] – чтобы называться именем Его"», ведь он стал ангелом Всесильного.

70) «"Три судебные палаты", т.е. три посева в свойствах холам-шурук-хирик,[176] и это три вида суда в трех линиях, – "это четыре". Поскольку сама средняя линия включает два суда, имеющиеся в холаме и в шуруке. И это четыре судебные палаты. Потому что в холаме содержатся суды Нуквы, т.е. Малхут, которая поднялась в Бину, а в шуруке есть суды захара, и это скрытие хасадим. И оба они содержатся в средней линии, включающей их.

"Четыре судебные палаты наверху", – в Абе ве-Име, имеющихся в Зеир Анпине, и там есть четыре мохин ХУБ ХУГ. "Четыре судебные палаты внизу", – в ИШСУТ, имеющихся в Зеир Анпине, и хотя там есть только три вида мохин Хохма-Бина-Даат, вместе с тем Даат включает два вида судов, имеющихся в Хохме и Бине. "Как написано: "Не совершайте несправедливостей в суде, в измерении, в весе и в мере"[189]», где «суд»[189] – это правая линия, «измерение»[189] – левая линия, «вес»[189] – средняя линия, «в мере»[189] – это Малхут.

И он объясняет, что есть «"суровый суд", и это суды де-шурук. И есть "несуровый суд", т.е. суды де-холам. И есть "суд уравновешенный (досл. согласно весу)" – когда включаются в

---

[187] Тора, Берешит, 5:24. «И ходил Ханох пред Всесильным; и не стало его, ибо взял его Всесильный».

[188] Писания, Притчи, 22:6. «Наставь юношу на путь его, и он не уклонится от него, когда и состарится».

[189] Тора, Ваикра, 19:35-36. «Не совершайте несправедливости в суде, в измерении, в весе и в мере. Весы верные, гири верные, эйфа верная и ин верный пусть будут у вас. Я – Творец Всесильный ваш, который вывел вас из страны египетской».

среднюю линию два эти суда, и они уравновешены в полном единстве, и это (происходит) в ИШСУТ Зеир Анпина, которые считаются только тремя видами мохин, ХАБАД (Хохма-Бина-Даат). И есть "неуравновешенный суд", когда два эти суда в средней линии не уравновешены, и каждая из них проявляется сама по себе, и это – в Абе ве-Име, имеющихся в Зеир Анпине, и поэтому они считаюся четырьмя мохин ХУБ ХУГ (Хохма и Бина, Хесед и Гвура). И есть "мягкий суд, т.е. даже ни тот, ни другой"», – как суровый, так и несуровый суд не присутствуют в нем. То есть это – левая линия Нуквы, в которой нет сурового суда левой линии Зеир Анпина, и нет несурового суда правой линии Зеир Анпина, так как это левая линия, а не правая.

71) «"И было, когда стал человек (а-адам) умножаться на земле"[190]. "Стал человек (а-адам) умножаться"[190], т.е. как сказано: "Ведь к тому же он – плоть"[163]». «Ведь к тому же (бешагáм בְּשַׁגָּם)»[163] – это буквы имени Моше – «шин שׁ», «мэм מ», и «бэт-гимель ב״ג», составляющие букву «хэй ה». И поэтому Писание говорит: «А-адам (человек)»[190], что означает «"высший человек (адам)", т.е. Моше, являющийся строением (мерклава) Зеир Анпина. "И написано: "На земле"[190], хотя ступень Моше наверху, в Зеир Анпине, который называется небом. Потому что сказано: "И Моше не знал, что стала светящейся кожа лица его"[191], т.е. как написано: "Одеяния кожаные"[192]», что означает одеяния от Малхут. Объяснение. «Кожа»[191] – это имя Малхут. «Светящаяся»[191] – это имя Малхут, когда она облачает Бину наверху. И Моше не знал о том, что его Малхут является высшей Малхут, слитой с Биной, и поэтому написано о нем: «На земле»[190], что означает – просто Малхут, как мы еще выясним.

72) «"Стала светящейся (карáн קָרַן)"[191], как сказано: "И взял Шмуэль рог (керен קֶרֶן) с елеем"[193]. Помазание царей производится только с помощью рога (керен), и написано: "Именем

---

[190] Тора, Берешит, 6:1. «И было, когда стал человек умножаться на земле и дочери родились у них».

[191] Тора, Шмот, 34:29. «И было, когда спускался Моше с горы Синай, и две скрижали свидетельства в руке Моше, когда он спускался с горы, – и Моше не знал, что стала светящейся кожа лица его, когда говорил Он с ним».

[192] Тора, Берешит, 3:21. «И сделал Творец Всесильный человеку и жене его одеяния кожаные и одел их».

[193] Пророки, Шмуэль 1, 16:13. «И взял Шмуэль рог с елеем, и помазал его среди братьев его; и снисходил дух Творца на Давида с того дня и позже. И встал Шмуэль, и пошел в Раму».

Твоим возвышен рог наш"[194], и также: "Там взращу Я рог Давиду"[195], и это десятая часть Царя", т.е. Малхут, являющаяся десятой сфирой Зеир Анпина, "и исходит от йовель[196], от Имы, как написано: "И будет, когда затрубят в бараний рог (керен а-йовель)"[197]. Рог (керен)", Малхут, "украсился в йовель", то есть "десятая часть украсилась в Име", Бине, иначе говоря, облачает ее и становится как Бина. И называется она "керен, потому что" Малхут "берет" от Бины, йовель, "свечение (керен) и дух, который в ней, чтобы вернулся к ней дух"» Бины, т.е. ее мохин.

73) «И это свечение (керен) является свечением йовель. И йовель", Има, – это "хэй ה", первая хэй имени АВАЯ (הויה), и эта "хэй ה" приносит дух жизни всем, и все они возвращаются на свои места"», т.е. как сказано: «В этот юбилейный год возвратитесь каждый во владение свое»[198]. «"Как написано: "Увы (ахá אהה), Владыка Всесильный (Адни Элоким)"[199], – т.е. АВАЯ с огласовкой Элоким, и это Бина, а Адни – это Малхут. Когда "хэй ה", первая, "раскрывается "хэй ה", нижней, (когда) Бина (раскрывается) Малхут, т.е. когда они облачены друг в друга, то "называется полным именем Адни Элоким". И когда это облачение в будущем мире станет постоянным, "то сказано: "И возвеличен будет один только Творец в тот день"[200]. В этом месте прекращается и возвеличивается сокровение Царя, т.е. Книга сокровения (сифра де-цниюта). Счастлив тот, кто входит" в эту мудрость "и выходит, познав тропинки ее и пути"».

(Закончилась глава Трума)

---

[194] Писания, Псалмы, 89:17-18. «Имени Твоему радуются они весь день и справедливостью Твоей возвышаются, ибо Ты – слава силы их, по благоволению Твоему возвышен рог наш».

[195] Писания, Псалмы, 132:17. «Там взращу Я рог Давиду (дам силу ему), приготовил Я светильник помазаннику Моему».

[196] Йовель – пятидесятый год, досл. юбилей.

[197] Пророки Йеошуа, 6:5. «И будет, когда затрубят в бараний рог, когда услышите звук рога, пусть весь народ закричит громким голосом; и обрушится стена города на своем месте, и поднимется народ, каждый со своей стороны».

[198] Тора, Ваикра, 25:13. «В этот юбилейный год возвратитесь каждый во владение свое».

[199] Пророки, Йермияу, 1:6. «И сказал я: "Увы, Владыка Всесильный, ведь я не умею говорить, ибо я (еще) отрок"».

[200] Пророки, Йешаяу, 2:11. «Гордость очей человеческих унижена будет, и поникнет надменность людей; и возвеличен будет один только Творец в тот день».

Под редакцией М. Лайтмана, основателя и руководителя Международной академии каббалы

Посвящается светлой памяти нашего товарища, Леонида Илизарова, главного организатора перевода книги Зоар, желавшего донести всему человечеству идеи единства и любви к ближнему, которые несет в себе книга Зоар.

Руководители проекта: Г. Каплан, П. Ярославский

Перевод: Г. Каплан, М. Палатник, О. Ицексон

Редактор: А. Ицексон

Технический директор: М. Бруштейн

Дизайн и вёрстка: Г. Заави

Корректоры: И. Лупашко

Выражаем огромную благодарность группе энтузиастов из разных стран мира, выступивших с инициативой сбора средств для реализации этого проекта.

МЕЖДУНАРОДНАЯ АКАДЕМИЯ КАББАЛЫ
под руководством д-ра Михаэля Лайтмана

http://www.kabacademy.com/

Учебно-образовательный интернет-ресурс – неограниченный источник получения достоверной информации о науке каббала. Миллионы учеников во всем мире изучают науку каббала. Выберите удобный для вас способ обучения на сайте.

Контакты в Израиле:
тел.: 035419411
email: campuskabbalahrus@gmail.com
Facebook: https://www.facebook.com/campuskabbalah

Углубленное изучение каббалы

http://www.zoar.tv/

Каждое утро на сайте ведется прямая трансляция уроков каббалиста д-ра Михаэля Лайтмана для всех, кто занимается углубленным, ежедневным изучением науки каббала и исследованием каббалистических первоисточников.
Видеопортал Зоар.ТВ располагает уникальным контентом: фильмы, музыка, телевизионные программы, клипы, радиопередачи, статьи.

Интернет-магазин

Все учебные материалы Международной академии каббалы основаны на оригинальных текстах каббалистов.

Россия, страны СНГ и Балтии:
http://kbooks.ru

Америка, Австралия, Азия
http://www.kabbalahbooks.info

Европа, Африка, Ближний Восток
https://books.kab.co.il/ru/

АННОТАЦИИ К КНИГАМ

КАББАЛА ДЛЯ НАЧИНАЮЩИХ

Предлагаем вашему вниманию учебное пособие по каббале, составленное под руководством каббалиста, основателя и главы Международной академии каббалы Михаэля Лайтмана.

Этот материал впервые был опубликован в 2007 году и успешно многократно переиздавался под названием «Каббала для начинающих» в двух томах.

Каббала дает нам представление об устройстве системы сил, управляющих нашим миром, и о законах ее воздействия. Освоив представленный материал, вы получите начальные сведения о системе управления нашим миром и узнаете, каким образом органично, интегрально в нее включиться как активный элемент, способный изменить не только свое существование, но и будущее всего человечества.

ПОСТИЖЕНИЕ ВЫСШИХ МИРОВ

«Среди книг и рукописей, которыми пользовался мой учитель, рав Барух Ашлаг, была объемистая тетрадь, которую он постоянно держал при себе. В этой тетради были собраны беседы его отца – великого каббалиста Йегуды Ашлага (Бааль Сулама). Он записывал эти беседы слово в слово – так, как они были услышаны им.

В настоящей книге я попытался передать некоторые из записей этой тетради, как они прозвучали во мне», – так пишет в предисловии к книге ее автор, Михаэль Лайтман.

Цель книги: дать читателю возможность познать цель творения и помочь сделать первые шаги на пути к ощущению духовных сил.

УСЛЫШАННОЕ (ШАМАТИ)

Статьи, записанные со слов каббалиста Йегуды Ашлага (Бааль Сулама) его сыном и учеником, каббалистом Барухом Ашлагом (РАБАШ).

Издание составлено под руководством Михаэля Лайтмана, ученика и ближайшего помощника Баруха Ашлага.

Раскрыв эту книгу, читатель прикоснется к раскрытию смысла своего существования. Он раскроет для себя мир, в котором вечно существует его «я». Это мир человеческой души.

Каждая статья повествует о внутренней работе человека, вставшего на путь самопознания. Если вы взяли в руки эту книгу – она для вас. Вы не обязаны сразу понимать прочитанное, это придет потом. Но всю глубину мудрости, скрытую в этой книге, вы ощутите, прочитав ее первые строки.

ТАЙНЫ ВЕЧНОЙ КНИГИ

Тора закодирована. Прочитав эту книгу, вы узнаете секреты этого кода. И тогда вы сможете прорваться сквозь внешние события, из которых она на первый взгляд состоит, к тому, о чем в ней действительно говорится. Вы поймете, почему все мировые религии признают за Торой право первенства, почему ссылаются на нее политики, философы, писатели... Вам откроется истина.

На начало 2018 года вышли в свет уже 8 томов этого издания.